浙 江 智 库 研 究 成 果

中国城市科学研究系列报告

# 中国公用事业发展报告

## 2021

王俊豪　等著

中国建筑工业出版社

图书在版编目（CIP）数据

中国公用事业发展报告. 2021 / 王俊豪等著. — 北京：中国建筑工业出版社，2022. 9
（中国城市科学研究系列报告）
ISBN 978-7-112-28144-2

Ⅰ. ①中… Ⅱ. ①王… Ⅲ. ①公用事业－发展－研究报告－中国－2021 Ⅳ. ①F299. 24

中国版本图书馆 CIP 数据核字(2022)第 209385 号

《中国公用事业发展报告 2021》全面概括了中国公用事业投资与建设、生产与供应和基本成效、智慧化水平，并分城市供水、排水与污水处理、垃圾处理、天然气、电力、电信、铁路运输等行业进行了介绍。本报告还就公用事业综合性及各行业的主要法规政策做了解读，并提供了行业典型案例分析。

责任编辑：石枫华　李　杰　张　瑞
责任校对：赵　菲

浙江智库研究成果
中国城市科学研究系列报告
**中国公用事业发展报告 2021**
王俊豪　等著
*
中国建筑工业出版社出版、发行（北京海淀三里河路 9 号）
各地新华书店、建筑书店经销
北京红光制版公司制版
北京建筑工业印刷厂印刷
*
开本：787 毫米×1092 毫米　1/16　印张：25¼　字数：490 千字
2022 年 10 月第一版　2022 年 10 月第一次印刷
定价：**98.00** 元
ISBN 978-7-112-28144-2
(39846)

## 指 导 委 员 会

主　　任：仇保兴

副 主 任：王志宏

委　　员：（以姓氏笔画为序）

刘贺明　张　悦　邵益生　秦　虹　徐文龙　章林伟

谭荣尧

## 撰稿单位和主要撰稿人

撰稿单位：浙江财经大学中国政府管制研究院

主要撰稿人：王俊豪　王　岭　李云雁　王建明　朱晓艳　张　雷

甄艺凯　陈　松　张肇中

## 支 持 单 位

住房和城乡建设部城市建设司

中国城镇供水排水协会

中国城市燃气协会

中国城市环境卫生协会

中国城镇供热协会

中国城市科学研究会城市公用事业改革与监管专业委员会

中国能源研究会能源监管专业委员会

# 经 费 资 助

浙江省新型重点专业智库“浙江财经大学中国政府监管与公共政策研究院”

浙江省2011协同创新中心“浙江财经大学城市公用事业政府监管协同创新中心”

浙江省重点创新团队“管制理论与政策研究团队”

服务国家特殊需求博士人才培养项目“城市公用事业政府监管博士人才培养项目”

# 序

公用事业是由为居民生产生活提供必需的普遍服务的众多行业组成的集合，行业涉及面广、行业间跨度较大。本书主要研究城市供水、排水与污水处理、天然气、垃圾处理、供热、电力、电信、铁路运输等公用事业中最为重要的核心行业。公用事业在经济发展和社会生活中具有基础性地位，主要表现在：公用事业所提供的产品和服务是城市生产部门进行生产和人们生活的基础性条件，不但为制造业、加工业、商业和服务业等各行业的生产活动提供必要的供水、供气、垃圾处理、电力、电信等基础条件，也为城市居民提供必要的生活基础。同时，公用事业所提供的产品和服务的价格构成了其他行业产品和服务的成本，其性能和价格的变化，必然对其他行业产生连锁反应。因此，公用事业的基础性，意味着公用事业具有先导性，要发展城市经济，提高城市文化、生活水平，就要求优先发展公用事业。

改革开放以来，伴随高速经济增长和城市化快速推进，我国公用事业在不断深化改革过程中也取得了快速发展。特别是近年来，我国注重新型城市化建设，对公用事业的发展既提出了数量要求，更强调质量要求。为了从动态上反映我国公用事业发展的实际情况、法规政策环境和行业企业所做的改革探索，我们从2015年开始撰写出版《中国城市公用事业年度发展报告》，2019年在原有报告基础上增加了电信、铁路运输两个行业，并撰写出版《中国公用事业发展报告》，《中国公用事业发展报告2021》在对公用事业投资与建设、生产与供应、基本成效的基础上，分析了公用事业智慧化水平。希望对城市公用事业相关政府部门、研究机构及其研究人员提供参考。

本报告的结构框架可分为以下四部分：

第一部分为总论（第一章），从总体上分析了七个主要公用事业投资与建设、生产与供应、基本成效以及智慧化水平。

第二部分为行业报告，由第二章至第八章组成，是本报告的主体，详细讨论了城市供水、排水与污水处理、天然气、垃圾处理、电力、电信、铁路运输等七大行业投资建设、生产供应和发展成效，同时分析各行业的智慧化水平。

第三部分为第九章，是一个相对独立的部分，主要是对 2020 年公用事业主要法规政策解读，内容包括公用事业综合性（跨行业）法规政策解读和重要行业的法规政策解读。最后还对综合性（跨行业）法规政策和重要行业的法规政策名称做了列表，以便读者查阅。

第四部分为第十章，也是一个相对独立的部分，专题分析七个行业中的公用事业典型案例，从而对政府有关部门和研究人员具有较好的参考和借鉴价值。

本书是集体智慧的结晶和多方支持的成果。本人首先对撰写并出版本书提供建议和要求，对本书的框架结构和重要内容提出修改意见。住房和城乡建设部城市建设司王志宏司长对本书大力支持，并担任了本书指导委员会副主任。住房和城乡建设部城市建设司王志宏司长、中国城市燃气协会刘贺明理事长、住房和城乡建设部城市建设司原巡视员张悦、中国城市规划设计研究院原党委书记（副院长）邵益生研究员、中国人民大学国家发展研究院城市更新研究中心主任秦虹研究员、中国城市环境卫生协会徐文龙理事长、中国城镇供水排水协会章林伟会长、国家能源局原监管总监谭荣尧研究员等指导委员会委员也对本书给予了大力支持，并提出了不少建设性的意见和建议。撰写本书需要大量的文献资料和调研工作，本书的顺利完成还得益于中国城镇供水排水协会、中国城市燃气协会、中国城市环境卫生协会等单位的大力支持，提供了许多实际资料。一年多来，浙江财经大学中国政府管制研究院在王俊豪教授的带领下，十多位研究人员为本书调研、撰稿、修改定稿做了大量的工作，投入了许多时间和精力，没有大家的通力合作就不可能完成本书。最后，本书能在较短的时间内高质量出版还得益于中国建筑工业出版社的大力支持。

本书是浙江省新型重点专业智库“浙江财经大学中国政府监管与公共政策研究院”、浙江省 2011 协同创新中心“浙江财经大学城市公用事业政府监管协同创新中心”、浙江省重点创新团队“管制理论与政策研究团队”的资助成果。同时，本书也是住房和城乡建设部支持的服务国家特殊需求博士人才培养项目“城市公用事业政府监管博士人才培养项目”的研究成果。

由于本书涉及的行业较多，研究内容十分丰富，而完成时间相对较短，许多工作具有探索性，尽管我们做了最大努力，但难免存在疏漏和不足，敬请专家学者和广大读者批评指正。

国际欧亚科学院院士
中国城市科学研究会理事长
住房和城乡建设部原副部长

2021年12月25日

# 目 录

# 第一章 总 论

改革开放40多年来，随着中国城市化进程的快速推进，公用事业无论是数量还是质量都呈现出跨越式发展，其中基础设施的投资与建设、生产与供应取得了显著进展，推动了公用事业发展成效提升。同时，近年来随着智慧城市的推进，公用事业的智慧化水平取得显著提升。从总量上来看，中国公用事业基础设施的发展十分迅速，但在区域之间、城市内部依然存在发展不平衡、不充分等问题。为了解决这些问题，需要创新体制机制，通过多种制度体系创新，促进公用事业的总量发展与均衡布局。

# 第一节　公用事业投资与建设

## 一、供水行业投资与建设

改革开放以来，城市供水行业固定资产投资由 1978 年的 3.4 亿元增加到 2019 年的 560.07 亿元，增长近 160 倍。从区域城市供水行业固定资产投资来看，2019 年我国东部地区城市供水行业固定资产投资额为 289.65 亿元，相比 2018 年下降了 13.3%；中部地区固定资产投资额为 152.24 亿元，相比 2018 年上升了 28.93%；西部地区的固定资产投资额为 118.18 亿元，相比 2018 年上升了 30%。2019 年我国东部地区供水行业固定资产投资占比降至 52%，中部地区和西部地区则分别上升到 27%和 21%。

改革开放以来，我国通过一系列的投资举措推动了城市供水行业的投资与建设，使得城市供水行业综合生产能力和管道设施获得了快速提升，但在快速发展过程中也存在区域发展不平衡、结构上不合理、融资渠道与融资结构相对单一、投融资效率不高等问题，这其中既有发展过程的因素，也有制度的因素。为此，需要优化布局，推进城市供水行业的投资与建设规模与结构，提升城市供水行业的运营服务能力。

## 二、排水与污水处理行业投资与建设

“十三五”以来，全国各地深入贯彻习近平生态文明思想，排水与污水处理设施已成为深入打好污染防治攻坚战的重要抓手，排水与污水处理行业的投资建设稳步推进。2019 年，我国城市排水与污水处理行业的固定资产投资总额达 2424.18 亿元，其中排水设施投资占比最高，达 1562.36 亿元，较 2018 年增加了 32.5 亿元，排水设施投资始终保持着较为稳定的增长。污水处理设施投资基本稳定，主要以改造更新为主。2019 年，污水处理和再生水利用设施投资总额达 803.7 亿元，较 2018 年末增加了 1.1 亿元。污泥处理设施投资逐步成为重点，2019 年投资规模增长到 58.12 亿元，与 2018 年相比，投资增长了近 60%，增速十分显著。

从各类投资的地区间分布看，东部地区[①]的固定资产投资遥遥领先，排水、污水处理、污泥处理、再生水利用等设施的投资额分别为857.45亿元、466.12亿元、47.57亿元和34.35亿元，分别占到了全国各类投资总额的54.88%、61.69%、81.85%和71.48%。对比2018年，污水处理和再生水利用投资占比有不同程度的增加，增幅分别为0.88%、3%，排水和污泥处置投资占比下降，降幅分别为5.59%、1.32%。中部地区[②]在排水、污水处理、污泥处理、再生水利用方面的投资额分别为480.98亿元、182.06亿元、4.82亿元、8.2亿元，分别占全国各类投资总额的30.79%、24.09%、8.3%和17.06%。对比2018年，各项投资占比总体呈上升趋势，其中排水投资占比上升了5.07%，污水处理和再生水利用投资占比也有不同程度的上升，仅污泥处置投资占比小幅减少了2.58%。西部地区[③]在排水、污水处理、污泥处理、再生水利用方面的投资额分别为223.93亿元、107.45亿元、5.73亿元和5.51亿元，占全国各类投资总额的14.33%、14.22%、9.86%和11.46%，不论绝对数还是相对数都较小，对比2018年，排水、污水处理和污泥处置投资占比均有不同程度的小幅上升，相对来说，再生水利用投资占比呈下降趋势，降幅达3.16%。

2018年，全国已建成排水管道68.35万公里，建成污水处理厂2321座，日均处理能力达1.69亿立方米，较1980年分别增长了31倍、66倍和241倍。同时，2018年全国再生水利用量达854507万立方米，较2017年增长了19.8%。在区域分布上，与投资情况类似，城镇排水与污水处理设施建设也是东部占比较大，中部和西部略少。东、中、西部地区已建成排水管道分别为413527公里、166045公里和103910公里，建成污水处理厂分别为1258座、594座和469座。

2019年，全国共建成排水管道总长74.4万公里，建成污水处理厂2471座。日均处理能力达1.79亿立方米，较2018年分别增长了6.05万公里、150座和0.1亿立方米。再生水利用量增速显著，2019年，全国再生水利用量达116.08亿立方米，较2018年增长了35.84%。在区域分布上，与投资情况类似，城镇排水与污水处理设施建设也是东部占比较大，中部和西部略少。东、中、西部地区已建成排水管道分别为446962公里、178826公里和118194公里，建成污水处理厂分别为1315座、639座和517座。

---

① 东部地区包括12个省、直辖市、自治区，分别是辽宁、北京、天津、河北、山东、江苏、上海、浙江、福建、广东、广西、海南。

② 中部地区包括山西、内蒙古、吉林、黑龙江、安徽、江西、河南、湖北、湖南等9省、自治区。

③ 西部地区指陕西、甘肃、青海、宁夏、新疆、四川、重庆、云南、贵州、西藏10个省、直辖市、自治区。

## 三、垃圾处理行业投资与建设

随着我国城市人口的不断增长和经济社会的不断发展，城市生活垃圾总量以每年5%～8%的增速累计，全国2/3的城市身陷“垃圾围城”的困境。世界银行发布的《全球固体垃圾前瞻性报告》中提到2025年垃圾年产量将达22亿吨，垃圾管理年成本增加到3750亿美元。① 城市生活垃圾堆积的过程中，微生物分解垃圾后会产生甲烷、二氧化碳等温室气体，垃圾中的重金属等固体废弃物可能引发土壤污染。有害物质随降水进入水源后又可能引发水资源污染，城市垃圾已成为社会生活的公害，严重影响人民对日益增长的优美生态环境的需要。党的十九大报告明确指出：“我们要建设的现代化是人与自然和谐共生的现代化，既要创造更多物质财富和精神财富以满足人民日益增长的美好生活需要，也要提供更多优质生态产品以满足人民日益增长的优美生态环境需要。”

根据《“十三五”城镇无害化处理生活垃圾的设施建设规划》，“十三五”期间，国家在无害化处理城镇生活垃圾的设施建设期间，投资总额累计达到了2518.4亿元。其中，投资建设无害化处理设施的资金累计达到了1699.3亿元，投资建设收运转运体系的资金累计达到了257.8亿元，在专项餐厨垃圾工程的投入资金累计达到了183.5亿元，投入存量整治工程的资金累计达到了241.4亿元，投入到垃圾分类示范工程的资金累计达到了94.1亿元，投资建设监管体系建设的资金累计达到了42.3亿元。中国环保固定资产投资继续稳步增长，2019年全国城市市容环境卫生固定资产投资额为557.36亿元，同十年前的301.6亿元相比有较大增幅。2019年，垃圾处理领域的城市固定资产投资额为406.8亿元，2019年城市垃圾卫生填埋场数量为652个，比2018年减少了11座，比2009年新增205座。

从我国各省市运营中的垃圾填埋场分布情况可知，国内的垃圾填埋场主要集中分布在人口相对集中、密度较大的地区，如广东、河北、河南、山东等地；发达城市有逐渐减少的趋势。北京、上海等经济相对发达的城市制定了原生垃圾零填埋的指导目标，并在建造大量的垃圾焚烧设施。截至2019年底，我国城市生活垃圾焚烧设施389座，比2018年新增58座。随着城市垃圾处理行业投资的加快，城市垃圾处理行业基础设施的处理能力和服务水平大幅提高。垃圾焚烧设施全部投入运行后，预计国内未来的焚烧能力将大幅提升，相对地，垃圾填埋处理方式比例将大大降低。

---

① 世界银行《全球固体垃圾的前瞻性报告》https：//www.sohu.com/a/360948806_470091

此外，国家进一步鼓励创新运营模式和体制机制，鼓励公众、社会资本参与垃圾处理基础设施建设，创新模式协同发展。财政部于2020年2月6日发布《关于疫情防控期间开展政府采购活动有关事项的通知》（财办库〔2020〕29号），其中指出：作为紧急采购项目，按照《财政部办公厅关于疫情防控采购便利化的通知》（财办库〔2020〕23号）的规定执行，有力缓解了PPP投资项目前期项目立项（备案、核准、审批）、招标采购等流程的推进进度，为投资项目的实施提供了高效的积极保障，力争最大程度上降低疫情对投资项目前期工作以及后续投资运行的影响。

## 四、天然气行业投资与建设

2020年我国天然气体制改革进程加快，上游油气资源多主体多渠道供应、中间统一管网高效集输、下游销售市场充分竞争的“X＋1＋X”油气市场新体系基本确立。在新的产业链模式下，上游、中游和下游都催生了大量的市场投资机会。

近十年来，我国油气勘探开采投资总体保持增长势头，这和我国社会经济快速发展相对应。2020年天然气探明新增地质储量1.29万亿立方米。其中，天然气、页岩气和煤层气新增探明地质储量分别达到10357亿立方米、1918亿立方米、673亿立方米。页岩油气勘探实现多点开花，四川盆地深层页岩气勘探开发取得新突破，进一步夯实页岩气增储上产的资源基础。

国家油气管网公司成立加快了油气长输管网的建设推进速度。我国在2018～2020年集中实施干线管道互联互通，天津、广东、广西、浙江等重点地区打通瓶颈，基本实现干线管道“应联尽联”，气源孤岛“应通尽通”。截至2020年底，我国累计建设油气长输管道（包括国内和国外）里程数为16.5万公里，其中，天然气管道占比约61.8%，累计达到10.2万公里，我国以西气东输系统、川气东送系统、陕京系统为主要干线的基干管网基本成形，联络天然气管网（包括忠武线、中贵线、兰银线等）陆续开通，京津冀、长三角、珠三角等区域性天然气管网逐步完善，基本实现了西气东输、川气出川、北气南下。2020年12月3日，中俄东线天然气管道中段正式投产运营，中俄输气管道投产，意味着中国西北、西南、东北和沿海四大天然气进口通道全面建成，形成多元化气源供应，有效提升天然气安全保障。截至2019年底，我国已建成LNG接收站22座，接收能力9035万吨/年。如果考虑现有LNG接收站扩建后的规模和在建规模，预计2022年前后中国LNG接收站总能力将超过1.3亿吨/年。

城市燃气固定资产投资额总体呈增长态势，占市政公用设施建设固定资产投资额的比重在不断变化，城市燃气的投资规模受到天然气行业政策、城镇化进程等多个因素的影响。随着公用事业体制改革的不断深入和先进管理理念的引入，民营资本、境外资本陆续通过转制、合资等方式参与城市燃气建设运营，城市燃气市场逐步开放，并逐步形成城市燃气多元化发展格局。我国燃气生产和供应业企业数量逐年增加，2020 年燃气生产及供应企业数量为 2372 个，比 2019 年增加 392 个；燃气生产及供应企业利润总额为 691.5 亿元，同比增长 7.7%。

2020 年，我国通过一系列改革举措大力推动天然气行业的投资与建设，天然气行业的生产能力和运输能力得到了提升，但还存在上游勘探改革相对滞后、生产和运输能力不匹配、城市燃气特许经营制度困境等问题，需要进一步深化改革促进产业协调运营，推进天然气行业全面快速发展。

## 五、电力行业投资与建设

改革开放后，电力行业以前所未有的速度发展，电力投资力度持续加大，电源建设不断迈上新台阶，电网建设速度逐年加快。

回顾近二十年全国电力行业投资状况，总体上保持增长的势头。2020 年全国电力工程投资总额接近万亿元，同比增长约 24.4%，刷新了历年投资总额的纪录。2020 年，全国主要电力企业合计完成投资 10189 亿元，比上年增长 22.8%。全国电源工程建设完成投资 5292 亿元，比上年增长 29.5%。其中，水电完成投资 1067 亿元，比上年增长 17.9%。火电完成投资 568 亿元，比上年下降 27.3%。核电完成投资 379 亿元，比上年下降 18.0%。风电完成投资 2653 亿元，比上年增长 71.0%。太阳能发电完成投资 625 亿元，比上年增长 62.2%。从投资比重看，火电工程投资从 2008 年的 49.3%下降到 2020 年的 10.7%，比重降幅达近 40 个百分点。风电投资比重大幅提升，从 2008 年的 15.5%，提升到 2020 年的 50.1%，比重增幅近 35 个百分点；全国电网工程建设完成投资 4896 亿元，比上年下降 2.3%。其中，直流工程 532 亿元，比上年增长 113.4%；交流工程 4188 亿元，比上年下降 7.5%，占电网总投资的 85.5%。

自 2002 年我国电力行业实行厂网分开以来，电源建设速度获得前所未有的增长，新增装机容量和电网建设规模均维持在较高水平。截至 2020 年底，全国全口径发电装机容量 220204 万千瓦，比上年增长 9.6%。其中，水电 37028 万千瓦，比上年增长 3.4%（抽水蓄能 3149 万千瓦，比上年增长 4.0%）。火电 124624 万千瓦，比上年增长 4.8%（煤电 107912 万千瓦，比上年增长 3.7%；气电 9972 万千瓦，比上年增长 10.5%）。核电 4989 万千瓦，比上年增长 2.4%。并网风电 28165 万千瓦，比上年增长 34.7%。并网太阳能发电 25356 万千瓦，比上年增长24.1%。全国发电设备容量继续平稳增长，且新能源发电装机容量占比不断提高。全国全口径非化石能源发电装机容量98566万千瓦，比上年增长16.8%。2020年，非化石能源发电量25830亿千瓦时，比上年增长7.9%。2020年全国发电新增装机容量19087万千瓦，同比大幅度增加8914万千瓦；2020年新增交流110千伏及以上输电线路长度、变电设备容量分别为57237千米、31292万千伏安，分别比上年下降1.2%和2.0%。全年新投产直流输电线路4444千米，新投产换流容量5200万千瓦。

## 六、电信行业投资与建设

2009～2019年我国电信行业固定资产投资累计完成40692亿元，年均增加2.36%，历年投资规模处于3000亿～4525亿元范围内，且主要集中在投资规模最大的前三项分项投资上，依次分别为移动电信固定资产投资、传输类固定元资产投资、互联网及数据通信投资。三项共累计完成投资额30844.1亿元，占总固定资产投资累计完成额的75%以上。

2009～2019年我国通信光缆建成长度保持较快平稳增长，年均增加391.17万公里，年均增速达19%以上。同期，我国移动电话基站建成数量保持较快增长，平均增速达26%以上，年均建成66.35万座。截至2019年末，全国光缆线路建成长度达到4741.2万公里，各类移动电话基站建成数量达到841万座。2019年，我国电信业xDSL宽带接入端口数量仅为800万个，而FTTH/O宽带接入端口数量则达到了8.36亿个，表明我国在2013～2019年基本完成了从xDSL向FTTH/O互联网传输技术的全面升级过渡。我国移动电话交换机容量逐年快速增加，年均增速达8.7%，2019年我国移动电话交换机容量达27.2亿门。

## 七、铁路运输行业投资与建设

2020年，铁路运输行业在以习近平同志为核心的党中央坚强领导下，坚持以习近平新时代中国特色社会主义思想为指导，坚持以人民为中心，立足新发展阶段，贯彻新发展理念，构建新发展格局，认真落实统筹疫情防控和经济社会发展各项工作，深入实施“三年行动计划”，持续推动铁路运输行业改革发展，围绕《交通强国建设纲要》，加快建设交通强国。2020年，面对新冠肺炎疫情的严重冲击和严峻复杂的国际国内形势，铁路运输行业攻坚克难，建设发展取得了新的成效。全国铁路固定资产投资完成7819亿元；投产铁路新线4933公里，其中高铁2521公里。2020年铁路新开工项目20个，京雄城际、银西高铁、郑太高铁、格库铁路等 4933 公里新线开通，时速 160 公里至 350 公里复兴号全系列动车组全部投入运用。

截至 2020 年底，全国铁路营业里程 14.6 万公里，比上年末增长 5.3%，其中高铁营业里程达到 3.8 万公里，铁路复线率为 59.5%，电化率为 72.8%。铁路总体技术水平迈入世界先进行列，相继建成突破世界铁路桥梁建设纪录的沪苏通长江公铁大桥、五峰山长江公铁大桥、平潭海峡公铁大桥。高速、高原、高寒、重载铁路技术达到世界领先水平，推进智能高铁技术全面实现自主化，复兴号高速列车迈出从“追赶”到“领跑”的关键一步。西部地区铁路营业里程 5.9 万公里，全国铁路路网密度 152.3 公里/万平方公里，增加 6.8 公里/万平方公里。“四纵四横”高铁网提前建成，“八纵八横”高铁网加密成型。城市群综合交通运输网络逐步完善，普通铁路网和高速公路网基本覆盖 20 万人口以上城市，高铁基本覆盖 100 万人口以上城市。

## 第二节　公用事业生产与供应

### 一、供水行业生产与供应

2004 年以来，我国城市供水企业数量总体保持稳定。其中，2004～2006 年我国规模以上城市供水企业数量一直维持在 2000 家以上。2006 年以后，由于供水行业市场结构调整，部分企业并购重组，供水行业规模以上企业数量开始下降，到 2011 年降至最低点的 1110 家。2019 年企业数量达到 2011 年以来最大值，企业数量基本达到了 2004～2006 年水平。

改革开放以来，无论是供水综合生产能力还是供水总量均呈现出不断攀升的趋势。1978 年供水综合生产能力为 2530.4 万立方米/日，1986 年起突破了亿立方米/日，截至 2018 年已增至 31211.84 立方米/日，2019 年供水行业综合生产能力略有回落，为 30897.8 万立方米/日，但也连续四年保持在 30000 万立方米/日以上。在供水总量方面，1978 年供水总量为 78.75 亿立方米，1979 年我国供水总量为 83.22 亿立方米，到 2019 年增长到了 628.30 亿立方米。1979～2019 年间我国供水综合生产能力总体提高 10.38 倍，供水量总体增长约 6.5 倍，城市供水综合生产能力与供水总量均保持快速增长态势。

综上所述，总体上中国城市供水行业的生产与供应呈现出快速发展态势，这为我国城市建设与发展，城市人口与城市基础设施有机发展，以及提高城市居民福祉具有重要的推动作用。与此同时，城市供水行业的生产与供应呈现出一定的区域发展不平衡性。为此，随着城市化进程的加快和区域协调发展，需要进一步推进城市供水行业总体的生产和供应能力。同时，需要考虑区域差异性，形成与区域特征相适应的城市供水行业生产与供应新格局。

## 二、排水与污水处理行业生产与供应

截至2019年底，全国设市城市建成投入运行污水处理厂2471座，其中二级、三级污水处理厂2294座，污水处理率高达96.81%，污水处理能力达到了1.79亿立方米/日，处理量525.85亿立方米。分地区看，东、中、西部污水处理厂的分布极不均衡。截至2019年底，东部地区各省拥有的污水处理厂数量平均超100座，但中、西部地区各省平均拥有的污水处理厂数量分别为71座和47座。

随着各地对污泥处理处置工作日益重视，全国污泥处置率不断提升。2019年，我国累计产生干污泥1102.73万吨，每万立方米污水的干污泥产生量为2.1吨，处置干污泥1063.82万吨，干污泥处置率为96.47%。与2018年相比，干污泥处置率上升了0.45%，从96.02%变为96.47%。从地区情况看，东、中、西部干污泥产生量和处置量极不平衡。截至2019年底，东部地区干污泥产生量平均为624994.65吨，是中部地区的2.83倍，是西部地区的4.47倍。而东部地区的干污泥处置量平均为617802.73吨，分别为中、西部地区的2.93倍和5.11倍。

我国污水再生利用规模不断扩大。2019年，污水再生利用规模已增至4428.9万立方米/日，再生利用总量增长至1160784万立方米。东部地区的再生水利用规模和利用量明显优于中、西部地区。其中，东部地区的再生水规模约为中部地区的2.06倍，是西部地区的6.68倍之多；在再生水实际利用量上，东部地区更是远高于中、西部地区，其再生水利用量是中部地区的3.06倍，是西部地区的7.95倍。

## 三、垃圾处理行业生产与供应

中国城市生活垃圾总量已位于世界高产国前列，增长率居世界首位。这对垃圾处理能力是极大的考验，而垃圾处理行业的生产与供应直接决定垃圾处理能力。

我国城市垃圾无害化处理能力和处理量均在逐年增加。2019 年城市垃圾无害化处理能力达到 869875 吨/日，增幅为 13.53%。2019 年城市垃圾无害处理量为 24012.8 万吨，增幅 6.41%。具体来说，2019 年城市生活垃圾卫生填埋无害化处理能力为 367013 吨/日（占 42.25%），生活垃圾焚烧无害化处理能力为 456499 吨/日（占 52.55%），垃圾堆肥/综合处理无害化处理能力为 45222 吨/日（占 5.2%）。另外，2019 年城市垃圾无害化处理量为 240128 万吨，城市垃圾卫生填埋无害化处理量为 10948 万吨，垃圾焚烧无害化处理量为 12174.2 万吨，垃圾堆肥/综合处理无害化处理量为 890.6 万吨。

从 2009～2019 年城市垃圾卫生填埋无害化处理能力和处理量的发展状况来看，经过 10 余年的发展，我国城市垃圾卫生填埋无害化处理能力从 2009 年的 273498 吨/日提升到 2019 年的 367013 吨/日，十年间增长了 34.19%，城市垃圾卫生填埋无害化处理量由 2009 年的 8898.6 万吨到 2019 年 10948 万吨，增长了 23.03%。

从 2009～2019 年国内城市垃圾焚烧厂的无害化处理能力和焚烧垃圾量的发展看，国内的城市垃圾焚烧厂无害化处理能力实现将近 6 倍的能力扩充，从 2009 年的 71253 吨/日发展到 2019 年的 456499 吨/日，且每年的垃圾处理增长率也在逐步提升，近年来一直保持着较高的增长率，2019 年增长率达到了 25.2%；国内的城市垃圾焚烧厂无害化垃圾处理量也由 2009 年的 2022 万吨到 2019 年的 12174.2 万吨，保持了较高的增长速率，2019 年增长率也达到了 19.5%。浙江、江苏、福建、天津、海南、安徽、云南 7 个省市的生活垃圾无害化焚烧占比超过 50%，焚烧已成为上述地区垃圾无害化处理的主要处理方式。截至 2019 年底，全国 30 个省（区、市）垃圾焚烧发电累计装机容量 1202 万千瓦，较 2018 年增长 31%。累计装机容量排名前五的省份分别是：广东省（16.3%）、浙江省（14.5%）、山东省（11.7%）江苏省（10.8%）、安徽省（5.5%），合计占全国累计装机容量的 58.8%。垃圾焚烧发电量前十的省份（浙江、广东、江苏、山东、安徽、福建、四川、上海、湖南、北京）总发电量为 378 亿千瓦时，占全国总上网电量的 78%。其中，浙江省以上网电量 77.6 亿千瓦时位列榜首。此外，浙江省在垃圾焚烧发电各省项目数量排名、垃圾焚烧发电各省装机容量排名均列第一。

## 四、天然气行业生产与供应

2020 年我国天然气行业显示出较强韧性，稳中向好，表观消费量突破 3200 亿立方米，在能源消费总量中的比重提高至 8.5%左右，比 2015 年提高约2.6 个百分点，基本完成“十三五”规划目标。

我国天然气产量稳步提升。2020年全年生产天然气1925亿立方米，同比增长9.8%，超出消费量增速约2.6个百分点；年增量约163亿立方米，连续第四年年增产超过100亿立方米。产量增长仍主要集中在西南、长庆、塔里木三大主产区，合计占全国新增天然气产量的70%左右。2020年前期由于受新冠疫情的影响，产量较低，但是全年来看产量保持稳定增长，增速有所下滑。2020年我国累计生产液化石油气4448万吨，同比增长7.6%。2020年我国煤气产量保持较快增长，累计生产煤气15791.4亿立方米，同比增长7.3%，增速较2019年同期提升0.6个百分点。

我国天然气多元供应体系不断完善，供应能力持续增长。2020年全国天然气消费总量比2015年增长1348亿立方米，增幅70%。2020年国内天然气产量比2015年增加579亿立方米，5年增幅达43%，“十三五”时期年均增量超百亿立方米，年均增长7.4%。中俄东线天然气管道黑河—永清段（北段、中段）建成投运，俄罗斯天然气实现直通华北。新增LNG接收能力4920万吨/年，对重点地区冬季保供作用进一步提升。2020年天然气进口量比2015年增加789亿立方米，“十三五”时期年均增速18%。受国产气快速增长和新冠疫情抑制需求等因素的影响，我国天然气进口增速有所回落。根据国家统计局公布的数据，2020年中国天然气进口量为1404亿立方米，同比增长3.6%。

各方储气责任进一步压实，形成以地下储气库和沿海LNG接收站储罐为主，其他调峰方式为补充的综合调峰体系，在调节季节峰谷差、满足冬季高峰需求、保障重点供应等方面发挥了重要作用。另外，建立信息定期披露和托运商准入制度，加快推动管网公平开放。

城市燃气气源主要有人工煤气、液化石油气和天然气三大类。从燃气管道来看，2019年城市燃气管道总长度达到78.33万公里，其中天然气管道长度占比达到98.04%。从供气总量来看，2019年人工煤气、液化石油气、天然气供气总量分别为27.68亿立方米、1040.81万吨、1608.56亿立方米。从需求端来看，2019年城市燃气普及率达到97.29%，天然气城市燃气消费量达到1064亿立方米。

由此可见，我国天然气行业生产与供应呈快速增长的趋势，这得益于上游勘探能力和生产能力的提升，同时大力促进干线管道建设和管网互联互通以及储能等基础设施建设。随着我国碳达峰碳中和行动进一步推进落实，对天然气的需求将继续增加，在“十四五”期间仍然需要进一步提高供应能力和强化供应保障。

## 五、电力行业生产与供应

改革开放以来，我国电力行业生产与供应能力飞速发展，特别是2002年电力体制改革之后，电力供应短缺局面迅速扭转，电力生产运行安全性也在增加。

回顾近二十年全国电力行业生产状况，发电量增长迅猛，累计发电量维持在较高的增速水平，但近几年也有所放缓，且分区域发电情况差异较大，电力生产安全仍然不容忽视。2020年，全国全口径发电量为76264亿千瓦时，比上年增长4.1%，增速比上年下降0.7个百分点。其中，水电13553亿千瓦时，比上年增长4.1%（抽水蓄能335亿千瓦时，比上年增长5.0 %）。火电51770亿千瓦时，比上年增长2.6%（煤电46296亿千瓦时，比上年增长1.7%；天然气发电2525亿千瓦时，比上年增长8.6%）。核电3662亿千瓦时，比上年增长5.0%。并网风电4665亿千瓦时，比上年增长15.1%。并网太阳能发电2611亿千瓦时，比上年增长16.6%。2020年发电量增速在10%以上的省份仅有1个，而发电量负增长的省份却有6个，大部分省份发电量增速仍然在0～10%区间。虽然2020年全国没有发生重大以上电力人身伤亡事故，但电力人身伤亡事故仍有36起，事故数量同比增加1起，同比增幅3%，电力生产安全形势依然严峻。

近年来，随着特高压电网建设提速，城市配电网以及农网升级改造稳步推进，全国建设新增变电容量及输电线路长度持续增加，电力供应能力及可靠性不断增强。2020年全国发电设备平均利用小时数为3758小时，同比提升8.3%。水电设备平均利用小时数为3827小时，同比提升328小时。火电设备平均利用小时数为4216小时，同比提升360小时。核电设备平均利用小时数为7453小时，同比提升743小时。风电设备平均利用小时数为2073小时，同比提升191小时。2006～2020年，供电煤耗水平逐步下降，2020年供电煤耗率达到305克/千瓦时；截至2020年底，全国电网220千伏及以上输电线路回路长度为79.4万千米，比上年增长4.6%。全国电网220千伏及以上变电设备容量为45.3亿千伏安，比上年增长4.9%。建成投运30条特高压线路，跨区输电能力达到15615万千瓦。2019年和2020年连续两线路损失率在6%以下，分别为5.90%和5.62%；2020年全国人均用电量为5331千瓦时/人，比上年增加145千瓦时/人，全国电力供需形势总体平衡，为全社会疫情防控和国民经济发展提供坚强电力保障。

## 六、电信行业生产与供应

2009～2019年我国电信行业累计完成326414.5亿元业务量，年均增加31%。期间固定电话通话业务量以年均－15.6%的速率逐年迅速减少，2019年固话本地通话时长仅为1206.5亿分钟，较2009年减少82%。我国移动电话通话量经过2007～2013年快速增长后，在2015年开始缓慢负增长，显现出增长乏力的迹象，这表明移动电话通话可能遭受了互联网通信的冲击。2010年我国移动短信业务总量为8277.5亿条，到2017年下降至6641.4亿条，但2018年短信业务量又猛增至11398.6亿条，2019年进一步大幅增加达到15066.4亿条，总量占比达94.1%。尽管短信业务量总体下滑，但“非点对点短信业务量”仍然处于快速增加中，表明“非点对点短信”在我国通信服务中仍具有重要价值和大量需求。2012年我国移动互联网接入总流量仅为8.8亿GB，人均接入流量为0.649GB，到2019年总量达到1219.9亿GB，7年内增长26倍以上，到2019年手机接入流量在总接入流量中占比接近100%。

2009～2019年我国电信业固定电话用户以年均5.1%的速度持续减少，到2019年固话用户规模缩减至1.91亿户。而同一时期内，我国移动电话用户规模以年均8.8%的速度持续快速扩大，11年累计增加8.54亿户，至2019年达到16.01亿户，按当年年末全国总人口计算，移动电话普及率达到114.4部/百人，表明移动电话保有量可能接近饱和。2009～2019年间，我国互联网宽带接入用户逐年快速增加，年均增速达16.9%，十年累计增加3.45亿户。FTTH技术开始投放市场后，其用户占比急剧扩大，截至2019年达到92.9%，表明FTTH互联网接入技术在我国已基本实现普及。

## 七、铁路运输行业运输与服务能力

受2020年新冠肺炎疫情的影响，铁路运输客运量大幅下降，但是货运量依旧略有增长，铁路运输行业运输能力在疫情面前依旧坚挺。客运方面，2020年全国铁路旅客发送量为22.03亿人，比上年减少14.57亿人，下降39.8%。其中，国家铁路旅客发送量21.67亿人，比上年下降39.4%；全国铁路旅客周转量完成8266.19亿人公里，比上年减少6440.45亿人公里，下降43.8%。其中，国家铁路旅客周转量8258.10亿人公里，比上年下降43.2%。货运方面，2020年，全国铁路货运总发送量完成45.52亿吨，比上年增加1.40亿吨，增长3.2%。其中，国家铁路货运总发送量35.81亿吨，比上年增长4.1%。全国铁路货运总周转量完成30514.46亿吨公里，比上年增加297.10亿吨公里，增长1.0%。其中，国家铁路货运总周转量27397.83亿吨公里，比上年增长1.4%。铁路货运量占全社会的比重由2016年的7.7%提高到2020年的9.9%，铁路货运量和货运周转量双双位居世界第一。大秦、浩吉、瓦日等货运专线的运力优势显著，日均装车数、周转时长、旅行速度等多项货运指标均创历史最好水平。

## 第三节　公用事业发展的基本成效

### 一、供水行业基本成效

随着改革开放的深入，中国城市供水行业进行了以产权改革、竞争改革和监管改革为特征的市场化改革道路。在市场化改革之前，我国城市供水企业实行国有化为主体的运作模式，企业由政府建，领导由政府定，资金由政府拨，这促进了中国城市供水行业的发展，但也加大了地方政府的财政负担，从而使得地方政府开始愈发思考城市供水行业的体制机制变革问题。

从企业数量来看，我国水供应和生产行业规模以上企业数2004年为2416家，2019年为2422家，经历了十余年的起伏变化后，总体数量基本保持稳定。从供水企业员工人数来看，2004年国有控股企业员工人数为43.47万，到2011年降低至最低点的30.62万人，此后虽略有回升，但员工人数整体上呈现出下降趋势。与之相对的是，私营企业、外商和港澳台企业规模不断扩大。从企业规模来看，十余年来我国供水行业的国有控股企业数量有所下降，但其总资产却持续上涨，从2199.66亿元增至1.47万亿元，总体增长近6倍。相比国有控股企业，私营企业和外商投资企业的总资产增速更快。从供水企业收入来看，国有控股供水企业2004年的营业收入为467.79亿元，2019年增至2281.52亿元，增长超过5倍。与此同时，私营企业的营业收入由2005年的11.82亿元增至2019年的247.97亿元，增长近20倍，外商和港澳台投资企业的营业收入由2004年的26.73亿元增至2019年的478.16亿元，增长近17倍。从供水企业盈利能力来看，国有控股供水企业的盈利能力略显不足，2004～2009年一直处于亏损状态。与国有控股企业相比，私营企业和外商投资企业的市场活力更加充足、盈利能力更强。

## 二、排水与污水处理行业基本成效

我国污水处理行业快速、持续、稳定地发展，且取得了显著成效。污水排放标准和生产工艺不断提高，二级、三级污水处理厂的座数和处理能力双双大幅增长。2019年，全国二级、三级污水处理厂的座数从2006年的689座增加到2294座，增幅达232.95%，污水处理能力也相应地从2006年的5424.9万立方米/日增长到16902.4万立方米/日，增幅达211.57%。

人均污水处理能力出现了较大幅度的增长。2019年，人均污水处理能力为0.17立方米/(日·人)，较2001年增长了149%。分区域看，北京、上海、辽宁、广东、西藏、天津、浙江、江苏和吉林地区的人均污水处理能力超过0.2立方米/(日·人）位于全国前列，其中北京市以0.29立方米/(日·人）居全国之首，除了甘肃省的人均污水处理能力低于0.1立方米/(日·人)，其他省市的人均污水处理能力均位于0.1～0.2立方米/(日·人）之间。

污水处理厂的出水水质稳定达标。氧化沟、AAO、SBR等处理工艺在全国得到了普遍应用，基本能保证污水处理厂稳定达到一级B出水标准。部分发达地区污水处理厂的出水水质仍在不断提高，尤其是出水水质标准为一级A的污水处理厂数量占比逐年增大。2019年，全国有97.25%的污水处理厂的出水水质达到一级B以上标准。其中，出水水质为一级A标准的污水处理厂已占到全国污水处理厂总数的64.11%；出水水质为一级B标准的污水处理厂占比21.85%。出水水质标准为二级、三级的污水处理厂数量仅占不到3%，特别是出水水质为三级的污水处理厂数量极少。

2005年，国家设置了“十一五”期间污染物化学需氧量（COD）的总量控制指标，污水处理厂作为COD减排的重要手段，对COD的削减量持续增加。2019年，全国污水处理厂共削减COD 1535.7万吨，较2018年增长了116万吨，增幅8.21%。2005年全国城镇污水处理削减COD仅为420万吨，自国家将COD作为污染物削减的约束性指标以来，2019年较2005年COD削减量增长了近一千万吨，翻了三番多。

污水处理是COD削减的主要方式。2019年，全国污水处理厂COD进水浓度平均为254.35mg/L，较2018年降低了1.8mg/L，较2010年的312.03mg/L更是降低了57.68mg/L。与进水浓度相对的，全国污水处理厂的出水浓度不断降低，2019年的出水浓度已控制至19.54mg/L。2019年，单位污水COD削减量为234.81mg/L，与2018年的234.5mg/L相差不大，但是较2010年的274.73mg/L减少了近40mg/L。究其原因，主要是由于污水处理配套管网不断完善，污水收集率不断提高，加之工业企业违规排污查处日益严厉，污水处理厂的进水浓度逐年降低，我国 COD 单位削减成本不断提高。

污水处理资产产出比总体呈上升趋势，但近几年有所下降。我国污水处理行业资产产出比 2016 年最高，从 2007 年的 2.59 立方米/(日・万元）上升到 3.08 立方米/(日・万元)，之后趋于平稳，2019 年资产产出比为 2.95 立方米/(日・万元)。从各地的情况看，上海的资产产出比最高，为 4.29 立方米/(日・万元)，随后是山东和江西，分别为 4.24 立方米/(日・万元）和 4.23 立方米/(日・万元)。资产产出比最低的省份是贵州、北京和青海，分别为 1.75 立方米/(日・万元)、1.74 立方米/(日・万元）及 1.66 立方米/(日・万元)。

## 三、垃圾处理行业基本成效

垃圾清运量（密闭车清运量）是反映垃圾处理行业基本成效的指标之一。十年来我国城市垃圾清运量（密闭车清运量）逐年上升，2019 年城市垃圾清运量达到 24206 万吨，增长率为 6.15%；城市道路清扫保洁面积和机械化清扫面积也反映了一个城市垃圾处理行业的基本成效。我国城市道路清扫保洁面积和机械化清扫面积整体上保持上升趋势，其中，在 2019 年清扫面积达到 922124 万平方米，增长率达到 6%，增长率有所上升。

生活垃圾无害化处理率也是反映一个城市或县城垃圾处理行业基本成效的重要指标。随着垃圾行业的蓬勃发展，我国生活垃圾无害化处理率达到了相当高的水平。2009～2019 年城市生活垃圾处理量和无害化处理量逐年上升，垃圾无害化处理率从 2009 年的 71.4%上升到 2019 年的 99.2%。

2020 年，我国在垃圾分类和收集管理上也取得较大成效，2020 年固废产业研究中心对 46 个重点城市的垃圾分类标准进行了统计分析，40 个城市明确提出将易腐垃圾（或餐厨/厨余垃圾）作为分类垃圾之一，占比高达 87%，其中 25 个明确立法（出台管理条例或管理方案）的城市 100%将易腐垃圾单独进行划分，对居民而言，厨余垃圾的分类成为“违法必究”的义务，而餐厨垃圾的分类收运、合规处理已更早一步成为餐饮企业、单位食堂等地的规定动作。此番垃圾分类的全面推广，将过去区域性、运动式的“试点型”垃圾分类得以升级，成为影响整个有机固废行业，尤其是城镇地区有机固废（餐饮、厨余垃圾）全产业链发展的重大机遇。2021 年，《“十四五”城镇生活垃圾分类和处理设施发展规划》提出，到 2025 年底，全国城镇生活垃圾焚烧处理能力达到 80 万吨/日左右，城市生活垃圾焚烧处理能力占比 65%左右。在人口增长、城镇化等因素的驱动下，加之行业内部分公司仍有较高规模的未投运项目，未来垃圾焚烧行业投运产能有望稳步提升，支持业绩进一步增长。

## 四、天然气行业基本成效

2020年新冠肺炎疫情对我国经济社会发展产生了广泛而深刻的影响，但天然气领域发展却超出预期。市场凸显韧性，消费较快增长，城市燃气和工业用气均突破千亿立方米。产供储销体系建设持续推进，极寒时期天然气供应有保障。国内外市场供需宽松推动价格低位运行，我国天然气进口呈稳定增长态势，对外依存度进一步缓解，国家管网公司重组整合并正式运营，改革红利开始释放。

我国的天然气国内上产增储、全国一张网基本形成，形成了包括国外管道气、进口LNG等多元体系，天然气产、供、销体系日臻完善。“十三五”时期，我国油气勘探开发总投资1.36万亿元，年均增长7.0%。天然气新增探明地质储量5.6万亿立方米，其中常规天然气新增探明地质储量3.97万亿立方米，超额完成“十三五”规划目标，页岩气新增探明地质储量1.46万亿立方米，煤层气新增探明地质储量0.16万亿立方米。2020年全年生产天然气1925亿立方米，同比增长9.8%，增速超出消费量增速约2.6个百分点；年增量约163亿立方米，连续第四年年增产超过100亿立方米。

2020年，国家石油天然气管网集团有限公司加快重组整合，进入正式运营。一方面，推进管网互联互通和LNG接收站等重点工程建设，中俄东线中段投产后与东北管网、华北管网、陕京管道系统及大连LNG、唐山LNG、辽河储气库等互联，青宁天然气管道与长沙联通、福州联络线建成等，“全国一张网”不断完善。储备方面，2018～2020年中央预算拨出专项资金，推动储气库加速建设。截至2020年底，全国已形成储气能力超过200亿立方米，相当于全年消费量的6%左右。其中，累计建成27座地下储气库，有效工作气量143亿立方米，基本实现“十三五”规划目标。

天然气管道运输属于自然垄断环节业务，需要实施政府监管。天然气管道分为长输管道、省级天然气管道、城市天然气管道，当前，大部分长输管道和部分省级管道已经纳入国家管网公司经营范围，城市燃气企业通过特许经营模式在特许区域范围内经营城市天然气运输和销售，这些经营天然气管道的企业都是被监管主体。当前，我国天然气行业已经确立了“准许成本＋合理收益”的管网运输价格监管方法，以促进对管网运输价格，以及与之相关管网企业的投资、成本、质量等内容进行“精细化”深度干预。2019年5月，国家发展和改革委、国家能源局、住房和城乡建设部、国家市场监管总局四部门联合发布《油气管网设施公平开放监管办法》，推动天然气长输管网向第三方公平开放，天然气行业政府监管治理机制不断完善。

我国天然气行业经过多年发展取得了重大成效，能源安全保障能力不断增强，形成了产供销完整体系。体制改革不断深化，监管体系逐步完善。

## 五、电力行业基本成效

改革开放以来，随着经济体量的迅速扩大，我国电力行业开始高速发展，在发展速度、发展规模和发展质量方面取得了巨大成就，发生了翻天覆地的变化，在全国联网、解决没有使用上电人口等方面取得了举世瞩目的成绩。

我国电力行业运行成效突出。改革开放 40 多年来，我国电力工业从小到大，从弱到强，实现了跨越式快速发展。电力供应能力持续增强，截至 2020 年底，我国装机容量达到 22 亿千瓦，发电量 76264 亿千瓦时，分别是 1978 年的 38.5 倍和 29.7 倍以上；电网规模稳步增长。全国仅 220 千伏及以上输电线路回路长度就已经接近 80 万千米，220 千伏及以上变电设备容量已超过 45 亿千伏安；跨区输电能力大幅提升。2020 年全国跨省跨区输电能力达 1.4 亿千瓦；电网电压等级不断提升。至 2020 年底，我国共建成投运 30 条特高压线路；电源结构迈向多元化和清洁化。截至 2020 年底，全国火电装机 12.45 亿千瓦，在全国装机中占比 56.58%；水电装机 3.70 亿千瓦，占比 16.82%；核电装机 0.50 亿千瓦，占比 2.27%；风电装机 2.82 亿千瓦，占比 12.79%；太阳能发电装机 2.53 亿千瓦，占比 11.52%。电力科技水平、生产安全性不断提升；电力消费持续增长，由粗放型高速增长向中高速转变。

我国电力市场建设成效显著。我国坚持市场化的改革方向不动摇，市场作为资源配置的主导地位不断提升，也是推动电力工业快速发展的强大动力。在改革开放的大背景下，电力行业不断解放思想深化改革，经历了电力投资体制改革、政企分开、厂网分开、配售分开等改革。电力体制机制改革既是我国经济体制改革的重要组成部分，也是我国垄断行业走向竞争、迈向市场化的一种探索。电力领域每一次改革，都为电力行业以及社会经济激发出无穷活力，产生深远影响。在售电侧改革与电价改革、交易体制改革、发用电计划改革等协调推动下，2020 年电力市场建设加快，电力市场交易更加活跃，电力普遍服务水平显著提升。

我国电力行业节能减排力度持续加大。改革开放 40 多年来，我国电力行业持续致力于发输电技术以及污染物控制技术的创新发展，目前煤电机组发电效率、资源利用水平、污染物排放控制水平、二氧化碳排放控制水平等均达到世界先进水平，为国家生态文明建设和全国污染物减排、环境质量改善做出了积极贡献。截至 2020 年底，全国 6000 千瓦及以上火电厂供电标准煤耗 304.9 克/千瓦时，比1978年降低166.1克/千瓦时，煤电机组供电煤耗水平持续保持世界先进水平。全国线损率5.60%，比1978年降低3.44个百分点，居同等供电负荷密度国家先进水平。全国电力烟尘、二氧化硫、氮氧化物排放量分别约为15.5万吨、78.0万吨、87.4万吨，分别比上年下降15.1 %、12.7%、6.3 %。单位火电发电量烟尘、二氧化硫、氮氧化物排放分别为0.032克/千瓦时、0.160克/千瓦时、0.179克/千瓦时，分别比上年下降0.006克/千瓦时、0.027克/千瓦时、0.016克/千瓦时。

## 六、电信行业基本成效

2009年我国电信业完成了第二次拆分重组后，奠定了“移动、电信、联通三足鼎立”的基本行业格局。经过十年发展，我国电信行业在资产投资积累、行业经济效益以及业务普及等各个方面，均取得了长足进步和显著成效。

在经济效益方面，2009～2019年我国电信业业务总量保持快速增加，累计完成326414.5亿元业务量，年均增加31%。2019年电信业务总量达到1.74万亿元。与此同时，我国电信业收入以4.5%的年均速度逐年增加，并累计实现收入124243.9亿元，2019年全年实现收入13096.1亿元。同一时期内我国电信业累计花费成本73662.6亿元，年均增加7.9%，高于年均收入增速3.4个百分点。2019年当年花费成本达8941.3亿元。2009～2019年我国电信业累计实现利润17945.9亿元，年均涨幅1.8%，2019年实现利润1833.7亿元。

在固定资产方面，不同固定资产指标规模均以较快增速逐年扩大。2009～2019年间，我国电信业固定资产原值、固定资产总值以及固定资产净值分别以5.5%、3.2%和3.2%的年均增速逐年增加。2019年三项固定资产规模指标分别为40431.7亿元、33575.3亿元和15604.4亿元。2009～2019年间我国电信业固定资产折旧速度加快，新增固定资产比重持续下降。

在业务普及方面，2009～2019年我国移动电话普及率快速大幅提高，2013年我国移动电话普及率达到90.3部/百人，达到基本普及。2019年普及率进一步增加至114.4部/百人，为2009年普及率的2倍以上，表明移动电话在我国居民中已达到完全普及并接近饱和的状态。同期内，互联网固定宽带和移动互联网业务规模迅速扩大，互联网普及取得显著发展成效。2019年我国互联网普及率达到64.5%，也即每100人中平均有64.5人为互联网网民，为2009年的2.6倍。到2019年我国网民数量达到9.04亿人，网民数量年均增速达11.0%。移动电话和移动互联网通信的相继大规模普及，快速取代传统固定电话业务，固话普及率由2009年23.6部/百人下降至2019年的13.6部/百人。

## 七、铁路运输行业基本成效

铁路企业市场改革逐步推进。铁路建设融资渠道趋向多元化发展，政策支持民企参与铁路项目建设。2020 年 7 月，为加快推进交通基础设施高质量发展，国家发改委等多部门联合印发《关于支持民营企业参与交通基础设施建设发展的实施意见》，支持和鼓励民营企业参与铁路客货运站场经营开发、移动互联网服务、快递物流等业务经营。2020 年，京沪高铁、铁科轨道成功上市，有利于通过资本市场优化资源配置，实现铁路运输主业资本扩张、高效发展，提高经济、社会效益；大秦公司完成可转债发行，国家铁路资产证券化率由 1.3％提高到 5.4％。

科技构建铁路发展新引擎。现代交通领域的数据化、智能化已经成为新的效益增长点和核心竞争力，2020 年，铁路行业科技创新能力不断提升，铁路科技创新成果突出，技术标准不断完善，铁路装备制造技术水平不断提升，在轴承制造、智能高铁、安全控制系统等领域大幅度提高自身核心竞争力，形成具有独立自主知识产权的高铁建设和装备制造技术体系，为将来中国铁路走出去打下更加坚实的基础。

节能减排成效明显。助力打赢蓝天保卫战，深入推进运输结构调整，铁路货运市场份额增长至 9.5％，电化率提至 71.9％，国家铁路能源消耗折算标准煤 1548.83 万吨，比上年减少 87.27 万吨，下降 5.3％，铁路单位运输工作量综合能耗下降 17％。主要污染物排放量降低，国家铁路化学需氧量排放量 1634 吨，比上年减排 98 吨，降低 5.6％。二氧化硫排放量 3271 吨，比上年减排 2014 吨，降低 38.1％。节支降耗取得显著成效，全年节支降耗 1130 亿元。

# 第四节　公用事业智慧化水平

## 一、供水行业智慧化水平

智慧供水是解决水资源紧张、水安全环境以及节约用水等问题的重要途径。即借势“互联网＋”，智慧水务解决方案与 IT 系统、大数据服务手段等紧密结合，因地制宜地促进城市供水企业提高资源利用效率，推动供水企业的持续健康发展。中国供水智慧化发展经历三个阶段：即以自动化控制为核心，着眼于工艺优化以及生产效率的提升阶段；以企业信息化为核心，更多地在企业资源管理、移动应用、算法应用方面进行突破阶段；以大数据、人工智能、区块链的综合应用阶段。"十四五"期间，城市供水企业由传统供水企业向智慧供水企业转型，以及推进现有智慧供水企业实现智慧供水阶段跃迁是个关键议题。其中，由传统的供水企业数字化向供水企业数智化转型，将人工智能、数据挖掘、爬虫技术等应用到供水企业智慧化之中，从而实现让数据说真话、让数字推动科学决策的目的是供水行业智慧化水平提升的关键。

## 二、排水与污水处理行业智慧化水平

排水与污水处理行业的智慧化改革有利于行业的规范化和智能化管理，为推动排水与污水处理行业发展和提升系统效率提供重要的技术支撑和决策支持。党的十八大以来，中央高度重视数字化改革与发展，先后出台相关政策文件指导排水与污水处理智慧化改革，重点集中在排水管网和污水处理设施地理信息系统建设和智能化管理平台建设等方面，要求全面提升排水防涝数字化水平，积极应用地理信息、全球定位、遥感应用等技术系统，强化数字信息技术对排水防涝工作的支撑。重点城市和有条件的城市要尽快建立城市排水防涝数字信息化管控平台，实现日常管理、运行调度、灾情预判和辅助决策，提高城市排水防涝设施规划、建设、管理和应急水平。地级及以上城市依法有序建立管网地理信息系统并定期更新。在此基础上，提出重点城市要率先构建城市污水收集处理设施智能化管理平台，利用大数据、物联网、云计算等技术手段，逐步实现远程监控、信息采集、系统智能调度、事故智慧预警等功能，为设施运行维护管理、污染防治提供辅助决策。

地方积极开展数字化改革实践。排水与污水处理行业智慧化改革发端于污水处理企业的信息化改革，逐步延伸到排水与污水处理行业的信息化数据建设，进一步发展到行业一体化业务应用，进而实现城市整体智治下的系统改革。排水与污水处理行业智慧化改革源于污水处理企业的数字化应用，从早期的无纸化办公、局域OA办公到后期的运营自动化和管理自动化。行业主管部门主要是整合辖区内各类排水与污水处理设施信息资源，构建全行业、全过程、全覆盖的信息系统，主要为行业管理提供数据支撑。在整合了行业海量基础数据资源的基础上，依据排水系统和行业管理的特点，可以将排水规划、排水许可、污水处理、污泥处置、排水监测、排水收费、水量调度、排水执法、应急排水等业务设计应用功能，运用先进的新兴技术或数据处理模型，对信息系统中实时运行数据进行筛选、分析和处理，辅助决策管理层做出相应决策，并通过 Web 服务 、GIS 服务、移动应用服务等，提供可视化的信息应用发布、业务流程处理等功能支持。

随着信息技术的快速发展和新技术的广泛应用，以 5G、人工智能、云计算、大数据为代表的新技术，将不断推动排水于污水处理行业的智慧化改革。一方面，物联网技术实现了排水与污水处理的海量数据实时获取，云计算和大数据技术将融合多源数据，支撑应用系统适应快速、灵活的业务场景需求。另一方面，通过人工智能技术，整合数据资源，建设排水与污水处理智慧化管理平台，以“平台＋应用”相结合的建设模式，通过综合决策，实现态势感知、决策分析及联动指挥，提升排水与污水处理行业系统治理能力。

排水与污水处理行业智慧化水平包括智慧化运营和智慧化监管两方面。智慧化运营的基础单元是污水处理厂，主要包括两个层面：一是污水处理厂单厂的智慧化运营，重点集中在工艺流程的监控与优化、设备运维养护的管理与完善、行政办公管理的流转与集成以及用户服务的窗口与体验，其功能模块主要包含：自动化控制系统、运维养护系统、监测预警系统、办公管理系统和用户服务系统。二是污水处理厂群的集团智慧化运营，重点在于实现污水处理厂群的运维管理协同、污水处理厂群的绩效管理以及资源高效调度。

排水与污水处理行业智慧化监管是基于互联网、大数据等信息化技术方法获取和处理排水与污水处理信息，有效地监管排水与污水处理全过程。智慧化监管旨在通过信息化技术和排水与污水处理监管的深度融合，建立覆盖排水与污水处理全过程的感知网络，为排水与污水处理监管提供及时动态的数据基础，借助大数据、信息共享和人工智能等技术，为行业发展评价与预判、资源调度、突发事件预警及应急处置等监管决策提供可视化支持服务，其主要内容包括：数据管理、规划建设、考核评估、资源调度、应急管理等。

## 三、垃圾处理行业智慧化水平

随着社会的进步，智慧化技术的发展，城市垃圾处理行业智慧化工作已经成为城市管理与城市公共智慧化服务中的主要组成部分。在智能化技术的带动下，生活垃圾处理智慧化监管成为现阶段城市垃圾处理工作的主要内容，可以提升生活垃圾处理效果。垃圾处理智慧化并非是单个技术或单个产品，而是应用人工智能的感知和分析能力来提升垃圾分类的效能，在垃圾处理智慧化生态中处于技术的应用层，这取决于现有计算机视觉技术在分类识别中的应用能力和水平。目前垃圾分类领域智慧化应用现状，主要有基于人工智能技术的垃圾分类软件、智能分类垃圾桶（箱）、智能分拣设备三大类，这三类产品分别应用于垃圾分类的宣传教育环节、收集环节和处理环节。

在垃圾收集环节，通过“智慧收集”系统平台，实现“作业流程设定—提醒商户准备—车辆到达提醒—迅速随车投放—密闭转运处置”的收运新模式进行监管。在试点中不断加以改进，通过新增街道、居委等分级类目，方便用户找到点位；设计多次上门收运模式，使流程更趋精确；合理规划路线，避免信息重复提示；以车辆颜色区分设置干湿分类作业模式，并设自动警报功能。

在垃圾运输环节，搭建垃圾运输行业监管平台。垃圾监管平台的建设思路是深度结合业务应用场景，以最优化方案解决行业痛点。整体平台的功能构架，如可疑卸点分析、车辆密闭及举升监控、电子围栏限行等功能模块，都是为有效解决实际工作中的痛点和难点而精心设置的。有了这个平台，监管部门将变得“耳聪目明”，可及时发现车辆违规作业行为，并针对性采取限制举升、限制车速等措施，原来的洒漏扬尘、违规倾倒、车辆盲区、违规上路等问题将大为改观。

在垃圾处理环节，利用智能化手段对垃圾处理环节进行智慧化监管。可通过自动计算，准确统计转运数量，避免虚报，可作为绩效考核的重要依据，精准考核垃圾处理工作。例如针对疫情期间的医疗垃圾处理，智慧化手段既能精确获取科室固定时间段内所产生的医废数量，又能获取医废专管员的工作量。智慧化手段可多维度为主管部门提供垃圾处理各个环节精准的监管数据，为政府统筹规划垃圾处理生态提供可靠数据支撑，同时还对降低公共卫生风险起到一定的作用。

总之，随着智能技术的不断发展，给人们的生活带来了非常大的改变，同时，不同行业在智慧化技术的带动下也得到了非常好的发展。将智慧化技术引入到城市垃圾处理工作中，可以充分利用智能技术构建起垃圾处理监控体系，对垃圾处理进行实时监控，避免垃圾处理过程中超标情况的出现。因此，在构建生活垃圾智慧化监管体系时应将垃圾处理技术与智慧化技术进行充分结合，实现实时监控的目标，进一步加大生活垃圾无害化处理能力，并提升智慧化运营管理能力，实现垃圾处理减量化、资源化与无害化。

## 四、天然气行业智慧化水平

目前，我国大数据与人工智能技术在油气勘探开发领域的应用处于初期阶段，技术实力较为薄弱。研究制定大数据驱动油气勘探开发的发展战略，在地震、钻井、测井、油藏描述与油藏工程、智慧油田建设与装备健康管理等主要技术更新换代方面重点发力，确立其主要研究内容、技术路线和发展规划，是促进我国油气勘探开发行业转型升级的关键所在。上游勘探企业通过数字化转型驱动新商业模式、新生产模式和新产业生态。中石油在 2019 年率先建立梦想云平台，这是中国油气行业第一个形成规模的大数据平台。它以统一数据湖、统一技术平台、通用应用和标准规范体系为核心，将中国石油 60 多年的勘探与生产核心数据资产全面纳入，实现了油气勘探开发生产的跨越式迈进。对勘探与生产各个环节进行集成优化，包括地震处理与成像，地震与地质解释，形成评估方案，油藏表征及静态建模，油井设计，油藏工程模拟，油井施工、钻探、地质导向，生产建模等。数字化使石油公司可及时有效地了解分析油藏性状、远程采集现场数据、优化工作流程和物流，实现解放员工、提高效率、降低成本。

管网公司成立有利于更好地在全国范围内进行油气资源调配，提高油气资源的配置效率，保障油气能源安全稳定供应，这需要大量的数据分析提供依据。同时，为了保障国家管网公司将剩余管输和储存能力向社会公平开放，也需要国家管网提高智慧化水平。通过数字管网建设，将基于云架构建设数据、平台和应用服务，形成统一的共享服务平台。未来，平台将在信息发布、综合监督、辅助决策等方面发挥重要作用。除此之外，智能化技术在加快管道建设、保障天然气安全稳定供给方面也发挥着重要作用。

在天然气市场上，交易中心可通过市场机制促进油气勘探开发企业公开数据，获取上游企业的生产数据和下游燃气企业的数据，整合中游管网披露的数据，建立数据平台，运用数据挖掘技术预测市场供给、需求和价格，提高天然气市场化水平。

智慧燃气要在智慧城市建设的基础上同步推进。一方面，智慧燃气要融合于城市大系统的发展，要与城市特色和优势，以及城市信息化基础条件相结合；另一方面，智慧城市发展还应与企业发展思路、业务场景实情，以及资金实力、研发能力相结合。推进智慧燃气发展需要政府有明确的政策导向、补贴性的智慧燃气政策、在标准体系建设等方面达成共识。首先，要加强顶层设计，推进智能化标准体系建设。其次，要加强智能化设施投入，完成设施升级改造。再次，要完善数据库建设管理，增强智能化深度应用。最后，要完善智能信息平台，加强核心系统自主可控能力。

## 五、电力行业智慧化水平

伴随着产业转型升级，近年来中国经济增速放缓，电力需求放缓，电煤价格持续攀升，火电企业发电成本不断上升，发电企业增产增收不增效，经营形势严峻。随着“碳中和”的目标规划，电力行业将领先启动转型措施，面临如何通过集约化管理“提质增效”。电力行业智慧化建设是为了建立现代电力系统，实现安全、高效、绿色、低碳的电力生产与供应。

2020年中国电力行业智慧化投资在1100亿元以上，预计未来随着智慧化转型的持续，中国电力行业智慧化投资将以6.1%的规模增长，到2025年投资规模将达1575亿元。随着5G通信、人工智能、大数据、云计算、数字孪生和区块链等技术在电力行业中的应用，电力行业智慧化水平得到极大提升。

智慧化转型为电力行业创新升级提供了全新机遇，但同时也面临着巨大挑战。清洁能源和分布式技术的发展加速了电力供给形式分化，新能源的大规模推广应用依然存在诸多考验，如长时间稳定供给及恶劣突发性调控；同时，智慧化转型作为电力企业数字化技术融合应用的重大实践，在转型思路和转型方式上都是全新探索，如何衡量企业智慧化转型带来的电力价值变现和商业价值提升均是转型成果的重大挑战。面对考验与挑战，电力行业智慧化转型应做好顶层设计，科学制定转型路径规划，学习借鉴国内外成熟方案，理论指导实践，构建系统转型蓝图及智慧化转型提升目标，明确智慧化转型发展的优先级，构建企业核心数字化转型部门，共享标准数据信息，从而最终作用于电力企业商业服务创新和价值创造，提供专业化、差异化电力服务体验。同时，重视电力行业智慧化转型中的潜在风险，利用人工智能等技术搭建风险模型，建立电力行业智慧生态体系。

## 六、电信行业智慧化水平

当前我国电信行业智慧化主要体现在人工智能和大数据应用两方面。其中人工智能技术主要应用于电信网络的配置、管控、运维以及优化等方面，相应电信网络智能化能力处于初中级发展阶段①。大数据技术主要应用于电信行业的经营性业务营销和客户关系管理等方面。近年来，在行业业态改变和政策环境趋紧等多重合力推动下，我国电信行业已由“粗放式规模扩张”进入到“集约化存量经营”时代。在此新形势下，大数据的“精准性”技术功能与各大运营商的核心经营战略要求高度契合，从而促使大数据技术在电信行业中得到迅速推广和极为广泛深入的应用，并成为彰显我国近年来电信行业智慧化水平最为卓著的一面。

## 七、铁路运输行业智慧化水平

“数字化”和“智慧化”是当今时代的特征，数字化是技术基础，智能化是发展趋势。《新时代交通强国铁路先行规划纲要》（以下称《纲要》），提出了

① 中国人工智能发展联盟《电信行业人工智能应用白皮书（2021）》，15-16页。《电信行业人工智能应用白皮书（2021）》系统分析了当前我国电信网络中人工智能应用的总体发展态势与现状。

2035 年、2050 年发展目标和主要任务。《纲要》指出，到 2035 年，全国铁路网将达到 20 万公里左右，其中高铁将达到 7 万公里左右。智能高铁率先建成，智慧铁路加快实现，具体在装备技术、新型载具、铁路信息基础设施、客货运服务体系、经营管理等 5 大领域全面实现智慧化。

在客运领域，铁路运输行业综合旅客服务系统及 12306 互联网售票系统，采用云计算、大数据、移动互联网等先进信息技术，开发了电子支付、移动 App 应用及实名制核验等服务功能，实现了旅客网上自助购票、改签、退票等。打造一站式全程畅行服务生态链，电子客票、刷脸进出站、无感支付、无感安检、验检合一和智能引导等一大波便捷智能服务将得到普及。

在货运服务领域，未来将实现人、货、车、场等全要素全过程数字化、网联化和高效匹配，进而构建覆盖全国的铁路物流服务网络。95306 货运服务信息系统将进一步完善，实现在线受理、跟踪查询、电子票据、结算办理、货物交付及客户管理等一站式服务。建设信息互联共享、装备标准统一、票据一单到底、快速换装转运的多式联运体系。无人智慧场站将成标配，货运装卸作业及物流仓储均实现智能化。

# 第二章　供水行业发展报告

供水行业既是城市公用事业的重要组成部分，也是城市和国民经济发展的重要基础设施。城市供水行业是工商业生产经营、居民生活不可或缺的重要元素，在生产、生活、生态三者动态平衡中扮演着重要角色。自改革开放以来，伴随我国经济的飞速发展和城镇化进程的不断推进，城市经济发展与人口快速增长所带来的用水需要也对城市供水行业发展提出了更为迫切的现实需求。日益增长的城市用水需求，也对加强城市供水的生产和供应能力，提升城市供水行业建设水平，保障供水行业建设所需的充足资金提出了更高要求。多年来，我国将城市供水行业作为一项公益事业，由政府统一经营管理，由此带来了竞争机制缺乏、企业运营亏损、生产效率低下、服务质量较低、融资渠道单一等现实问题。为适应城镇化进程的客观需求，21 世纪以来，我国城市供水行业逐步推进市场化改革，这为城市供水行业的投资与建设注入新的活力。本章将从供水行业的投资与建设、供水行业的生产与供应、供水行业市场化成效、供水行业智慧化水平等方面，对我国城市供水行业的发展情况及存在的主要问题进行分析和评价。

# 第一节　供水行业投资与建设

多种渠道、来源充足的投资是城市供水行业发展的基础。早期我国城市供水行业基本依赖政府财政补贴，这在一定程度上限制了行业发展。近年来，随着城市供水行业市场化改革的推进，供水行业投资持续增加，依托于多种渠道投资，我国城市供水设施建设也得到不断完善。本节将主要通过总量时序变化趋势以及空间区域差异等角度，对我国城市供水行业投资与建设情况进行分析。

## 一、供水行业的投资现状

单一渠道的资金来源制约了行业发展，为进一步缓解融资压力，近年来我国城市供水行业开始逐步推行民营化，以促进行业融资主体的多元化。但我国城市供水行业在一定程度上面临着投资主体相对单一、区域间发展不平衡等现实问题。

### （一）我国城市供水行业投资增长时序分析

图 2-1 显示了改革开放以来我国城市供水行业的固定资产投资以及市政设施建设固定资产投资总额的变化趋势。改革开放以来，在我国经济高速增长的带动下，市政设施固定资产投资也实现了高速增长，城市供水行业固定资产投资也大幅提升。由图 2-1 可以看出，1979～2019 年我国市政设施固定资产投资总额由 14.15 亿元增至 20126.3 亿元，增长超过 1400 倍，推动了我国市政基础设施建设的快速发展。与此同时，城市供水行业固定资产投资由 1978 年的 3.4 亿元增加到 2019 年的 560.07 亿元，增长近 160 倍。改革开放以来，我国城市供水行业固定资产投资经历了阶段式增长。其中，1978～1991 年城市供水行业的投资主体主要是各级地方政府，这一阶段的城市供水行业投资增长较慢，10 余年增长了 5 倍左右。1991 开始，地方政府逐渐退出了行业的投资和运营。1991～2005 年，我国城市供水行业固定资产投资达到 225.6 亿元，在这一阶段总体增长 6.47 倍。自 2005 年开始，我国城市供水行业市场化改革进程进一步推进，城市供水行业固定资产投资实现了大幅增长。此外，不容忽视的一点是，由于投资主体和投资渠道相对单一等问题，近年来我国城市供水行业投资出现了阶段性的小幅波动，这在一定程度上制约了我国城市供水设施建设和行业的高质量发展。

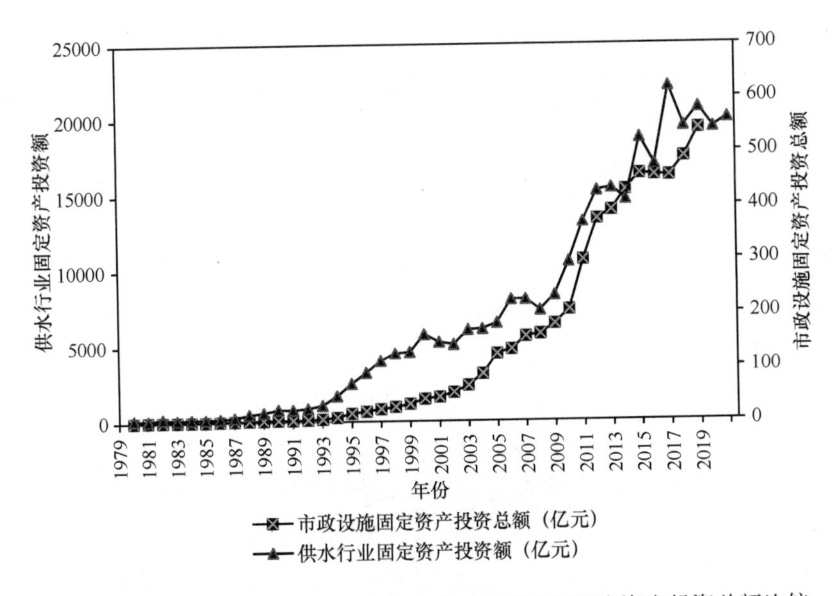


图 2-1　历年供水行业固定资产投资与市政设施建设固定资产投资总额比较

数据来源：《中国城市建设统计年鉴》(2019)，中国统计出版社，2020。

本部分将在对我国城市供水行业固定资产总体增长态势分析的基础上，通过供水行业固定资产投资占市政设施建设投资的比重来评价我国城市供水行业投资的相对水平。由图 2-2 可知，尽管改革开放以来我国城市供水行业投资总体上

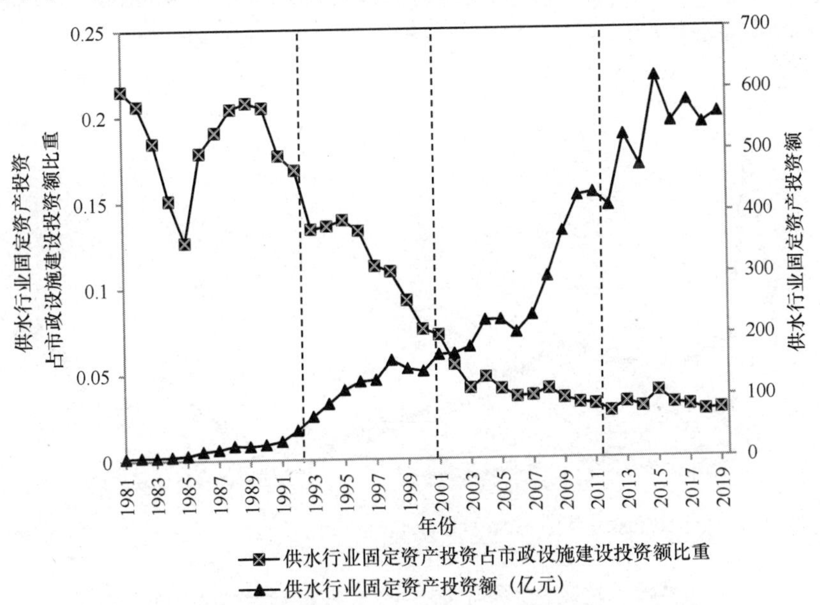


图 2-2　历年供水行业固定资产投资占市政设施建设投资额比重

数据来源：《中国城市建设统计年鉴》(2019)，中国统计出版社，2020。

升，但随着我国市政设施建设的多样化和人民生活水平的不断提高，城市交通、燃气、供水处理、园林绿化等行业投资逐步超越了供水行业，导致供水行业固定资产投资占整个市政设施建设投资比重持续下降。1978 年，我国城市供水行业固定资产投资占整个市政建设投资比重为 39.2%，此后在 1980 年达到峰值 46.53%，1981 年降至 21.5%，此后一直稳定在 20%左右，其中 1985 年达到一个阶段性低谷 12.66%，然后再度提升至 20%左右，但在 1990 年以来供水行业固定资产投资占市政设施建设投资比重持续下降。2000 年以来，我国供水行业固定资产投资占整个市政设施建设投资比重降至 10%以下，2010 年以来更是降至 3%左右。截至 2019 年我国城市供水行业固定资产投资占比也仅为 2.78%。

由图 2-3 可以看到，改革开放之初，我国城市供水行业固定资产投资占整个市政设施建设投资比重远远领先其他行业，但自 1978 年以来，城市轨道交通、排水以及园林绿化等行业固定资产投资占比均有所上升。其中，尤其以城市轨道交通固定资产投资增长幅度最大，这主要是由于我国城市化进程加快，城市人口扩张迅速，对地铁等交通方式需求迫切，推动了城市轨道交通投资。目前我国城市供水行业固定资产投资占比已低于排水、轨道交通、园林绿化等行业。1990 年我国城市供水行业固定资产投资占比约为 20.46%，城市轨道交通固定资产投资占比为 7.51%，排水行业固定资产投资占比为 7.92%，园林绿化固定资产投资占比为 2.39%，供水行业固定资产投资占比仍明显高于其他行业。2019 年城市供水行业固定资产投资占比降至 2.78%，而城市排水资产投资占比则上升至 7.76%。2019 年城市轨道交通固定资产投资相比上一年略有下降，但也达到

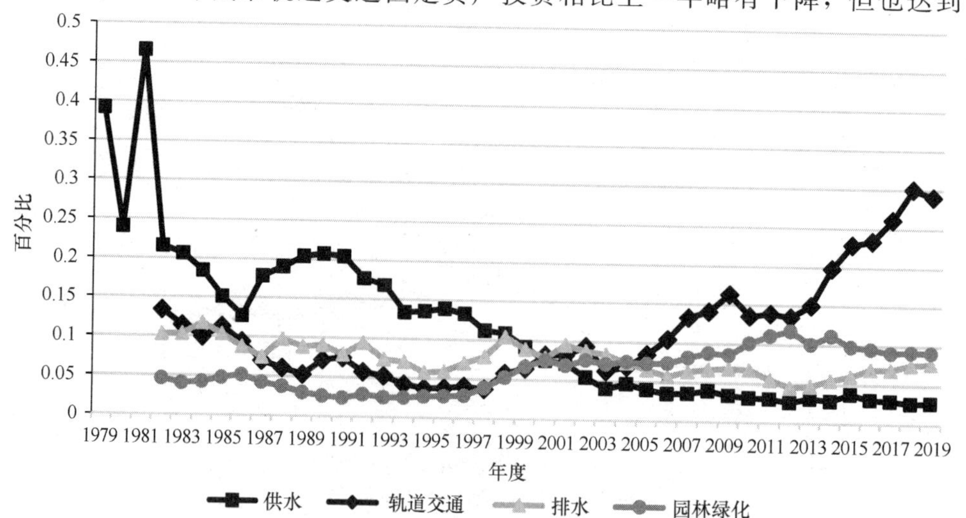


图 2-3　历年供水行业固定资产投资占比与其他市政公用事业行业比较

数据来源：《中国城市建设统计年鉴》(2019)，中国统计出版社，2020。

5855.6 亿元，约为供水行业固定资产投资的 10 倍有余，投资占比达到 29.09%，园林绿化固定资产投资占比也达到 9.17%。以上数据一方面反映出轨道交通、园林绿化等行业逐步成为市政公用事业的发展重点，另一方面也反映出我国城市供水行业投资不足的现实。

## （二）城市供水行业投资空间区域分析

由于地区发展不均衡，我国城市供水行业投资一直都存在着空间区域发展不平衡的问题。如图 2-4 所示，2018 年我国东部地区城市供水行业固定资产投资占比约为 61%，中部和西部地区仅占 22%和 17%。2019 年我国东部地区城市供水行业固定资产投资额为 289.65 亿元，相比 2018 年下降了 13.3%；中部地区固定资产投资额为 152.24 亿元，相比 2018 年上升了 28.93%；西部地区的固定资产投资额 118.18 亿元，相比 2018 年上升了 30%，扭转了过去两年持续下滑的趋势。2019 年我国东部地区供水行业固定资产投资占比大幅降至 52%，中部地区和西部地区则分别上升至 27%和 21%。不同于 2018 年总体下降的趋势，2019 年我国城市供水行业固定资产投资总额相比上一年有所提升，增长全部来自中西部地区，这进一步缩小了我国城市供水行业投资的区域间差距。

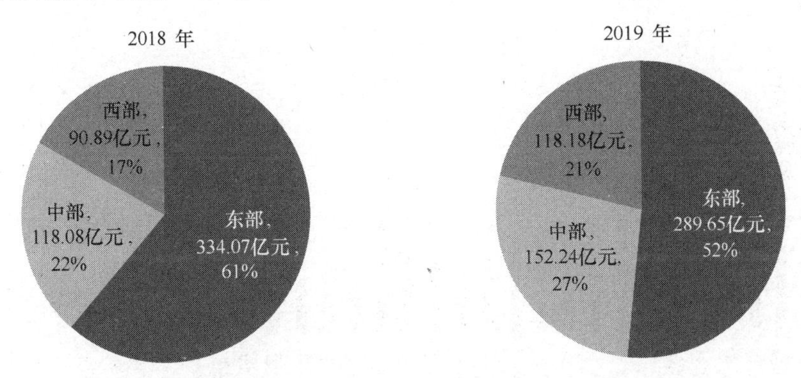


图 2-4 2018 年、2019 年我国东中西部地区供水行业固定资产投资额

数据来源：《中国城市建设统计年鉴》(2019)，中国统计出版社，2020。

尽管 2019 年我国东中西部地区城市供水行业固定资产投资差距有所缩小，总体上看区域间不平衡仍是当前我国城市供水行业投资面临的严重问题，投资的不平衡直接导致了中西部地区供水行业设施建设和行业发展落后于东部地区。原因在于我国东中西部地区间经济发展不平衡，作为我国经济相对发达的东部地区，城市基础设施建设优势明显，供水行业融资资金来源充足，而中西部地区则无论在经济发展水平还是人口用水需求方面均相对落后，这造成了区域投资增长不平衡的局面。

图 2-5 进一步对比了我国各地区 2019 年城市供水行业的固定资产投资情况。2019 年浙江超越江苏成为我国城市供水行业固定资产投资最多的省份，投资额为 61.38 亿元，其次为江苏和福建，固定资产投资分别为 46.45 亿元和 41.45 亿元。以上三省也是 2019 年我国各省中仅有的城市供水行业固定资产投资超过 40 亿元的省份。2019 年供水行业固定资产投资最低的省（区、市）分别为宁夏、新疆兵团和天津，其中宁夏 2019 年供水行业固定资产投资仅为 3296 万元，也是唯一一个供水行业固定资产投资未超过 1 亿元的地区。2018 年我国城市供水行业各省平均固定资产投资额为 18.07 亿元，其中浙江、江苏、福建、山东、湖南、广东、四川、安徽、北京、江西、重庆等 11 个省市固定资产投资额超过平均值，其中 6 个省份来自东部地区，3 个省份来自中部地区，2 个省份来自西部地区，由此可见，我国城市供水行业固定资产投资区域不平衡的局面在 2019 年得到了一定程度的缓解。从供水行业固定资产投资占市政设施建设投资总额比重来看，辽宁最高，比重约为 9.23%，宁夏和天津最低，均低于 1%，共有 15 个省份高于全国平均水平，16 个省份低于全国平均水平。

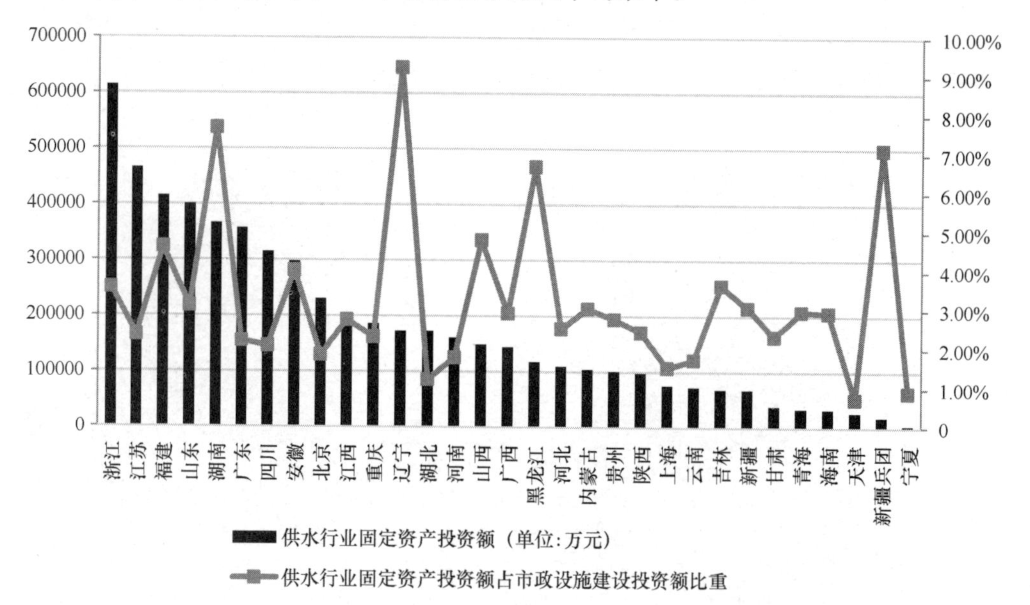


图 2-5　2019 年各地区供水行业固定资产投资额及投资额占市政设施建设投资额比重

数据来源：《中国城市建设统计年鉴》(2019)，中国统计出版社，2020。

图 2-6 进一步分析了 2019 年我国各省（区、市）城市供水行业固定资产投资相比前一年度的变化情况。江苏连续两年成为供水行业固定资产投资额降幅最大的省份，2018 年下降 21.72 亿元，2019 年下降 46.39 亿元，因而退居全国各省供水行业固定资产投资额第二位，原因之一是该省供水行业前期投入领先较

多，供水行业基础设施建设较为完备。湖南实现最大幅度的增长，2019 年相比 2018 年投资额增长了 20.70 亿元，其次为山西，增长 12.87 亿元，以上两个省份也是 2019 年仅有的供水行业固定资产投资增长超过 10 亿元的省份。2019 年共有 11 个省份供水行业固定资产投资相比上一年有所下降，其中江苏和北京下降幅度均超过 10 亿元，共有 19 个省份供水行业固定资产投资实现增长，其中共有 5 个省市来自东部地区，5 个省份来自中部地区，9 个省份来自西部地区，增幅较大的几个省市中，包括了湖南、山西、安徽等中部地区和四川、贵州、内蒙古、广西等西部地区，这再次说明了在 2019 年我国城市供水行业固定资产投资有所下降的整体背景下，区域不平衡问题有所缓解。

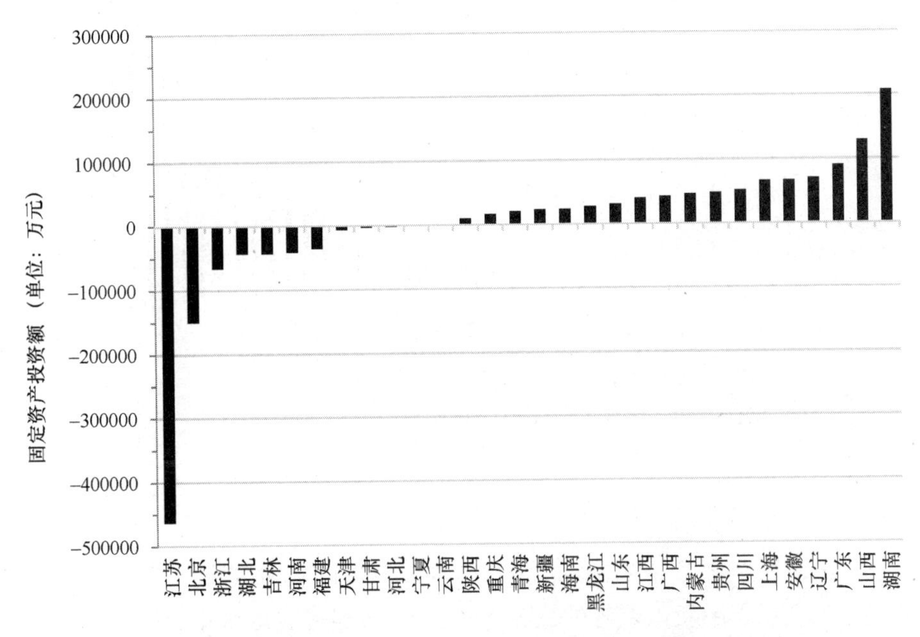


图 2-6　2019 年各省（区、市）供水行业固定资产投资相较上年变化

数据来源：《中国城市建设统计年鉴》（2019），中国统计出版社，2020。

### （三）供水行业投融资增速相对落后于经济发展和城市化进程

改革开放以来，我国经济高速增长，城市化进程也在不断推进，城市规模不断扩大，城市人口持续增长，这对城市供水行业发展提出了更高要求。

图 2-7 将我国国内生产总值（GDP）与城市供水行业投资进行了对比。改革开放 40 余年来，我国 GDP 持续快速增长，2019 年接近 10 万亿元大关。与之相比，我国城市供水行业固定资产投资增速明显低于经济增速，表现为近 20 年来供水行业固定资产投资占 GDP 的比重连续下降。在 20 世纪 90 年代，我国城市

供水行业高速发展，供水行业固定资产投资快速增长，城市供水行业固定资产投资占 GDP 的比重不断增加。21 世纪以来，我国城市供水行业固定资产投资增速放缓，明显落后于经济增速，城市供水行业固定资产投资占 GDP 的比重连年下降，截至 2019 年，供水行业固定资产投资占 GDP 比重仅为 0.05%。在我国经济高速发展的背景下，城市供水行业投资建设低于经济发展速度，在共同富裕背景下，也需要加大我国城市供水行业的投资力度。

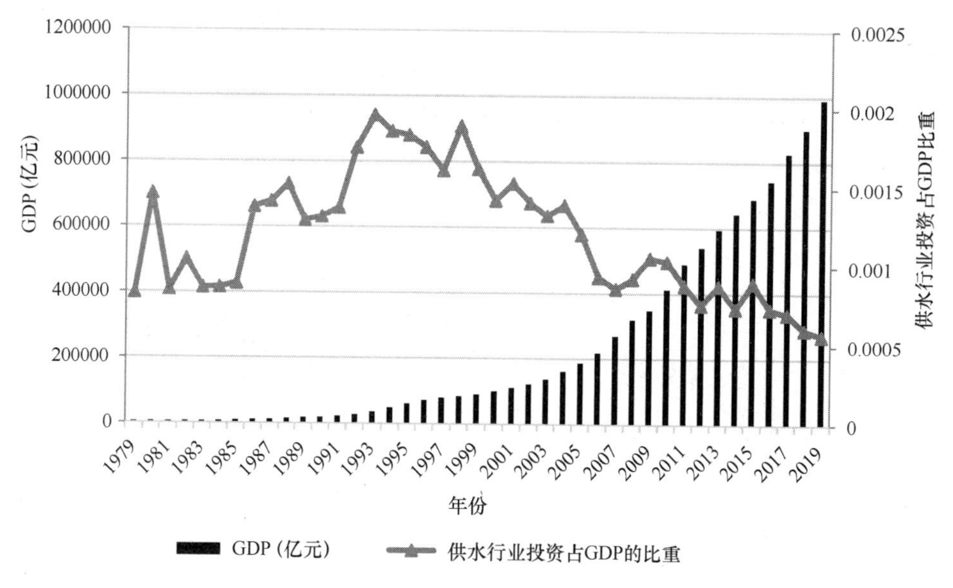


图 2-7 历年供水行业固定资产投资占 GDP 比重

数据来源：《中国城市建设统计年鉴》(2019)，中国统计出版社，2020。

图 2-8 从另一角度将我国城市化率与城市供水行业固定资产投资占 GDP 比重进行了对比。伴随我国经济的快速发展，40 余年来我国城市化率也呈现持续上升的态势。1979 年我国城市人口占总人口的比重仅为 18.96%，2019 年增至 60.60%。尽管城市化进程的不断推进对城市用水提出了更高要求，但 21 世纪以来我国城市供水行业固定资产投资占 GDP 比重逐年下降。

## 二、供水行业的投资问题

有关城市供水行业的投资问题，一方面来自城市供水设施供给不足与城市化进程加快引起需求增长之间的供需矛盾，另一方面是在一定程度上经营者缺乏经营意识，导致项目运营效率偏低。具体而言，我国城市供水行业投融资问题主要表现在投融资资金短缺和投融资效率偏低两个方面。

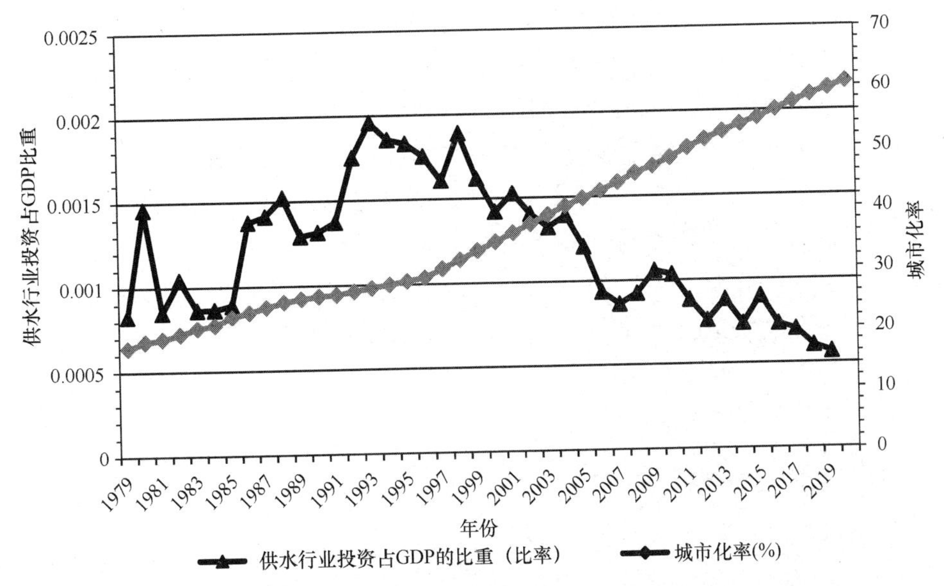


图 2-8　历年供水行业固定资产投资占 GDP 比重与城市化率比较

数据来源：《中国城市建设统计年鉴》和《中国统计年鉴》(2018)，中国统计出版社，2019。

## （一）融资渠道相对单一，融资成本相对较高

供水行业的技术经济特征决定了该行业资产专用性强、沉淀成本高，因此，初始建设和更新改造投入成本巨大。长期以来，供水行业主要依靠政府财政资金拨款运营，国有资本在供水行业中占据主导地位。进入 21 世纪以来我国供水行业开始推行投融资体制改革，以企业为主体的项目融资和政策性融资逐渐成为城市供水行业投融资的主要形式，民营资本、外资逐步进入城市供水行业。

城市供水行业融资的另一个问题是资金筹措相对困难。一般而言，一个建设项目启动需要项目投资人注入资本金，而剩余建设资金则经常需要依靠项目贷款，目前我国城市供水行业项目后续建设资金的主要融资方式仍为政策银行或商业银行贷款，一方面项目投资人的资本金出资占项目总投资的比例取决于多方面因素，另一方面项目贷款融资又依赖于项目建设手续的合法化，而在现实中建设手续的办理通常不能与建设进度匹配，从而造成贷款融资困难。考虑到较高的资本金比例制约了城市供水行业的项目发展，资产融资也成为行业融资的一个重要方式，资产融资具体又包括依托存量资产的策略性融资、实质性的资产转让、通过上市公司盘活资产等一系列方式，但相对复杂的融资工具往往也会提高融资成本。

为了破解城市供水行业融资渠道不畅难题，一些地方政府还组建了水务投融

资平台，同时兼具政府平台和产业平台的双重角色，承担公益性项目建设和开展经营性生产活动双重任务。但在实际运营中地方水务平台融资也面临着诸多困难，首先是政策导向收窄、政府支持力度下降，2014 年 9 月国务院出台《关于加强地方政府性债务管理的意见》（国发〔2014〕43 号），要求地方政府不得通过平台公司进行举债。地方投融资平台公司的融资功能削弱，由于受到地方政府债务规模和地方政府担保承诺的双重限制，水务平台公司融资能力受到影响。其次，地方投融资平台公司由于兼具政府和企业双重身份，导致公司体制机制难以理顺，法人治理难以到位。最后，城市水务行业的技术经济特征决定了行业市场化程度相对较低、市场主体地位难以确认的现实问题，以上因素导致了地方投融资平台难以发挥预期作用。

### （二）投融资效率相对较低

城市供水行业投融资体制改革的直接目的是通过拓宽融资渠道和资金来源改进行业建设水平、提高行业经营效率，根本目的在于满足城市生产和生活用水需求。尽管当前我国城市供水行业投融资规模以各种方式不断扩大，但投融资效率却并不理想。原因在于企业经营效益不高，成本回收困难。城市供水行业技术经济特征决定了城市供水行业初始建设和改建投入巨大，项目资金回流较慢，一些供水企业以超出原值数倍的价格出售资产，最终却只能微利、保本甚至亏损，上游企业压力转嫁于消费者，进一步增加了消费者和政府的财政压力。

尽管我国城市供水行业市场化改革取得了一定成效，但国有资本在行业中居于主导地位的局面并未改变，投融资结构相对单一，企业投融资效率不高以及区域间发展不平衡的问题在一定程度上制约了城市供水行业的高质量发展。

## 三、供水行业的建设现状

本部分将主要从城市供水综合生产能力及供水管道长度等指标综合分析我国城市供水行业的建设现状。

### （一）城市供水综合生产能力现状

图 2-9 报告了 1979～2019 年我国城市供水行业供水综合生产能力的变化趋势，由图可知，改革开放以来我国城市供水行业的综合生产能力持续提升。从 1986 年开始供水综合生产能力的统计口径发生变化，因此本书以 1986 年作为分界线对 1986 年前后我国城市供水行业的综合生产能力进行比较。1978～1985 年间，我国城市供水行业综合生产能力由 2530.4 万立方米/日增至 4019.7 万立方

米/日，年平均增长 8.41%。1986 年以后我国城市供水综合生产能力增速进一步提升，仅在 2005 年、2007 年和 2011 年出现短暂下调，其他年份均实现了快速增长，1986～2019 年 30 余年间城市供水行业的综合生产能力总体增长 1.97 倍，年均增长 5.79%。尽管 2019 年我国城市供水综合生产能力相较上年略有回落，但仍达到 30897.8 万立方米/日。

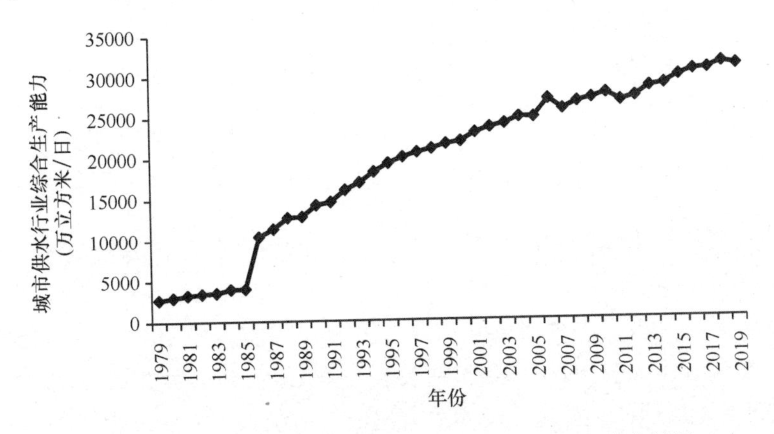


图 2-9　1979～2019 年城市供水行业综合生产能力变化情况

数据来源：《中国城市建设统计年鉴》(2019)，中国统计出版社，2020。

注：1979～1985 年综合供水生产能力为系统内数。

图 2-10 反映了 2019 年我国城市供水行业综合生产能力的区域间差异。与城市供水行业固定资产投资类似，我国城市供水综合生产能力较高省份也主要集中

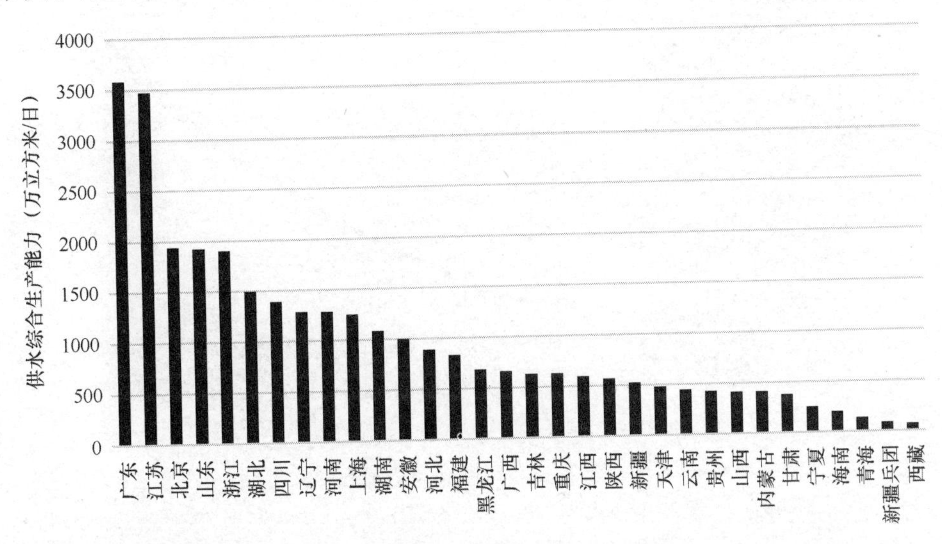


图 2-10　2019 年我国各省（区、市）城市供水行业综合生产能力

数据来源：《中国城市建设统计年鉴》(2019)，中国统计出版社，2020。

在东部地区。其中，排名前五位的省份均来自东部地区，分别为广东、江苏、北京、山东和浙江，广东和江苏两省的城市供水综合生产能力超过 3000 万立方米/日，广东为 3584.08 万立方米/日，江苏为 3472.52 万立方米/日，北京位列第三，为 1942.56 万立方米/日，山东和浙江分别为 1924.95 万立方米/日和 1902.37 万立方米/日，青海、新疆兵团和西藏排名后 3 位，分别为 136.01 万立方米/日、83.70 万立方米/日和 66.97 立方米/日。2019 年，全国共有 11 个省份供水行业综合生产能力超过 1000 万立方米/日，包括 7 个东部地区省份、3 个中部地区省份和 1 个西部地区省份。

### （二）城市供水管道建设情况

本节将通过城市供水管道建设里程进一步分析我国城市供水行业的基础设施建设情况。如图 2-11 所示，由于 1996 年供水管道里程统计口径发生变化，我们以该年度为界线分析我国城市供水管道里程的变化趋势。1979 年我国城市供水管道总长度为 39406 公里，1995 年增长到 138701 公里，共增长了 2.52 倍。新统计口径下，1996 年我国城市供水管道长度为 202613 公里，到 2019 年已增长至 920082 公里，相比 1979 年总体增加了 22.35 倍，年均增加 21479.9 公里，相比 1996 年增长了 3.54 倍，年均增加 29894.54 公里。由此可见，改革开放 40 余年来，我国城市供水行业管道建设取得了巨大成就。

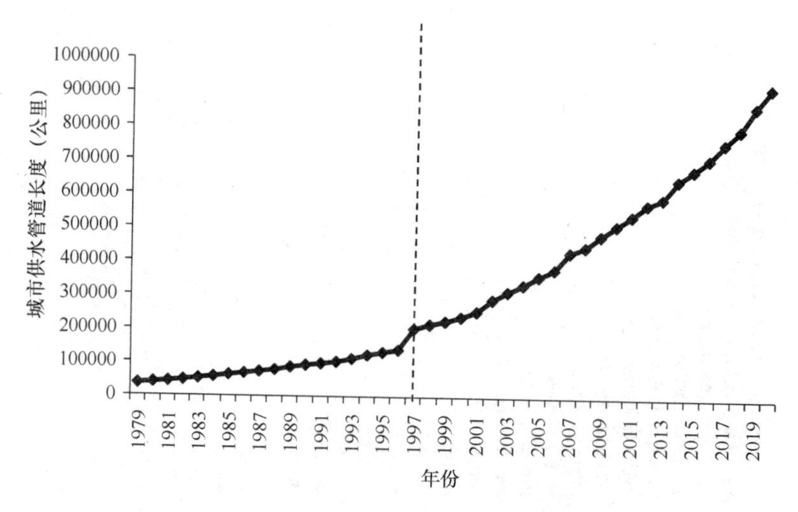


图 2-11　1979～2019 年城市供水管道长度

数据来源：《中国城市建设统计年鉴》（2019），中国统计出版社，2020。

注：1979～1995 年供水管道长度为系统内数据。

图 2-12 反映了 2019 年我国各省（区、市）供水行业管道建设的区域间差异。截至 2019 年全国共有 4 个省份的供水管道长度超过 50000 公里，分别为广东、江苏、浙江和山东，以上 4 个省份全部来自东部地区，其中广东和江苏供水管道长度超过 10 万公里。截至 2019 年，共有新疆、海南、甘肃、宁夏、青海、西藏、新疆兵团 7 个省份和地区的供水管道长度低于 1 万公里。考虑 2019 年开始将新疆维吾尔自治区与新疆兵团分开统计，实际上共有 5 个省份的供水管道长度不足 1 万公里，在这 5 个省份中除地理面积较小的海南外全部来自西部省份，这说明我国东西部之间的供水管道建设存在较大差距。

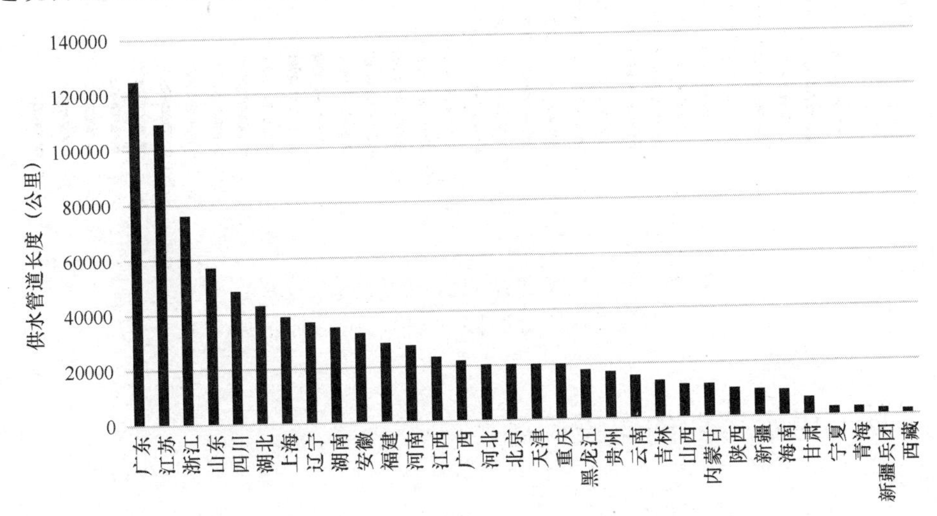


图 2-12　2019 年各省（区、市）城市供水管道长度

数据来源：《中国城市建设统计年鉴》（2019），中国统计出版社，2020。

由于各省地域面积差异较大，单纯通过供水管道长度无法全面准确地判断该省份的实际供水行业建设水平，本书将城市供水管道密度定义为单位建成区面积的供水管道长度，并通过建成区供水管道密度进一步分析各省供水行业建设情况。如图 2-13 所示，近年来上海、海南、浙江等省份的城市供水管道密度一直维持在较高水平。2019 年上海供水管道密度全国最高，为 31.40 公里/平方公里，是全国唯一供水管道密度超过 30 公里/平方公里的省份。由于海南省地域面积较小，其供水管道密度位居全国前列，为 22.98 公里/平方公里。2019 年广东和北京的供水管道密度排位有所下降。2019 年供水管道密度超过 20 公里/平方公里的省份仅有上海和海南两地，超过 10 公里/平方公里的共有 16 个省市，建成区供水管道密度低于 10 公里/平方公里的省份则有包括山东、黑龙江、山西、湖北、新疆兵团、内蒙古、河北、河南、新疆、吉林、北京、陕西、甘肃、宁夏。其中包括 3 个东部省份、5 个中部省份和 6 个西部省份或地区。由此可见，考虑到区域面积因素后，我国各省份供水管道密度的区域间差异仍然比较明显，东部地区供水管道密度明显领先于中西部地区。

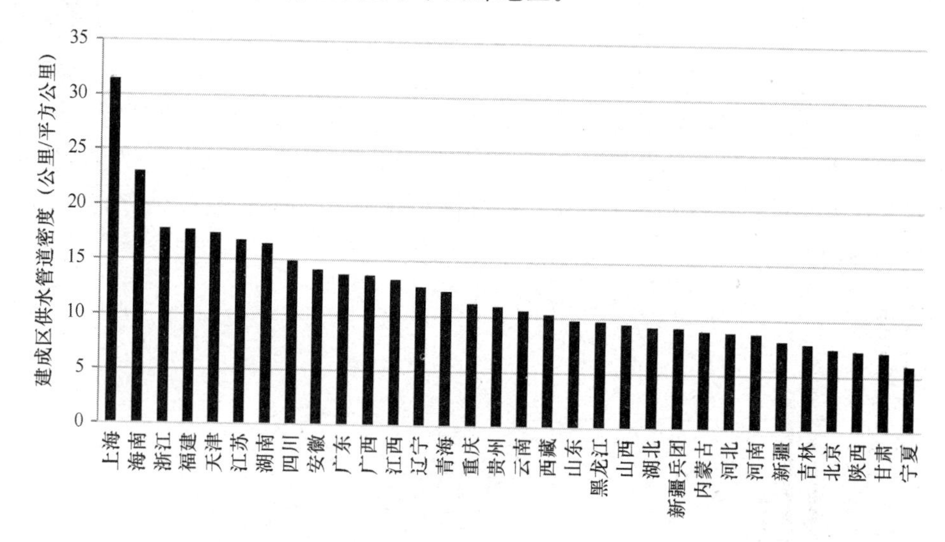


图 2-13　2019 年各省（区、市）供水管道密度

数据来源：《中国城市建设统计年鉴》(2019)，中国统计出版社，2020。

## 四、供水行业的建设问题

尽管近年来我国城市供水行业投资力度不断加大，行业建设逐步推进，但仍存在诸多问题。主要体现在以下几个方面：

### （一）供水管道建设水平有待进一步提升

随着我国城市供水行业建设的不断推进，我国各省供水管道长度持续增加，但城市供水管道建设仍存在一定缺口。图 2-14 报告了 1979～2019 年 40 年来我国每年新增供水管道长度占管道总长度的比例。近 40 年来我国新增城市供水管道长度占管道总长度的比例一直处于较为稳定的水平，以 1996 年为界，1996 年以前，我国平均每年新增供水管道长度占管道总长度的比例约为 7.62%，1996 年当年新增供水管道长度为历年最高，超过管道总长度 30%，1996 年以后，在我国城市化水平快速提高的背景下，城市新增供水管道长度占管道总长度的比例并未显著提升，甚至在一些年份呈现出下降趋势。

图 2-15 进一步将 2019 年各省份新增供水管道长度与当年供水行业固定资产投资进行对比，以此说明供水行业投资资金的利用情况。2019 年所有省份中，湖北新增供水管道长度位列第一，浙江供水行业固定资产投资最多，在所有东部

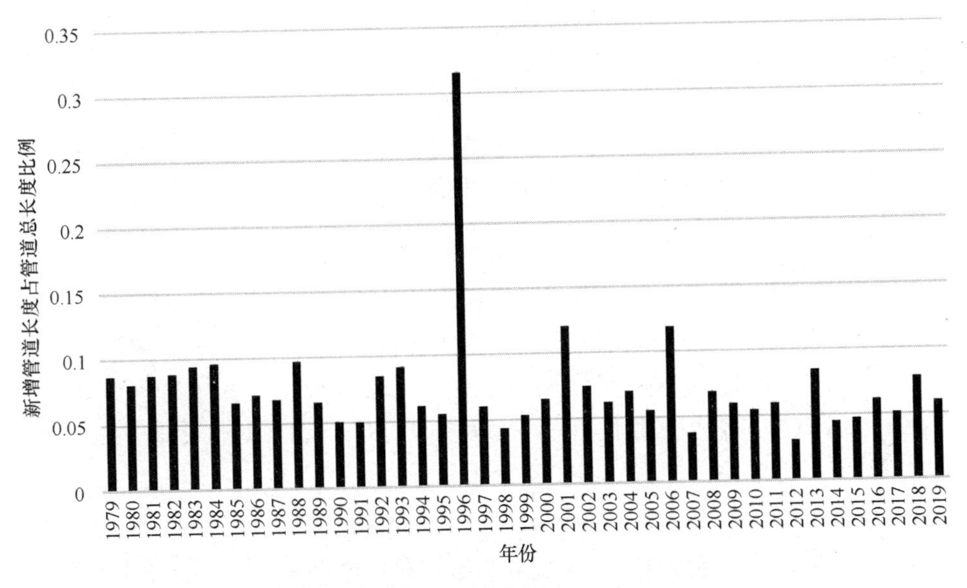


图 2-14　历年城市新增管道长度占管道总长度比例

数据来源：《中国城市建设统计年鉴》(2019)，中国统计出版社，2020。

注：1979～1995 年供水管道长度为系统内数据。

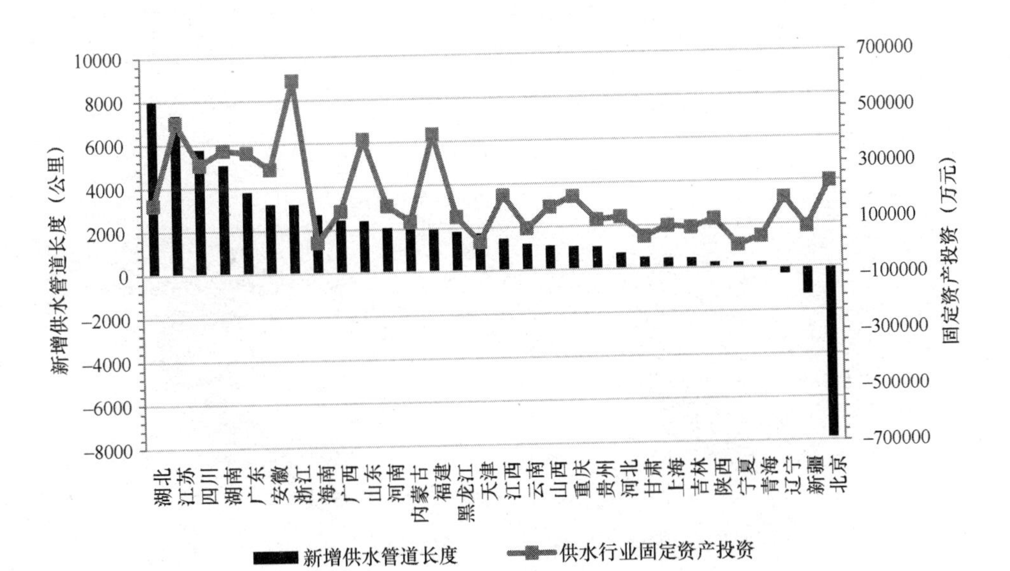


图 2-15　2019 年各省（区、市）新增供水管道长度与供水行业固定资产投资

数据来源：《中国城市建设统计年鉴》(2019)，中国统计出版社，2020。

省份中，江苏、浙江、广东三省新增供水管道长度与固定资产投资额均位居前列，说明以上三省供水行业投资力度和供水管道建设均处于较高水平，投资利用率也较为理想。另外，青海、新疆、宁夏等西部地区本身供水行业投资不足，因此新增供水管道里程数相对落后。

### （二）供水设施建设水平区域间差异明显

我国城市供水行业投资与建设也均存在着区域间不平衡问题，图 2-16、图 2-17分别展示了我国东中西部地区间供水管道建设和人均供水量差异。2019 年我国东部地区供水管道长度为 542426.9 公里，相比上一年增长 3.72%；中部地区供水管道长度为 205476.8 公里，相比上一年增长 1.06%；西部地区供水管道长度为 172178.4 公里，相比上一年增长 10.05%。2018 年中部地区供水管道长度大幅增长，2019 年西部地区供水管道长度增幅领先东部和中部，东部地区供水管道长度增速保持稳定。目前我国东部地区供水管道长度仍大幅超过中西部地区总和，东、中、西部地区供水管道长度相对比例近年来也未发生明显变化。总体而言，我国城市供水行业建设区域间发展不平衡现象仍较为显著。从人均供水量来看（图 2-17），2018 年东部地区人均供水量为 129.79 万立方米，相比上一年继续下降，降幅为 1.73%，连续三年有所下滑；中部地区为 110.93 万立方米，相比 2018 年上升 0.74%，西部地区为 112.77 万立方米，相比 2018 年增长 0.62%。尽管涨幅较小，但在东部地区人均供水量连续下降的同时，2019 年中西部地区人均用水量均实现增长，这在一定程度上缓解了区域间供水行业发展不平衡的局面。

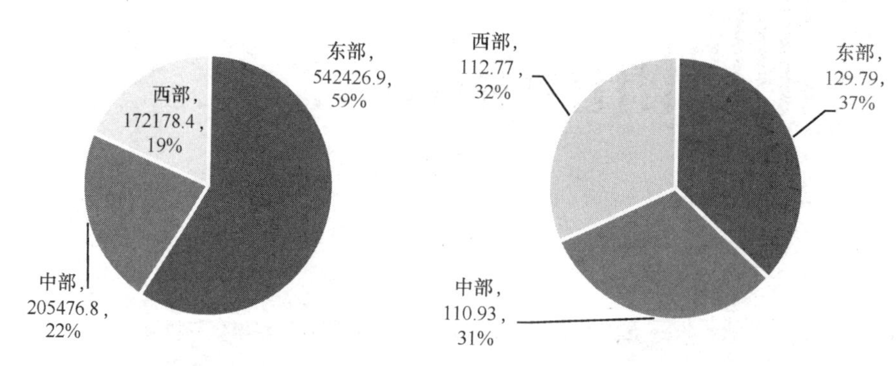


图 2-16　2019 年东中西部地区供水管道长度（单位：公里）

图 2-17　2019 年东中西部地区人均供水总量（单位：万立方米/人）

数据来源：《中国城市建设统计年鉴》(2019)，中国统计出版社，2020。

# 第二节　供水行业生产与供应

随着供水行业市场化进程的推进，民营资本更多地参与到行业的投资建设当中，进一步为我国城市供水行业的生产供应提供保障。我国城市供水行业企业数量较多，但企业规模普遍较小、行业集中度不高，行业整体经济效益和生产供给水平仍有进一步提升的空间。

## 一、供水企业生产的基本情况

近年来，随着城市供水行业投资力度和建设水平的不断提高，我国城市供水行业的生产和供给能力持续增长。本节将主要从企业数量情况、企业资产与负债、企业经营收入以及企业盈利能力等方面对我国供水企业生产情况进行分析。

### （一）供水企业数量和从业人员数量情况

2004～2019 年，我国城市供水企业数量总体上保持稳定。图 2-18 所报告的规模以上供水企业数量以 2004 年作为起点，其主要原因在于 2003 年是我国城市

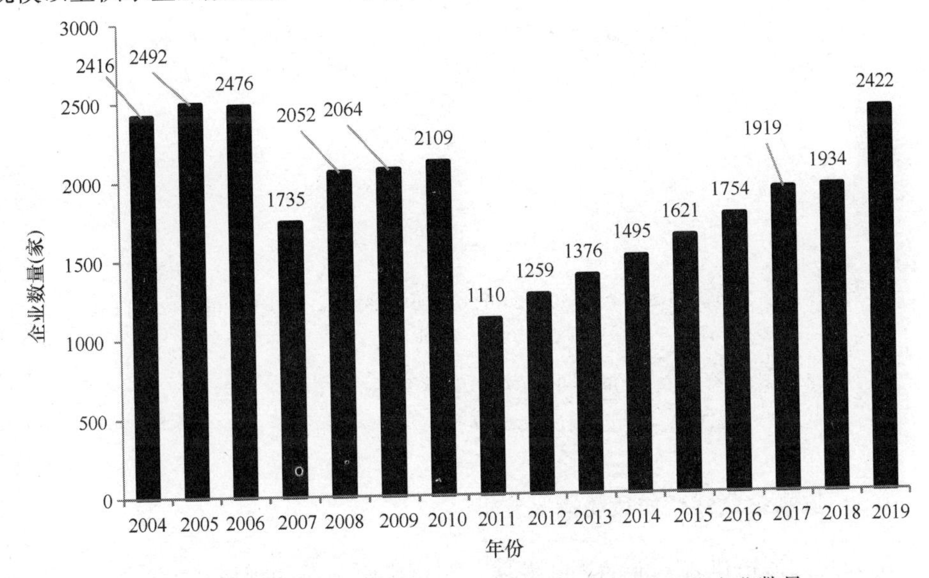


图 2-18　2004～2019 年水的生产和供应业规模以上工业企业数量

数据来源：《中国统计年鉴》（2005～2020），中国统计出版社。

供水行业市场化开启、私营和外资供水企业大量进入的元年。2004～2006 年我国规模以上城市供水企业数量一直维持在 2000 家以上。2006 年以后，由于供水行业市场结构的不断调整，部分企业并购重组，我国供水行业规模以上企业数量开始下降，到 2011 年供水企业数量降至最低点的 1110 家。2011 年是我国“十二五”规划的开局之年，更多民营企业和外资企业通过多种融资渠道进入我国城市供水行业，供水企业数量开始迎来新一轮增长。其中，2019 年企业数量达到 2011 年以来最大值，相比 2018 年增加近 500 家，企业数量基本达到了 2004～2006 年水平。

与企业数量相似，我国城市供水行业规模以上企业的用工人数也基本保持稳定。如图 2-19 所示，2004 年全行业规模以上企业用工人数总数约为 46.49 万人，2005 年增至 58.5 万人。此后自 2006 年开始，由于供水行业的市场结构调整和企业重组，供水企业开始裁员，供水企业用工人数与供水企业数量同步下降，2006 年用工人数降至 46.06 万人。2011 年尽管我国水生产和供应行业规模以上企业数量开始增长，但用工人数再度下降至 36.63 万人。此后供水行业规模以上企业用工人数逐年增长，截至 2019 年当年水生产和供应行业规模以上企业用工人数总数达到 48.9 万人，略高于 2004 年水平。

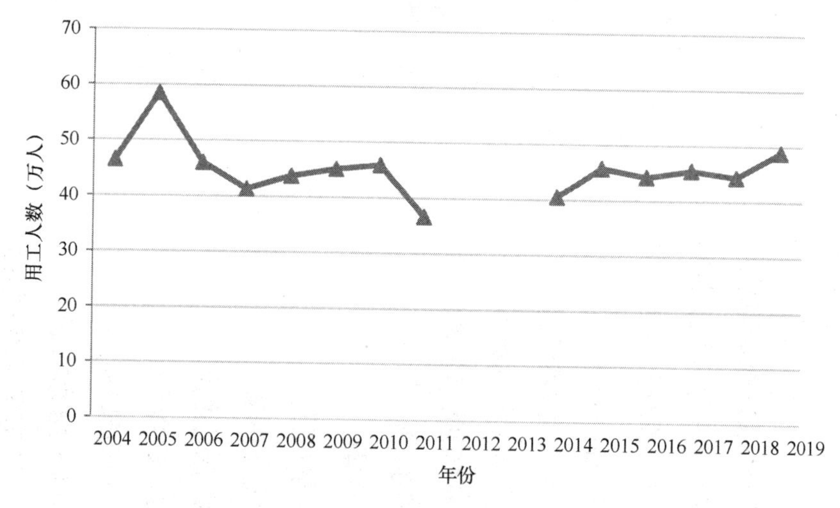


图 2-19　2004～2019 年全国供水企业平均用工人数

数据来源：《中国统计年鉴》（2005～2020），中国统计出版社。

### （二）供水企业资产和负债情况分析

随着我国城市供水行业的不断发展，城市供水企业的规模和资产总量也在不断增长。如图 2-20 所示，2004 年我国供水行业中规模及以上企业总资产为

2495.96亿元，到2018年已增至1.80万亿元，增长超过6倍，仅2019年一年相比上年就增长了近三成。此外，图2-20同时还报告了2004～2019年间我国供水行业规模以上企业的资产负债率情况。2004年我国城市供水企业总负债为1128.78亿元，到2018年增至10477.40亿元，增长8.28倍。无论是资产总额还是总负债指标均反映出我国城市供水企业规模的不断扩大。而近年来，我国城市供水企业资产规模增长幅度最为明显的是2019年。与企业规模相比，2004～2019年我国城市供水企业资产负债率相对稳定，2004年我国城市供水行业规模及以上企业资产负债率为45.22%，2019年为58.16%，总体较为稳定。

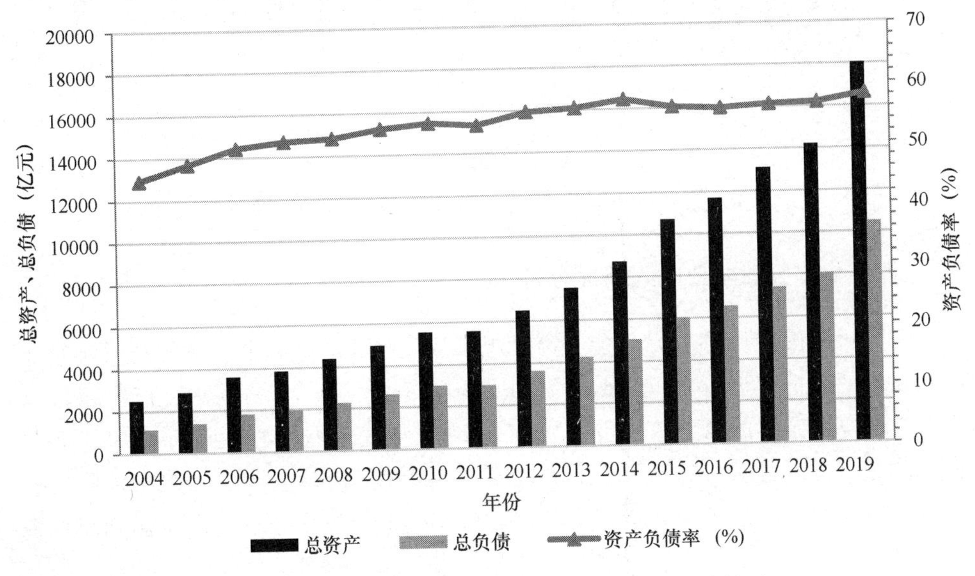


图2-20 2004～2019年全国供水企业资产、负债情况

数据来源：《中国统计年鉴》（2005～2020），中国统计出版社。

### （三）供水企业流动资产情况分析

城市供水企业流动资产总额同样反映了企业的经营规模和资金流动性。图2-21报告了2004～2019年我国城市水生产和供应行业中企业的总体流动资产情况以及与企业资产总计的对比情况。近10年来，我国城市供水企业的流动资产总额呈现出快速增长趋势，2005年供水行业中规模以上企业流动资产仅为692.5亿元，2019年增长到5643.61亿元，合计增长超过7倍，年均增长近50%。其中，2019年供水企业流动资产由4431.5亿元增长到了1212.11亿元，增长27%，是近年来增幅最大一年。总体上看，我国城市水生产和供应行业中规模以上企业流动资产增速超过总资产增速，这说明了我国城市供水企业资金流动性不断增强，企业经营情况逐渐向好，进入良性发展阶段。

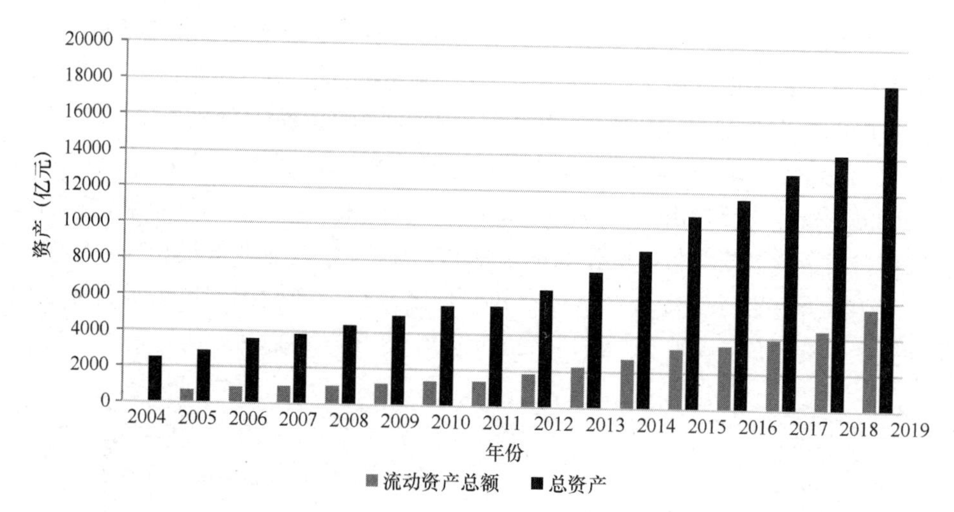


图 2-21　2004～2019 年供水企业资产情况

数据来源：《中国统计年鉴》（2005～2020），中国统计出版社。

### （四）供水企业营业收入情况分析

在分析我国城市供水行业企业资产规模变化趋势的基础上，下面对供水企业营业收入变化情况进行分析。图 2-22 报告了 2004～2019 年我国水生产和供应行业中规模以上企业的营业收入变化情况。2004 年我国城市水生产和供应行业的企业营业收入总额为 467.79 亿元，2010 年开始跨过千亿元大关，2019 年增至 3174.85 亿元，10 余年来共增长近 6 倍，增幅略低于供水企业资产总额和流动资

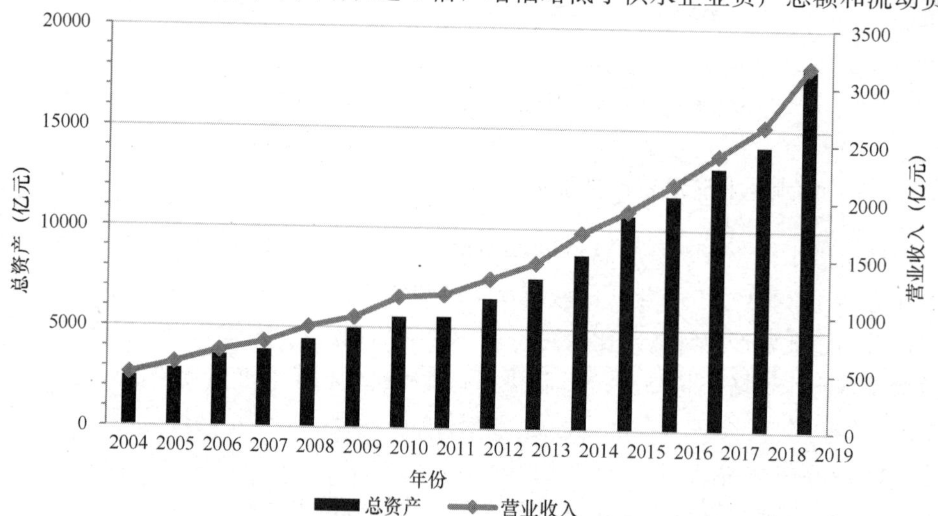


图 2-22　2004～2019 年全国供水企业营业收入情况

数据来源：《中国统计年鉴》（2005～2020），中国统计出版社。

产增速，近10余年来，在我国城市供水企业规模持续扩大的同时，企业营业收入也一直稳定持续增长，其经营能力也在不断提升。

### （五）供水企业盈利能力情况分析

图2-23报告了2004～2019年我国水生产和供应行业规模以上企业的利润总额及其变化趋势。2004年我国供水行业规模以上企业利润总额仅为5.09亿元，到2006年实现利润总额的第一次飞跃，一年间增长近2倍。此后供水企业利润总额于2013年突破百亿，截至2019年已增长至339.28亿元，与2004年相比，2019年增长超过65倍，实现了跨越式发展。在供水行业市场化之初，城市供水企业盈利能力较差，尤其是国有控股企业，甚至连年亏损。随着供水行业市场化改革的不断推进，民间资本和外资开始进入供水行业，行业活力不断增强，企业盈利能力也显著提高，2004～2019年间，我国城市供水行业规模以上企业利润总额增长幅度远超企业资产规模和营业收入的增长幅度，再次说明我国城市供水行业取得较好的发展成效。与此同时，不能忽略的是我国城市供水行业发展的区域间不平衡问题仍然存在，2018年仍有11个省份的供水企业利润总额为负，11个省份净利润额为负。

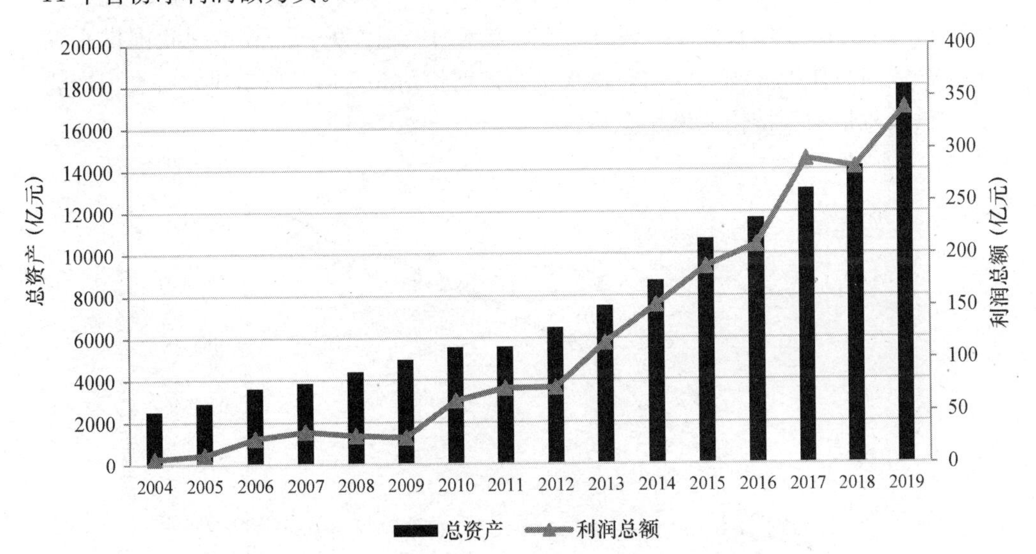


图2-23 2004～2019年全国供水企业利润情况

数据来源：《中国统计年鉴》（2005～2020），中国统计出版社。

## 二、供水企业供应的基本情况

随着我国城市供水行业投资和建设力度的不断加大，城市供水企业的生产供应能力逐步提高。本部分将分别从我国城市供水量总体发展趋势、供水量的基本构成和使用情况以及供水漏损量、供水普及率等指标对我国供水企业的供给能力进行分析。

### （一）供水量总体情况

本部分首先以城市供水综合生产能力和供水总量来反映供水企业的总体供给情况，并将二者进行对比。如图 2-24 所示，由于供水行业投资的不断增长以及供水管道和水厂等供水设施建设的不断推进，改革开放以来我国供水综合生产能力和供水总量不断增长。1979 年供水综合生产能力为 2714 万立方米/日，1986 年起突破了亿立方米/日，截至 2018 年已增至 31211.84 立方米/日，2019 年供水行业综合生产能力略有回落，为 30897.8 万立方米/日，但也连续四年保持在 30000 万立方米/日以上。在供水总量方面，1979 年我国供水量为 83.22 亿立方米/日，到 2019 年增长到了 628.30 亿立方米/日。1979～2019 年间我国供水综合生产能力总体提高 10.38 倍，供水量总体增长约 6.5 倍，城市供水综合生产能力与供水总量均保持快速增长态势。

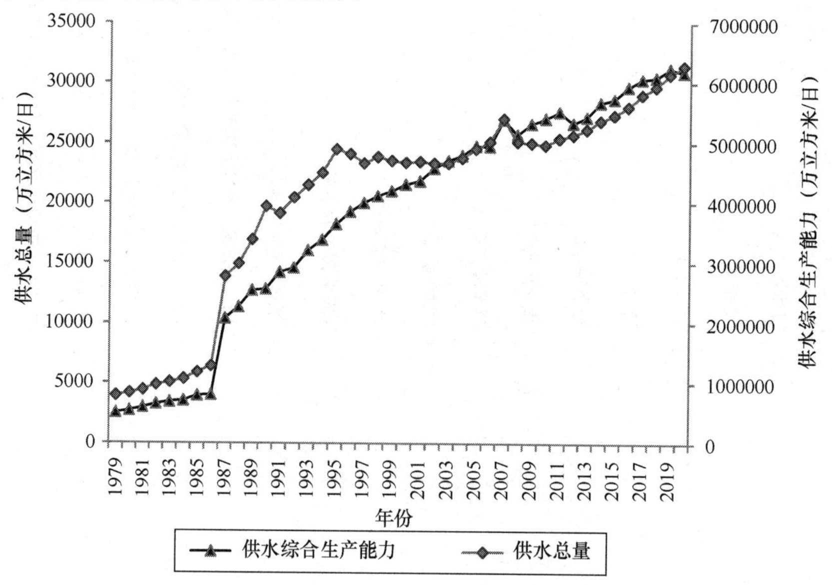


图 2-24　1979～2019 年中国城市供水行业供水量情况

数据来源：《中国城市建设统计年鉴》（2019），中国统计出版社，2020。

图 2-25 将我国供水总量增长率与 GDP 增长率和城市化增长率进行对比，改革开放以来我国城市供水总量增长率与 GDP 增长率及城市化率增长率基本保持一致。三者相比，供水总量增长率介于城市化率增长率和 GDP 增长率之间。1979 年供水总量增长率为 5.68%，1994 年之前供水总量一直保持较快增速，但波动幅度较大，年均增长率为 7.36%，并于 1994 年达到峰值 8.7%。在此期间，我国供水总量增长率略高于城市化率增长率，但明显低于 GDP 增长速率，说明此阶段中城市供水量相对充足，能够满足城市化需求。1994 年以后，我国供水总量增长率波动幅度整体放缓，甚至在 2008 年出现大幅下滑，并开始出现供水总量增长率长期低于城市化率增长率的情况，说明此阶段我国供水总量增长在一定程度上滞后于城市化发展需求。2016 年以来，城市供水量增长率开始回升，连续四年超过城市化率增长率。总体而言，与经济发展及城市化进程相比，我国供水行业仍存在着明显的供给缺口，其增长速率远远落后于经济发展增长速度，在大部分年度中也落后于城市化速度，目前城市用水供给仍有进一步提升的空间。

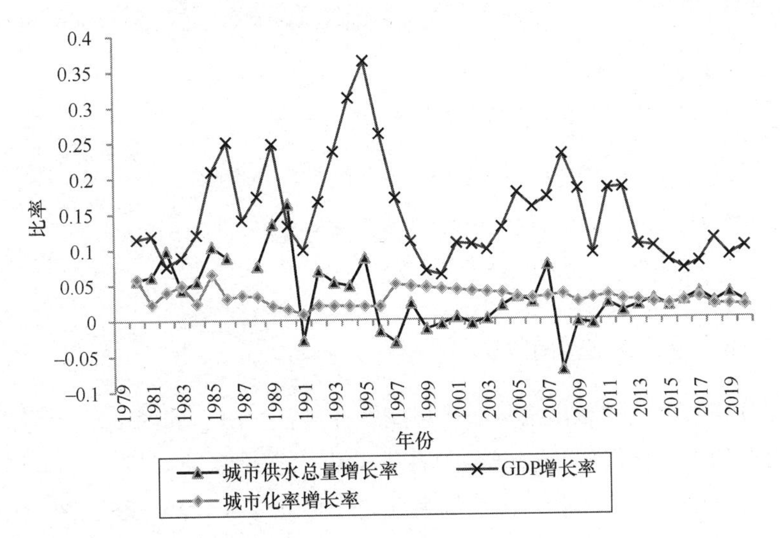


图 2-25 1979～2019 年城市供水总量、国内生产总值、城市化率增长率对比

数据来源：《中国城市建设统计年鉴》和《中国统计年鉴》(2019)，中国统计出版社，2020。

注：由于 1986 年城市供水总量增长率变化程度较大，为合理维持图形比例，本文将该年数据去除。

图 2-26 通过比较我国城市供水总量增长率和城市用水人口增长率，来分析城市供水总量的提升能否满足城市人口增长所带来的用水需求。改革开放以来，我国城市供水总量增长率基本上与城市用水人口增长率保持一致，但在个别年份中，城市供水总量增长滞后于城市用水人口增长，这反映出我国针对城市人口和用水需求的增长，对城市供水行业的投资和建设进行了动态调节。在 20 世纪 80

年代、90 年代，我国城市供水行业的投资和建设具有一定的超前性，供水能力提升领先于城市人口增长，城市供水总量增长率也一直领先于同期城市人口增长率。自 1995 年开始，我国城市供水总量开始多次出现负增长，此后我国城市供水量增速一直滞后于城市用水人口增速，如 2019 年我国城市用水人口增长率约为 2.92%，城市供水总量增长率为 2.23%。

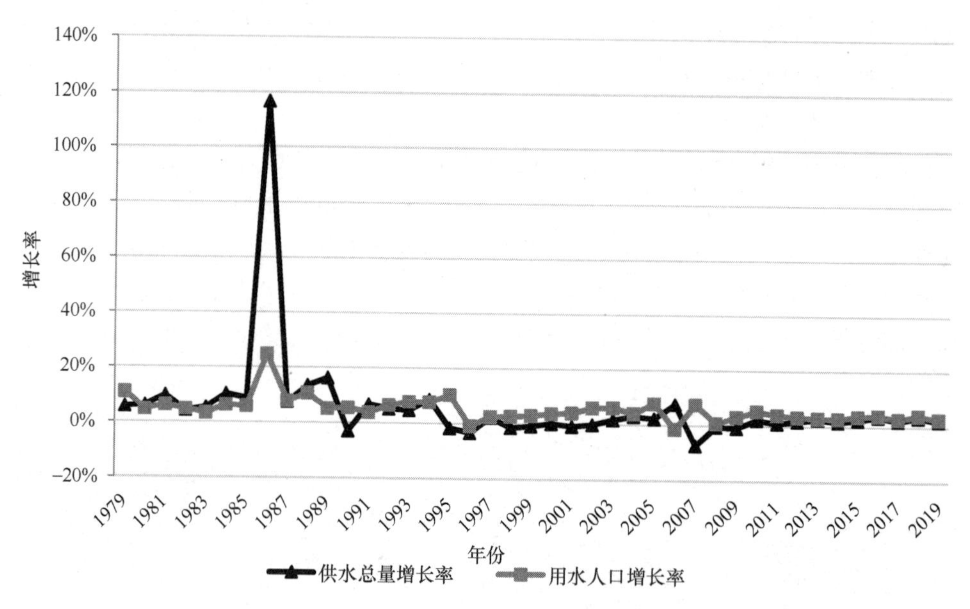


图 2-26　1979～2019 年我国用水人口增长率及供水总量增长率

数据来源：《中国城市建设统计年鉴》(2019)，中国统计出版社，2020。

### (二) 供水量的省际空间差异

本部分将对我国城市供水量的区域间差异进行分析。如图 2-27 所示，广东、江苏、山东和浙江连续四年位居我国各省份供水量排名前四位。2019 年我国供水量最多的省份仍是广东省，供水量为 94.79 亿立方米，其后是江苏、山东和浙江，供水总量分别为 60.00 亿立方米、39.21 亿立方米和 38.93 亿立方米，其中只有山东省的供水量比 2018 年略低。由于湖北省 2019 年新建供水管道长度为全国之最，从而使供水总量跃居全国第五位，为 31.11 亿立方米。以上五省也是 2019 年我国仅有的供水总量在 30 亿立方米以上的省份，其中除湖北外，其余四省均为东部省份。此外，上海 2019 年度供水总量为 29.79 亿立方米，相比上年略有下降。供水量排名后五位的是甘肃、海南、宁夏、青海和西藏，其中除海南外全部为西部省份。由此可见，供水行业投资力度和建设水平差异导致了城市供水量的区域间差异，其中，东部地区和西部地区在供水总量上存在显著差异。

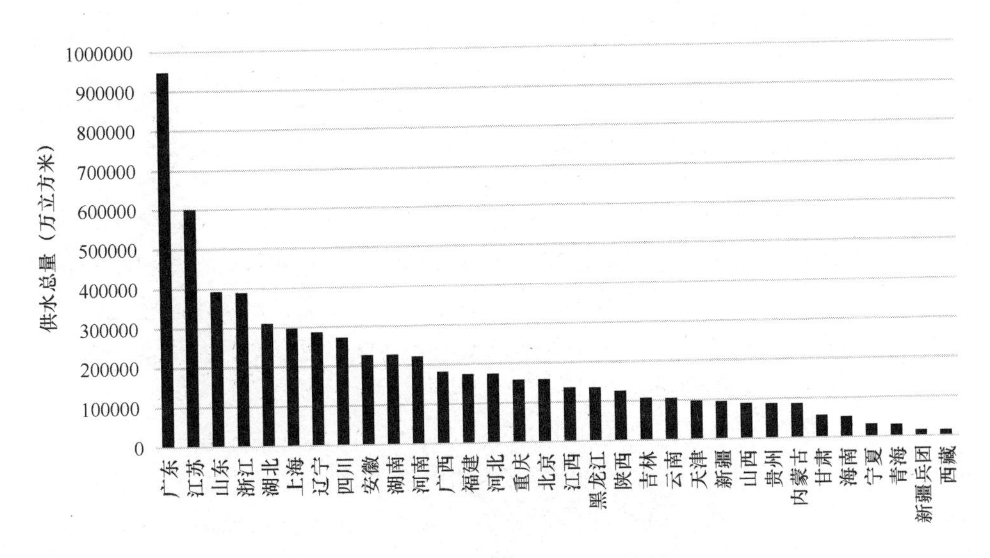


图 2-27 2019 年中国各省（区、市）供水量情况

数据来源：《中国城市建设统计年鉴》（2019），中国统计出版社，2020。

图 2-28 进一步报告了 2019 年我国各省（区、市）供水总量相比上一年的变化情况。其中，江苏供水量增幅最大，其次为安徽、浙江、四川和广东。安徽和四川两个中西部地区省份在 2019 年供水量明显提升，这在一定程度上缓解了供水量的东西部差异。在所有省份中，共有 8 个省份的供水量出现回落，其中包括 2 个西部省份（其中新疆供水量下降实际是因为本年度统计对新疆和新疆兵团进

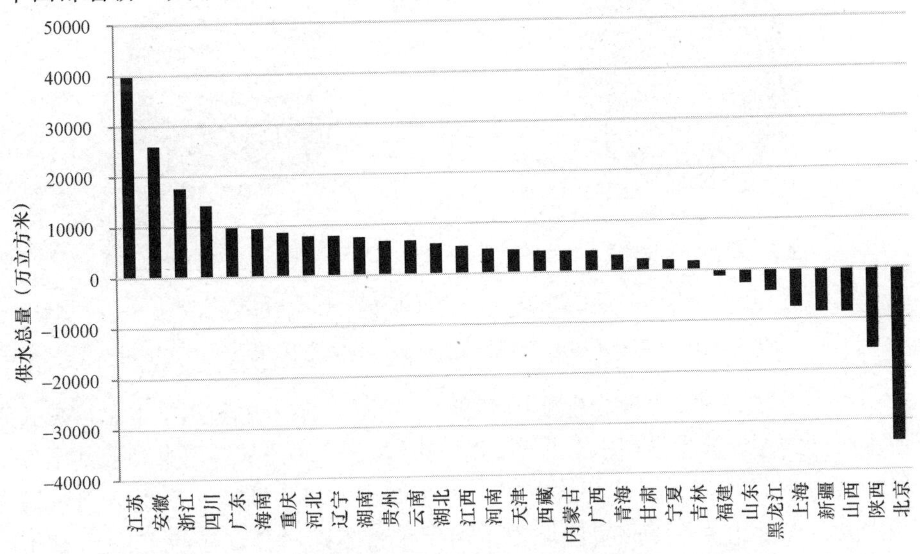


图 2-28 2019 年各省（区、市）供水总量相较上年变化

数据来源：《中国城市建设统计年鉴》（2019），中国统计出版社，2020。

行了区分)、2 个中部省份和 4 个东部省市。其中，黑龙江和上海供水量连续两年下降。总体而言，2019 年我国区域间供水量的差距进一步缩小。

### （三）供水量基本构成及使用情况

在分析城市供水总量变化趋势和区域间差异的基础上，下面进一步从供水量构成这一角度对我国供水企业的供给情况进行分析。一般而言，城市供水包括公共供水和自建供水，两种不同供水方式的总体综合生产能力及供水总量之间也存在着一定差异，二者区分主要在于供水设施差异，城市供水中公共供水比例远高于自建供水。如图 2-29 所示，2019 年我国城市公共供水综合生产能力为 2.59 亿立方米/日，相比 2018 年上升了 1020.34 万立方米/日。2019 年我国公共供水总量为 577.99 亿立方米，相比上一年增长了 18.58 亿立方米，城市公共供水供给量相比 2018 年明显提高。在自建供水方面，2019 年我国自建供水综合生产能力为 5025.12 万立方米/日，相比 2018 年下降了 1334.38 万立方米/日。2019 年我国自建供水总量为 50.31 亿立方米，相比上一年增长 13.49 亿立方米，但仍低于 2017 年水平。2019 年我国城市自建供水的供水综合生产能力有所下降，但供水量有所增长。总体而言，与 2018 年相比，2019 年我国供水综合生产能力、公共供水比例有所上升，而公共供水总量所占比例有所下降。

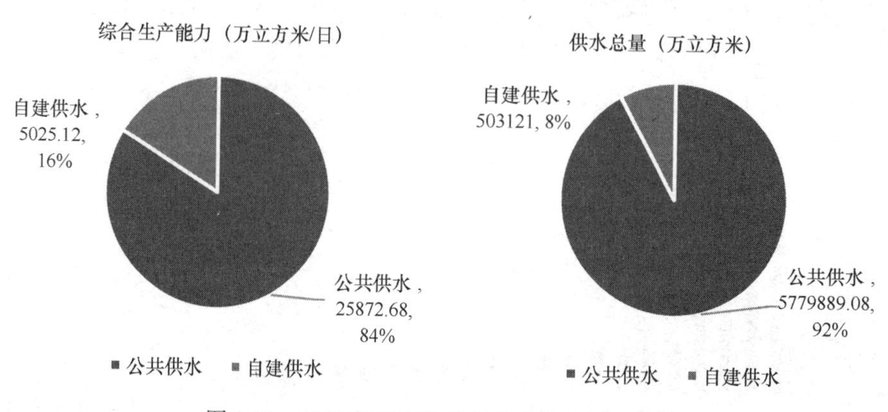


图 2-29　2019 年城市公共供水与自建设施供水

数据来源：《中国城市建设统计年鉴》(2019)，中国统计出版社，2020。

城市供水按照用途可分为生活用水和生产用水，本书中采用供水总量减去生产用水的方式来计算生活用水，生活用水同时包含了居民家庭用水和公共服务用水等。如图 2-30 所示，改革开放以来，由于城市人口不断增长，生活用水需求与用水人口高度相关，因此我国城市生活用水量不断增长，1979 年我国城市生活用水量为 30.92 亿立方米，2019 年已增至 338.99 亿立方米，总体增长近 10 倍。其中，1979～1985 年间，我国城市生产用水基本保持平稳增长。1986 年开始由于统计口径变化，城市生产用水大幅提升。1994～2006 年，生产用水用量开始逐年下滑，直到 2006 年再次回升至 300 亿立方米以上。近年来，我国城市生产用水用量相对平稳，2019 年我国城市生产用水总量为 285.76 亿立方米，相比上一年进一步提升。多年来，我国城市生产用水用量一直高于生活用水用量，而 2014～2018 年，城市生活用水用量超过了生产用水用量。

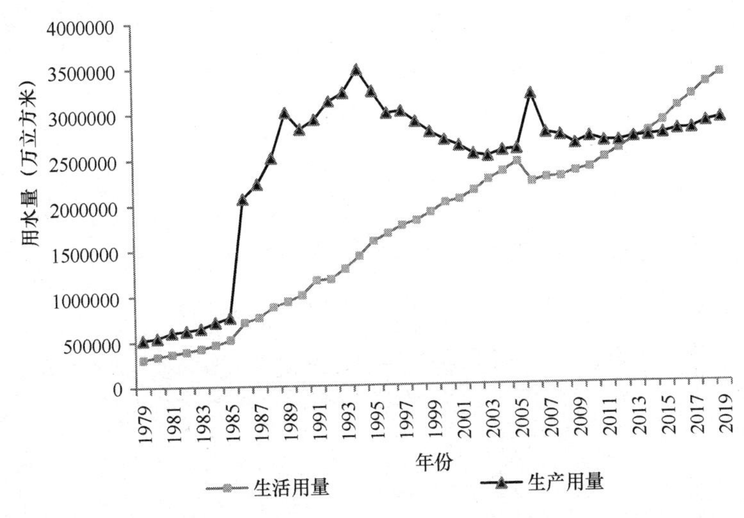


图 2-30　历年城市供水中的生活用量与生产运营用水量的变化情况

数据来源：《中国城市建设统计年鉴》（2019），中国统计出版社，2020。

说明：生活用水量约等于公共服务用水量和居民家庭用水量之和。

## （四）供水的普及情况

用水普及率和人均用水量可以在一定程度上反映城市供水对用水人口需求的满足程度。如图 2-31 所示，1979 年我国用水普及率为 82.3%，截至 2019 年提高到了 98.78%；1979 年我国人均用水量为 121.8 升，2019 年增长至 179.97 升，增长 47.75%。尽管 1979～2019 年间我国用水普及率和人均用水量总体上均呈上升趋势，但我国人均日生活用水量与用水普及率在某些年度中却呈现出相反的变化趋势。1979～2019 年间，我国人均日生活用水量呈现出先升后降而后再缓慢上升的倒 U 形曲线，而用水普及率则呈现出先降后升的 U 形曲线趋势。1985 年后，我国用水普及率一直维持在一个相对较低的水平，2000 年以后，用水普及率显著上升，提升至 70%以上，2003 年开始用水普及率提高到 80%以上，2007 年开始用水普及率稳定超过 90%，而人均用水量则从 2000 年的 220.2 升的最高点逐年下降，在 2011 年降至 170.9 升以后再次缓慢回升。总体而言，我国城市用水普及率的提升反映了城市供水行业生产和供给的成效，而人均用水量的下降则与国家节水政策的推行和城市居民节水意识的提高密切相关。

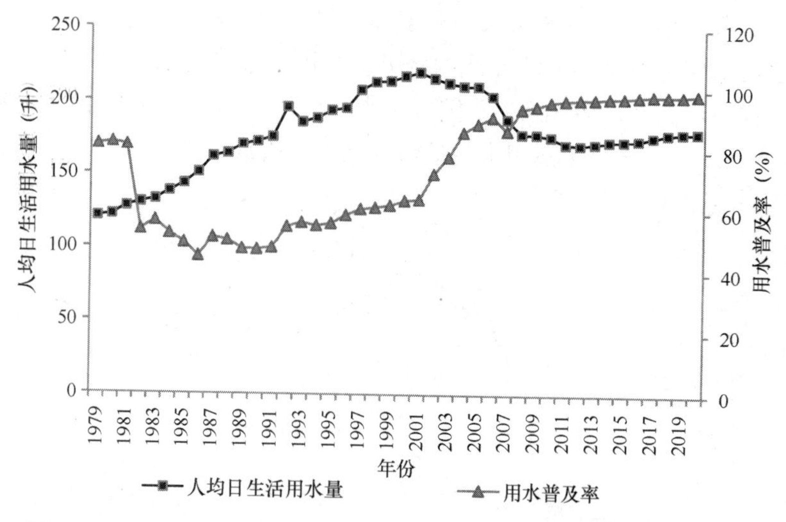


图 2-31　历年城市供水中的人均日生活用水量与用水普及率的基本情况

数据来源：《中国城市建设统计年鉴》（2019），中国统计出版社，2020。

# 第三节　供水行业发展成效

伴随着我国城市供水行业的快速发展，供水行业中民营企业和外资企业的数量和规模也在不断扩大，近年来我国城市供水行业的发展过程也是市场化改革的过程。在此过程中，城市供水行业中非国有控股企业的投资力度和建设规模不断扩大，其生产供应能力持续增强。本节将从企业数量、员工人数、企业资产规模、企业经营收入以及企业盈利能力等多个角度，对我国城市供水行业的民营化过程和发展成效进行分析。

## 一、供水企业数量

本节首先将 2004～2019 年我国城市供水行业中三种不同所有制类型企业，及国有控股企业、私营企业以及外商投资和港澳台投资企业的数量进行对比。如图 2-32 和图 2-33 所示，我国 2004 年水供应和生产行业规模以上企业数为 2416 家，2019 年数量为 2422 家，经历了 10 余年的起伏变化后，总体数量基本保持不变。在城市供水行业中，国有控股企业数量由 2136 家逐渐下降至 1457 家，其中经历了

2007年和2011年两次较大幅度的企业重组，2011年国有控股供水企业减少至708家，为历史最低点，此后逐年缓慢上升。私营企业方面，2005年全国仅有67家供水企业，此后快速增长，尽管2011年回落至104家，截至2019年，全国供水行业私营企业总数增长至333家。供水行业外资企业和港澳台投资企业方面，企业数量也由2004年的33家增长至2019年的235家。2005年，全国城市供水行业国有控股企业占所有规模以上企业比例约为83.07%，截至2019年已下降至60.16%。2005年全国供水行业私营企业数量占比仅为2.69%，截至2019年增长至13.75%，在三种所有制企业当中增幅最大。2005年外商投资企业占比为2.41%，2019年增至9.70%。企业数量的变化趋势在一定程度上反映了我国城市供水行业的民营化过程，国有控股企业数量不断减少，私营和外资企业不断增多，表明城市供水行业中非国有资本的比例正在逐渐上升。

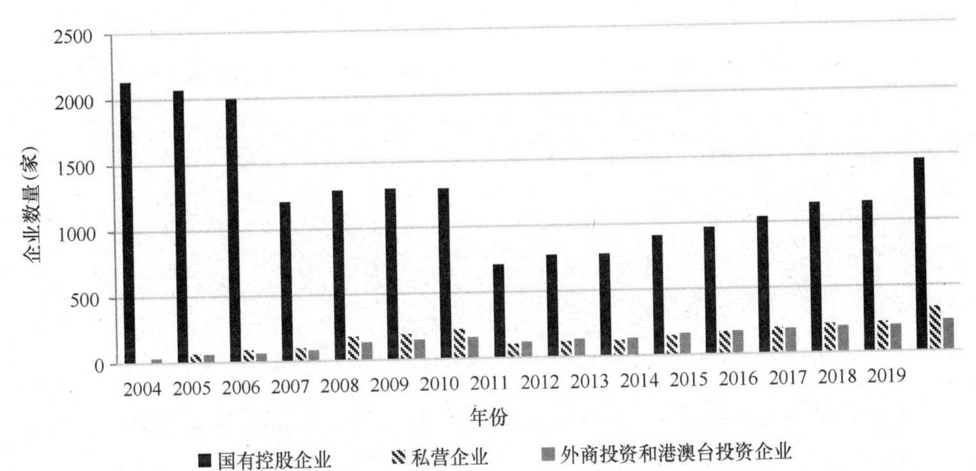


图2-32 2004～2019年我国供水行业不同所有制企业单位数量

数据来源：《中国统计年鉴》(2005～2020)，中国统计出版社。

## 二、供水企业人数

在比较我国供水行业不同所有制企业单位数量的基础上，本节又对供水行业不同所有制类型企业的员工数进行了对比。表2-1报告了2004～2019年我国供水行业不同所有制企业的员工人数变化趋势，由该表可以看出，在国有控股供水企业经历兼并、重组数量有所减少的同时，这些供水领域的国有企业也在经历不断的裁员。2004年供水行业国有控股企业员工人数为43.47万，逐年裁员后，到2011年减至最低点的30.62万人，此后虽略有回升，但员工人数整体上呈现出下降趋势。与之相对的是，私营企业、外商和港澳台企业规模不断扩大。其

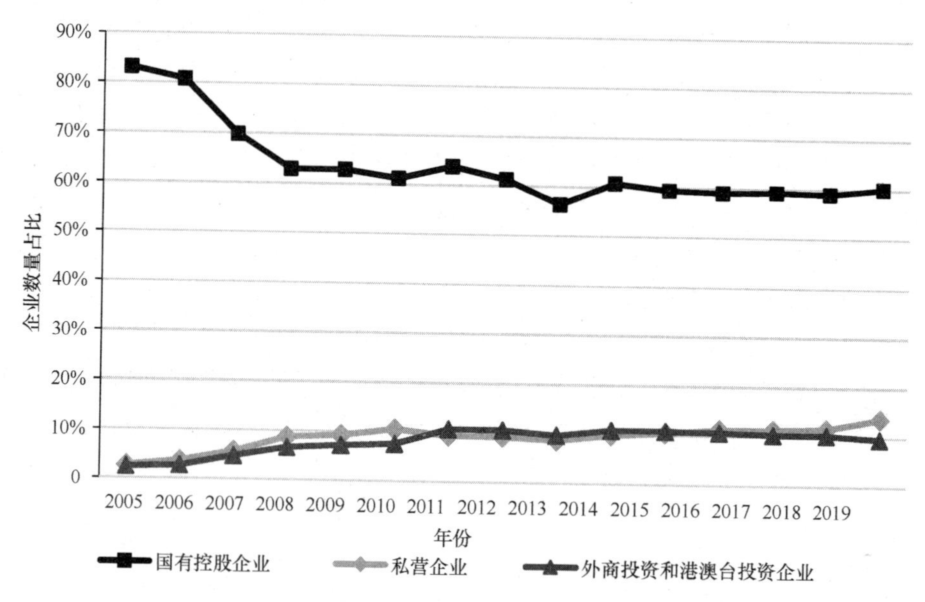


图 2-33　2005～2019 年我国供水行业不同所有制企业单位占比

数据来源：《中国统计年鉴》（2005～2020），中国统计出版社。

中，私营供水企业员工人数由 2005 年的 5000 余人，增至 2019 年的 2.56 万人，增长超过 3.5 倍；外商和港澳台投资企业员工人数由 2004 年的 6000 余人增至 2019 年的 4.37 万人，增长超过 6 倍。

**2004～2019 年我国供水行业不同所有制企业员工人数情况（万人）　表 2-1**

| 年份 | 国有控股企业 | 私营企业 | 外商和港澳台投资企业 |
|---|---|---|---|
| 2004 | 43.47 | — | 0.62 |
| 2005 | 42.15 | 0.56 | 1.30 |
| 2006 | 41.06 | 0.67 | 1.45 |
| 2007 | 35.57 | 0.78 | 2.18 |
| 2008 | 36.51 | 1.20 | 3.16 |
| 2009 | 37.18 | 1.53 | 3.43 |
| 2010 | 37.73 | 1.76 | 3.58 |
| 2011 | 30.62 | 1.25 | 3.32 |
| 2012 | — | — | — |
| 2013 | — | — | — |
| 2014 | 33.28 | 1.40 | 3.82 |
| 2015 | 34.62 | 1.70 | 7.10 |
| 2016 | 35.99 | 1.94 | 4.07 |
| 2017 | 36.77 | 2.04 | 4.23 |
| 2018 | 36.20 | 1.80 | 4.30 |
| 2019 | 39.63 | 2.56 | 4.37 |

数据来源：《中国统计年鉴》（2005～2020），中国统计出版社。

说明：2012、2013 年两年中统计年鉴没有进行企业员工人数的统计。

## 三、供水企业规模

本节分别采用供水企业总资产、流动资产等指标来反映我国供水行业的企业规模。表 2-2 报告了 2004～2019 年我国供水行业三种不同所有制企业的总资产情况，可知尽管十余年来我国供水行业的国有控股企业数量有所下降，但其总资产却持续上涨，从 2199.66 亿元增至 1.47 万亿元，总体增长近 6 倍，这也一定程度上了反映了十余年来我国城市供水行业的快速发展。相比国有控股企业，私营企业和外商投资企业的总资产增速更快。其中，私营企业总资产由 2005 年的 34.54 亿元增至 2019 年的 574.68 亿元，增长超过 15 倍；外商及港澳台企业的总资产由 2004 年的 98.98 亿元，增长至 2019 年的 2005.34 亿元，增长近 20 倍。由此可见，外商和港澳台企业的资产总计增速超过了私营企业。

**2004～2019 年我国供水行业不同所有制企业总资产情况（亿元）　　表 2-2**

| 年份 | 国有控股企业 | 私营企业 | 外商和港澳台投资企业 |
|---|---|---|---|
| 2004 | 2199.66 | — | 98.98 |
| 2005 | 2477.76 | 34.54 | 224.95 |
| 2006 | 2735.89 | 48.64 | 527.66 |
| 2007 | 2910.05 | 57.92 | 649.59 |
| 2008 | 3514.05 | 103.05 | 711.22 |
| 2009 | 3748.86 | 121.76 | 841.98 |
| 2010 | 4280.25 | 133.68 | 934.51 |
| 2011 | 4495.65 | 113.90 | 973.00 |
| 2012 | 5238.29 | 120.65 | 1012.66 |
| 2013 | 5955.77 | 140.24 | 1083.65 |
| 2014 | 7080.39 | 179.81 | 1270.52 |
| 2015. | 8770.03 | 270.94 | 1416.64 |
| 2016 | 9570.63 | 324.10 | 1552.81 |
| 2017 | 10678.30 | 333.66 | 1658.93 |
| 2018 | 11607.20 | 369.10 | 1776.30 |
| 2019 | 14729.16 | 574.68 | 2005.34 |

数据来源：《中国统计年鉴》(2005～2020)，中国统计出版社。

图 2-34 反映了我国城市供水行业中三种不同所有制企业总资产占规模以上企业比例的变化趋势。由该图可知，国有资本在我国城市供水行业中仍然占据主

要地位，国有控股企业总资产比例一直稳居 75%以上，但在城市供水行业市场化改革过程中，国有控股企业的资产占比也在逐步下降。其中，2006～2010 年一直维持在 80%以上，此后虽略有回升，但 2019 年国有控股供水企业总资产占比达到了 81.76%，仍明显低于 2004 年的 88.13%。供水行业中私营企业的规模与资产占比一直相对较低，但也由 2005 年的 1.19%增至到了 2019 年的 3.19%。在我国城市供水行业市场化改革过程中，外商投资企业的资产规模增长迅速，由 2004 年的占比仅为 3.97%提高到 2011 年的 17.51%，此后略有下降，到 2019 年仍有 11.13%。

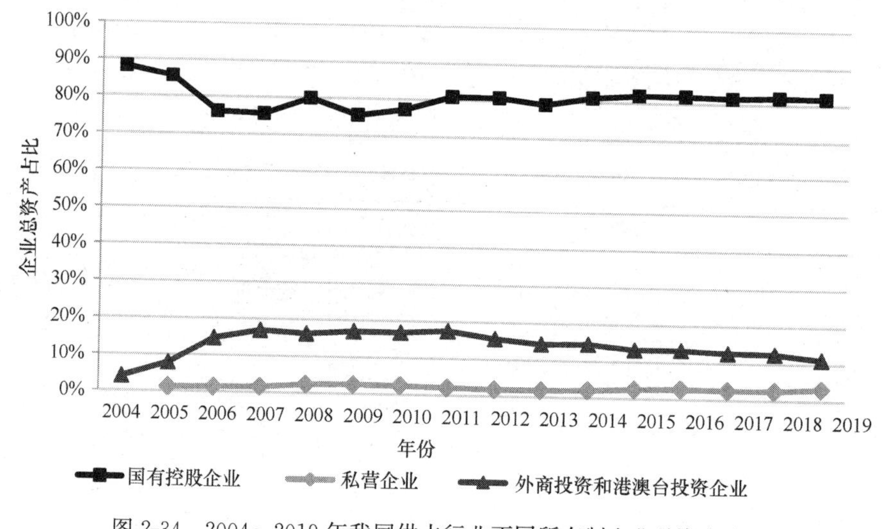


图 2-34　2004～2019 年我国供水行业不同所有制企业总资产占比

数据来源：《中国统计年鉴》(2005～2020)，中国统计出版社。

表 2-3 报告了 2005～2019 年我国供水行业不同所有制企业的流动资产情况。由该表可以看出，十余年间我国供水行业国有控股企业的流动资产由 587.4 亿元增至 4595.97 亿元，增长了 7.81 倍，增幅超过国有控股企业总资产的增长比例。供水行业中私营企业的流动资产由 8.06 亿元增至 186.84 亿元，共增长了 22 倍，外商和港澳台投资企业的流动资产由 2005 年的 55.45 亿元增至 2019 年的 506.48 亿元，增长超过 9 倍。可以看出，外商投资企业的流动资产初始规模较大，但资产流动性增幅不及私营企业。从流动资产占规模以上企业比例来看，国有控股企业占比一直维持在 80%左右，私营企业占比由 2005 年的 1.16%增至 2019 年的 3.31%，外商和港澳台投资企业占比 2005 年为 8.01%，2007 年增至 20.72%，到 2019 年又回落到 8.97%。总体而言，我国供水行业中外商投资企业的流动资产增幅不及私营企业。

**2005～2019年我国供水行业不同所有制企业流动资产情况（亿元） 表2-3**

| 年份 | 国有控股企业 | 私营企业 | 外商和港澳台投资企业 |
|---|---|---|---|
| 2005 | 587.40 | 8.06 | 55.45 |
| 2006 | 605.43 | 12.68 | 158.24 |
| 2007 | 674.95 | 17.95 | 198.65 |
| 2008 | 777.31 | 40.55 | 137.27 |
| 2009 | 857.31 | 42.55 | 171.34 |
| 2010 | 988.36 | 45.71 | 207.83 |
| 2011 | 1041.30 | 41.34 | 231.95 |
| 2012 | 1446.94 | 49.56 | 235.24 |
| 2013 | 1736.77 | 59.35 | 272.69 |
| 2014 | 2194.08 | 53.26 | 352.94 |
| 2015 | 2678.22 | 85.44 | 438.55 |
| 2016 | 2818.68 | 110.26 | 487.39 |
| 2017 | 3125.35 | 102.11 | 438.32 |
| 2018 | 3636.40 | 115.80 | 466.70 |
| 2019 | 4595.97 | 186.84 | 506.48 |

数据来源：《中国统计年鉴》(2005～2020)，中国统计出版社。

## 四、供水企业收入

企业营业收入既反映了企业规模，也反映了企业经营能力。本部分采用不同所有制类型城市供水企业的营业收入变化趋势反映我国城市供水行业的市场化改革进程。如表2-4所示，国有控股供水企业2004年的营业收入为467.79亿元，2019年增至2281.52亿元，增长超过5倍。与此同时，私营企业的营业收入由2005年的11.82亿元增至2019年的247.97亿元，增长近20倍，外商和港澳台投资企业的营业收入由2004年的26.73亿元增至2019年的478.16亿元，增长近17倍。私营企业与外商和港澳台投资企业的营业收入十余年间大幅增长，增速超过国有控股企业，这反映出在我国城市供水行业市场化改革过程中，非国有资本的经营能力在快速提升。

**2004～2019 年我国供水行业不同所有制企业营业收入情况（亿元）　表 2-4**

| 年份 | 国有控股企业 | 私营企业 | 外商和港澳台投资企业 |
|---|---|---|---|
| 2004 | 376.62 | — | 26.73 |
| 2005 | 415.92 | 11.82 | 52.77 |
| 2006 | 476.60 | 16.93 | 88.10 |
| 2007 | 515.26 | 24.61 | 110.91 |
| 2008 | 607.40 | 34.23 | 151.21 |
| 2009 | 642.24 | 52.91 | 173.56 |
| 2010 | 781.36 | 70.47 | 207.25 |
| 2011 | 795.50 | 76.63 | 228.17 |
| 2012 | 907.01 | 95.23 | 221.81 |
| 2013 | 1003.75 | 114.12 | 234.44 |
| 2014 | 1178.36 | 114.85 | 271.28 |
| 2015 | 1307.16 | 130.63 | 298.66 |
| 2016 | 1461.99 | 163.69 | 337.14 |
| 2017 | 1654.59 | 190.86 | 372.35 |
| 2018 | 1934.30 | 155.30 | 441.20 |
| 2019 | 2281.52 | 247.97 | 478.16 |

数据来源：《中国统计年鉴》(2005～2020)，中国统计出版社。

图 2-35 反映了我国城市供水行业三种所有制类型企业经营收入占规模以上

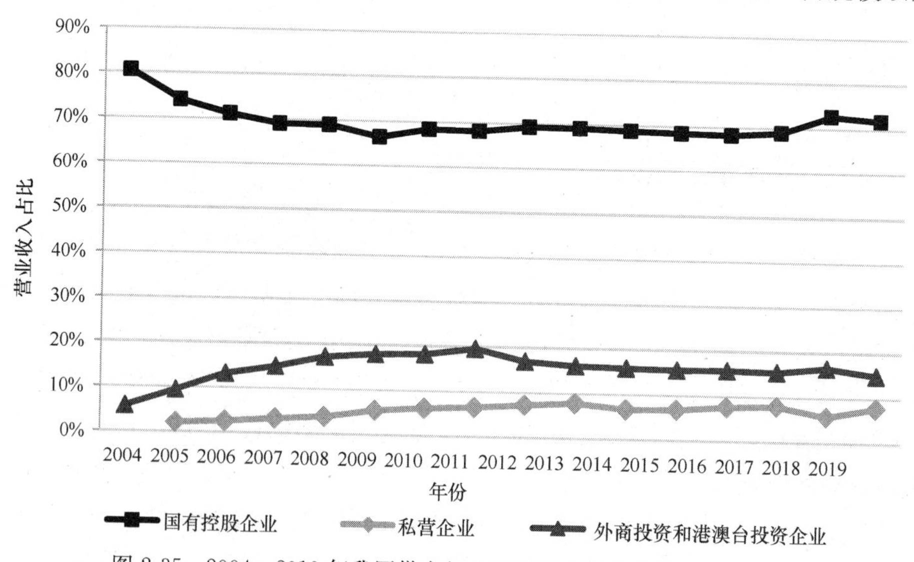


图 2-35　2004～2019 年我国供水行业不同所有制企业营业收入占比

数据来源：《中国统计年鉴》(2005～2020)，中国统计出版社。

企业的比例变化情况。其中，从国有控股供水企业的营业收入占规模以上企业比例来看，2004年最高，超过80%，2007～2017年降至70%，2019年短暂回升至71.86%。私营供水企业营业收入占规模以上企业比例由2005年的2.1%快速提升至2019年的7.81%，外商和港澳台投资企业营业收入占规模以上企业比例由2004年的5.71%提升至2019年的15.06%。尽管私营企业和外商投资企业的整体规模仍然明显低于国有控股企业，但其规模和经营能力的增速远超国有控股企业。

## 五、供水企业盈利

本部分主要对我国城市供水行业不同所有制企业的盈利能力进行分析。由图2-36可以看出，国有控股供水企业的盈利能力略显不足，2004～2009年一直处于亏损状态。其中，2005年和2009年国有控股供水企业亏损超过10亿元。与国有控股企业相比，私营企业和外商投资企业的市场活力更加充足、盈利能力更强。私营企业2004年利润总额仅为0.91亿元，到2019年已增至31.58亿元，利润增长超过33倍，其中2019年利润总额比2018年翻了一番。2004年外商和港澳台投资企业的利润总额为4.88亿元，2006年增长超过2.5倍，2019年利润总额已达98.93亿元，增长近20倍。尽管在我国供水行业中私营企业的规模不及外商投资企业，但在盈利能力上却显示出了更强的增长速度。

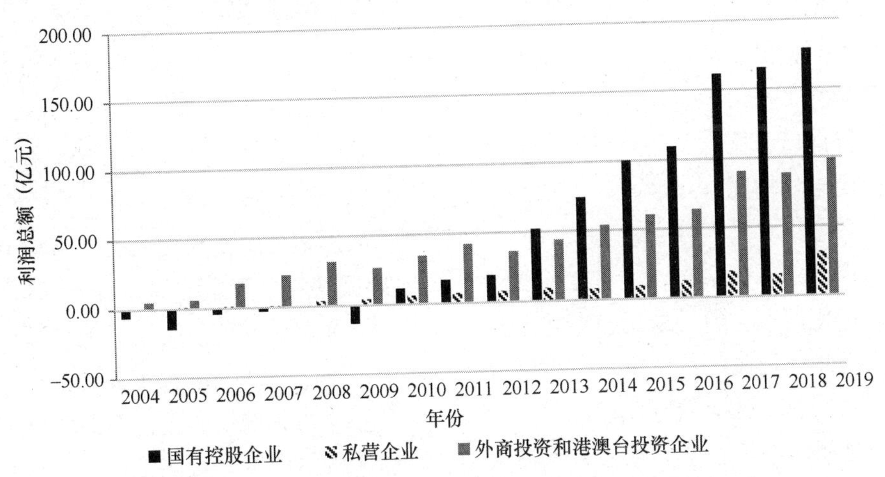


图2-36　2004～2019年我国供水行业不同所有制企业利润总额

数据来源：《中国统计年鉴》（2005～2020），中国统计出版社。

# 第四节　供水行业智慧化水平

## 一、供水行业智慧化的基本概述

供水智慧化水平又称之为智慧供水能力。其中，智慧供水是指涵盖城市供水中的水源地取水、水厂制水、管网输水、加压送水、用户用水等各个环节，实现全流程远程监控和智能联动控制、优化生产调度、保障高效供水、促进节能降耗、降低产销差的重要方式，也是供水企业实现智慧化运营的重要途径。具体由水源地智能监控系统、水厂/泵站无人值守系统、管网信息化管理系统、分区计量管理系统、二次供水信息化监管系统、城市生态用水计量管理系统等组成。其中，水源地智能监控系统一般包括井群集中监控、吨水耗电量、水泵经济性评价、水质分析。水厂/泵站无人值守系统一般包括供水调度情况、工艺情况、恒压供水情况、水厂调度日志、水泵能耗情况、水质监控分析。管网信息化管理系统一般包括管网异常情况、故障点定位、压力合格率、压力变化趋势分析、智能报警、报表统计等。分区计量管理系统一般包括管网 GIS 分析、产销差分析、夜间最小流量分析、DMA 漏损评估等。二次供水信息化监管系统主要包括泵房运行实时记录、分时分压供水情况、水泵能耗分析、水质超标报警、泵房设备信息管理等。城市生态用水计量管理系统主要包括形成城市生态用水计量管理一张图、统计设备资产及健康状况、实时展示取水栓情况、取水单位用水量情况、取水栓用水量情况、年度或月度用水量报表情况等。

智慧供水具有如下优势：（1）实时监测，数据整合。实时监测各环节监测数据，提升信息化水平，打破信息孤岛，实现数据共享和互联互通。（2）联动控制，优化调度。通过展示整个供水流程的生产情况，实现信息互通，按照预设逻辑进行联动控制，优化供水调度，并记录调度过程。（3）汇总展示关键指标。通过一张网、一张图的方式，汇总展示各个供水环节的关键数据，让各级主体全面系统地了解全流程的运作过程和有关数据。（4）科学评价，智能分析。分析水泵能耗、压力变化趋势、漏损情况、水质达标情况等，并形成各类统计报表，从而为供水生产优化提供依据。

智慧供水建设以业务需求为主导，以“云计算、移动物联网、物联网、大数据”为手段，“物联数据”为支撑，“智慧生产”为重点，“智慧服务”为导向，

“智慧移动”为亮点，“智慧决策”为落点构建智慧供水平台。目的是以云计算、移动物联网、物联网、大数据等高新技术为支撑，通过信息资源整合、优化结构、创新商业模式与优化管理流程，提升用户服务水平和精细化管理支撑能力，打造全面感知、广泛协同、智能决策、主动服务的“智慧供水”，实现生产数字化、管理协同化、决策科学化、服务主动化。通过提升供水智慧化水平，实现从水源到龙头的全流程监测信息采集与传输、供水相关信息集合管理与可视化供水水质指标监测预警等，从而实现智能感知、广泛互联、深度融合、业务协同、决策科学、服务主动的智慧供水监管平台。

智慧供水要从水源、水厂和管网等各个供水环节，对水量、水质、水压等主要供水参数和供水设施设备运行状况实施自动化监控的基础上，结合水文气象预报预测信息和水量供需能力分析，重视全面感知、数据分析、决策支持和智慧应用，提升城乡供水信息化、数字化、智能化水平，实现预报、预警、预演、预案功能。通过实施“互联网＋”手段，实现计量供水，提高水费收缴率和工作效率，降低管网漏损率和供水成本，同时发挥信息技术作用，提升工程管理管护水平。

## 二、供水行业智慧化的发展阶段

中国供水智慧化发展大体分为三个阶段，即智慧供水 1.0 阶段，以自动化控制为核心，着眼于工艺优化以及生产效率的提升；智慧供水 2.0 阶段，以企业信息化为核心，更多地在企业资源管理、移动应用、算法应用方面进行突破；智慧供水 3.0 阶段，则是大数据、人工智能、区块链的综合应用。

中国共有 660 多个城市、2500 多个县城和 30000 多个行政建制镇，每个城镇基本拥有供水系统，目前多数供水公司的智慧化水平处于智慧供水 2.0 阶段。供水企业已建成了水厂自控、管网 GIS、管网巡检与维修养护、二供监管、营业收费等供水业务系统，并初步建成了供水服务标准化、运营管理精细化、办公移动化的供水智能管理和服务体系。当前中国城市供水企业智慧化发展过程中依然存在如下问题：一是，综合协同能力还较为薄弱。独立开展供水智慧化业务模块建设以及单位定制化业务，成为当前城市供水企业智慧化的主要模式，这造成了供水企业智慧信息相互独立、难以互联、缺乏业务深度和广度。二是，数据孤岛现象非常普遍。供水数据具有单厂性、单市性，难以跨市、跨省实现供水智慧化数据的互联互通，数据孤岛现象较为普遍。三是，数据挖掘支持企业决策能力偏弱。现行多数供水企业智慧化平台缺乏深度分析有关数据，从而为供水企业决策提供支持的有关数据、算法与程序。

现有智慧供水企业规模偏小、企业集中度较低。随着物联网、大数据、云计算、移动互联网等新技术与供水行业的深度融合，中国城市供水企业的智慧化水平将由智慧供水 2.0 阶段向智慧供水 3.0 阶段跃迁。

## 三、供水行业智慧化的发展趋势

随着供水行业市场竞争的日益增加，一些企业的利润空间有限甚至亏损，在城市供水行业高质量发展过程中，如何推动节能降耗、降低建设与运营成本成为其中的一项重要内容。同时，“十四五”期间，在中国经济高质量发展、新常态以及从全面小康迈向共同富裕的背景下，借助数字经济发展之势，如何推动中国供水行业的高质量发展，成为当前的一项重要课题。此外，面对“生态文明建设”“国企改革”等政策推进力度增强、“云计算、物联网、移动物联网、大数据、人工智能”等技术应用的日益广泛、提高运营决策效率需求更加急迫的发展环境，信息化必然成为城市工商行业转型发展的有力工具，而“智慧供水”建设与升级，将成为推进城市供水行业高质量发展的重要路径。为此，在现在以及未来一段时间，城市供水企业如何借助“互联网＋”、物联网、云计算、大数据等新型技术，由传统供水企业向智慧供水企业转型，以及推进现有智慧供水企业实现智慧供水阶段跃迁。最为核心的是，城市供水企业智慧化水平的提升由传统的供水企业数字化向供水企业数智化转型，将人工智能、数据挖掘、爬虫技术等应用到供水企业智慧化之中，从而实现让数字推动科学决策的目的。

# 第三章 排水与污水处理行业发展报告

"十三五"以来，全国各地深入贯彻习近平生态文明思想，排水与污水处理设施已成为深入打好污染防治攻坚战的重要抓手，对于改善城镇人居环境，推进城市治理体系和治理能力现代化，加快生态文明建设，推动高质量发展具有重要作用。本文分别从排水与污水处理行业的投资与建设、排水与污水处理行业的生产与供应、排水与污水处理行业的发展成效、排水与污水处理行业智慧化水平等四个方面，对我国排水与污水处理行业的发展情况进行全面分析，并重点梳理排水与污水处理行业在智慧化改革和应用中的主要场景及存在的问题，以推动排水与污水处理行业提质增效，不断提升人民群众的幸福感、获得感和安全感。

# 第一节　排水与污水处理行业投资与建设

近年来，我国排水与污水处理行业投资与建设始终保持快速增长态势，特别是污泥处理处置设施和再生水设施的投资与建设增长迅猛。本节分析了中国在排水、污水处理和再生水利用等方面历年投资与建设的规模和总体情况，重点研究了东、中、西部和各省、市、自治区在排水与污水处理行业的投资规模与增速变化趋势。

## 一、设施投资与建设总体情况

### （一）中国排水与污水处理设施的投资情况

自改革开放以来，我国国民经济建设和社会发展，城市化和工业化进程加速，对排水和污水处理的需求日益增加，党中央、国务院高度重视城镇生活污水处理设施等环境公共基础设施建设，按照建设资源节约型、环境友好型社会的总体要求，顺应人民群众改善环境质量的期望，中央和地方政府不断加大对城镇污水处理设施建设和运营的投资力度，我国排水与污水处理行业快速发展，设施投资稳步增长，具体如图 3-1 所示。

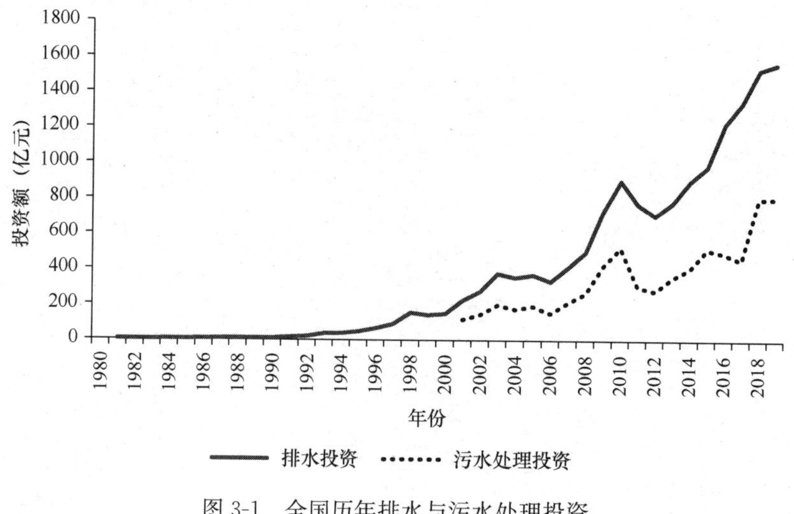


图 3-1　全国历年排水与污水处理投资

改革开放期初，我国城镇排水与污水处理以排水为主，而且主要是提倡利用污水进行农业灌溉，在城市排水设施方面的投资仅为 2 亿元，2019 年中国城市排水设施投资已达到 1562.36 亿元，是改革开放初期投资额的 781 倍，相较于 2018 年，排水设施投资增加了 32.5 亿元，排水设施投资始终保持着较为稳定的增长。现代化的污水处理厂是从 20 世纪 80 年代以后才开始投资建设的，早期主要是利用郊区的坑塘洼地、废河道、沼泽地等稍加整修或围堤筑坝，建成稳定塘，对城市污水进行净化处理，日处理城市污水大约仅为 173 万立方米。在经历了“十五”“十一五”“十二五”三个五年规划建设后，城市污水处理和再生水利用设施已基本覆盖了所有设市城市，进入“十三五”后，污水处理设施投资基本稳定，甚至呈小幅下降趋势，设施投资也主要以改造更新为主。2018 年，我国城市污水处理和再生水利用设施投资为 802.6 亿元，2019 年是“十三五”中后期，这两项设施投资总额达 803.7 亿元，较 2018 年末增加了 1.1 亿元，增幅仅为 0.14%。

作为污水处理的“衍生品”，随着污水处理量不断增加，污泥产量随之不断增加，污泥问题逐步成为我国生态文明建设的工作重点。在污泥处理设施投资方面，从 2011 年至今，每年的投资规模都在 17 亿元以上，在 2013 年达到投资峰值 24.54 亿元后，2014～2016 年逐年下降，基本稳定在 18.5 亿元左右。从 2017 年开始，污泥处理处置设施的投资规模稳步增长，增速较快，2019 年投资规模增长到 58.12 亿元，与 2016 年相比，投资规模翻了近两番，与 2018 年相比，投资增长了近 60%，增速十分显著，如图 3-2 所示。

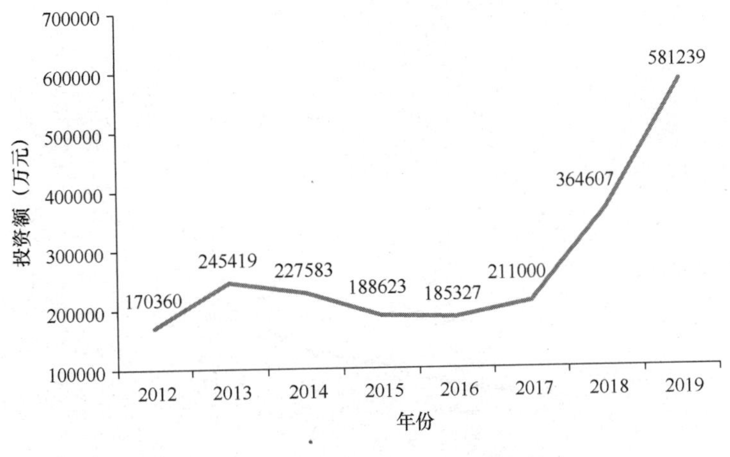


图 3-2 全国历年污泥处理处置投资

2019 年，我国城市排水与污水处理行业的固定资产投资总额达 2424.1 亿元，其中排水设施投资占比最高，达 1562.4 亿元，污水处理、污泥处理和再生水利用设施的固定资产投资分别为 755.6 亿元、58.1 亿元和 48.1 亿元，各项投资分别占行业投资总额的 64.45%、31.17%、2.4%和 1.98%，如图 3-3 所示。

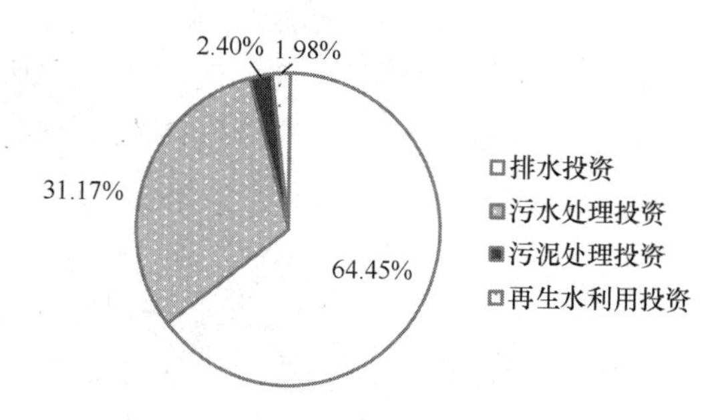


图 3-3　排水与污水处理行业投资占比

### （二）中国排水与污水处理设施的建设情况

1980 年以后，中国在排水、污水处理及再生利用方面的建设稳步推进，污水处理能力快速增长，再生水利用规模不断扩大，成就斐然。1980 年，全国城市建成的排水管道只有 2.19 万公里，仅有污水处理厂 35 座，日均污水处理能力 70 万立方米；到 2019 年，全国已建成排水管道 74.4 万公里，建成污水处理厂 2471 座，日均处理能力达 1.79 亿立方米，较 1980 年分别增长了 34 倍、70 倍和 255 倍，如图 3-4、图 3-5 所示。同时，2019 年全国再生水利用量达 1160784 万立方米，较 2018 年增长了 35.84%。

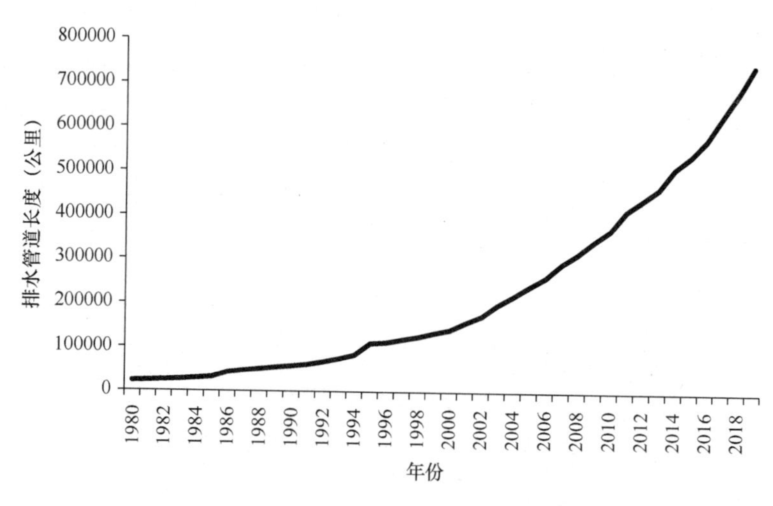


图 3-4　全国历年建成排水管道长度

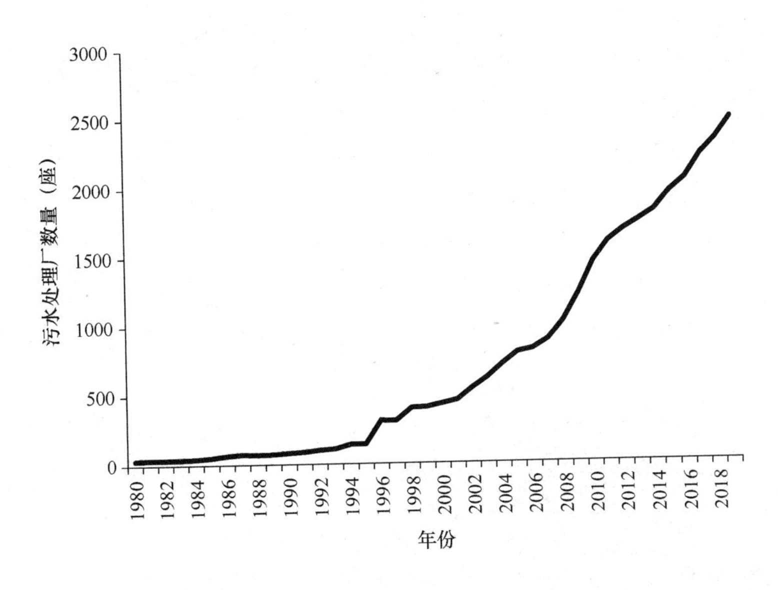


图 3-5　全国历年建成污水处理厂数量

## 二、东、中、西部地区设施投资与建设情况比较

自改革开放以来，尽管全国的城镇排水与污水处理设施建设有了质的飞跃，各项规划目标基本都圆满完成，但设施投资与建设仍存在着区域分布不均衡的问题，发达地区与欠发达地区的投资规模、增速和重点都不尽相同。为此，当前中国城镇排水与污水处理行业的投资建设应当从解决发展不平衡问题着手，加快解决设施布局不均衡问题，着重提高新建城区及建制镇污水处理能力。

### （一）东、中、西部地区排水与污水处理设施投资情况

2019 年，我国城市排水与污水处理行业的固定资产投资总额 2424.1 亿元，排水、污水处理、污泥处理和再生水利用等方面的投资额分别为：1562.4 亿元、755.6 亿元、58.1 亿元和 48.1 亿元。

从各类投资的地区间分布看（图 3-6），东部地区的固定资产投资遥遥领先，排水、污水处理、污泥处理、再生水利用等设施的投资额分别为 857.45 亿元、466.12 亿元、47.57 亿元和 34.35 亿元，分别占到了全国各类投资总额的 54.88%、61.69%、81.85%和 71.48%。对比 2018 年，各项投资占比总体趋势变化不大，污水处理和再生水利用投资占比有不同程度的增加，增幅分别为

0.88%、3%，排水和污泥处置投资占比呈下降趋势，降幅分别为 5.59%、1.32%，说明东部地区的各项目基本呈稳步发展趋势；中部地区在排水、污水处理、污泥处理、再生水利用方面的投资分别为 480.98 亿元、182.06 亿元、4.82 亿元、8.2 亿元，分别占全国投资的 30.79%、24.09%、8.3%和 17.06%，对比 2018 年，各项投资占比总体呈上升趋势，其中排水投资占比上升了 5.07%，污水处理和再生水利用投资占比也有不同程度的上升，仅污泥处置投资占比小幅减少了 2.58%，这说明中部地区各项目基本呈稳步发展趋势；西部地区在排水、污水处理、污泥处理、再生水利用方面的投资分别为 223.93 亿元、107.45 亿元、5.73 亿元和 5.51 亿元，占全国的 14.33%、14.22%、9.86%和 11.46%，不论绝对数还是相对数都较小，对比 2018 年，排水、污水处理和污泥处置投资占比均有不同程度的小幅上升，相对来说，再生水利用投资占比呈下降趋势，降幅达 3.16%。

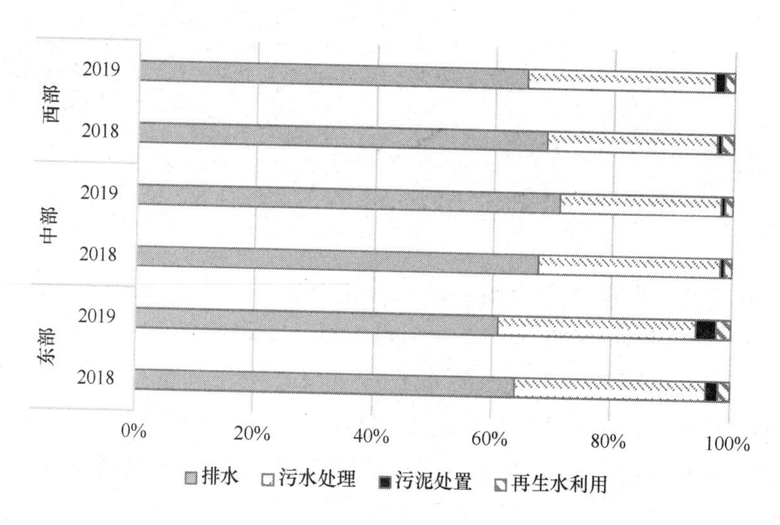


图 3-6　东、中、西部排水与污水处理设施投资比例

总体上，相较于 2018 年，东、中、西部地区间的投资占比差异有所减小，如图 3-7 所示。在排水投资方面，东部地区投资占比下降，而中西部地区均有增长趋势，较 2018 年地区间差异有所缩小；在污水处理投资方面，东、中、西部地区占比都呈上升趋势；在污泥处置方面，东部和中部地区投资占比均有不同程度的下降，西部地区投资占比上升；在再生水利用投资方面，2019 年投资额较 2018 年变化不大，从各地区占比来看，东、中部地区占比略有增长，而西部地区占比小幅下降。具体见图 3-7。

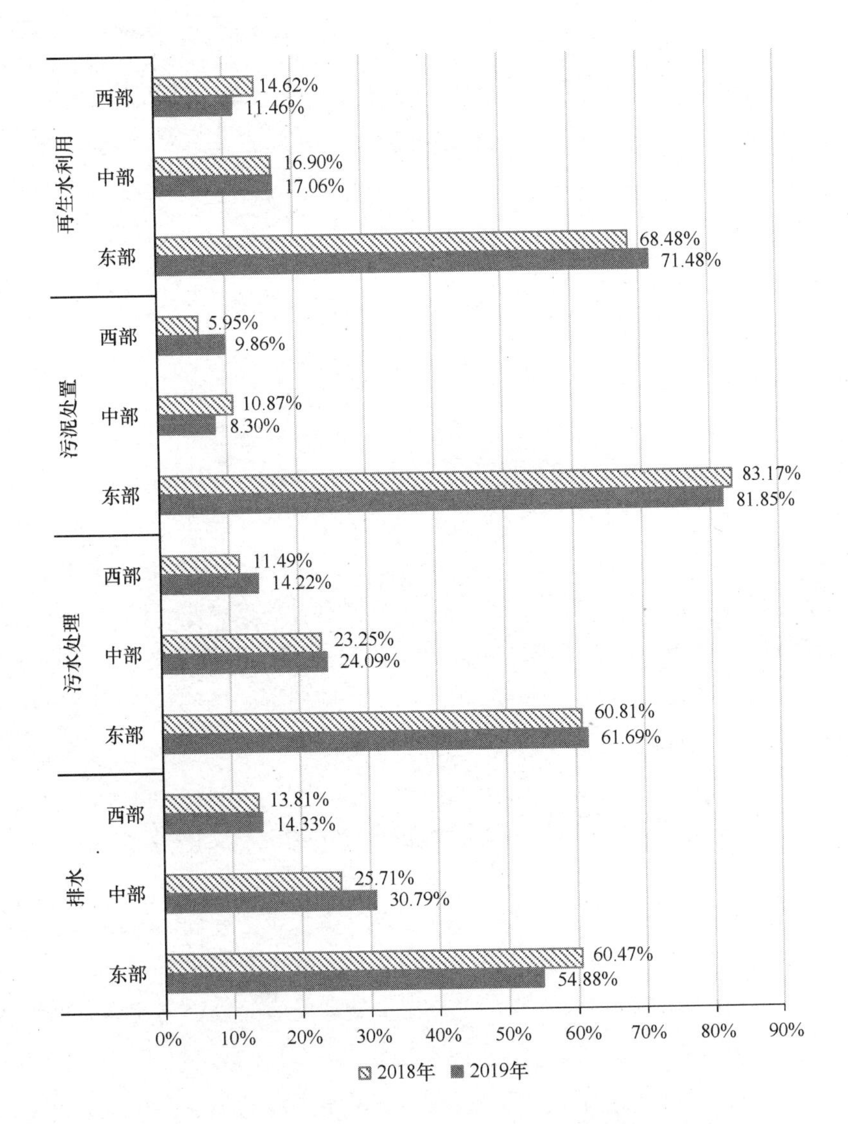


图 3-7　2018 年及 2019 年东、中、西部分类投资占比

## （二）东、中、西部地区排水与污水处理设施建设情况

2019 年，全国共建成排水管道总长 743982 公里，污水处理厂 2471 座。其中，东部地区为 446962 公里和 1315 座，中部地区为 178826 公里和 639 座，西部地区为 118194 公里和 517 座。与投资情况类似，城镇排水与污水处理设施建设也是东部占比较大，中部和西部略少。

**2019 年东、中、西部地区排水与污水处理设施投资与建设情况　　表 3-1**

| 地区 | 固定资产投资情况（万元） | | | | 各项建设情况 | | |
|---|---|---|---|---|---|---|---|
| | 排水 | 污水处理 | 污泥处理 | 再生水利用 | 排水管长（公里） | 污水处理厂（座） | 处理能力（万立方米/日） |
| 东部地区 | 8574525.38 | 4661221.79 | 475735.04 | 343514.27 | 446961.64 | 1315 | 10566.69 |
| 中部地区 | 4809832.65 | 1820637.81 | 48220.14 | 82009.63 | 178826.19 | 639 | 4584.57 |
| 西部地区 | 2239250.37 | 1074475.88 | 57283.88 | 55050.05 | 118194.07 | 517 | 2711.91 |
| 全国合计 | 15623608.4 | 7556335.48 | 581239.06 | 480573.95 | 743981.9 | 2471 | 17863.17 |

考虑到各地区城市化水平和人口密度的差异，下面对比各地区城市排水管网密度和污水处理强度。2019 年，我国城市排水管网的密度达到了 10.5 公里/平方公里，东部地区达到 12.1 公里/平方公里，高于全国平均水平，中部、西部地区分别为 9 公里/平方公里、8.2 公里/平方公里，均低于全国平均水平。可见，各地对排水与污水处理设施的投资建设，受经济和社会发展水平的影响，地区间差异比较明显。总体上，东部地区无论是从投资与建设的绝对数量、相对数量，还是覆盖程度与处理水平上，都处于领先水平，中西部地区的投资与建设较为落后，需要进一步增加投资，加快建设。

## 三、各省排水与污水处理设施投资与建设情况

我国幅员辽阔，改革开放以来，各省（区、市）经济和社会发展水平存在较大差异。城镇排水与污水处理设施的建设要与经济社会发展水平相协调，与城镇发展总体规划相衔接，因此各省在排水与污水处理设施的投资与建设方面的差异较大，见表 3-2。

**2019 年各省（区、市）排水与污水处理设施投资与建设　　表 3-2**

| 地区 | 固定资产投资情况（万元） | | | | 建设情况 | |
|---|---|---|---|---|---|---|
| | 排水 | 污水处理 | 污泥处理 | 再生水利用 | 排水管长（公里） | 污水处理厂（座） |
| 全国 | 15623608 | 7556335 | 581239 | 480574 | 743982 | 2471 |
| 北京 | 1163097 | 604318 | 12111 | 141509 | 17992 | 67 |
| 天津 | 297405 | 126843 | 1318 | 3149 | 22069 | 41 |
| 河北 | 424824 | 116473 | 7850 | 22128 | 19586 | 93 |
| 山西 | 136675 | 99065 | 13387 | 12370 | 11023 | 44 |

续表

| 地区 | 固定资产投资情况（万元） | | | | 建设情况 | |
|---|---|---|---|---|---|---|
| | 排水 | 污水处理 | 污泥处理 | 再生水利用 | 排水管长（公里） | 污水处理厂（座） |
| 内蒙古 | 178518 | 56253 | 8561 | 30251 | 13827 | 44 |
| 辽宁 | 75762 | 40737 | 0 | 0 | 22745 | 117 |
| 吉林 | 218050 | 115088 | 0 | 1833 | 12378 | 51 |
| 黑龙江 | 117516 | 49647 | | 1460 | 12422 | 68 |
| 上海 | 989428 | 644428 | 345000 | | 21754 | 42 |
| 江苏 | 1198960 | 477448 | 43350 | 600 | 83943 | 206 |
| 浙江 | 465509 | 265289 | 282 | 7716 | 51185 | 99 |
| 安徽 | 731867 | 285503 | 11980 | 11700 | 33302 | 84 |
| 福建 | 578316 | 277329 | 0 | 24786 | 18112 | 53 |
| 江西 | 914137 | 424794 | 6713 | 11690 | 17590 | 62 |
| 山东 | 980179 | 416260 | 29027 | 10414 | 67710 | 217 |
| 河南 | 533103 | 194112 | 1270 | 12706 | 27933 | 105 |
| 湖北 | 1685443 | 434206 | 1132 | 0 | 30751 | 98 |
| 湖南 | 294524 | 161969 | 5177 | 0 | 19601 | 83 |
| 广东 | 1942458 | 1510359 | 22453 | 133212 | 98633 | 301 |
| 广西 | 308811 | 45198 | 2141 | 0 | 17571 | 56 |
| 海南 | 149777 | 136538 | 12203 | 0 | 5660 | 23 |
| 重庆 | 478709 | 145808 | 11000 | 0 | 20839 | 69 |
| 四川 | 893907 | 570570 | 20155 | 0 | 38276 | 141 |
| 贵州 | 77324 | 27354 | 0 | 0 | 10035 | 82 |
| 云南 | 199834 | 85713 | 102 | 7355 | 15357 | 57 |
| 西藏 | 200 | | | | 831 | 9 |
| 陕西 | 257425 | 121917 | 3085 | 3540 | 11017 | 52 |
| 甘肃 | 102339 | 58783 | 42 | 8302 | 7280 | 27 |

续表

| 地区 | 固定资产投资情况（万元） | | | | 建设情况 | |
|---|---|---|---|---|---|---|
| | 排水 | 污水处理 | 污泥处理 | 再生水利用 | 排水管长（公里） | 污水处理厂（座） |
| 青海 | 22021 | 3034 | 1900 | 0 | 3269 | 12 |
| 宁夏 | 54979 | 5421 | | 2000 | 2207 | 23 |
| 新疆 | 149728 | 54475 | 21000 | 33853 | 7870 | 36 |
| 新疆兵团 | 2785 | 1400 | | | 1213 | 9 |

在排水设施投资方面，2019 年全国排水设施固定资产投资 1562.36 亿元，地区间差异较大，如图 3-8 所示。其中，广东省遥遥领先，当年排水设施投资达到了 192.25 亿元，湖北省次之，为 168.54 亿元。2019 年排水设施固定资产投资总额超过 80 亿元的省份还有：江苏、北京、上海、山东、江西、四川，投资额分别为 119.9 亿元、1116.31 亿元、98.94 亿元、98.02 亿元、91.41 亿元和 89.39 亿元；11 个省份排水设施的固定资产投资额在 20 亿～80 亿元之间，分别为天津、河北、吉林、浙江、安徽、福建、河南、湖南、广西、重庆和陕西；还有 12 个省份的排水设施投资不足 20 亿元，分别是山西、内蒙古、辽宁、黑龙江、海南、贵州、云南、西藏、甘肃、青海、宁夏和新疆，其中青海与西藏地区投资额少于 5 亿元，尤以西藏最少，仅 0.02 亿元，青海次之，为 2.2 亿元。

在污水处理设施投资方面，2019 年全国共完成固定资产投资 755.6 亿元，如图 3-9 所示，省域差异仍十分明显。其中，广东省的固定资产投资额远超其他省市，达 151.04 亿元，排名第二的上海市污水处理设施投资 64.44 亿元。污水处理设施投资在 20 亿元以上的还有北京、江苏、浙江、安徽、福建、江西、山东、湖北和四川 9 个省市，投资垫底的是青海和宁夏，投资额分别是 0.3 亿元和 0.54 亿元。

在排水设施建设方面，至 2019 年，全国共建成排水管道 743981.9 公里，城市排水管道覆盖密度达到了 10.5 公里/平方公里。截至 2019 年，在 31 个省、自治区和直辖市中，首先广东省建成排水管道最长，达 98633.1 公里；其次为江苏省、山东省和浙江省，分别为 83943.27 公里、67709.68 公里和 51185.23 公里；西藏、宁夏和青海三省的排水管道最短，均不足 3500 公里，分别为 831.19 公里、2206.9 公里和 3269.16 公里。从城市排水管网的密度来看，前五名依次是天津、上海、青海、海南和江苏，分别达 18.82 公里/平方公里、17.57 公里/平方公里、14.58 公里/平方公里、14.26 公里/平方公里和 14.08 公里/平方公里，说明这些地区的设施建设不仅重地上，也重地下；相对地，北京、吉林、新疆、

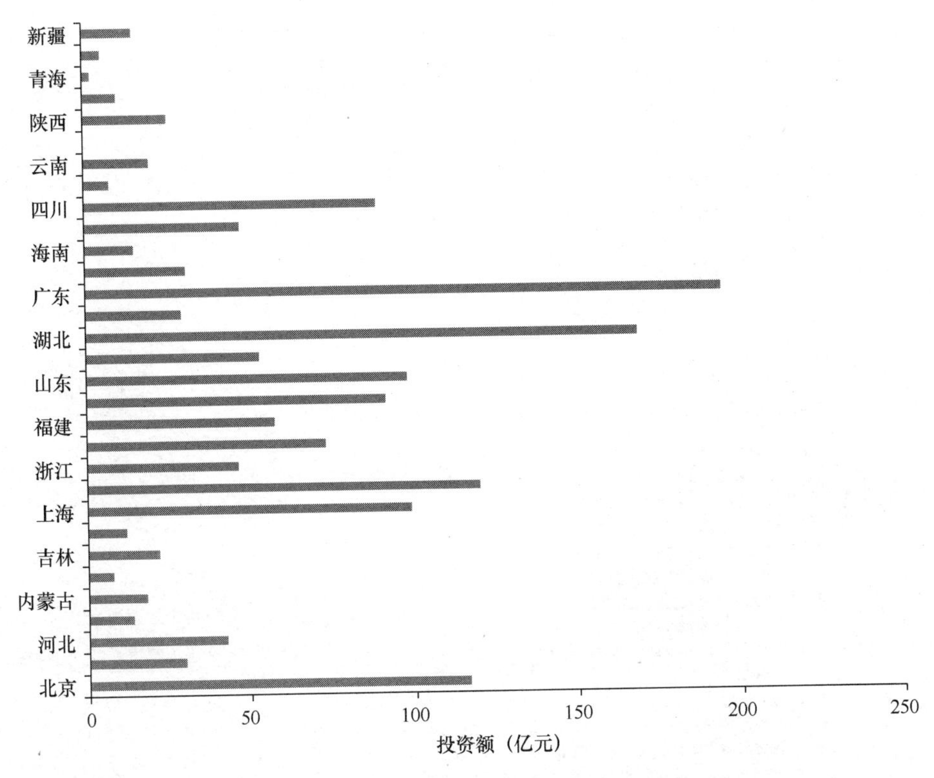


图 3-8　2019 年各省（区、市）排水固定资产投资

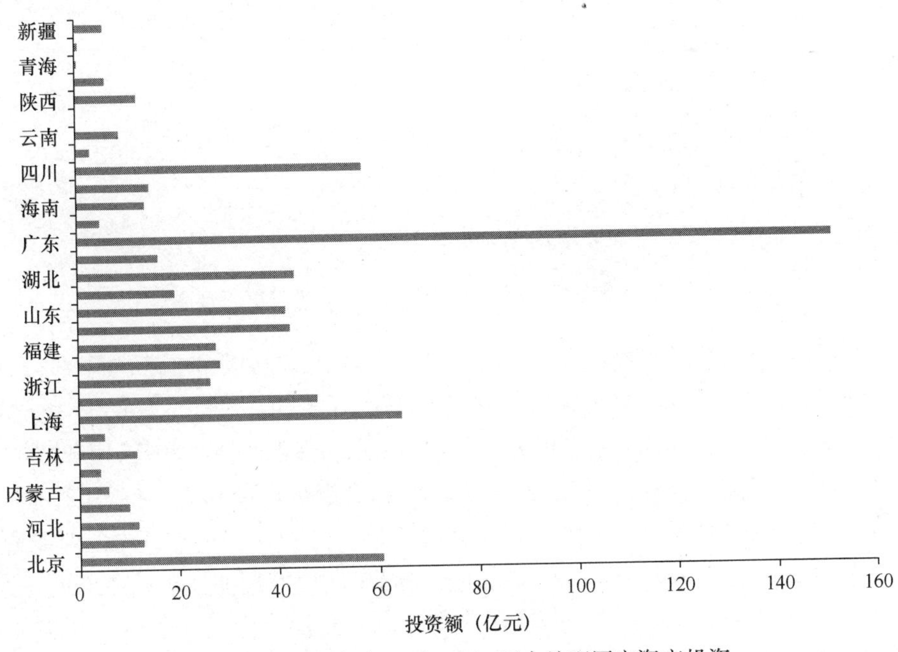


图 3-9　2019 年各省（区、市）污水处理固定资产投资

宁夏和西藏的城市排水管网密度最低，分别为 6.66 公里/平方公里、6.1 公里/平方公里、4.7 公里/平方公里、4.32 公里/平方公里和 3.33 公里/平方公里。具体如图 3-10 所示。

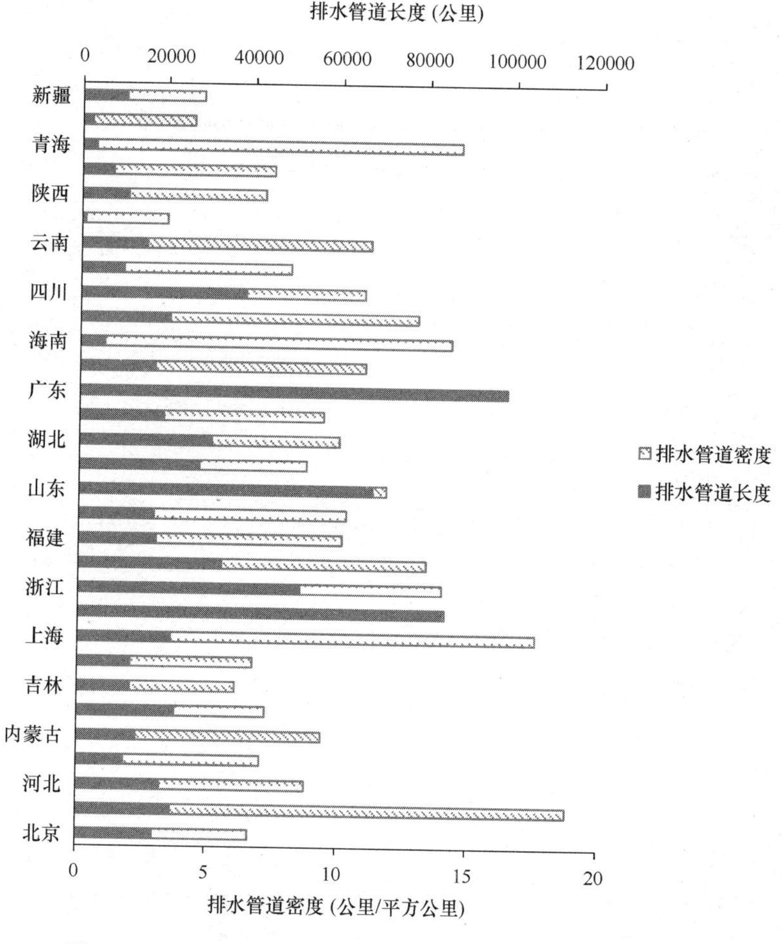


图 3-10 2019 年各省（区、市）建成排水管道长度及管道密度

在污水处理设施建设方面，截至 2019 年，我国共建成污水处理厂 2471 座，日均处理能力达 1.79 亿立方米，污水处理率达到了 96.81%。其中，广东省拥有的污水处理厂数量最多，达 301 座，其次为山东和江苏，分别为 217 座和 206 座，西藏、青海、宁夏、海南拥有的污水处理厂数量最少，分别为 9 座、12 座、23 座和 23 座，具体如图 3-11 所示。在污水处理能力方面，广东省日均处理能力最高，达 2411.7 万立方米/日，江苏、山东和浙江日均处理能力也超 1000 万立方米/日，分别为 1420.18 万立方米/日、1274.09 万立方米/日和 1130.31 万立方米/日，具体如图 3-12 所示。

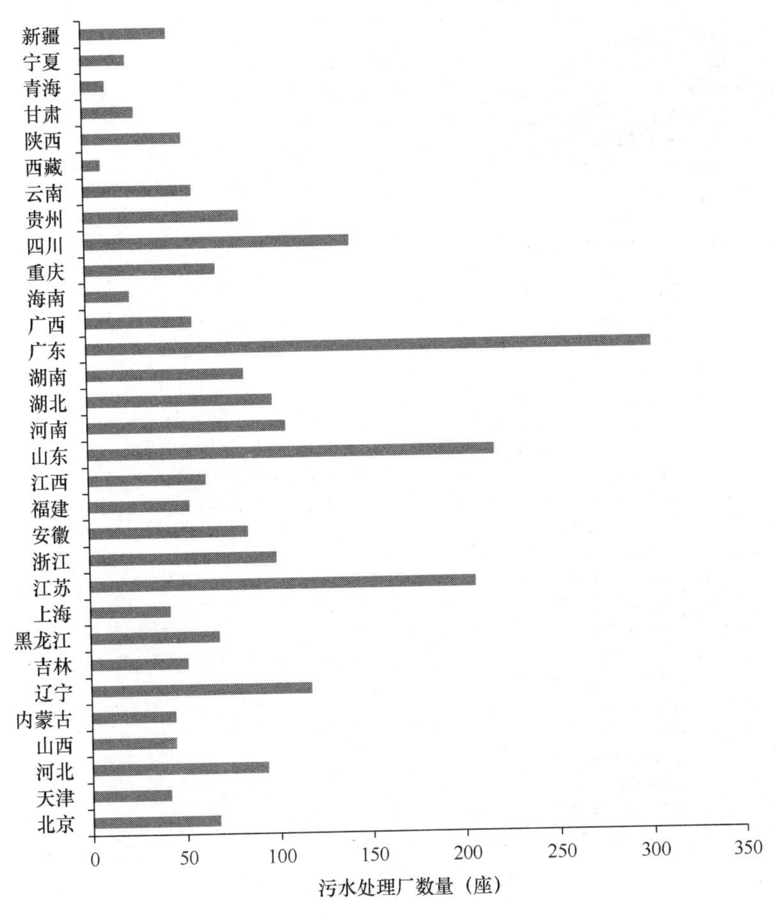


图 3-11　2019 年各省（区、市）污水处理厂数量

## 四、排水与污水处理设施投资增长情况

### （一）全国排水与污水处理设施投资增长的总体情况

根据《城市建设统计年鉴》，全国排水与污水处理设施投资总体呈上升趋势，如表 3-3、图 3-13、图 3-14 所示。然而，在 2011 年，排水与污水处理设施的投资增长出现陡降，特别是污水处理设施投资，从 2010 年的 492 亿元降至 2011 年的 282 亿元，投资额几近腰斩。排水设施投资也出现下滑，从 2010 年的 902 亿元降至 2011 年的 770 亿元，降幅为 14.59%。2011 年后，全国城市基础设施总投资趋于平稳；自 2014 年起，城市排水与污水处理设施的投资保持较好的增长态势，仅 2019 年污水处理设施投资小幅下降。具体见表 3-3。

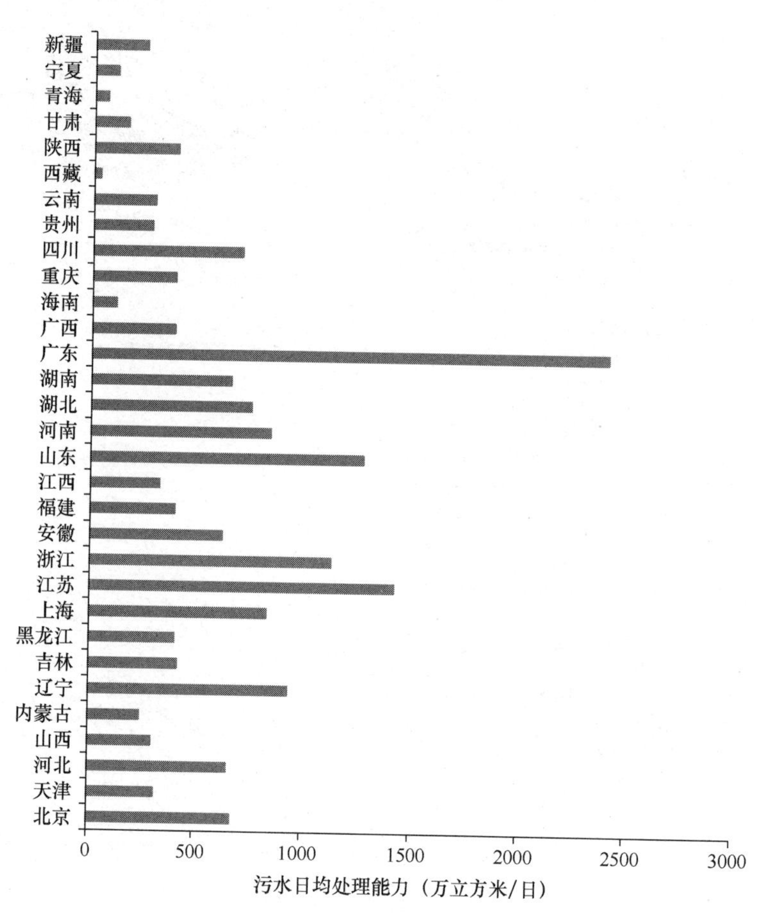


图 3-12　2019 年各省（区、市）污水日均处理能力

**2004～2019 年全国城市排水与污水处理设施投资额**（亿元）　　**表 3-3**

| 年份 | 排水设施 | 污水处理设施 |
|---|---|---|
| 2005 | 368 | 191 |
| 2006 | 332 | 152 |
| 2007 | 410 | 212 |
| 2008 | 496 | 265 |
| 2009 | 730 | 389 |
| 2010 | 902 | 492 |
| 2011 | 770 | 282 |
| 2012 | 704 | 238 |
| 2013 | 779 | 316 |
| 2014 | 900 | 305 |

续表

| 年份 | 排水设施 | 污水处理设施 |
|---|---|---|
| 2015 | 983 | 379 |
| 2016 | 1223 | 409 |
| 2017 | 1344 | 421 |
| 2018 | 1530 | 760 |
| 2019 | 1562 | 756 |

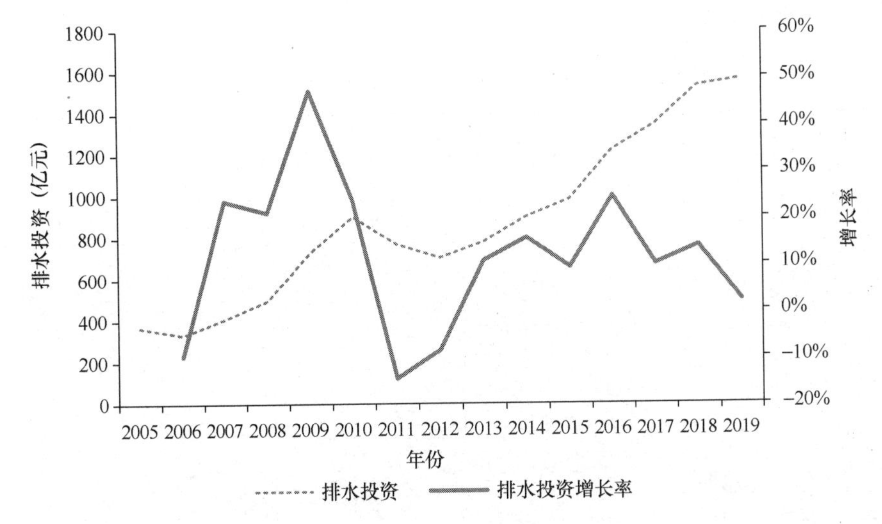


图 3-13 2004～2019 年全国城市排水设施投资情况

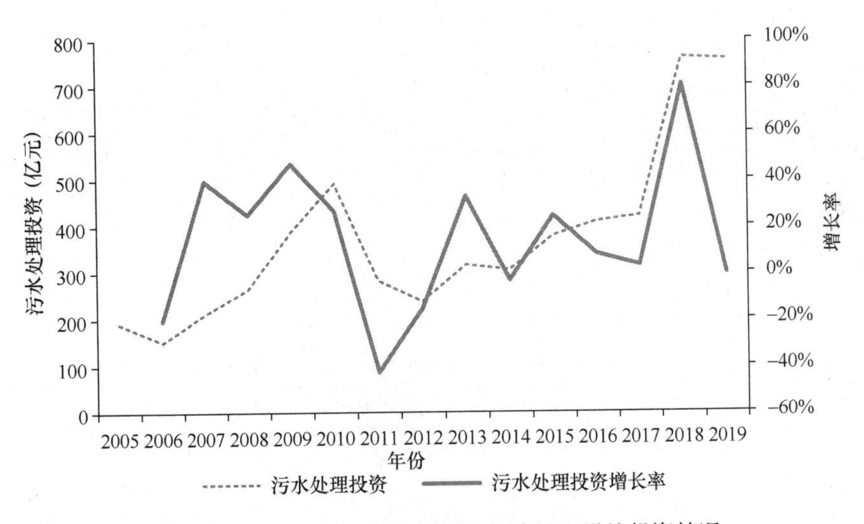


图 3-14 2005～2019 年全国城市污水处理设施投资情况

### （二）各地区城市排水设施投资增长比较

从全国 31 个省、自治区、直辖市的情况看，各地城市水务设施投资尽管总体呈上升趋势，但也存在较大的地区差异和行业差异，下面我们将区分东、中、西和东北四个区域，对城市供水、排水和污水处理设施逐一进行分类分析。从城市排水设施投资总额上看，各个地区设施投资的平均水平差距依然不大，但地区内各个省之间的差距较大。相对来说，东部地区各省的城市排水设施投资略高于其他三个地区，见表 3-4。

**各省（区、市）2005～2019 年城市排水设施投资额**（亿元）　　**表 3-4**

| 地区＼年份 | 2005 | 2006 | 2007 | 2008 | 2009 | 2010 | 2011 | 2012 | 2013 | 2014 | 2015 | 2016 | 2017 | 2018 | 2019 |
|---|---|---|---|---|---|---|---|---|---|---|---|---|---|---|---|
| 北京 | 7 | 4 | 11 | 1 | 25 | 17 | 38 | 40 | 52 | 114 | 149 | 280 | 145 | 119 | 116 |
| 天津 | 9 | 5 | 1 | 10 | 20 | 25 | 15 | 10 | 10 | 16 | 16 | 7 | 12 | 30 | 30 |
| 河北 | 18 | 17 | 17 | 23 | 34 | 54 | 36 | 27 | 28 | 21 | 20 | 35 | 55 | 32 | 42 |
| 山西 | 3 | 1 | 1 | 4 | 19 | 20 | 16 | 5 | 9 | 10 | 25 | 12 | 13 | 8 | 14 |
| 内蒙古 | 10 | 14 | 4 | 14 | 13 | 40 | 30 | 30 | 29 | 41 | 38 | 30 | 38 | 17 | 18 |
| 辽宁 | 16 | 20 | 23 | 18 | 27 | 14 | 67 | 67 | 29 | 10 | 8 | 9 | 28 | 38 | 8 |
| 吉林 | 9 | 5 | 9 | 7 | 12 | 11 | 7 | 5 | 7 | 11 | 20 | 8 | 10 | 9 | 22 |
| 黑龙江 | 4 | 4 | 9 | 12 | 20 | 23 | 10 | 14 | 17 | 11 | 13 | 13 | 16 | 13 | 12 |
| 上海 | 20 | 18 | 25 | 32 | 29 | 34 | 11 | 17 | 15 | 10 | 8 | 22 | 49 | 134 | 99 |
| 江苏 | 35 | 25 | 36 | 45 | 58 | 85 | 86 | 72 | 119 | 123 | 123 | 137 | 132 | 149 | 120 |
| 浙江 | 30 | 20 | 24 | 47 | 44 | 34 | 22 | 26 | 36 | 68 | 65 | 70 | 83 | 71 | 47 |
| 安徽 | 17 | 13 | 10 | 23 | 25 | 24 | 37 | 36 | 56 | 42 | 47 | 39 | 58 | 80 | 73 |
| 福建 | 11 | 6 | 13 | 14 | 12 | 15 | 43 | 19 | 18 | 25 | 30 | 31 | 36 | 84 | 58 |
| 江西 | 8 | 7 | 5 | 6 | 13 | 18 | 13 | 14 | 14 | 21 | 19 | 33 | 56 | 42 | 91 |
| 山东 | 29 | 39 | 57 | 66 | 76 | 59 | 82 | 52 | 71 | 73 | 69 | 80 | 89 | 98 | 98 |
| 河南 | 10 | 17 | 11 | 13 | 21 | 20 | 16 | 26 | 22 | 22 | 24 | 35 | 74 | 46 | 53 |
| 湖北 | 15 | 14 | 15 | 18 | 29 | 24 | 54 | 95 | 46 | 68 | 51 | 119 | 139 | 145 | 168 |
| 湖南 | 5 | 10 | 14 | 14 | 43 | 20 | 21 | 18 | 38 | 39 | 45 | 40 | 29 | 34 | 29 |
| 广东 | 40 | 32 | 35 | 54 | 76 | 212 | 59 | 26 | 23 | 26 | 25 | 39 | 67 | 127 | 194 |
| 广西 | 12 | 13 | 21 | 24 | 36 | 39 | 18 | 14 | 33 | 31 | 39 | 45 | 29 | 32 | 31 |
| 海南 | 1 | 0 | 4 | 2 | 12 | 6 | 7 | 11 | 9 | 3 | 6 | 9 | 17 | 12 | 15 |
| 重庆 | 19 | 20 | 16 | 11 | 11 | 7 | 18 | 15 | 10 | 5 | 6 | 9 | 31 | 42 | 48 |
| 四川 | 14 | 8 | 22 | 12 | 18 | 12 | 17 | 24 | 30 | 30 | 27 | 43 | 49 | 68 | 89 |

续表

| 年份<br>地区 | 2005 | 2006 | 2007 | 2008 | 2009 | 2010 | 2011 | 2012 | 2013 | 2014 | 2015 | 2016 | 2017 | 2018 | 2019 |
|---|---|---|---|---|---|---|---|---|---|---|---|---|---|---|---|
| 贵州 | 2 | 4 | 8 | 5 | 3 | 3 | 8 | 3 | 10 | 23 | 21 | 3 | 13 | 18 | 8 |
| 云南 | 7 | 5 | 2 | 4 | 16 | 44 | 13 | 9 | 5 | 12 | 12 | 17 | 24 | 28 | 20 |
| 西藏 | 0 | 1 | 0 | 0 | | 0 | 0 | 0 | 0 | 1 | 5 | 4 | 2 | 1 | 0.02 |
| 陕西 | 6 | 5 | 9 | 13 | 16 | 15 | 11 | 10 | 16 | 23 | 15 | 19 | 21 | 21 | 26 |
| 甘肃 | 4 | 3 | 5 | 1 | 4 | 10 | 5 | 5 | 3 | 5 | 14 | 8 | 9 | 15 | 10 |
| 青海 | 0 | 1 | 1 | 1 | 2 | 3 | 3 | 1 | 1 | 2 | 4 | 2 | 3 | 1 | 2 |
| 宁夏 | 1 | 1 | 1 | 1 | 3 | 2 | 2 | 1 | 4 | 1 | 2 | 2 | 2 | 2 | 5 |
| 新疆 | 2 | 1 | 3 | 2 | 12 | 11 | 7 | 13 | 18 | 12 | 34 | 24 | 17 | 15 | 15 |

城市排水设施投资的地区间差异具体如图 3-15～图 3-18 所示。在东部地区，各省城市排水设施投资近年基本都保持增长态势。其中，江苏、湖北两省的城市排水设施投资额显著高于其他省份，均超过 120 亿元。

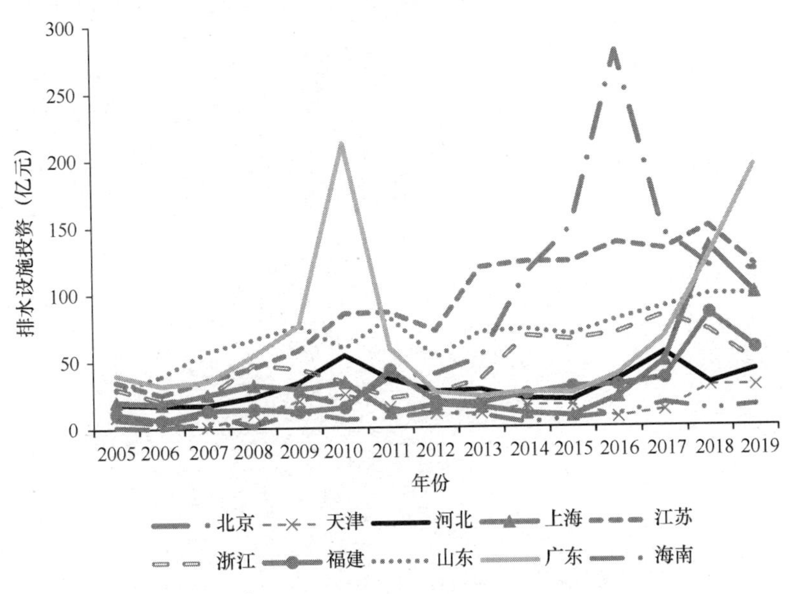


图 3-15 东部地区城市排水设施投资情况（2005～2019 年）

从 2019 年的投资涨幅来看，宁夏、吉林、江西涨幅位居前三，涨幅超过 110%，而包括北京、广西等在内的 14 个地区排水投资额下降，其中贵州、辽宁和西藏降幅超过 50%。从地区分布上看，东北三省与东部地区省份投资额在 2019 年呈下降趋势，中部和西部地区投资额呈上升趋势。

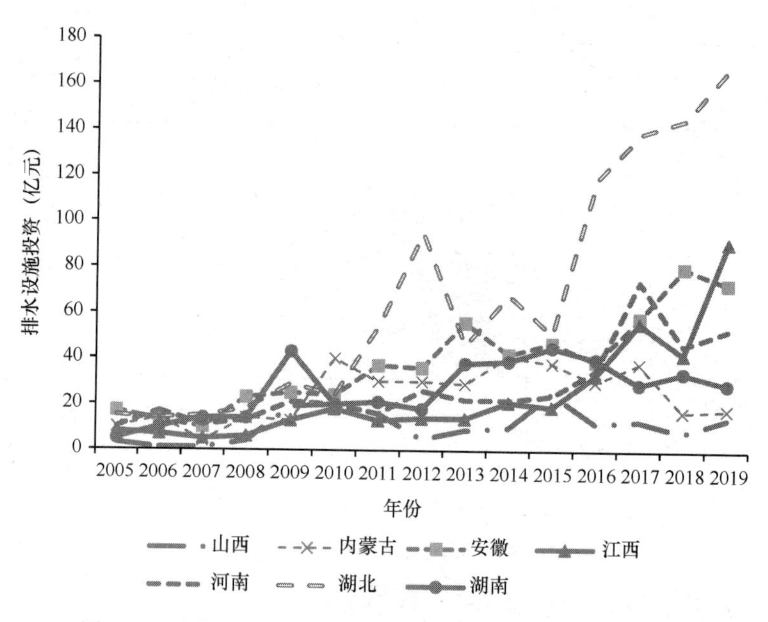


图 3-16　中部地区城市排水设施投资情况（2005～2019 年）

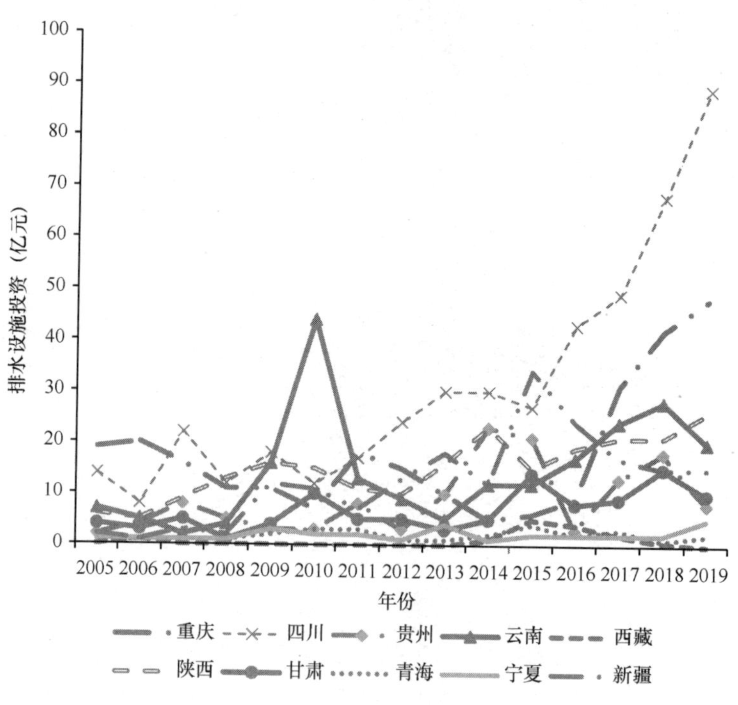


图 3-17　西部地区城市排水设施投资情况（2005～2019 年）

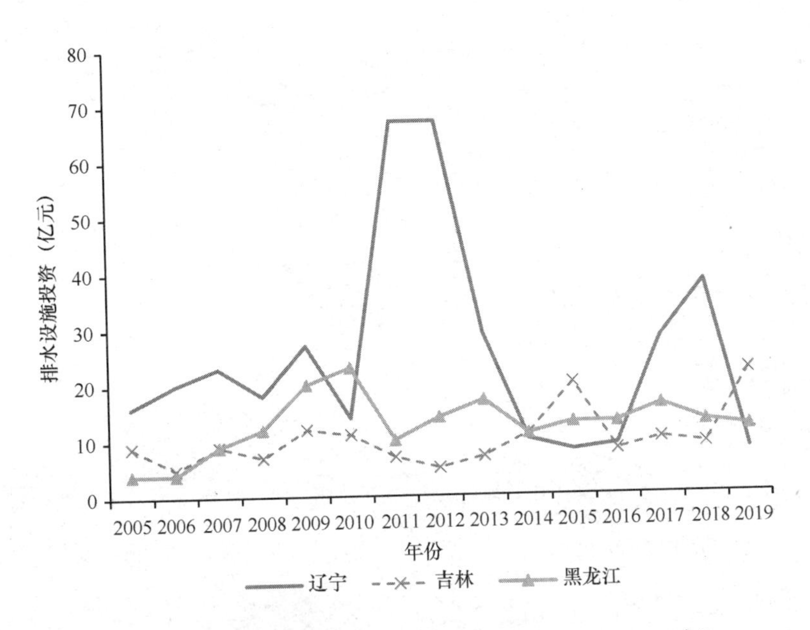


图 3-18 东北地区城市排水设施投资情况（2005～2019 年）

东部地区中，广东省在 2010 年达到小高峰后投资额波动下降，直到 2017 年开始出现增长态势，近三年涨幅陡增；天津市虽增长率较高，但是绝对值数额小；河北省前两年投资额增长迅猛，涨幅保持在 50%以上，然而 2018 年下降接近 50%，2019 年又有所上涨，涨幅为 31.25%；福建省 2018 年投资额达到最大，相比 2017 年增幅为 132.71%，2019 年有所回落；海南省 2019 年投资额达到最大，涨幅为 25%；其他省市在 2019 年投资额均有所回落。中部地区中，湖北省在 2012 年后波动很大，在三个年份中增长幅度超过 50%，2019 年投资小幅增加 15.86%；除湖南省和安徽省的投资额在 2019 年投资额下降，其他省份投资额均上升，其中江西省投资涨幅超过 110%。西部地区中，青海和宁夏的投资额在 2019 年增长超过 100%；重庆、四川和陕西增长都在 20%左右；其余省份 2019 年的投资额均呈下降趋势，其中西藏降幅最高，超过 90%。对于东北三省，吉林省增长最为明显，涨幅为 144.44%，黑龙江与辽宁的下降幅度分别为 7.69%和 78.95%。

从城市排水设施投资增长复合率来看，北京的城市排水设施投资增长最快，年均复合增长率为 22.21%，辽宁的排水设施投资增长最慢，年均复合增长率为 −4.83%，具体见表 3-5。其中，西藏、青海两省数据缺失，北京和海南的城市排水设施投资增速超过了 20%，江西、湖北和新疆的排水设施投资年均复合增长率处于 15%～20%。

**2005～2019 年各省（区、市）城市排水设施投资复合增长率** **表 3-5**

| 排名 | 地区 | 年均复合增长率 | 排名 | 地区 | 年均复合增长率 |
|---|---|---|---|---|---|
| 1 | 北京 | 22.21% | 17 | 江苏 | 9.20% |
| 2 | 海南 | 21.34% | 18 | 山东 | 9.09% |
| 3 | 江西 | 18.97% | 19 | 天津 | 8.98% |
| 4 | 湖北 | 18.83% | 20 | 黑龙江 | 8.16% |
| 5 | 新疆 | 15.48% | 21 | 云南 | 7.79% |
| 6 | 四川 | 14.12% | 22 | 广西 | 7.01% |
| 7 | 湖南 | 13.38% | 23 | 重庆 | 6.84% |
| 8 | 河南 | 12.65% | 24 | 甘肃 | 6.76% |
| 9 | 福建 | 12.61% | 25 | 吉林 | 6.59% |
| 10 | 宁夏 | 12.18% | 26 | 河北 | 6.24% |
| 11 | 上海 | 12.10% | 27 | 内蒙古 | 4.29% |
| 12 | 广东 | 11.94% | 28 | 浙江 | 3.26% |
| 13 | 山西 | 11.63% | 29 | 辽宁 | −4.83% |
| 14 | 陕西 | 11.04% | 30 | 西藏 | |
| 15 | 安徽 | 10.97% | 31 | 青海 | |
| 16 | 贵州 | 10.41% | | | |

分地区看各地城市排水设施投资复合增长的情况，中部地区的投资年均复合增长率最高，东部地区次之，西部地区再次，东北地区最低，如图 3-19 所示。

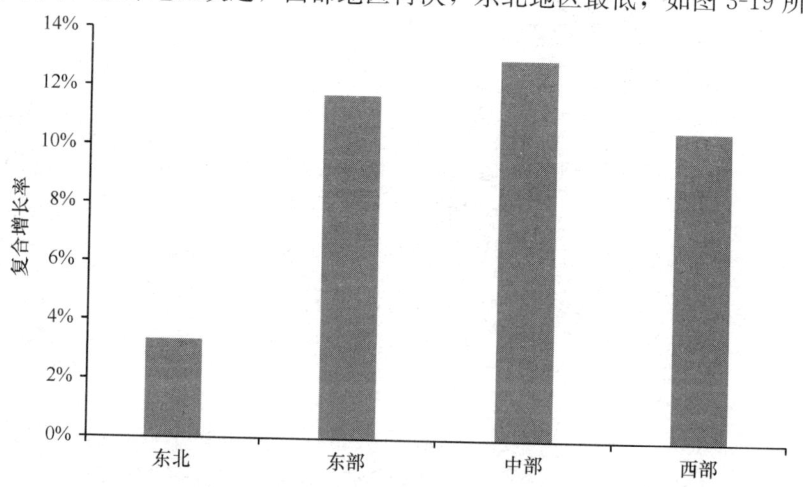


图 3-19 2005～2019 年各地区城市排水设施投资复合增长率

与城市排水设施投资持续增长相对应的，各地区的排水管道长度也在持续增长，而且东部地区的管道长度占比始终稳定在 60%以上，中部地区次之，西部地区的排水管道最少。从管道长度的占比来看，地区间的差异在逐步缩小，如图 3-20所示，2019 年东部地区的排水管道占比较 2006 年下降了 4 个百分点，但总体稳定在六成以上；中部地区占比非常稳定，在 22%～25%；西部地区情况则与东部地区恰好相反，十年来占比上升了近 4%。

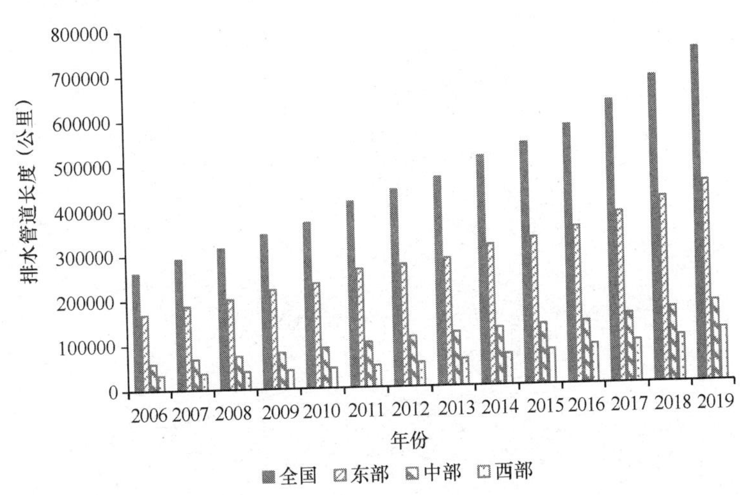


图 3-20　2006～2019 年各地区城市排水管道长度

## （三）各地区城市污水处理设施投资增长比较

从城市污水处理设施投资总额上看，东部地区高于其他三个地区，其次依然是中部地区、东北地区与西部地区，见表 3-6。

**各省（区、市）2005～2019 年城市污水处理设施投资额**（亿元）　　**表 3-6**

| 地区 | 2005 | 2006 | 2007 | 2008 | 2009 | 2010 | 2011 | 2012 | 2013 | 2014 | 2015 | 2016 | 2017 | 2018 | 2019 |
|---|---|---|---|---|---|---|---|---|---|---|---|---|---|---|---|
| 北京 | 1 | 2 | 11 | 0 | 4 | 5 | 6 | 7 | 6 | 10 | 14 | 90 | 71 | 34 | 60 |
| 天津 | 4 | 1 | 0 | 2 | 7 | 8 | 3 | 0 | 0 | 0 | 5 | 2 | 10 | 22 | 13 |
| 河北 | 10 | 9 | 8 | 12 | 21 | 15 | 11 | 15 | 10 | 4 | 4 | 7 | 13 | 11 | 12 |
| 山西 | 2 | 1 | 1 | 2 | 6 | 18 | 1 | 3 | 5 | 7 | 20 | 4 | 2 | 4 | 10 |
| 内蒙古 | 3 | 8 | 3 | 3 | 3 | 8 | 17 | 7 | 14 | 21 | 13 | 20 | 3 | 5 | 6 |
| 辽宁 | 7 | 3 | 7 | 9 | 18 | 9 | 18 | 20 | 15 | 2 | 3 | 1 | 3 | 5 | 4 |
| 吉林 | 2 | 3 | 7 | 6 | 8 | 7 | 4 | 4 | 3 | 8 | 17 | 3 | 5 | 4 | 12 |
| 黑龙江 | 3 | 2 | 5 | 8 | 13 | 19 | 6 | 7 | 7 | 6 | 10 | 5 | 7 | 7 | 5 |
| 上海 | 13 | 2 | 12 | 14 | 11 | 10 | 4 | 0 | 0 | 0 | 3 | 4 | 37 | 107 | 64 |
| 江苏 | 19 | 10 | 29 | 27 | 39 | 33 | 53 | 30 | 52 | 25 | 45 | 40 | 38 | 76 | 48 |
| 浙江 | 18 | 12 | 11 | 28 | 27 | 20 | 12 | 9 | 14 | 25 | 40 | 40 | 36 | 37 | 27 |
| 安徽 | 7 | 5 | 4 | 12 | 13 | 12 | 11 | 12 | 16 | 14 | 15 | 9 | 13 | 37 | 29 |

续表

| 地区 | 2005 | 2006 | 2007 | 2008 | 2009 | 2010 | 2011 | 2012 | 2013 | 2014 | 2015 | 2016 | 2017 | 2018 | 2019 |
|---|---|---|---|---|---|---|---|---|---|---|---|---|---|---|---|
| 福建 | 7 | 4 | 7 | 7 | 8 | 12 | 17 | 8 | 10 | 16 | 19 | 6 | 11 | 50 | 28 |
| 江西 | 3 | 5 | 3 | 3 | 8 | 5 | 6 | 6 | 8 | 12 | 9 | 4 | 10 | 20 | 42 |
| 山东 | 11 | 20 | 22 | 23 | 23 | 23 | 17 | 21 | 25 | 20 | 17 | 19 | 13 | 31 | 42 |
| 河南 | 6 | 7 | 6 | 9 | 14 | 12 | 7 | 12 | 12 | 11 | 14 | 7 | 24 | 10 | 19 |
| 湖北 | 11 | 5 | 8 | 10 | 13 | 9 | 7 | 12 | 34 | 15 | 26 | 23 | 48 | 72 | 43 |
| 湖南 | 2 | 8 | 12 | 10 | 38 | 12 | 13 | 8 | 24 | 26 | 29 | 26 | 8 | 18 | 16 |
| 广东 | 31 | 28 | 26 | 45 | 59 | 190 | 26 | 20 | 13 | 15 | 18 | 33 | 9 | 102 | 151 |
| 广西 | 3 | 4 | 9 | 13 | 16 | 13 | 11 | 6 | 7 | 9 | 12 | 1 | 6 | 11 | 5 |
| 海南 | 1 | 0 | 0 | 0 | 9 | 2 | 1 | 2 | 3 | 2 | 2 | 7 | 8 | 10 | 14 |
| 重庆 | 15 | 1 | 7 | 4 | 4 | 1 | 9 | 6 | 4 | 2 | 3 | 5 | 6 | 18 | 15 |
| 四川 | 4 | 2 | 8 | 6 | 8 | 5 | 5 | 6 | 11 | 14 | 13 | 28 | 15 | 37 | 57 |
| 贵州 | 1 | 2 | 2 | 2 | 1 | 1 | 1 | 1 | 2 | 17 | 6 | 1 | 5 | 6 | 3 |
| 云南 | 1 | 3 | 0 | 1 | 6 | 28 | 2 | 3 | 3 | 4 | 3 | 2 | 1 | 5 | 9 |
| 西藏 | 0 | 0 | 0 | 0 | 0 | 0 | 0 | 0 | 0 | 1 | 4 | 4 | 1 | 0 | |
| 陕西 | 2 | 0 | 1 | 5 | 4 | 4 | 5 | 4 | 5 | 15 | 9 | 9 | 3 | 8 | 12 |
| 甘肃 | 2 | 2 | 4 | 0 | 3 | 8 | 5 | 3 | 1 | 1 | 4 | 3 | 4 | 4 | 6 |
| 青海 | 0 | 0 | 0 | 0 | 1 | 2 | 2 | 0 | 0 | 0 | 1 | 1 | 3 | 1 | 0.3 |
| 宁夏 | 1 | 0 | 0 | 1 | 3 | 0 | 1 | 0 | 1 | 0 | 0 | 1 | 0 | 0 | 0.5 |
| 新疆 | 1 | 0 | 1 | 1 | 1 | 1 | 1 | 4 | 8 | 4 | 3 | 4 | 7 | 7 | 6 |

城市污水处理设施投资的地区间差异具体如图 3-21～图 3-24 所示。在东部

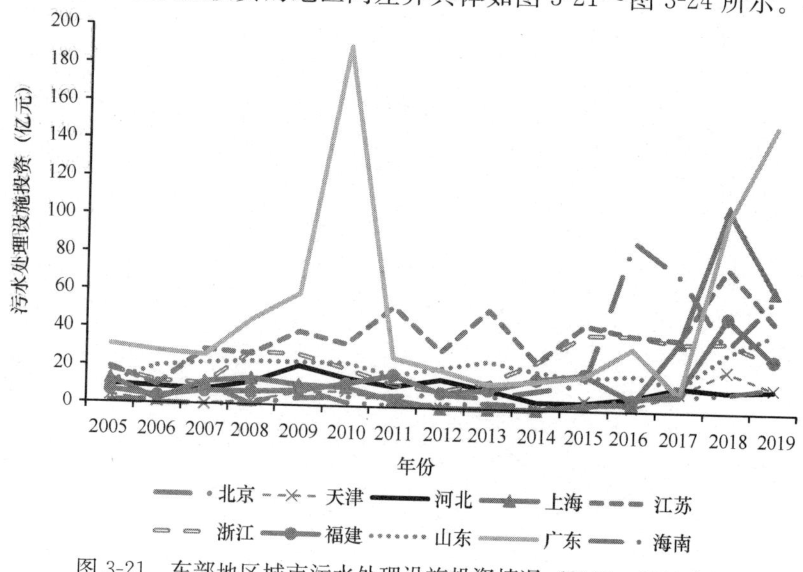


图 3-21 东部地区城市污水处理设施投资情况（2005～2019 年）

地区，北京市在2016年增长迅猛，2017年有所回落，2018年污水处理设施投资持续下降，降幅超过50%，2019年有所上升，增幅为76%；广东在2010年增长出现小高峰，2018年迎来增长第二高峰，2019年仍持续增长；上海市在2011～2016年城市污水处理设施投资一直保持在5亿元以内，但在2017年翻了7倍多，2018年持续增长，增幅达到188.57%，2019年有所回落；福建2018年投资额增长迅猛，涨幅为355%，2019年有所下降；河北2018年投资额下降，2019年投资额上升。在中部地区，安徽、湖北以及湖南2019年污水处理设施投资均有所下降，其余所有省份2019年污水处理设施投资均有所增加，山西、江西和河南的增长较其他省市增长较快，增幅都在90%以上。在西部地区，各省增长不稳定，四川2017年之前增长较快，2017年有所回落，2018年和2019年又持续增长。对于东北三省，吉林省2019年保持增长，其余两省均出现回落。

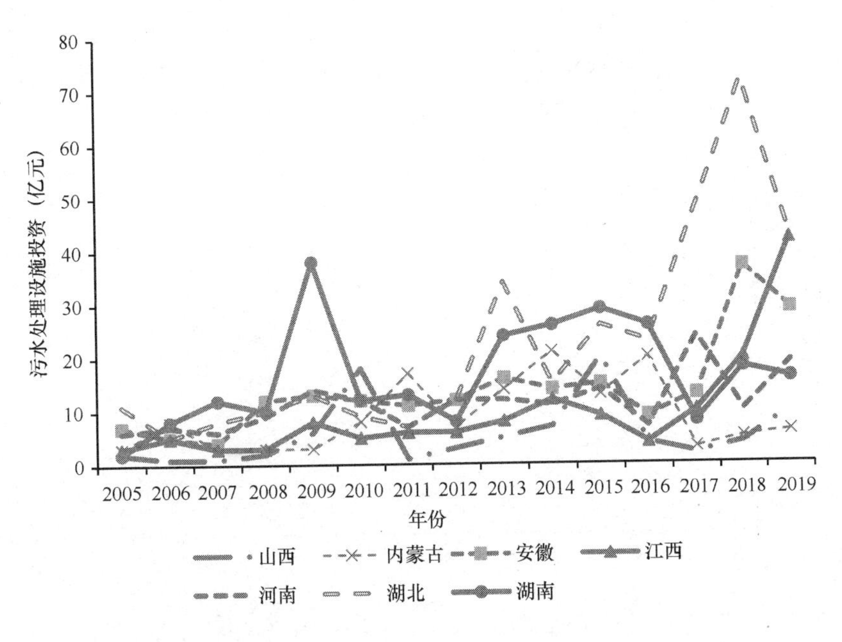


图3-22　中部地区城市污水处理设施投资情况（2005～2019年）

从城市污水处理设施投资增长复合率来看，北京的城市污水处理设施投资增长最快，年均复合增长率为33.97%，宁夏的污水处理设施投资增长最慢，年均复合增长率为－4.83%，不增反降，具体见表3-7。其中，城市污水处理设施投资增速最快的分别是北京、四川、江西、海南、云南和湖南，年均复合增长率都超过了15%；年均复合增长率为负数的有辽宁和宁夏。

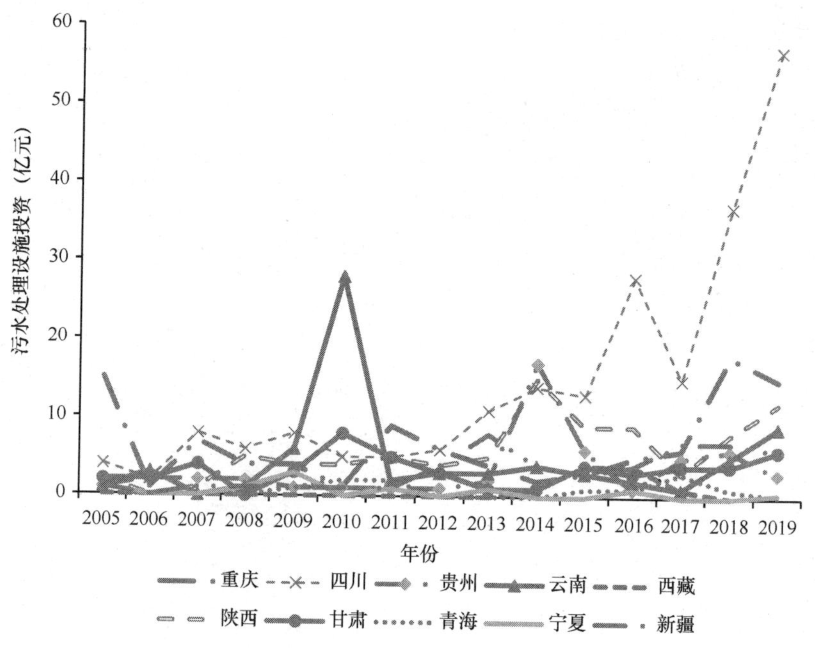


图 3-23　西部地区城市污水处理设施投资情况（2005～2019 年）

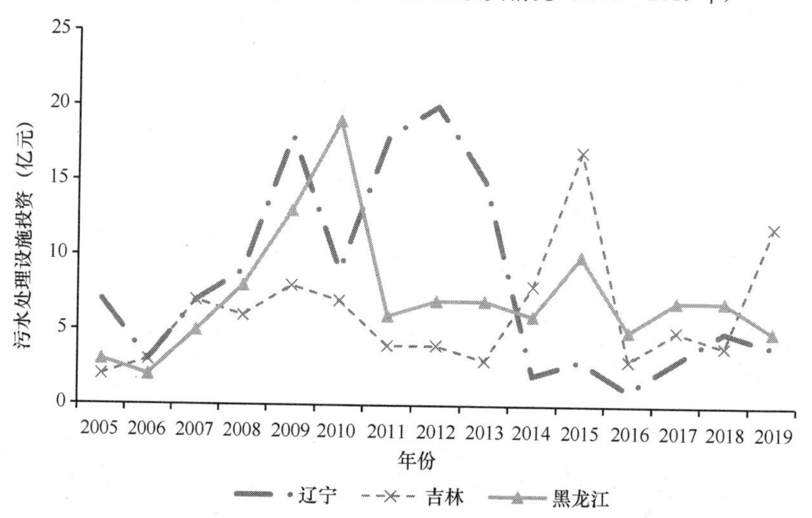


图 3-24　东北地区城市污水处理设施投资情况（2005～2019 年）

**2004～2019 年各省（区、市）城市污水处理设施投资复合增长率　　表 3-7**

| 排名 | 地区 | 年均复合增长率 | 排名 | 地区 | 年均复合增长率 |
|---|---|---|---|---|---|
| 1 | 北京 | 33.97% | 5 | 云南 | 16.99% |
| 2 | 四川 | 20.90% | 6 | 湖南 | 16.01% |
| 3 | 江西 | 20.74% | 7 | 吉林 | 13.65% |
| 4 | 海南 | 20.74% | 8 | 陕西 | 13.65% |

续表

| 排名 | 地区 | 年均复合增长率 | 排名 | 地区 | 年均复合增长率 |
|---|---|---|---|---|---|
| 9 | 新疆 | 13.65% | 21 | 江苏 | 6.84% |
| 10 | 山西 | 12.18% | 22 | 内蒙古 | 5.08% |
| 11 | 上海 | 12.06% | 23 | 黑龙江 | 3.72% |
| 12 | 广东 | 11.97% | 24 | 广西 | 3.72% |
| 13 | 安徽 | 10.69% | 25 | 浙江 | 2.94% |
| 14 | 福建 | 10.41% | 26 | 河北 | 1.31% |
| 15 | 湖北 | 10.23% | 27 | 重庆 | 0.00% |
| 16 | 山东 | 10.04% | 28 | 辽宁 | −3.92% |
| 17 | 天津 | 8.78% | 29 | 宁夏 | −4.83% |
| 18 | 河南 | 8.58% | 30 | 西藏 | |
| 19 | 贵州 | 8.16% | 31 | 青海 | |
| 20 | 甘肃 | 8.16% | | | |

由图3-25可知，分地区看各地城市污水处理设施投资复合增长的情况，中部地区的投资年均复合增长率最高，东部地区次之，西部地区再次，东北地区最低。中部地区增长最高原因可能是前期投资水平较低、设施不够完备，后续的设施投资增幅相对比较大。东部地区增长较高的原因与其经济发展水平与工业化程度是密不可分的。东北地区作为老工业基地，早期的供排水设施虽然较为完善，但污水处理设施的欠账较多，近年来投资处于疲惫状态。

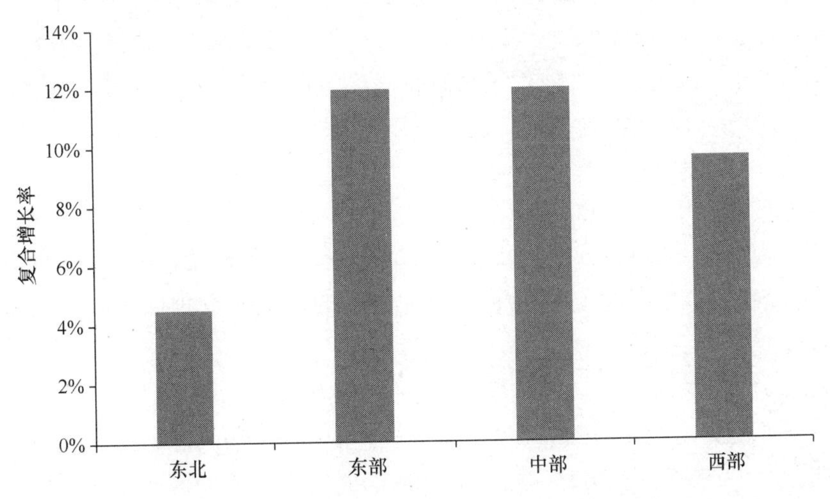


图3-25　2004～2019年各地区城市污水处理设施投资复合增长率

由以上分析可见，快速增长的城镇化和工业化对城市排水与污水处理设施建设提出了更高要求。为了适应不断加快的城镇化进程的需求，我国城市排水与污水处理设施需要持续投入大量的资金，巨大的投资需求客观要求必须拓宽现有的设施投融资渠道、创新投融资模式，以保障充裕的投资资金。

## 第二节　排水与污水处理行业生产与供应

随着我国污水处理厂数量的急剧攀升，污水处理能力取得了巨大突破，扭转了城镇污水处理设施建设滞后于城市化发展的局面，是全世界短时间内污水处理能力增长最快的国家，污水处理企业的处理能力和处理技术都得到了稳步增长，行业的生产效率和减排效益不断提升。

### 一、污水处理能力

截至 2019 年底，全国设市城市建成投入运行污水处理厂 2471 座，其中二、三级污水处理厂 2294 座，污水处理率高达 96.81%，污水处理能力达到了 1.79 亿立方米/日，处理量达 525.85 亿立方米。

从 20 世纪 90 年代开始，我国污水处理设施建设开始稳步增长，全国城市污水处理厂的数量从 1991 年的 87 座增加到 2019 年的 2471 座。其中，增速最快的阶段是 2008～2010 年，恰逢世界金融危机，全国经济增长放缓、投资下滑，国家投入 4 万亿用于基础设施建设以促进经济复苏，污水处理设施得益于此，各地纷纷投资兴建污水处理厂。随着污水处理厂数量的不断增加，我国污水处理能力也逐年提升，从 1991 年的 317 万立方米/日，增加至 2019 年的 17863.17 万立方米/日，如图 3-26 所示。

相应地，全国城市平均污水处理率从 1991 年的 14.86%增长到 2019 年的 96.81%。从图 3-27 可以发现，从 1991 年至 2010 年，全国城市污水处理率一直处于平稳上升期，2010 年之后增速趋于平缓，我国污水处理能力已经达到相当高的水平。

从 1991 年至 2019 年，我国污水处理能力和污水处理量不断提高。如图 3-28所示，我国污水处理能力呈直线上升的趋势，并在 2010 年首次破万，处理能力为10435.7 万立方米/日，到 2019 年更是达到了 17863.17 万立方米/日。我国的每日污水处理量也从 1991 年的1220.15 万立方米/日提高到了 2019 年的

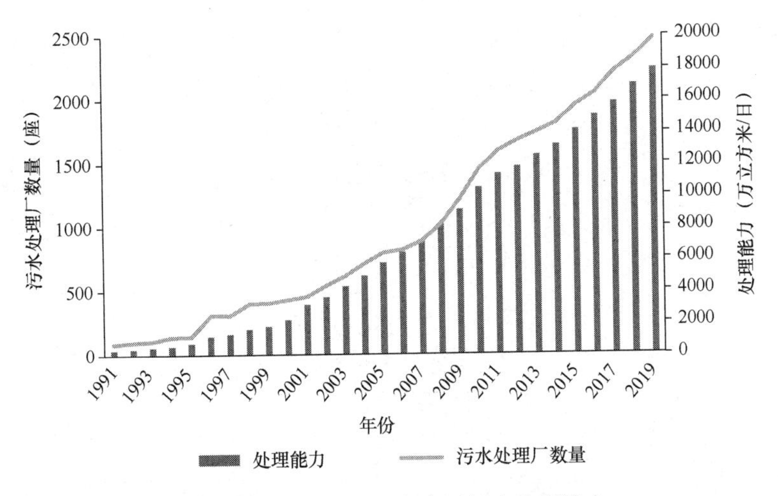


图 3-26 1991～2019 年全国污水处理能力

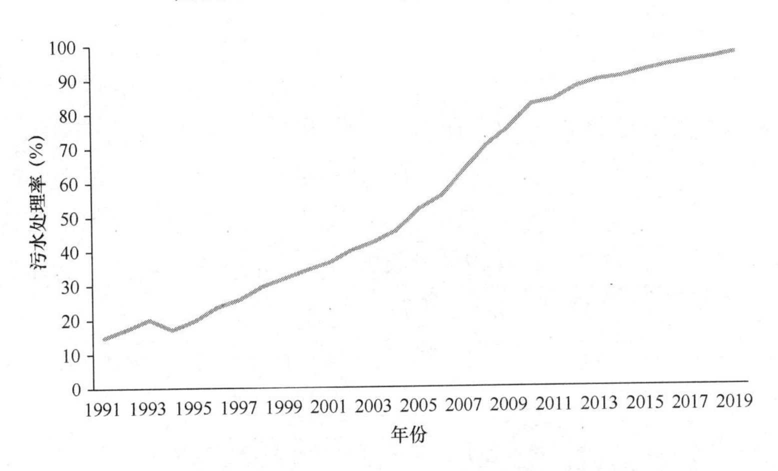


图 3-27 1991～2019 年全国污水处理率

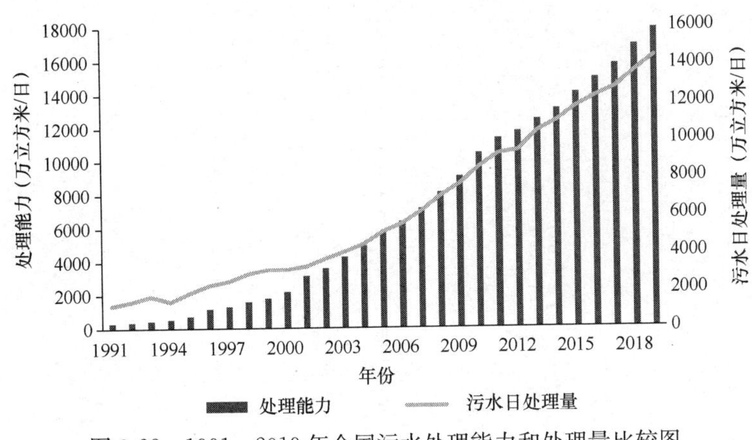


图 3-28 1991～2019 年全国污水处理能力和处理量比较图

14406.85 万立方米/日。在 2003 年，我国污水处理能力开始超过日污水日处理量，数值为 199 万立方米/日，此后二者差距逐年扩大，到 2019 年，我国污水处理能力超出了污水日处理量 3456 万立方米/日。

分地区看，东、中、西部污水处理厂的分布极不均衡，见表 3-8。截至 2019 年底，东部地区各省拥有的污水处理厂数量平均超 100 座，但中、西部地区各省平均拥有的污水处理厂数量分别为 71 座和 47 座。

**各地区 2019 年污水处理厂平均数量** **表 3-8**

| 地区 | 各省污水处理厂平均数量（座） |
|---|---|
| 全国 | 77.22 |
| 东部地区 | 109.58 |
| 中部地区 | 71 |
| 西部地区 | 47 |

从各省、区、市的情况来看，目前已建成的污水处理厂数量最多的是广东，共 301 座，其次是山东、江苏、四川、辽宁和河南，分别为 217 座、206 座、141 座、117 座和 105 座，这也是目前我国已建成污水处理厂超过 100 座的 6 个省份。青海和西藏的污水处理厂数量最少，每省不足 20 座，特别是西藏，只有 9 座污水处理厂。尤为值得一提的是海南省，作为东部省份，其污水处理厂也只有 23 座，主要是由于海南省以农业和旅游业为主，工业占比小，全省自身的环境容量较大、水污染较少，因此污水处理厂建设的迫切性远小于其他东部省份。具体见表 3-9、图 3-29。

**各省（区、市）2019 年建成污水处理厂数量** **表 3-9**

| 地区名称 | 污水处理厂（座） | 地区名称 | 污水处理厂（座） |
|---|---|---|---|
| 全国 | 2471 | 广西 | 56 |
| 北京 | 67 | 海南 | 23 |
| 天津 | 41 | 山西 | 44 |
| 河北 | 93 | 内蒙古 | 44 |
| 辽宁 | 117 | 吉林 | 51 |
| 上海 | 42 | 黑龙江 | 68 |
| 江苏 | 206 | 安徽 | 84 |
| 浙江 | 99 | 江西 | 62 |
| 福建 | 53 | 河南 | 105 |
| 山东 | 217 | 湖北 | 98 |
| 广东 | 301 | 湖南 | 83 |

续表

| 地区名称 | 污水处理厂（座） | 地区名称 | 污水处理厂（座） |
|---|---|---|---|
| 重庆 | 69 | 陕西 | 52 |
| 四川 | 141 | 甘肃 | 27 |
| 贵州 | 82 | 青海 | 12 |
| 云南 | 57 | 宁夏 | 23 |
| 西藏 | 9 | 新疆 | 45 |

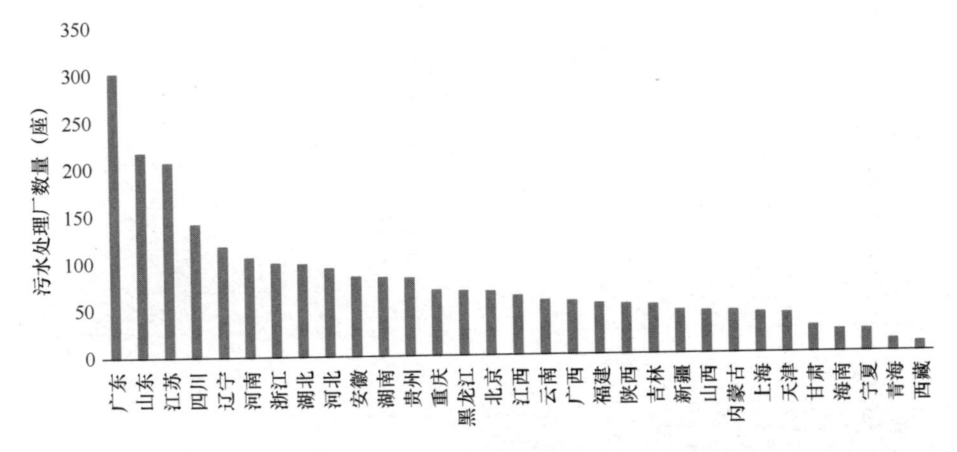


图 3-29　各省（区、市）2019 年建成污水处理厂数量

从表 3-10、图 3-30 统计的各省污水处理量情况来看，污水处理量最多的是广东省，为 780294.61 万立方米，其次是江苏、山东、浙江，分别为 423200.81 万立方米、345419.57 万立方米、318917.26 万立方米，污水处理量均超过了 30 万立方米。青海和西藏的污水处理量最少，不足 2 万立方米，其中西藏的污水处理量仅为 9129.95 万立方米。作为东部省份之一的海南省，也因为该地区以农业

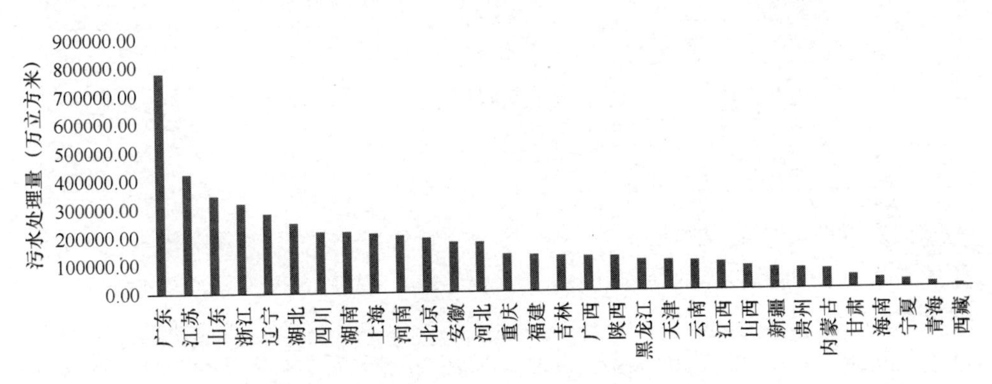


图 3-30　各省（区、市）2019 年污水处理量

和旅游业为主导产业，污水处理量也较少，仅 33294.06 万立方米。

各省（区、市）2019 年污水处理量　　表 3-10

| 地区名称 | 污水处理量（万立方米） | 地区名称 | 污水处理量（万立方米） |
|---|---|---|---|
| 全国 | 5258499.39 | 黑龙江 | 107351.94 |
| 北京 | 193355.74 | 安徽 | 177204.43 |
| 天津 | 104964.00 | 江西 | 97724.43 |
| 河北 | 176073.09 | 河南 | 202547.47 |
| 辽宁 | 282143.70 | 湖北 | 248825.67 |
| 上海 | 209388.21 | 湖南 | 216352.07 |
| 江苏 | 423200.81 | 重庆 | 130519.57 |
| 浙江 | 318917.26 | 四川 | 216531.09 |
| 福建 | 128707.69 | 贵州 | 72643.43 |
| 山东 | 345419.57 | 云南 | 102258.87 |
| 广东 | 780294.61 | 西藏 | 9129.95 |
| 广西 | 121671.91 | 陕西 | 120814.55 |
| 海南 | 33294.06 | 甘肃 | 44934.78 |
| 山西 | 82815.87 | 青海 | 17552.98 |
| 内蒙古 | 67442.99 | 宁夏 | 26467.45 |
| 吉林 | 124108.98 | 新疆 | 75842.22 |

全国的污水处理率均已达到较高水平，见表 3-11。2019 年全国各地区的污水处理率均在 95%左右，其中东部地区最低，为 94.30%，中、西部地区的污水处理率都超过了 95%，分别为 95.01%和 95.69%。

各地区 2019 年污水处理率　　表 3-11

| 地区 | 污水处理率（%） |
|---|---|
| 全国 | 94.95 |
| 东部地区 | 94.30 |
| 中部地区 | 95.01 |
| 西部地区 | 95.69 |

从各省的污水处理率情况来看，大部分省份的污水处理率均超过了 90%。2019 年污水处理率最高的是河北省，为 98.28%，其次是新疆、河南、山东，分别为 97.72%、97.71%、97.48%。全国所有省份中，仅江苏和广西的污水处理率没有达到 90%，且这两个省份都在东部地区，其中江苏为 89.54%，广西为 88.64%。具体如表 3-12、图 3-31 所示。

**各省（区、市）2019 年污水处理率**　　**表 3-12**

| 地区名称 | 污水处理率（%） | 地区名称 | 污水处理率（%） |
|---|---|---|---|
| 全国 | 96.81 | 黑龙江 | 90.34 |
| 北京 | 97.00 | 安徽 | 93.41 |
| 天津 | 95.30 | 江西 | 94.27 |
| 河北 | 98.28 | 河南 | 97.71 |
| 辽宁 | 96.00 | 湖北 | 95.67 |
| 上海 | 93.65 | 湖南 | 95.27 |
| 江苏 | 89.54 | 重庆 | 97.01 |
| 浙江 | 93.50 | 四川 | 91.71 |
| 福建 | 92.84 | 贵州 | 96.84 |
| 山东 | 97.48 | 云南 | 95.06 |
| 广东 | 96.51 | 西藏 | 94.94 |
| 广西 | 88.64 | 陕西 | 95.54 |
| 海南 | 92.87 | 甘肃 | 97.11 |
| 山西 | 95.78 | 青海 | 95.15 |
| 内蒙古 | 97.41 | 宁夏 | 95.85 |
| 吉林 | 95.19 | 新疆 | 97.72 |

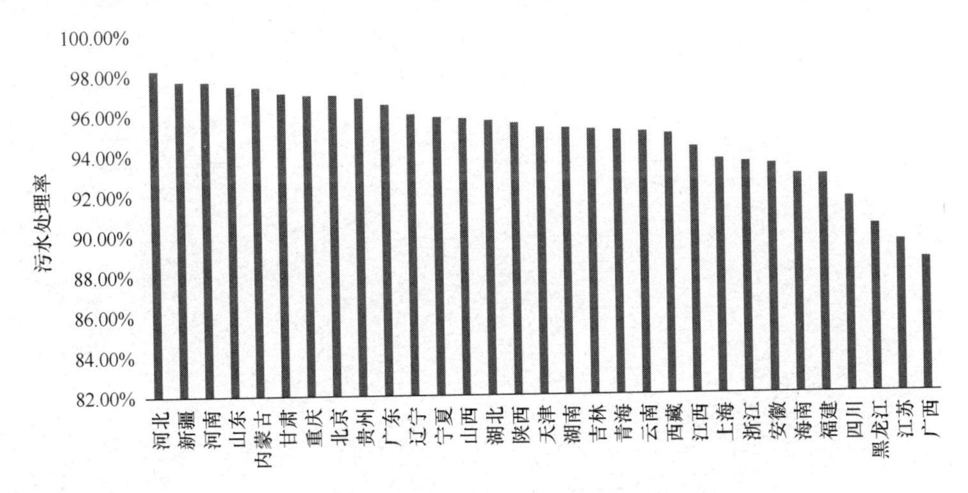


图 3-31　各省（区、市）2019 年污水处理率

然而，我们不能简单地以污水处理率的高低来判断一个地区的污水是否达到全收集全处理，因为一些地区的污水处理厂处理的并不是排水管网收集的生活或工业污水，而是大量的雨水甚至是溢流的河水，导致污水处理量虚高，表现出来的结果就是污水处理率较高。

## 二、污泥无害化处理处置

近年来，我国先后颁布了城镇污水处理厂污泥处理处置的一系列国家和行业标准，发布了《城镇污水处理厂污泥处理处置及污染防治技术政策》、《城镇污水处理厂污泥处理处置技术指南》，明确了污泥处理处置“减量化、稳定化、无害化、资源化”的原则。

从表 3-13 来看，随着我国污水年处理量的增加，从 2007 年开始，我国干污泥产生量和处置量快速上升，并在 2010 年达到了较高的水平，首次超过了 1000 万吨，而 2011 年干污泥产生量和处置量又回落到 600 多万吨，此后呈现出整体上升的趋势。每万立方米污水的干污泥产生量在 2010 年达到最高点 3.31 吨/万立方米，2011 年迅速下降到 2 吨/万立方米以下，直至 2017 年才重新回升。我国干污泥处置率总体保持在 95%以上，最高水平为 2010 年的 98.45%，仅 2013 年、2015 年和 2017 年在 95%以下，分别为 94.27%、94.98%和 90.34%，如图 3-32 所示。2019 年，我国累计产生干污泥 1102.73 万吨，每万立方米污水的干污泥产生量为 2.1 吨/万立方米，处置干污泥 1063.82 万吨，干污泥处置率为 96.47%。与 2018 年相比，2019 年污水年处理量提高，但干污泥产生量和处置量均有所下降，分别减少了 731510 吨和 652200 吨。每万立方米污水干污泥产生量也从 2018 年的 2.36 吨/万立方米减少为 2019 年的 2.10 吨/万立方米，但 2019 年干污泥处置率较 2018 年上升了 0.45%，从 96.02%变为 96.47%。

**2007～2019 年全国干污泥处理总体情况** **表 3-13**

| 年份 | 污水年处理量（万立方米） | 干污泥产生量（吨） | 干污泥处置量（吨） |
|---|---|---|---|
| 2007 | 2269847 | 5414316 | 5148040 |
| 2008 | 2560041 | 6601709 | 6392444 |
| 2009 | 2793457 | 8926100 | 8734903 |
| 2010 | 3117032 | 10322692 | 10162455 |
| 2011 | 3376104 | 6500366 | 6357094 |
| 2012 | 3437868 | 6550551 | 6391019 |
| 2013 | 3818948 | 6555644 | 6180004 |
| 2014 | 4016198 | 7115301 | 6812987 |
| 2015 | 4288251 | 7462862 | 7087960 |
| 2016 | 4487944 | 7997232 | 7606166 |
| 2017 | 4654910 | 10530970 | 9513973 |
| 2018 | 4976126 | 11758781 | 11290401 |
| 2019 | 5258499 | 11027271 | 10638201 |

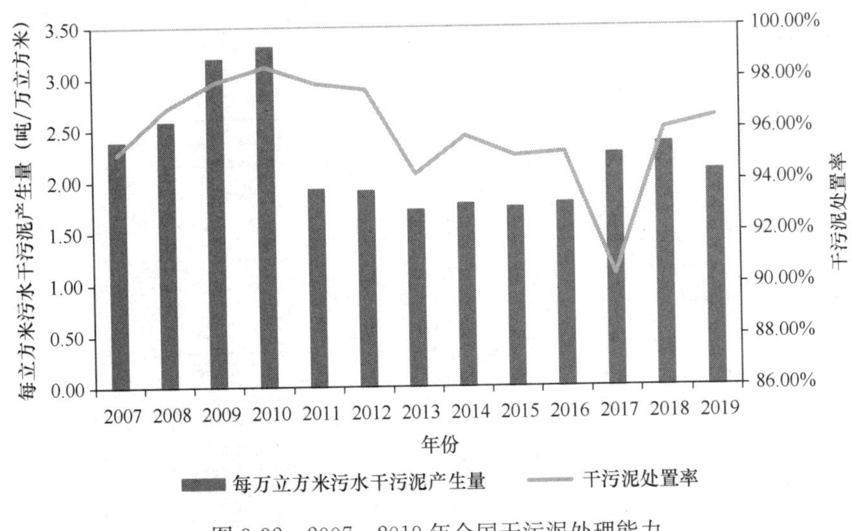


图 3-32　2007～2019 年全国干污泥处理能力

从地区情况看，东、中、西部地区干污泥产生量和处置量极不平衡，见表 3-14。截至 2019 年底，东部地区干污泥产生量平均为 624994.65 吨，是中部地区的 2.83 倍，是西部地区的 4.47 倍。而东部地区的干污泥处置量平均为 617802.73 吨，分别为中、西部地区的 2.93 倍和 5.11 倍。

**各地区 2019 年干污泥产生量和处置量的平均数**　　**表 3-14**

| 地区 | 干污泥产生量（吨） | 干污泥处置量（吨） |
|---|---|---|
| 东部地区 | 624994.65 | 617802.73 |
| 中部地区 | 221049.84 | 210543.27 |
| 西部地区 | 139807.88 | 120879.89 |

由于发展水平的差异，我国各省市的干污泥产生量和处置量存在一定的差距，如表 3-15 及图 3-33、图 3-34 所示。在干污泥产生量方面，北京位居第一名，产生了 1837002 吨，广东、浙江、江苏位居第二名、第三名、第四名，都在 90 万吨以上，而西藏是所有省市中干污泥产生量最少的，仅 4348 吨。在干污泥处置量方面，北京仍遥遥领先，处置量为 1836025 吨，广东、浙江、江苏紧随其后，仅有西藏和重庆干污泥处置量没有达到 1 万吨，分别处置了 3259 吨和 1947 吨。

**各省（区、市）2019 年干污泥产生量和处置量**　　**表 3-15**

| 地区名称 | 干污泥产生量（吨） | 干污泥处置量（吨） |
|---|---|---|
| 北京 | 1837002 | 1836025 |
| 天津 | 157341 | 157339 |

续表

| 地区名称 | 干污泥产生量（吨） | 干污泥处置量（吨） |
|---|---|---|
| 河北 | 408729 | 407026 |
| 山西 | 214424 | 202865 |
| 内蒙古 | 185580 | 177981 |
| 辽宁 | 739098 | 734078 |
| 吉林 | 177974 | 174870 |
| 黑龙江 | 151509 | 147176 |
| 上海 | 439201 | 439201 |
| 江苏 | 907108 | 907108 |
| 浙江 | 929850 | 929730 |
| 安徽 | 209001 | 199375 |
| 福建 | 178754 | 178741 |
| 江西 | 70222 | 64772 |
| 山东 | 717214 | 713299 |
| 河南 | 421921 | 399307 |
| 湖北 | 326955 | 299160 |
| 湖南 | 231862 | 229385 |
| 广东 | 979267 | 967142 |
| 广西 | 124169 | 93760 |
| 海南 | 82202 | 50184 |
| 重庆 | 96200 | 1947 |
| 四川 | 376739 | 366684 |
| 贵州 | 79936 | 79330 |
| 云南 | 118846 | 118348 |
| 西藏 | 4348 | 3259 |
| 陕西 | 319225 | 308137 |
| 甘肃 | 147955 | 145530 |
| 青海 | 26830 | 25755 |
| 宁夏 | 49930 | 49893 |
| 新疆 | 317878 | 230797 |

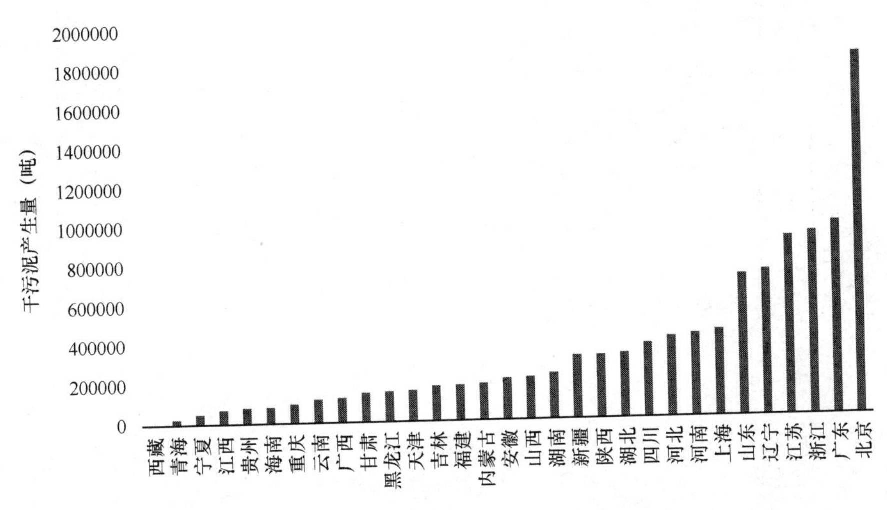


图 3-33　2019 年各省（区、市）干污泥产生量

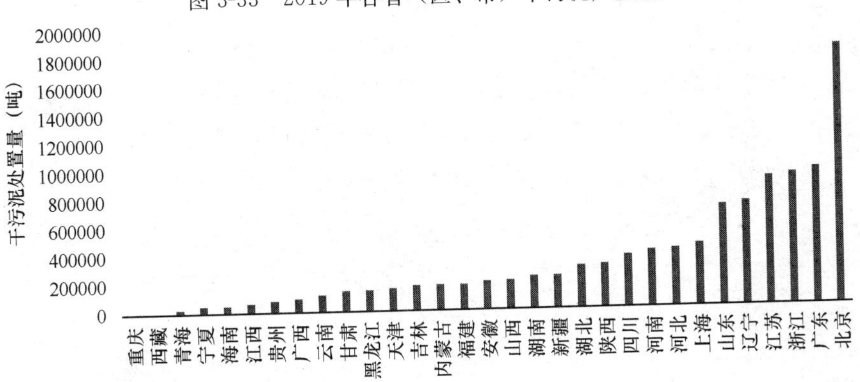


图 3-34　2019 年各省（区、市）干污泥处置量

从图 3-35 来看，我国各省市的干污泥处置能力也存在明显差距。北京每万立方米污水的干污泥产生量位列第一，高达 9.50 吨/万立方米，其余城市均在 5

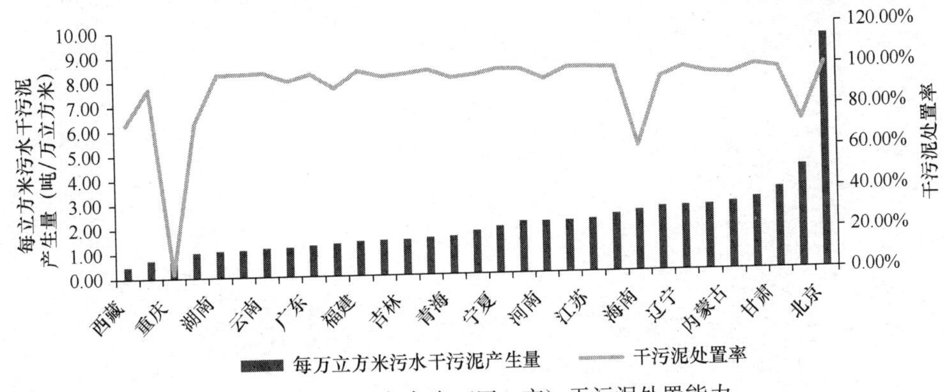


图 3-35　2019 年各省（区、市）干污泥处置能力

吨/万立方米以下，重庆、江西、西藏均低于 1 吨/万立方米，分别为 0.74、0.72、0.48 吨/万立方米，位于全国最后三位。全国大部分城市的干污泥处置率都在 90%以上，其中天津、上海、江苏的干污泥处置率均达到了 100%。仅有 5 个省（区、市）的干污泥处置率低于 90%，分别是广西 75.51%、西藏 74.96%、新疆 72.61%、海南 61.05%和重庆 2.02%。

## 三、污水再生利用

污水经深度处理后再生利用，不仅是节约水资源的重要手段，也是促进源头减排的重要措施，我国污水再生利用规模不断扩大。2007 年底，全国污水再生利用规模为 970.2 万立方米/日，再生利用总量为 158630 万立方米，2019 年污水再生利用规模已增至 4428.9 万立方米/日，再生利用总量增长至 1160784 万立方米，如表 3-16 和图 3-36 所示。尽管再生水利用规模和总量近年来有了一定增长，但由于再生水管线等配套设施建设不完善、运营经验缺乏导致再生水水质稳定性和可靠性不足，加之尚未形成有效的激励机制，导致我国污水再生利用工作尚处于起步阶段，工程建设和运行规模有待进一步提高。

**2007～2019 年全国再生水规模及利用量** **表 3-16**

| 年份 | 再生水规模（万立方米/日） | 再生水利用量（万立方米） |
| --- | --- | --- |
| 2007 | 970.2 | 158630 |
| 2008 | 2020.2 | 336195 |
| 2009 | 1153.1 | 239951 |
| 2010 | 1082.1 | 337469 |
| 2011 | 2193.5 | 268340 |
| 2012 | 1452.7 | 320796 |
| 2013 | 1760.7 | 354181 |
| 2014 | 2065.3 | 363460 |
| 2015 | 2316.7 | 444943 |
| 2016 | 2762.4 | 452698 |
| 2017 | 3587.9 | 713421 |
| 2018 | 3578 | 854507 |
| 2019 | 4428.9 | 1160784 |

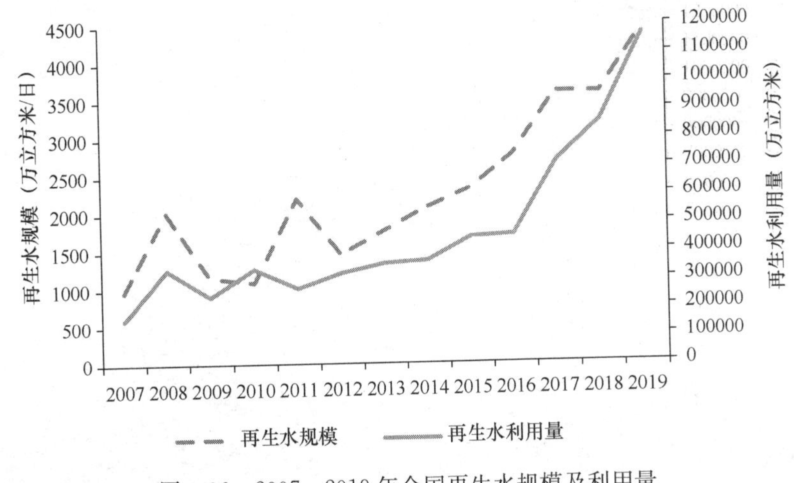


图 3-36　2007～2019 年全国再生水规模及利用量

从分地区再生水规模和利用量的情况来看（表 3-17），2019 年东部地区的再生水规模和利用量明显优于中、西部地区。其中，东部地区的再生水规模约为中部地区的 2.06 倍，是西部地区的 6.68 倍之多。在再生水实际利用量上，东部地区更是远高于中西部地区，其再生水利用量是中部地区的 3.06 倍，是西部地区的 7.95 倍。

**2019 年东、中、西部再生水规模及利用量**　　**表 3-17**

| 地区 | 再生水规模（万立方米/日） | 再生水利用量（万立方米） |
| --- | --- | --- |
| 东部地区 | 245.9 | 71088.01 |
| 中部地区 | 119.22 | 23260.39 |
| 西部地区 | 36.8 | 8944.1 |

我国各省市受自身发展水平影响，再生水规模和再生水利用量有较大差异。除上海、江西、广西和西藏未统计再生水规模和再生水利用量的数据以外，其余省份的数据如表 3-18 及图 3-37、图 3-38 所示。在再生水规模方面，北京位居第一名，为 679.2 万立方米/日，山东、河北、江苏位居第二名、第三名、第四名，都在 300 万立方米/日以上，在所有统计了再生水规模的省份中，青海的数值是最低的，仅 7.3 万立方米/日，也是唯一一个再生水规模在 10 万立方米/日以下的省份。在再生水利用量方面，广东遥遥领先，利用量为 318071 吨，是第二名的 2.09 倍，山东、北京紧随其后，三个省份的再生水利用量均超过了 100000 万立方米。在参与统计的省份中，仅青海的再生水利用量没有达到 1000 万立方米，为 784 万立方米。

各省（区、市）2019 年再生水规模和再生水利用量 表 3-18

| 地区名称 | 再生水规模（万立方米/日） | 再生水利用量（万立方米） |
|---|---|---|
| 北京 | 679.2 | 115152 |
| 天津 | 132.4 | 26023 |
| 河北 | 428.3 | 58355 |
| 山西 | 188.6 | 19597 |
| 内蒙古 | 146.0 | 23948 |
| 辽宁 | 221.3 | 26829 |
| 吉林 | 69.0 | 18666 |
| 黑龙江 | 82.8 | 16267 |
| 上海 | 0.0 | 0 |
| 江苏 | 390.6 | 98411 |
| 浙江 | 166.6 | 31845 |
| 安徽 | 108.0 | 23255 |
| 福建 | 137.5 | 23734 |
| 江西 | 0.0 | 0 |
| 山东 | 539.8 | 152464 |
| 河南 | 266.3 | 54254 |
| 湖北 | 141.2 | 34376 |
| 湖南 | 71.0 | 18981 |
| 广东 | 232.3 | 318071 |
| 广西 | 0.0 | 0 |
| 海南 | 22.9 | 2171 |
| 重庆 | 10.8 | 1300 |
| 四川 | 75.4 | 24323 |
| 贵州 | 16.8 | 2433 |
| 云南 | 34.6 | 44922 |
| 西藏 | 0.0 | 0 |
| 陕西 | 64.2 | 7020 |
| 甘肃 | 45.9 | 4534 |
| 青海 | 7.3 | 784 |
| 宁夏 | 35.7 | 3784 |
| 新疆 | 114.4 | 9284.4 |

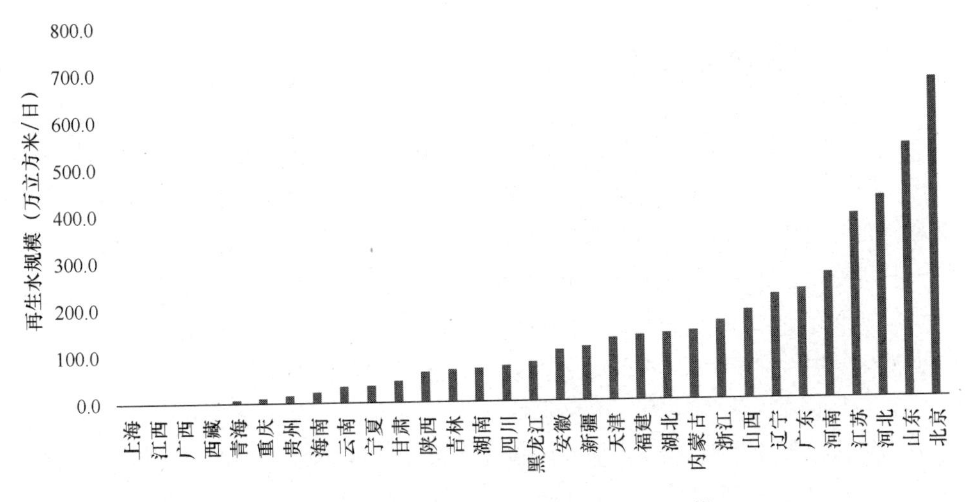


图 3-37　2019 年各省（区、市）再生水规模

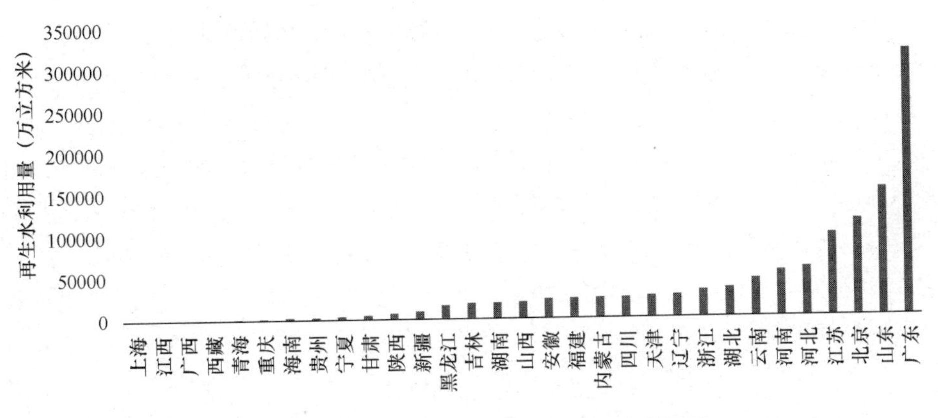


图 3-38　2019 年各省（区、市）再生水利用量

## 第三节　排水与污水处理行业发展成效

中国污水处理行业快速、持续、稳定地发展并取得了显著成效，不仅促进了中国污水处理能力和规模的快速增长，而且污水处理技术不断更新迭代，对于 COD、氨、氮等主要污染物的削减能力和效率不断提升，出水水质标准不断提高，人均污水处理能力不断增长，资产产出比虽然近几年有所下降，但行业的盈利能力总体向好，污水处理企业竞争力逐步增强。

# 一、污水处理技术

进入 21 世纪，我国污水处理技术迅猛发展，由一线城市带领二、三线城市一起发展，淘汰掉高消耗、高污染的落后生产力，污水处理工程技术和设计从最初的全面引进国外技术到目前的复杂污水处理工程技术自主知识产权，而且装备水平不断提高。特别是国家通过设立水体污染与控制科技重大专项、973、863 等重大科技计划，不断完善城镇污水处理及污泥处置技术标准体系，积极推动污水处理及再生利用、污泥处理处置及资源化利用等关键技术的研发、示范和推广，在污水处理、污泥处理、黑臭水体治理、海绵城市等领域不断取得新的技术创新与突破。行业主管部门通过加快制定有关技术的评价标准体系和方法、加强技术指导等多种方式，围绕提高城镇污水处理设施建设及运营管理的需要，不断加强污水处理相关专业技术人才、管理人才的建设和培养。

2010 年以来，我国污水处理厂采用二级、三级处理技术占比逐渐增加，特别是一些水环境敏感地区和经济发达地区，加强了对部分已建污水处理设施进行升级改造，大力改造除磷脱氮功能欠缺、不具备生物处理能力的污水处理厂，重点改造设市城市和发达地区、重点流域以及重要水源地等敏感水域地区的污水处理厂，进一步提高对主要污染物的削减能力。目前，我国九成左右污水处理厂是二级、三级污水处理厂，九成左右污水处理厂出水水质达到一级以上标准。

根据 2006～2019 年《中国城市建设统计年鉴》，中国二级、三级污水处理厂的座数和处理能力双双大幅增长，二级、三级污水处理厂的座数从 2006 年的 689 座增加到 2019 年的 2294 座，增幅达 232.95%，污水处理能力也相应地从 2006 年的 5424.9 万立方米/日增长至 2019 年的 16902.4 万立方米/日，增幅达 211.57%，如图 3-39 所示。

如图 3-40 所示，2006～2008 年，二级、三级污水处理厂座数占比增长了将近 7 个百分点，而之后占比逐年下降，2012 年至今，二级、三级污水处理厂的数量占比基本稳定在 85%左右，2018 年占比最高，达到 93.88%，2019 年占比有所下降；二级、三级污水处理厂污水处理量与污水处理能力的占比变化趋势相似，2019 年污水处理量占比最高，为 95.11%，污水处理能力近三年的占比较稳定，均处于 94%～95%。

比较 2019 年全国各省（区、市）的二级、三级污水处理厂的座数（图 3-41），广东的二级、三级污水处理厂座数位于全国之首，为 284 座；山东、江苏、四川、河南、湖北以及浙江的二级、三级污水处理厂座数超过 90 座，位于全国前列；甘肃、海南、宁夏、西藏和青海的二级、三级污水处理厂座数均少于 30 座，

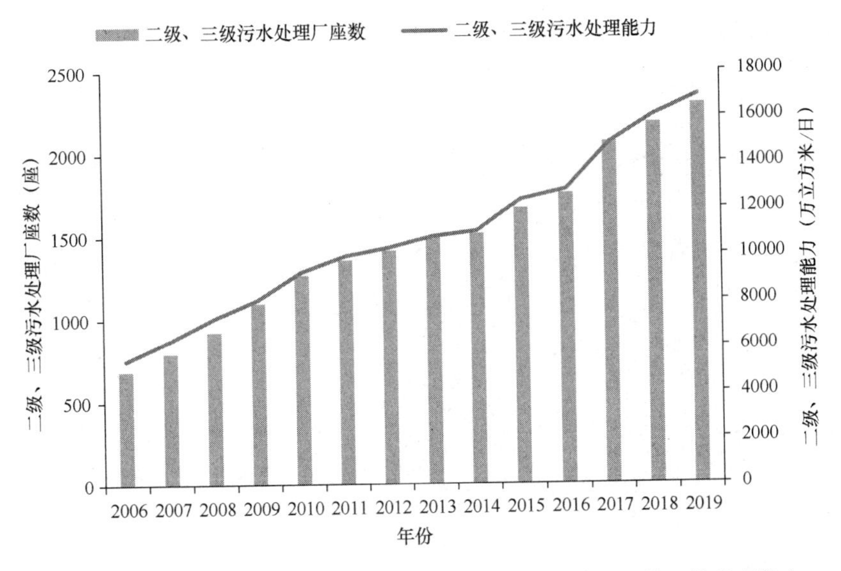


图 3-39　2006～2019 年中国城市二级、三级污水处理厂座数及其处理能力

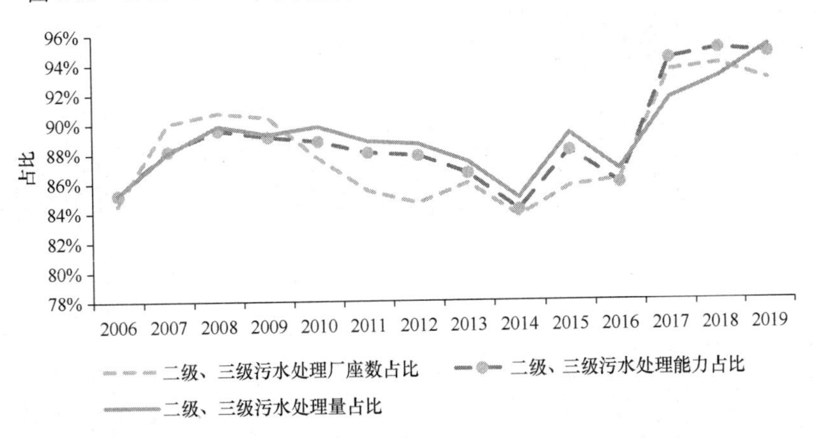


图 3-40　2006～2019 年中国城市二级、三级污水处理厂分布

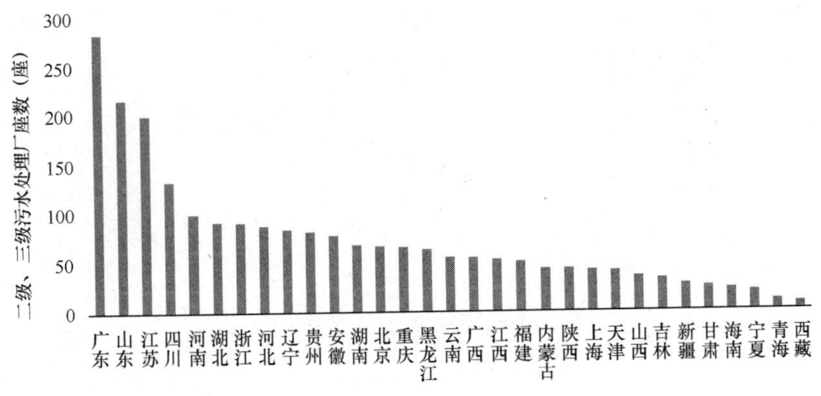


图 3-41　2019 年各省（区、市）二级、三级污水处理厂座数

数量较少；其余省份的二级、三级污水处理厂座数处于 30～90 座。

从各个省（区、市）的二级、三级污水处理厂的污水处理能力来看（图 3-42），广东省的二级、三级污水处理厂的污水处理能力远超其他省份，以 2324.7 万立方米/日位居全国第一；江苏、山东、浙江、上海和河南地区的二级、三级污水处理厂的污水处理能力均超过 800 万立方米/日，位于全国前列；甘肃、海南、宁夏、青海和西藏地区的二级、三级污水处理厂的污水处理能力较弱，低于 200 万立方米/日；其余省份的二级、三级污水处理厂的污水处理能力在 200 万～800 万立方米/日之间，处于全国中等水平。

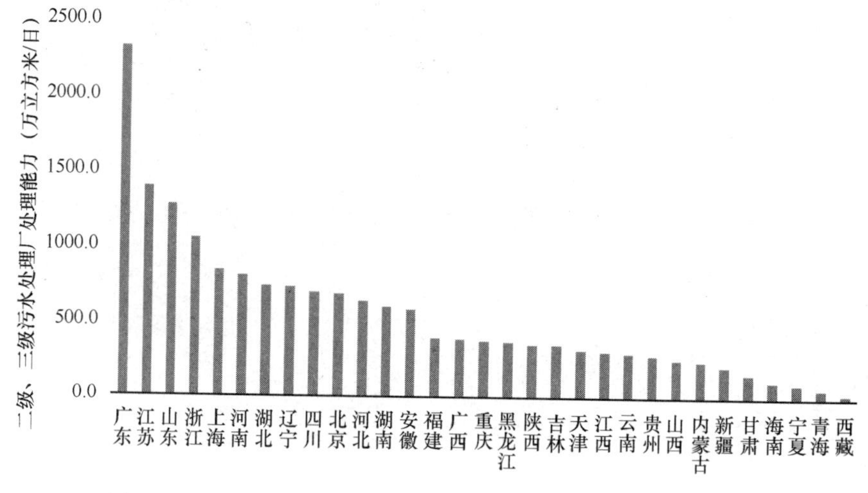


图 3-42　2019 年各省（区、市）二级、三级污水处理厂处理能力

## 二、人均污水处理量

人均污水处理量是指污水处理企业处理能力与城市用水人口数的比值，其反映的是相比于城市人口数量，污水处理企业的相对污水处理能力。如图 3-43 所

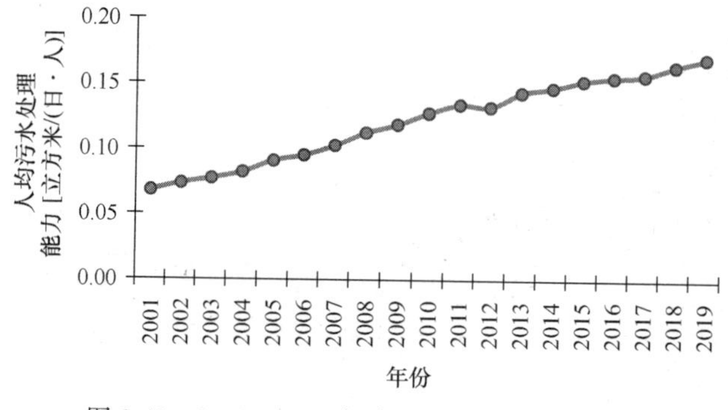


图 3-43　2001～2019 年全国人均污水处理能力

示，近些年我国人均污水处理能力出现了较大幅度的增长，2001年人均污水处理能力为0.07立方米/(日·人)，到2019年已增长至0.17立方米/(日·人)，总体增长了149%。由此来看，相比于不断增长的城市人口，我国污水处理行业的处理能力呈现出明显的增长。

比较2019年各个省（区、市）的人均污水处理能力，如图3-44所示。从图中可知，北京、上海、辽宁、广东、西藏、天津、浙江、江苏和吉林地区的人均污水处理能力超过0.2立方米/(日·人)位于全国前列，其中北京市以0.29立方米/(日·人)居全国之首，除了甘肃省的人均污水处理能力低于0.1立方米/(日·人)，其他省份的人均污水处理能力均介于0.1～0.2立方米/(日·人)之间。

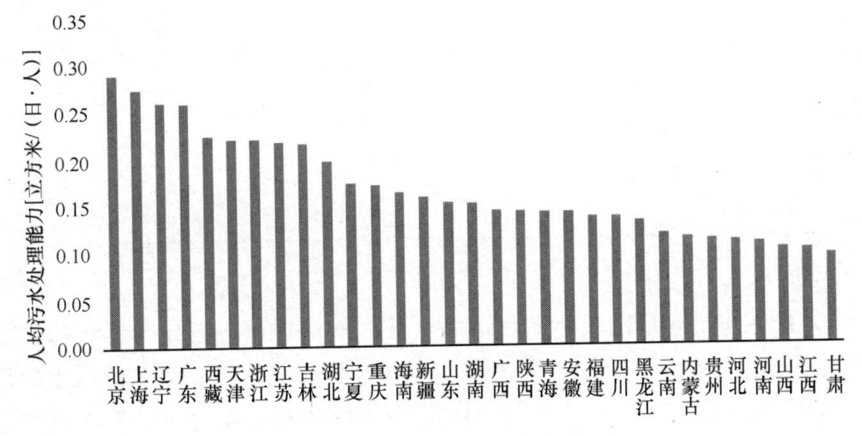


图3-44 2019年各省（区、市）人均污水处理能力

## 三、污水处理出水水质

从污水处理厂的出水水质来看，氧化沟、AAO、SBR等处理工艺在全国得到了普遍应用，基本能保证污水处理厂稳定达到一级B出水标准。部分发达地区污水处理厂的出水水质仍在不断提高，尤其是出水水质标准为一级A的污水处理厂数量占比逐年增大。2019年，出水水质为一级A标准的污水处理厂已占到全国污水处理厂总数的64.11%，相比2007年已增加35个百分点，出水水质为一级B标准的污水处理厂占比虽降低至21.85%，但出水水质高于一级A的企业，占比11.29%，至此，全国有97.25%的污水处理厂的出水水质达到一级B以上标准。相对地，出水水质标准为二级、三级的污水处理厂数量仅占不到3%，特别是出水水质标准为二级的污水处理厂占比显著下降，从2007年的占比22.84%下降至0.87%，降幅为83.03%。出水水质为三级的污水处理厂数量极少，其占比虽有波动，但整体变化不明显。具体见表3-19。

**2007～2019 年各类出水标准的污水处理厂数量与比例　　表 3-19**

| 年份 | 高于一级 A | | 一级 A | | 一级 B | | 二级 | | 三级 | |
|---|---|---|---|---|---|---|---|---|---|---|
| | 座数 | 比例 | 座数 | 比例 | 座数 | 比例 | 座数 | 比例 | 座数 | 比例 |
| 2007 | | | 350 | 28.85% | 435 | 35.86% | 277 | 22.84% | 13 | 1.07% |
| 2008 | | | 485 | 31.17% | 571 | 36.70% | 317 | 20.37% | 17 | 1.09% |
| 2009 | | | 624 | 31.52% | 802 | 40.51% | 347 | 17.53% | 17 | 0.86% |
| 2010 | | | 892 | 32.03% | 1267 | 45.49% | 371 | 13.32% | 23 | 0.83% |
| 2011 | | | 1013 | 32.75% | 1421 | 45.94% | 386 | 12.48% | 24 | 0.78% |
| 2012 | | | 1089 | 33.03% | 1529 | 46.38% | 389 | 11.80% | 24 | 0.73% |
| 2013 | | | 1156 | 33.23% | 1640 | 47.14% | 389 | 11.18% | 24 | 0.69% |
| 2014 | | | 1349 | 33.94% | 1929 | 48.53% | 392 | 9.86% | 28 | 0.70% |
| 2015 | | | 1443 | 34.64% | 2017 | 48.42% | 387 | 9.29% | 33 | 0.79% |
| 2016 | | | 1662 | 35.55% | 2219 | 47.47% | 402 | 8.60% | 54 | 1.16% |
| 2017 | | | 1935 | 38.94% | 2328 | 46.85% | 464 | 9.34% | 60 | 1.21% |
| 2018 | 376 | 7.81% | 3039 | 63.1% | 1273 | 26.43% | 69 | 1.43% | 59 | 1.23% |
| 2019 | 642 | 11.29% | 3453 | 64.11% | 1177 | 21.85% | 47 | 0.87% | 67 | 1.24% |

从不同出水水质标准的污水处理厂实际污水处理量来看，出水水质标准为高于一级 A 的污水处理厂的运营效率最高，其污水处理量的占比大于其污水处理厂的数量占比。2019 年，占比不到 12%的出水水质为高于一级 A 的污水处理厂实际处理了全国近 22%的污水，但占比近 22%的出水水质为一级 B 的污水处理厂实际处理水量占比不超过 12%。这一方面是由于一级 B 以上的污水处理厂多是近年新建的，其设施总体负荷率较低，但另一方面也说明新建的高水平污水处理厂要进一步通过管理和技术挖掘潜力，不断增加污水处理量。具体见表 3-20。

**2007～2019 年各类出水标准的污水处理量　　表 3-20**

| 年份 | 高于一级 A | | 一级 A | | 一级 B | | 二级 | | 三级 | |
|---|---|---|---|---|---|---|---|---|---|---|
| | 处理量（万立方米） | 比例 | 处理量（万立方米） | 比例 | 处理量（万立方米） | 比例 | 处理量（万立方米） | 比例 | 处理量（万立方米） | 比例 |
| 2007 | | | 379213.39 | 21.29% | 694284.21 | 38.97% | 601738.43 | 33.78% | 3960.66 | 0.22% |
| 2008 | | | 494210.83 | 22.04% | 903027.8 | 40.27% | 720579.58 | 32.14% | 4619.51 | 0.21% |
| 2009 | | | 629384.1 | 23.32% | 1141703.93 | 42.31% | 832736.4 | 30.86% | 6605.25 | 0.24% |
| 2010 | | | 845785.82 | 25.43% | 1493654.46 | 44.90% | 887028.07 | 26.67% | 7891.17 | 0.24% |
| 2011 | | | 1042505.94 | 27.23% | 1743434.45 | 45.54% | 935601.62 | 24.44% | 10570.96 | 0.28% |
| 2012 | | | 1191260.27 | 28.30% | 1948477.84 | 46.29% | 959431.35 | 22.79% | 8950.97 | 0.21% |
| 2013 | | | 1307844.94 | 29.47% | 2073022.37 | 46.71% | 942577.06 | 21.24% | 10429.34 | 0.24% |
| 2014 | | | 1490707.16 | 31.08% | 2206540.36 | 46.00% | 984971.24 | 20.53% | 9621.61 | 0.20% |
| 2015 | | | 1668760.2 | 32.69% | 2324312.53 | 45.53% | 992308.26 | 19.44% | 11256.67 | 0.22% |

续表

| 年份 | 高于一级 A | | 一级 A | | 一级 B | | 二级 | | 三级 | |
|---|---|---|---|---|---|---|---|---|---|---|
| | 处理量（万立方米） | 比例 | 处理量（万立方米） | 比例 | 处理量（万立方米） | 比例 | 处理量（万立方米） | 比例 | 处理量（万立方米） | 比例 |
| 2016 | | | 1855262.95 | 34.23% | 2436856.93 | 44.96% | 1000444.47 | 18.46% | 11579.78 | 0.21% |
| 2017 | | | 2146650.66 | 37.70% | 2212445.1 | 38.86% | 1037129.24 | 18.21% | 15825.57 | 0.28% |
| 2018 | 966062.82 | 16.79% | 3777315.93 | 65.65% | 945306.25 | 16.43% | 60736.22 | 1.06% | 3960.86 | 0.07% |
| 2019 | 1422761.21 | 21.76% | 4306369.98 | 65.87% | 771974.35 | 11.81% | 33695.72 | 0.52% | 2479.15 | 0.04% |

比较 2019 年各个省份的各类出水标准的污水处理座数以及污水处理量（表 3-21），在出水水质高于一级 A 的标准下，广东省的污水处理厂座数最多，为 203 座，其污水处理量也最大，紧随其后的是四川省和北京市，四川省的污水处理厂座数为 124 座，污水处理量为 131649.78 万立方米，北京市的污水处理厂座数为 45 座，污水处理量为 170205.75 万立方米，说明北京市的污水处理厂的污水处理效率要高于四川省，这可能与北京市污水处理厂先进的污水处理技术有关，江西、重庆、西藏、甘肃以及新疆地区没有出水水质高于一级 A 标准的污水处理厂，其余省市的污水处理厂座数均在 40 座以下。在出水水质为一级 A 的标准下，江苏、山东、广东、贵州、浙江、四川以及河南的污水处理厂座数均超过 200 座，但其中贵州省和四川省的污水处理量相对来说较小，说明这两个省份的污水处理效率不高，北京市和西藏自治区的污水处理厂座数最少，其中北京市仅有 3 座，这是因为北京地区的出水标准较高，大部分的污水处理厂的出水水质标准都高于一级 A，西藏自治区只有 1 座，这是因为西藏地区的经济水平不发达，污水处理意识不强，整个地区的污水处理厂总共有 14 座，且污水处理厂的污水处理技术比较落后，出水水质大部分处于一级 B 类标准。在出水水质为一级 B 的标准下，贵州省的污水处理厂座数最多，为 177 座，但其污水处理量仅为 9952.07 万立方米，说明贵州省的污水处理效率较低，上海市的污水处理量最多，为 109257.31 万立方米，但污水处理厂仅有 4 座，说明上海市的污水处理效率很高，这可能与上海市发达的经济水平、先进的污水处理技术等因素有关。在出水水质为二级的标准下，新疆地区的污水处理厂座数最多，污水处理量也最高，其余省市的污水处理厂座数都在 3 座以下，且绝大部分地区没有出水水质为二级标准的污水处理厂。在三级标准下，只有新疆、贵州、广东和云南地区有污水处理厂，且这几个地区的污水处理量不高，其余省市没有出水水质为三级的污水处理厂，说明除了极个别地区，大部分省市的污水处理厂的出水水质标准都比较高。

**2019 年各省（区、市）的各类出水标准的污水处理厂座数以及污水处理量　表 3-21**

| 省(区、市) | 高于一级 A | | 一级 A | | 一级 B | | 二级 | | 三级 | |
|---|---|---|---|---|---|---|---|---|---|---|
| | 座数（座） | 处理量（万立方米） | 座数（座） | 处理量（万立方米） | 座数（座） | 处理量（万立方米） | 座数（座） | 处理量（万立方米） | 座数（座） | 处理量（万立方米） |
| 北京 | 45 | 170205.78 | 3 | 2325.79 | 9 | 10993.91 | 0 | 0 | 0 | 0 |
| 天津 | 30 | 89354.68 | 10 | 5207.85 | 4 | 14219.84 | 0 | 0 | 0 | 0 |
| 河北 | 30 | 52322.46 | 197 | 215881.06 | 0 | 0 | 2 | 1317.25 | 0 | 0 |
| 山西 | 6 | 6185.02 | 124 | 106820.25 | 1 | 582.94 | 0 | 0 | 0 | 0 |
| 内蒙古 | 6 | 19632.53 | 75 | 61062.95 | 30 | 11048.2 | 0 | 0 | 0 | 0 |
| 辽宁 | 2 | 5910.98 | 130 | 274710.91 | 4 | 3375 | 1 | 190.35 | 0 | 0 |
| 吉林 | 3 | 8252.36 | 60 | 111852.9 | 7 | 7547.47 | 0 | 0 | 0 | 0 |
| 黑龙江 | 2 | 441.73 | 53 | 61778.53 | 66 | 57722.99 | 1 | 927.66 | 0 | 0 |
| 上海 | 12 | 30876.21 | 29 | 133541.71 | 4 | 109257.31 | 0 | 0 | 0 | 0 |
| 江苏 | 13 | 28876.66 | 374 | 452838.26 | 8 | 811.01 | 1 | 57.61 | 0 | 0 |
| 浙江 | 38 | 58675.46 | 242 | 367355.39 | 1 | 0 | 2 | 5352.99 | 0 | 0 |
| 安徽 | 21 | 68153.73 | 98 | 147507.44 | 20 | 18590.32 | 3 | 5311.54 | 0 | 0 |
| 福建 | 8 | 19538.06 | 71 | 122290.25 | 41 | 25496.39 | 0 | 0 | 0 | 0 |
| 江西 | 0 | 0 | 46 | 73763.71 | 64 | 51397.61 | 1 | 334.18 | 0 | 0 |
| 山东 | 22 | 63115.43 | 311 | 413053.75 | 93 | 3370.27 | 1 | 0 | 0 | 0 |
| 河南 | 32 | 93039.06 | 209 | 277400.27 | 8 | 2353.87 | 2 | 0 | 0 | 0 |
| 湖北 | 7 | 21624.25 | 122 | 207580.83 | 24 | 48589.94 | 0 | 0 | 0 | 0 |
| 湖南 | 5 | 28735.27 | 99 | 200177.08 | 75 | 54435.61 | 0 | 0 | 0 | 0 |
| 广东 | 203 | 490821.74 | 260 | 335569.4 | 109 | 81966.19 | 0 | 0 | 2 | 103.73 |
| 广西 | 1 | 526.26 | 56 | 69078.28 | 57 | 81739.18 | 0 | 0 | 0 | 0 |
| 海南 | 1 | 840.72 | 27 | 10914.97 | 18 | 25835.57 | 0 | 0 | 0 | 0 |
| 重庆 | 0 | 0 | 63 | 130440.83 | 8 | 6449.82 | 0 | 0 | 0 | 0 |
| 四川 | 124 | 131649.78 | 224 | 98055.83 | 120 | 33783.23 | 0 | 0 | 0 | 0 |
| 贵州 | 1 | 0 | 243 | 107764.6 | 177 | 9952.07 | 3 | 156.05 | 27 | 468.99 |
| 云南 | 2 | 37.96 | 52 | 72513.92 | 103 | 47111.65 | 3 | 754.3 | 1 | 0 |
| 西藏 | 0 | 0 | 1 | 4283.45 | 13 | 5649.16 | 0 | 0 | 0 | 0 |
| 陕西 | 26 | 33047.47 | 98 | 133507.47 | 2 | 6186.39 | 0 | 0 | 0 | 0 |
| 甘肃 | 0 | 0 | 32 | 22191.53 | 64 | 34624.01 | 0 | 0 | 0 | 0 |
| 青海 | 1 | 321.68 | 37 | 18007.25 | 14 | 3749.43 | 0 | 0 | 0 | 0 |
| 宁夏 | 1 | 575.93 | 31 | 27684 | 0 | 0 | 0 | 0 | 0 | 0 |
| 新疆 | 0 | 0 | 76 | 41209.52 | 33 | 15134.97 | 27 | 19293.79 | 37 | 1906.43 |

比较不同地区的各类出水标准的污水处理厂座数（图 3-45），从出水水质的标准来看，在出水水质高于一级 A 的标准下，东部地区的污水处理厂数量最多，为 405 座，西部地区次之，为 155 座，中部地区最少，为 82 座。在出水水质为一级 A 的标准下，东部地区污水处理厂数量最多，中部地区与西部地区相差不大，且东部地区的污水处理厂数量几乎是中部或西部地区污水处理厂数量的两倍。在出水水质为一级 B 的标准下，西部地区污水处理厂数量最多，东部次之，中部最少。在出水水质为二级和三级标准下，西部地区的污水处理厂数量相对来说较多。分地区来看，东部地区的大部分污水处理厂的出水水质都处于一级 A 标准，其次是高于一级 A 标准，再次是一级 B 标准，而出水水质处于二级和三级标准的污水处理厂极少，说明整个东部地区的污水处理厂出水水质的标准都较高。中部地区与西部地区的污水处理厂的出水水质处于一级 A 标准的最多，其次是一级 B 标准、再次是高于一级 A 标准，最后是二级标准和三级标准，其中西部地区出水水质处于二级与三级标准的污水处理厂数量要高于中部地区。

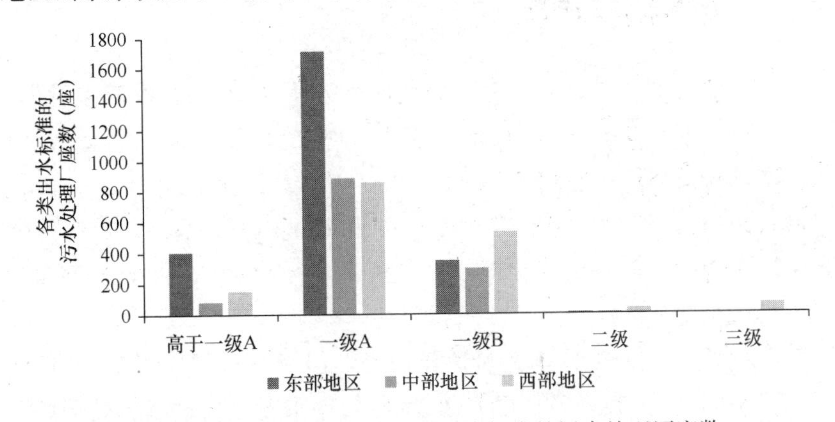


图 3-45　2019 年各地区的各类出水标准的污水处理厂座数

比较不同地区的各类出水标准的污水处理厂处理水量（图 3-46），分地区来看，东部地区，出水水质标准处于一级 A 的污水处理厂的处理水量最多，其次是高于一级 A 标准，再次是一级 B 标准，且由于二级标准与三级标准的污水处理厂数量很少，因此其对应的污水处理量也最少；中西部地区，出水水质的标准处于一级 A 的污水处理厂的处理水量最多，高于一级 A 标准和一级 B 标准的污水处理厂的处理水量差别不大，二级标准和三级标准的污水处理厂的处理水量很少，但中部地区的污水处理量要高于西部地区，且根据图 3-45 可以看出，中部地区的污水处理厂数量少于西部地区，说明中部地区的污水处理效率高于西部地区。整体对比而言，东部地区的污水处理量最多，且污水处理厂出水水质的标准较高，说明东部地区的污水处理要求严格，污水处理技术比较先进。

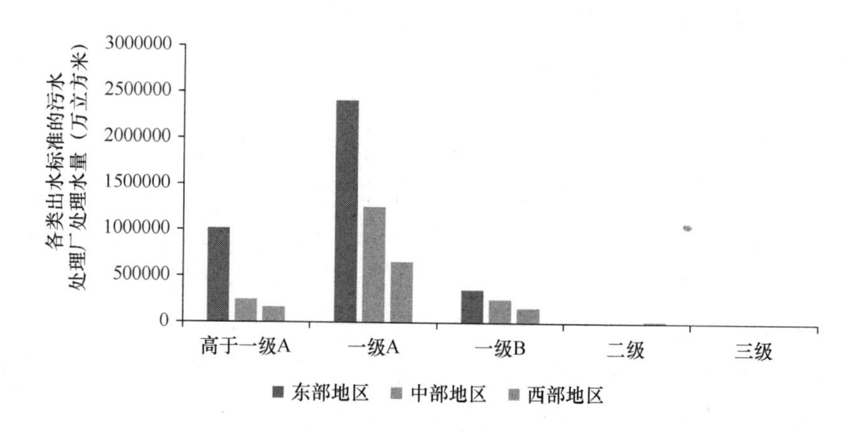


图 3-46　2019 年各地区的各类出水标准的污水处理厂处理水量

## 四、污染物减排贡献

2005 年，国家设置了“十一五”期间污染物化学需氧量（COD）的总量控制指标，污水处理厂作为 COD 减排的重要手段，对 COD 的削减量持续增加。2019 年，全国污水处理厂共削减 COD 1535.7 万吨，较 2018 年增长了 116 万吨，增幅 8.21%。2005 年全国城镇污水处理削减 COD 仅为 420 万吨，自国家将 COD 作为污染物削减的约束性指标以来，2019 年较 2005 年 COD 削减量增长了近一千万吨，翻了三番多。

尽管全国城镇污水 COD 削减量逐年增长，但增速放缓，说明 COD 削减已遇到了一定的瓶颈，见表 3-22。从 COD 削减效率来看，通过污水处理厂平均进水和出水浓度的比较来看，单位污水 COD 削减量也在逐年递减。2019 年单位污水 COD 削减量为 234.81mg/L，与 2018 年的 234.5mg/L 相差不大，但是较 2010 年的 274.73mg/L 减少了近 40mg/L。究其原因，主要是由于污水处理配套管网不断完善，污水收集率不断提高，加之工业企业违规排污查处日益严厉，污水处理厂的进水浓度逐年降低。2019 年，全国污水处理厂 COD 的进水浓度平均为 254.35mg/L，较 2018 年降低了 1.8mg/L，较 2010 年的 312.03mg/L 更是降低了 57.68mg/L。与进水浓度相对的，全国污水处理厂的出水浓度不断降低，2019 年的出水浓度已控制至 19.54mg/L。尽管污水处理厂的出水浓度已控制得很低，但总体上说明我国污水处理厂 COD 单位削减效率在下降，这将导致我国 COD 单位削减成本不断提高。

**2007～2019年全国污水处理厂COD削减情况** 表3-22

| 年份 | COD | | 进水 | 出水 | 削减 |
|---|---|---|---|---|---|
| | 削减量（吨） | 增长（%） | （毫克/升） | （毫克/升） | （毫克/升） |
| 2007 | 5219029 | — | 371.86 | 45.08 | 326.78 |
| 2008 | 6394976 | 22.53 | 340.72 | 43.14 | 297.58 |
| 2009 | 7692080 | 20.28 | 331.11 | 37.52 | 293.59 |
| 2010 | 9123584 | 18.61 | 312.03 | 37.3 | 274.73 |
| 2011 | 10161004 | 11.37 | 299.92 | 34.17 | 265.75 |
| 2012 | 10737513 | 5.67 | 287.88 | 32.6 | 255.28 |
| 2013 | 11195317 | 4.26 | 283.93 | 31.45 | 252.48 |
| 2014 | 11922752 | 6.5 | 278.62 | 29.81 | 248.81 |
| 2015 | 12630709 | 5.94 | 275.45 | 27.72 | 247.73 |
| 2016 | 12995027 | 2.88 | 265.54 | 25.48 | 240.06 |
| 2017 | 13581936.86 | 4.52 | 262.43 | 23.74 | 238.69 |
| 2018 | 14190950.41 | 4.48 | 256.15 | 21.65 | 234.50 |
| 2019 | 15356521.69 | 8.21 | 254.35 | 19.54 | 234.81 |

比较各个省（区、市）的污水处理厂COD削减情况（表3-23），从COD削减量来看，广东、山东、江苏、浙江、河南、上海、河北、北京以及辽宁地区的COD削减量超过60万吨，位于全国前列，减排贡献较高，其中广东省的COD削减量最高，为1566314吨，宁夏、海南、青海、新疆兵团以及西藏地区的COD削减量低于10万吨，其余省份的COD削减量位于全国中等水平，处于10万～60万吨之间。从COD的削减效率来看，比较污水处理厂平均进水和出水的浓度，内蒙古、甘肃、新疆、北京、宁夏、天津、陕西和山西地区的单位污水COD削减量水平较高，均在300毫克/升以上，说明这些地区的COD削减效率较高，海南、广东、福建、安徽、湖南、湖北、贵州、江西、广西和西藏地区的单位污水COD削减量水平较低，均在200毫克/升以下，COD削减效率相对于其他省份来说较低，其余省份的单位污水COD削减量水平在200～300毫克/升之间，COD削减效率处于全国中等水平。

**2019年各省（区、市）污水处理厂COD削减情况** 表3-23

| 省（区、市） | COD削减量（吨） | 进水（毫克/升） | 出水（毫克/升） | 削减（毫克/升） |
|---|---|---|---|---|
| 北京 | 709875 | 402.20 | 15.40 | 386.80 |
| 天津 | 362845 | 353.58 | 20.01 | 333.57 |
| 河北 | 748830 | 299.10 | 21.26 | 277.84 |

续表

| 省（区、市） | COD 削减量（吨） | 进水（毫克/升） | 出水（毫克/升） | 削减（毫克/升） |
|---|---|---|---|---|
| 山西 | 351982 | 331.42 | 21.54 | 309.88 |
| 内蒙古 | 453179 | 519.75 | 25.79 | 493.96 |
| 辽宁 | 629097 | 242.74 | 21.34 | 221.40 |
| 吉林 | 322095 | 277.36 | 25.04 | 252.32 |
| 黑龙江 | 323503 | 299.54 | 31.71 | 267.83 |
| 上海 | 783826 | 306.89 | 20.48 | 286.41 |
| 江苏 | 1096998 | 248.36 | 21.05 | 227.32 |
| 浙江 | 1004597 | 256.03 | 23.15 | 232.88 |
| 安徽 | 399363 | 183.55 | 17.65 | 165.90 |
| 福建 | 279427 | 183.10 | 16.10 | 167.00 |
| 江西 | 170794 | 153.92 | 17.82 | 136.10 |
| 山东 | 1423177 | 319.96 | 23.18 | 296.78 |
| 河南 | 886523 | 255.06 | 18.74 | 236.32 |
| 湖北 | 435804 | 176.01 | 19.10 | 156.91 |
| 湖南 | 449009 | 174.08 | 15.62 | 158.47 |
| 广东 | 1566314 | 187.26 | 14.84 | 172.43 |
| 广西 | 189259 | 142.31 | 17.26 | 125.05 |
| 海南 | 65613 | 197.61 | 23.07 | 174.55 |
| 重庆 | 368630 | 284.94 | 15.65 | 269.29 |
| 四川 | 535372 | 220.23 | 16.96 | 203.27 |
| 贵州 | 176602 | 163.30 | 13.89 | 149.41 |
| 云南 | 314399 | 277.47 | 16.38 | 261.09 |
| 西藏 | 6273 | 82.77 | 19.15 | 63.62 |
| 陕西 | 572154 | 352.21 | 20.99 | 331.22 |
| 甘肃 | 251591 | 470.15 | 27.33 | 442.82 |
| 青海 | 61526 | 302.17 | 23.50 | 278.67 |
| 宁夏 | 96753 | 365.98 | 23.61 | 342.37 |
| 新疆 | 304204 | 448.38 | 33.60 | 414.79 |
| 新疆兵团 | 16910 | 455.54 | 38.36 | 417.19 |

从分地区污水处理厂COD减排的情况看，东部地区COD减排贡献最高，中部地区次之，西部地区COD削减总量最少，如图3-47所示。这一方面是由于东部地区污水处理厂数量、污水处理能力和实际污水处理率都远高于其他地区，而且东部地区的工业企业较多，人们生活水平较高，污水中的COD浓度也相对较高，因此

东部地区的 COD 削减总量较高。但另一方面，西部地区尽管 COD 削减总量不高，但 COD 削减效率较高，万吨污水 COD 削减量为 2.69 吨，相比之下，东部和中部地区万吨污水 COD 削减量分别为 2.35 吨和 2.16 吨，低于西部地区。

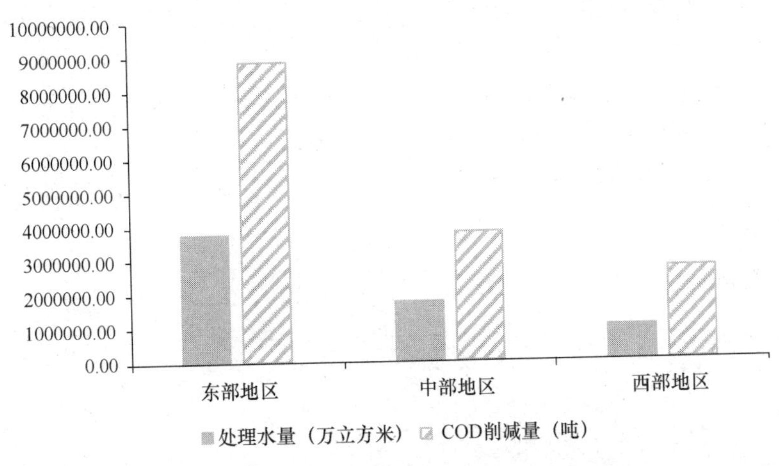


图 3-47 2019 年各地区污水处理厂 COD 削减情况

为进一步控制和解决水污染的严重态势，国务院在设置 COD 排放总量控制目标的基础上，增设了氨氮和氮氧化物等污染物排放总量的控制目标，倒逼污水处理厂的处理工艺和技术进行创新，不断提高出水水质，促进了污水处理先进技术的应用和推广。为进一步处理难降解有机物、氮和磷等导致水体副营养化的无机物，高级氧化、脱氮除磷、超滤纳滤反渗透等处理工艺也得到了一定的推广，滤池、混凝沉淀等深度处理设施在经济发达和水环境敏感地区也在不断扩大应用范围，以保证污水稳定一级 A 排放。

在全球能源危机、气候变化和资源紧缺等背景下，污水处理的传统模式正在发生巨大改变，人类社会可持续发展对城镇污水处理提出了多目标要求：提高出水水质，满足水污染控制和水资源可持续利用的需要，节能降耗、控制碳排放，实现低碳污水处理；开发污水潜能，提高能源自给率，并逐步实现清洁能源净输出；回收有机和无机资源，实现资源的循环利用。我国污水处理行业在满足出水稳定达标的同时，也开始关注节能低碳、污水中可用物质有效循环和深度回用的污水处理新模式，未来污水处理技术的基本变化是实现向资源、能源、水回收的转变，与此同时寻求不断降低污水处理成本费用的新模式。

## 五、资产产出比

资产产出比是反映污水处理行业生产效率的一个重要指标，将资本产出比定义为实际投入的每单位资本所获得的产出值，也即污水处理综合能力与固定资产原值的比值。我国污水处理行业资产产出比在 2017 年前总体呈上升趋势，2017 年开始趋于平稳，如图 3-48 所示，2007 年我国污水处理行业资产产出比为 2.59 立方米/(日・万元)，到 2016 年已上升到 3.08 立方米/(日・万元)，在 2017 年又回落到 2.98 立方米/(日・万元)，从 2017 年至 2019 年都较为平稳。从 2007 年开始，随着我国污水处理行业每年固定资产投入持续增加，污水处理能力在 2017 年前提升较快，但 2017 年后，我国污水处理能力没有随着资产投入的增加而提高，初始的固定资产投入逐步变为沉淀成本，无法转换为污水处理能力。

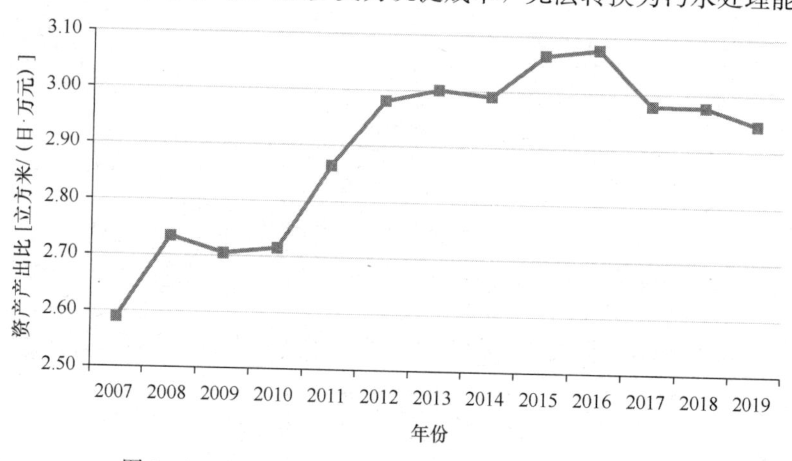


图 3-48　2007～2019 年我国污水处理行业资产产出比

图 3-49 将 2018 年与 2019 年两个年度各省（区、市）污水处理行业的单位资产产出进行了对比，以进一步分析我国城市污水处理行业单位资本产出的空间差异。

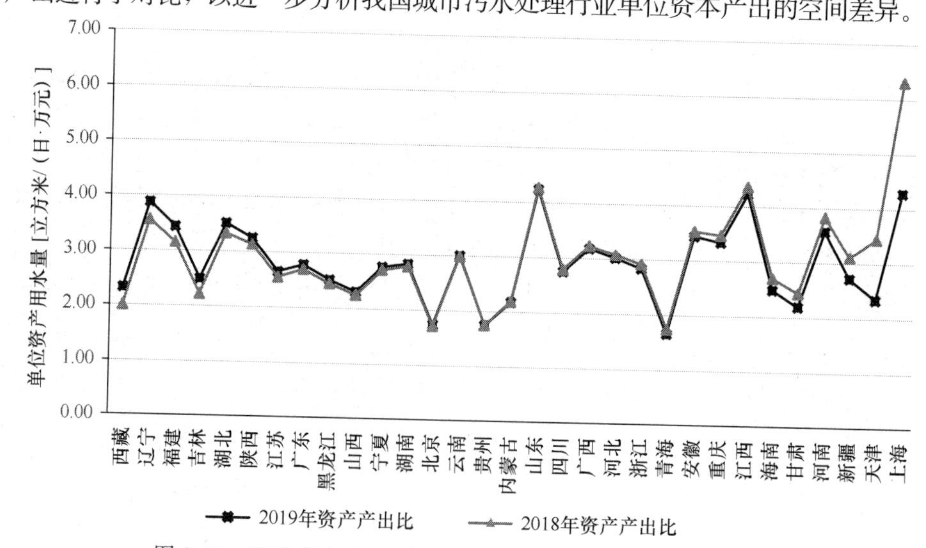


图 3-49　2018 年与 2019 年我国各省（区、市）的资产产出比

2018年与2019年两年中我国污水处理行业资产产出比排名第一的省份均为上海，其2019年资本产出比为4.29立方米/(日·万元)，相比上一年下降32.16%；排名第二的是山东（2018年排名第三位），为4.24立方米/(日·万元)；排名第三的是江西（2018年排名第二位），为4.23立方米/(日·万元)。排名后三位的是贵州、北京和青海，分别为1.75立方米/(日·万元)、1.74立方米/(日·万元)及1.66立方米/(日·万元)，这三个省市连续两年污水处理的单位资本产出比都位列后三位。2017年我国各省污水处理行业平均资产产出比为2.97立方米/(日·万元)，2018年平均资产产出比为2.99立方米/(日·万元)，2019年则为2.89立方米/(日·万元)，总体来看，三年来以单位资产产出衡量的污水处理行业发展成效相为平稳。

图3-50展示了2019年我国各省（区、市）污水处理行业资本产出比相比2018年的变化情况。2019年有包括辽宁、福建、吉林、湖北、陕西、江苏等15个省份污水处理行业资产产出比相较上一年有所提升，其余各省相比2018年均有所下降。其中辽宁和福建增幅最大，均在0.3以上，而上海2019年的单位资产用水量比2018年下降了2.03立方米/(日·万元)，降幅最大。西藏已连续三年实现了资产产出比的明显增加。

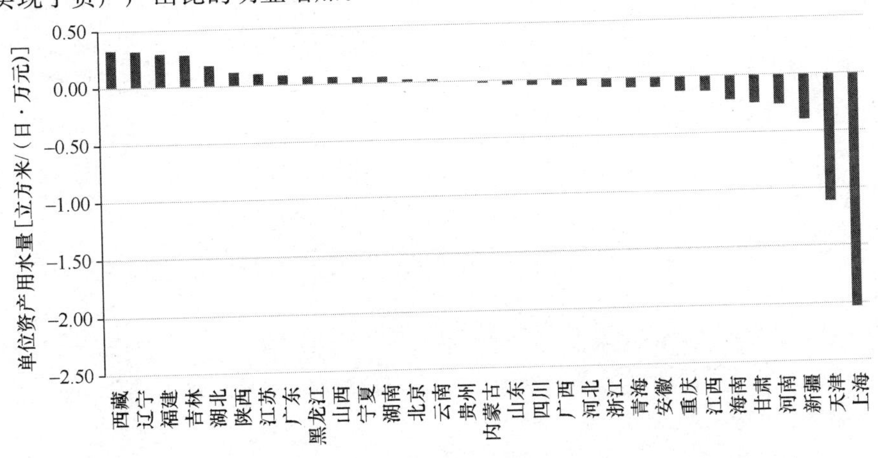


图3-50　各省（区、市）资产产出比2018年与2019年的差额

## 第四节　排水与污水处理行业智慧化水平

排水与污水处理行业的智慧化改革有利于行业的规范化和智能化管理，为推动排水与污水处理行业发展和提升系统效率提供重要的技术支撑和决策支持。特

别是伴随着大数据、云计算及人工智能等信息技术的快速发展，物联网和感知设备等硬件基础设施的迭代更新，新兴技术在排水与污水处理企业运营和政府监管领域得到广泛应用，排水与污水处理行业的智慧化水平不断提升，为实现行业的高质量发展，推动生态文明建设发挥了重要作用。

## 一、排水与污水处理行业智慧化改革需求

### （一）排水与污水处理系统的复杂性需要智慧化改革

排水与污水处理行业经过不断发展，已由单一的排水功能扩展到排水、污水处理、污泥处理处置和污水再生利用的综合管理。排水管网不仅直接影响到污水处理的收集率和处理率，而且随着极端天气频发，排水管网还承担着重要的城市排涝功能。当降雨量超过管网的水力容量或超出污水处理厂的处理能力时，大量未经处理的污水直接排入水体中，造成城市水体污染，严重影响城市水环境和水生态。在污水处理环节，一方面进水水质复杂、多变，设备所处环境恶劣，容易出现故障。另一方面，排放标准日益严格，出水水质要满足达标排放，污水处理厂的设计、工艺和运行越来越复杂。加之污泥无害化处置和再生水利用的要求叠加，对污水处理系统的控制优化、节能降耗提出了更高的要求，客观上需要对污水处理设施进行智慧化的精细管理。

传统的人工经验对生物曝气、加药、提升泵房等工艺运行进行判断和调整，通常依赖于足够大的反应器空间或较高的曝气量，一般只能保证系统连续稳定运行这一基本要求，但节能降耗、提高效率的要求很难实现，这也造成了国内污水处理厂运行成本居高不下。

为此，需要对排水与污水处理设施进行智慧化升级改造。一方面，将在线监测设备叠加 GIS、BIM（建筑信息模型）、CIS（接触式图像传感器）、地图服务等多维数据，构建水质云监控平台，克服单点监测或区域监测的缺陷。另外，将复杂的在线数据经数学模型计算处理，确定工艺参数、优化运行方案和预测运行过程中可能出现的问题，并提出可采取的应对措施。如在曝气单元增加参数影响分析模块，根据污水进水水质和水量的状态、微生物状况、气候性变化等情况，对鼓风机提出智能化调控需求，以实现在出水达标的前提下降低能耗的目标。

### （二）排水与污水处理系统的安全性需要智慧化改革

排水与污水处理系统在运行过程中，由于天灾或人为操作不当等原因，不可避免地会出现一些意外事故导致排水与污水处理系统出现问题，这既有前期系统

设计遗留的隐患，也有后期针对紧急情况采取应急措施的需求。

近年来，极端天气频发，因突发暴雨而导致的城市内涝困扰着许多城市，而造成内涝的一个重要原因是城市排水系统设计不合理，城市排水能力没有达到要求。传统的设计方法不能准确反映排水系统真实的运行状态，尤其是在需要综合计算、考虑城市的气象、产汇流、暴雨重现期等因素和要求时，设计难度也将成倍增加，既要满足暴雨时的排水需要，又不能无限扩大排水管径，导致资源浪费。因此，需要运用BIM技术和排水模型等新技术和方法对排水管网系统进行设计并智能化提出应急措施。

排水模型需要降雨时间的变化曲线，以及降雨的空间分布，目前，我国每年新增的气象数据较20世纪90年代增长了数千倍，存储和处理这些数据，需要海量的计算资源。原始的气象数据局限于气象专业，不能直接用于排水管网模型，只有大数据技术能为城市排水管网模型提供精确、全面的降雨情报。BIM技术则可以结合排水管网水力模型，模拟排水管网中真实准确的水流状况，找出排水系统中的瓶颈管段，分析过流能力不够以及局部溢流的原因。日本、美国、英国在20世纪90年代就利用气象雷达预测降雨量及分布，用于对城市雨水径流及初雨污染的全面控制，在很多城市得到成功应用。

此外，运用大数据分析技术可以对城市的电力供应和排水做出正确的预测，使之达到在紧急情况下（比如出现自然灾害、电网大面积停电、长时暴雨等）可以做出合理有序调度的效果。

### （三）城市整体智治需要排水与污水处理系统智慧化改革

中国正经历前所未有的工业化和城镇化，城市人口正经历爆发性增长，经济发展和环境污染的矛盾也日益激化，城市基础设施和管理面临巨大挑战和压力，水环境、水生态和水安全的问题尤为突出。城市是一个系统，城市的规划建设管理要保持城市基础设施的整体性、系统性，避免条块分割、多头管理。城市排水与污水处理设施作为重要的市政基础设施，一端连接着千千万万排水户的下水道，被使用和污染的水经由下水道统一进入污水处理厂集中处理；一端则是通往城市自然水体，污水经处理达标后排入江河湖海，进入自然水循环，还有一小部分的污水经过再生处理，成为新的水资源，被人们重复循环利用。因此，排水与污水处理系统的正常稳定运行与城市的生产生活密不可分，其运行管理需要在城市整体智治的框架下实施。

习近平总书记指出，“城市管理要像绣花一样精细，越是超大城市，管理越要精细”。目前，物联网、大数据、云计算等技术的快速发展及其在各领域基础设施智能化升级与管理中的推广应用，为污水处理设施运行和调控方式的变革提供了良好基础和新的契机。城市排水管网与污水处理设施的信息不能成为信息孤岛，应当整合进入城市管网信息资源，实现城市数字城管平台的全覆盖，提升城市管理标准化、信息化、精细化水平，促进排水行业与其他行业间的各类信息传递，解决信息传递不及时、不严谨、不全面等问题，推进城市管理向服务群众生活转变，为处置污水溢流、暴雨内涝等应急事件提供有效支撑，促进城市防灾减灾综合能力和节能减排功能的提升。

此外，“山水林田湖”是一个生命共同体，城市的生态修复和有机更新必须遵循系统论的原则和自然规律，如果治水的只管治水，很容易顾此失彼，最终造成生态的系统性破坏。因此，将数据采集、云管理等技术与排水与污水处理系统运行管理相结合，将城市的雨水、污水、黑臭治理与河湖水系保护与管理有机结合，将排水与污水处理设施与建筑中水和污水再生利用设施、雨水滞渗、收集利用等削峰调蓄设施、城市绿地等设施在“城市一张网”的数字化管理平台下统一规划、建设和管理，可以为城市的生态修复和有机更新提供更为智慧化的解决方案，在维持城市健康运行的同时，还能显著降低城市的管理成本，降低资源能源的损耗。

## 二、排水与污水处理行业智慧化改革发展趋势

### （一）排水与污水处理行业智慧化改革的政策背景

党的十八大以来，中央高度重视数字化改革与发展，地方积极开展数字化改革实践。2013 年，国务院印发《关于加强城市基础设施建设的意见》（国发〔2013〕36 号），提出建立城市基础设施电子档案的要求，实现设市城市数字城管平台全覆盖，提升数字城管系统，推进城市管理向服务群众生活转变，提高城市管理标准化、信息化、精细化水平，促进城市防灾减灾综合能力和节能减排功能提升。在其后印发的《国家新型城镇化规划（2014-2020 年）》中，也明确提出要发展智能管网，实现城市地下空间、地下管网的信息化管理和运行监控智能化。具体到水务设施，更是指出要发展智能水务，构建智能供排水和污水处理系统。

2016 年，中央在《“十三五”国家信息化规划》（国发〔2016〕73 号）中明确要求“打造智慧高效的城市治理”，推进智慧城市时空信息云平台建设试点，运用时空信息大数据开展智慧化服务。推动数字化城管平台建设和功能扩展，建立综合性城市管理数据库，强化城市运行数据的综合采集和管理分析。深化信息化与安全生产业务融合，提升生产安全事故防控能力。建设面向城市灾害与突发

事件的信息发布系统，提升突发事件应急处置能力。

中央文件和国家规划的出台，为排水与污水处理智慧化改革提出了方向和目标。在具体实施的层面，排水与污水处理智慧化改革重点集中在排水管网和污水处理设施地理信息系统建设和智能化管理平台建设等方面。

2013年，国务院办公厅印发《关于做好城市排水防涝设施建设工作的通知》（正国办发〔2013〕23号），要求全面提升排水防涝数字化水平，积极应用地理信息、全球定位、遥感应用等技术系统。加快建立具有灾害监测、预报预警、风险评估等功能的综合信息管理平台，强化数字信息技术对排水防涝工作的支撑。同年，住房和城乡建设部专门制定印发了《城市排水防涝设施普查数据采集与管理技术导则》和《城市排水（雨水）防涝综合规划编制大纲》，指导各地全面普查摸清排水防涝设施现状，并要求重点城市和有条件的城市要尽快建立城市排水防涝数字信息化管控平台，实现日常管理、运行调度、灾情预判和辅助决策，提高城市排水防涝设施规划、建设、管理和应急水平。

2019年，住房和城乡建设部等三部门联合出台《城镇污水处理提质增效三年行动方案（2019-2021年）》（建城〔2019〕52号），进一步提出要建立市政排水管网地理信息系统（GIS），实现管网信息化、账册化管理；落实排水管网周期性检测评估制度，建立和完善基于GIS系统的动态更新机制，逐步建立以5～10年为一个排查周期的长效机制和费用保障机制。

2020年，发展改革委和住房城乡建设部印发《城镇生活污水处理设施补短板强弱项实施方案》（发改环资〔2020〕1234号），再次要求地级及以上城市依法有序建立管网地理信息系统并定期更新。在此基础上，提出重点城市要率先构建城市污水收集处理设施智能化管理平台，利用大数据、物联网、云计算等技术手段，逐步实现远程监控、信息采集、系统智能调度、事故智慧预警等功能，为设施运行维护管理、污染防治提供辅助决策。

### （二）排水与污水处理行业智慧化改革的发展阶段

排水与污水处理行业智慧化改革发端于污水处理企业的信息化改革，逐步延伸到排水与污水处理行业的信息化数据建设，进一步发展到行业一体化业务应用，进而实现城市整体智治下的系统改革。

1. 企业信息化改革

排水与污水处理行业智慧化改革源于污水处理企业的数字化应用，从早期的无纸化办公、局域OA办公到后期的运营自动化和管理自动化。污水处理企业逐步实现了阀门、泵站、生产工艺过程等的自动化操控，水质、水压和流量等数据的实时在线检测和传送水平也得到很大的提高。这阶段的主要价值在于将污水处理企业的业务流程自动化，很大程度上代替了人工操作，提高了污水处理企业的劳动生产效率。之后，随着数据库技术和3G/4G网络技术的发展，污水处理企业相继搭建了各自的业务系统和数据，实现了基于业务流程的管理流程自动化，大大提高了信息存储、查询和回溯的效率，帮助企业实时查验、校核污水处理各个业务流程的数据信息，并对工艺调整、水量调度等提出相应的处理结果与辅助决策。

2. 行业信息化数据建设

排水与污水处理行业涉及排水口、排水管网、泵站、污水处理厂等多种设施不同主体，前期的信息化建设主要以污水处理企业为主体实施，难以整合行业的完整信息，导致信息系统建设上存在多头并进、重复建设和信息孤岛等问题。各业务系统在数据共享和应用集成上也缺乏统一的标准、规范，难以实现系统之间的有机整合、互通共享。为此，行业主管部门需要整合辖区内各类排水与污水处理设施信息资源，构建全行业、全过程、全覆盖的信息系统，主要为行业管理提供数据支撑。行业信息化数据建设可以涵盖排水与污水处理设施规划、建设和管理数据，并加载基础地理数据和遥感数据，以实现基础数据在地理空间的可视化。随着智能感知技术的发展，射频识别（RFID）技术被广泛应用于收集海量数据，通过各环节安置的传感器，无须接触就能完成数据读取，可以采集大量实时信息，并通过与GIS技术相结合，快速实现数据分析和处理，并且能实时在地图上显示各测量点的位置和对应的管道情况，从而为行业管理提供便捷的信息感知。

3. 行业一体化业务应用

在整合了行业海量基础数据资源的基础上，依据排水系统和行业管理的特点，可以将排水规划、排水许可、污水处理、污泥处置、排水监测、排水收费、水量调度、排水执法、应急排水等业务设计应用功能，运用先进的新兴技术或数据处理模型，对信息系统中实时运行数据进行筛选、分析和处理，辅助决策管理层做出相应决策，并通过Web服务 、GIS服务、移动应用服务等，提供可视化的信息应用发布、业务流程处理等功能支持。如上海市排水管理信息化的智能应用，利用城市暴雨积水等相关数学模型，对降雨进行预测分析，预测发生积水区域及积水影响，利用城市排水管网模型对排水设施等现状和未来运行状况进行比较及分析，有效支持管网流量控制和应急方案评估，确定排水系统缺陷，为管网建设和改造论证等提供科学依据。

### （三）新技术在排水与污水处理行业智慧化改革中的应用

随着信息技术的快速发展和新技术的广泛应用，以5G、人工智能、云计算、大数据为代表的新技术，将不断推动排水与污水处理行业的智慧化改革。一方面，物联网技术实现了排水与污水处理的海量数据实时获取，云计算和大数据技术将融合多源数据，支撑应用系统适应快速、灵活的业务场景需求。另一方面，通过人工智能技术，整合数据资源，建设排水与污水处理智慧化管理平台，以“平台+应用”相结合的建设模式，通过综合决策，实现态势感知、决策分析及联动指挥，提升排水与污水处理行业系统治理能力。

1. 云计算技术

云计算技术是基于物联网和大数据技术，将排水与污水处理系统的基础数据传送到云端，然后对这些数据进行计算或分析处理，并根据数据处理结果对排水与污水处理相关业务做调整和改变。与传统手段相比，将排水与污水处理数据计算处理环节调整到云端上来做分析处理，对系统的管理更为高效。

2. 大数据分析技术

对于排水与污水处理系统运行产生的实时海量数据，需要技术方法对这些数据进行处理和筛选，将数据从有序转为无序，并通过数据清洗和筛选进行分析处理。通过大数据分析技术，可以增强行业间的数据交互，实现数据增值，为排水与污水处理的规划、建设和管理等一系列业务提供决策支持，从而实现全过程覆盖与监管，提高行业管理部门的工作效能与工作质量。

3. 人工智能技术

人工智能技术主要有人工神经网络、模糊分析、专家系统和分布式学习等形式，具有自学习、推理、判断和自适应的特性，能够以人类智能相似的方式做出判断和反应，在排水与污水处理系统中可以应用于优化设计、故障诊断、智能监测、系统管理等业务领域。

### （四）排水与污水处理智慧化改革面临的挑战

1. 系统安全性的挑战

系统安全性的挑战主要来自两方面，一是设备的安全，包括检测设备和传感设备。排水与污水处理智慧化改革的基础是分布在各个节点的在线检测设备和传感器，通过有线或无线网络将数据实时传回监控中心，由于感知节点被破坏、数据传输通道不稳定等造成数据信息污染或缺失，都会在不同程度上影响排水与污水处理信息系统的智慧化运行，严重的甚至可能会导致系统崩溃。二是网络的安全。近年来网络安全威胁日趋严重，不断演化的网络攻击（如勒索病毒、瘫痪网络等）对政府与企业造成了极大的损失。例如，2000 年 3 月，澳大利亚昆士兰新建的马卢奇污水处理厂出现故障，无线连接信号丢失，污水泵工作异常，报警器也没有报警，事后发现是该厂工程师蓄意报复所为。排水与污水处理信息系统是以网络为基础建立起来的，一旦信息系统或传输网络被攻击，导致排水与污水处理设施的参数出现异常，使得污水处理不达标排放或泵站停止运行，造成的后果将是灾难性的。此外，排水与污水处理设施是城市重要的市政基础设施，管网的布局和走线以及设施运行的相关数据比较敏感，如通过网络泄露为不法分子所利用，可能会对城市安全造成重大威胁。

2. 数据整合与数据共享的挑战

现有的排水与污水处理系统多是分散在各个企业和政府部门中，主体多元化，系统间独立运行、分散构建，数据采集缺乏统一的标准，数据处理和流转局限于小范围或权限不清。因此，排水与污水处理智慧化系统构建首先面临着数据标准化和统计口径一致的问题，难以为更高效的数据挖掘提供结构化数据。再者，不同的业务流程和系统主体对于数据和信息的权限是有差异的，现有的数据信息大多以行政单位属性判定权限，导致信息共享不足，信息孤岛现象严重，亟须根据业务流程属性对分散的数据进行集成整合、深度优化与效率提升。

3. 管理人员技术更新和思维转变的挑战

5G、大数据、人工智能等新技术的应用和数字化改革方兴未艾，尽管智慧化改革的方向已经深入人心，但对于排水与污水处理行业如何与新技术结合，智慧化改革的具体需求和实施路径等问题仍不明确，各地各部门的管理人员和领导者也缺乏统一的认知，阻碍了排水与污水处理行业智慧化改革的持续、稳步推进。再者，由于排水与污水处理行业涉及的企业和管理部门众多，各地和各部门的管理人员对于前沿技术的研究和新技术的应用水平参差不齐，专业的信息化人才更是缺乏，导致信息基础设施建设前期投入较大，但后续的智慧化应用却缺乏专业的管理人员跟进，严重影响了排水与污水处理行业智慧化改革的成效。

## 三、排水与污水处理行业智慧化运营

排水与污水处理行业智慧化运营的基础单元是污水处理厂，污水处理厂降本增效的实际需求驱动污水处理企业积极运用信息化手段，不断突破传统的技术方法优化企业运营管理，通过可视化、可溯化的生产、运营、监控模式，避免传统生产管理中存在的处理延迟、人员效率低、业务效果不稳定等弊端；通过规范管理标准和流程，实现工作流程重组和优化，提高业务处理效率，保障高效的企业运营。污水处理企业的智慧化运营主要包括两个层面，一是污水处理厂单厂的智慧化运营，二是污水处理厂群的集团智慧化运营。

## （一）污水处理厂的单厂智慧化运营

单一的污水处理厂的智慧化运营重点集中在工艺流程的监控与优化、设备运维养护的管理与完善、行政办公管理的流转与集成以及用户服务的窗口与体验，其功能模块主要包含：自动化控制系统、运维养护系统、监测预警系统、办公管理系统和用户服务系统，这些功能模块之间相互联系、互为补充，构成污水处理厂单厂智慧化运营的基本结构。

1. 自动化控制系统

自动化控制是污水处理厂智慧化运营的基础功能和底层架构。基于经验的传统污水处理设计方法往往只能理论推断和定性分析，无法对各种工艺方案的效果进行定量预测，难以定量识别所设计工艺中存在的问题。随着城镇污水处理厂出水排放标准的日趋严格，传统污水处理设计方法已不能满足新的污水处理厂设计和现有污水处理厂提标改造的工程要求，需要引入自动化控制系统，对污水处理系统进行一体化、智能化的管理。污水处理厂的自动化控制系统主要包括污水处理自控系统和泵站自控系统，涉及设备包括：排水泵房、格栅间、沉淀池、反应池、消毒间以及污泥回流池等。

自动化控制系统主要由现场子 PLC、就地控制设备以及各种智能仪表构成，这些现场控制单元通过工业 以太网交换机实现设备和系统间的相互连接，操作员和工程师在监控机的人机界面上，可以监控全厂的生产流程，并根据生产需求下达控制命令。泵站自控系统的现场 PLC 具有网络接口，操作人员可以通过网络远程控制现场设备，从而实现无人值守泵房。此外，鉴于许多污水处理厂分多期建设完成，特别是早期的系统设备年代久远，可能存在设备兼容的问题，因此需要对原有的自控系统进行改造升级，如增购用于数据在线采集的嵌入式计算机，并对所采集的数据类型、出处等进行辨认、命名，以保障不同设备自控系统间的数据传送和连接。

2. 运维养护系统

污水处理厂设备的正常运维养护是保障污水处理系统正常运行的前提和基础，设备的运维养护系统是污水处理设备台账的延伸和升级，污水处理厂的智慧化运营首先要保障污水处理设备的正常运维养护。

在运维养护系统中，首先是要摸清污水处理厂的设备家底，建立设备的信息化台账，这其中既要包含传统设备台账的功能，如设备列表、统计数量、记录设备购买时间、安装时间等，还需要补充对设备技术参数、备品备件和设备资料的统计和设备出入库的管理，并实现与设备相关的库存、养护、维修等业务的各种查询。为此，污水处理厂需要建立一套科学的设备编码体系，规范统一各种设备和备品备件的编码。在此基础上，系统需要设置设备维修保养模块，对污水处理厂设备进行全生命周期管理。一是制定并录入设备保养计划，预设设备的养护时间、养护人员、养护要求等信息，系统设置自动提醒并关联到相关作业人员。二是在该模块中明确员工在维护、检修过程的任务分工和职责权限，将流程管理应用到小组和员工的工作，形成设备运维养护计划的制定、审核、实施以及总结的规范流程。

3. 监测预警系统

监测预警系统一方面要实现对设备和水质的实时监测、记录、存储和查询，另一方面要通过对监测数据的比对分析，系统自动判断设备和水质是否出现异常，及时预警并显示报警信息，更加智能的预警系统甚至可以提供异常处置方案，为技术人员和管理层提供决策依据。

对污水处理设备的监测主要是传送自控系统的实时数据和人工数据采集。通过与自控系统的实时连接，监测系统可以实时记录、显示污水处理设备的工作参数和工作状态，包括：每台泵的电机和鼓风机的运转情况，流量计、液位计、pH 检测计等的工作状态，集水池、格栅系统、生化反应池、污泥池等设施的各项运行参数。此外，监测系统还可以兼容污水处理厂的监控视频，将视频信息一并采集进入监测系统。在此基础上，通过大数据分析，监测系统可以进一步完成对历史数据的统计分析和存储，并绘制重要参数的变化趋势图。

在水质监测方面，借助新一代无线网络、物联网、云计算等信息技术，污水处理厂在排水管网、进水口、出水口等节点设置物联感知设备，对水质水量进行自动采样，将水流量、pH、COD、BOD、氨氮等能直接测量的指标参数数据通过无线传输的方式上传到监测系统，实现水质水量的实时监测。对于不能直接测量含量的（如硫化物、微生物、悬浮物等）需要经过实验室化验分析的水质指标，则进行人工采样、化验、分析、录入，并通过实验室的电脑传输，将检验结果直接传送到监测系统。当在线监测的数据和化验室的数据发生冲突时，通过对比分析，系统可以自动判断出监测设备是否出现异常，也可以对水质监测数据进行校验和预警。同时，水质监测模块能够对水质历史数据进行查询，并将水质指标同污水处理厂生产、运营数据集成分析。这为污水处理厂处理工艺和技术的提升、改进提供依据，并为管理部门决策提供全面的、准确的基础数据。

预警系统是多个层级的，主要包括：现场生产监控预警、生产调度中心预警和远程客户端预警。当生产现场的自控系统监测到设备异常时，可以直接在设备页面上显示报警信号及报警位置，同时系统可以通过软件预设报警区域或报警值，当自控系统监测的设备运行参数符合报警范围时即报警。生产调度中心与各设备的自控系统进行数据交换，实时采集数据、自动巡测预警各个远程终端，当中心采集到的无线数据出现报警时，以状态条闪烁和扬声器声音提示报警，并提供短信功能发送至指定手机。远程客户端预警是 Web 化的远程生产信息系统，可以支持各级管理人员远程访问监控生产信息，及时获取实时的生产过程信息，并在线浏览和编辑实时动态图形、数据。

4. 办公管理系统

办公管理系统主要包括：行政办公系统、财务成本系统、人事管理系统和档案管理系统等。由于污水处理厂的办公管理系统与其他企业的办公管理系统的功能模块较为一致，如行政办公系统主要是公文管理、信息发布、会议管理、后勤管理等，人员管理系统主要是人员信息管理、人事考核、人事合同、薪酬管理等，档案管理系统主要是建设期和运营期的合同、技术和人员等档案管理。此处不再一一赘述。

5. 用户服务系统

通过网上营业厅，公众能够利用无线终端 App 多种方式获得相关服务，也可自主操作所需的服务如缴费、报修、预约安装等，不仅可以提高办事效率，还能提升污水处理企业的服务水平与公众满意程度。同时，公众可以通过 App 或企业主页订阅和查询所关注的污水处理相关信息，有助于提高社会大众节约用水、维护污水处理设施设备、保护水生态环境等意识。

### （二）污水处理厂群的集团智慧化运营

经过近十年的快速发展，通过兼并、重组、上市等市场化行为，排水与污水处理行业已经逐步形成区域性、集团化运作的特点，甚至一些大型的污水处理集团公司通过特许经营的方式输出管理和技术，将服务区域范围不断拓展，实现了全国污水处理的布局。面向各区域不同污水处理厂的同步、协同管理，对现代化污水处理集团公司提出了智慧化运营的更高要求，重点在于实现污水处理厂群的运维管理协同、污水处理厂群的绩效管理以及资源高效调度。

（1）污水处理厂群的运维管理协同化。随着污水处理排放量的激增和污水处理排放要求不断提高，在一定区域范围内通常建有多个污水处理厂，这些污水处理厂归属同一个污水处理集团公司统一运营，而且管网也作为集团公司的业务部门统一运营，基本实现区域的厂网一体化运营。在此基础上，污水处理集团公司应当建立城市排水、污水处理等业务一体化运营管理平台，实现各种水务业务运维与用户服务的协作化管理。一是要明确集团下属各业务模块和污水处理厂的职责分工，加强技术投入，实现应用层面的联通与共享，以及跨部门、跨层级的业务协同。二是要加强各部门和污水处理厂的信息共享，包括硬件共享、软件共享和数据共享等，提高设施的利用率，降低软硬件费用与开发费用。三是通过管理信息平台的应用，支持各类设施信息、运行工况信息、水质水量信息和突发事件信息等采集、上报、存储、管理以及发布等，完善集团内部管理模式与流程，规范优化相关业务流程，提高业务流程与信息流转的速度，提升多种业务并发处理的效率，凸显规模化运营优势，降低企业运营成本。四是搭建污水处理集团公司的统一门户平台，集成各业务和污水处理厂的信息，为公众提供实时可视化的信息查询服务与相关业务办理，提高污水处理服务的响应速度和便捷程度。

（2）污水处理厂群的绩效管理。污水处理厂的运行绩效管理是一项复杂的系统工程，对集团管理的各污水处理厂进行绩效评价，不仅有利于提升集团综合管理的能力，而且可以通过横向和纵向的绩效比较，帮助优化和改进污水处理厂的运行管理策略与方法。污水处理厂群的绩效管理以提高污水处理厂的生产效率为目标，通过对基础运行数据的收集，在合理的指标体系和指标算法基础上，将污水处理厂技术、管理、服务层面的运行绩效以得分的形式展示给管理者，实现对污水处理厂运营过程进行全面监管、评价，其指标体系可以包含运营效率、运营稳定、运营效果、环境影响、财务价格、管理规范等方面。污水处理厂和集团管理的各级用户通过结果展示模块可以查看绩效评价得分，如各级评价指标得分、重点控制指标得分等；并且可以获得评价结果的相关分析，如严重超标指标分析、各项指标基础数据历史变化规律等。此外，根据绩效评价结果生成各种生产管理报表，如运行状况分时报表（进出水水质和水量、污染物削减量、污泥产量、吨水电耗与药耗等）、设备运行维护报表（各处理单元机械设备运行台时、故障维修情况、润滑保养情况等）、资产管理报表以及财务报表等，可以从不同角度全面体现污水处理厂的整体运营状况，帮助管理人员了解和掌握运行过程中存在的问题，协助其提高运营管理水平。①

（3）污水处理厂群的资源调度。污水处理厂群的资源调度涉及人员、设备、物资等，也涉及污水和污泥的调度，其智慧化运营主要体现在通过信息化与数字化手段对海量感知数据整合、分析与应用，实现信息资源与生产经营深度融合，提升污水处理系统科学预测与联动联调程度，促进系统从经验模式向智能模式的转变，在自动化控制基础上，建立安全稳定、精细高效的智能调度。由于城市扩张和人口增长，加之设备的提标改造和巡检，区域范围内的污水处理厂在不同时间段可能面临“吃不饱”和“水太多”的情况，这就要求集团公司对不同污水处理厂之间进行污水调度。智能排水调度首先需要对集团的排水监测调度系统进行优化升级，将各污水处理厂的实时数据接入中控系统，能够动态观测各污水处理厂生产工艺的参数变化，同时将反向开泵台数、液位、各污水处理厂瞬时流量等

---

① 王浩昌，等. 污水处理厂运行绩效管理信息系统设计研究［J］. 中国给水排水，2011(18).

数据实时显示，便于集团调度人员根据污水处理厂和各个重要泵站的运行数据实时分析，提早制定或修订污水调度指令。

## 四、排水与污水处理行业智慧化监管

排水与污水处理行业智慧化监管是基于互联网、大数据等信息化技术方法获取和处理排水与污水处理信息，排水与污水处理全过程进行有效监管。欧美、日本等发达国家的大城市已建成排水管网信息管理系统，依靠 GIS、工业控制和水力模型等新一代信息技术对排水与污水处理系统进行管理并辅助决策。中国各级政府和排水与污水处理监管机构也顺应数字时代的要求主动变革，以智慧化改革推动监管改革，不断提高监管效能。

### （一）排水与污水处理行业智慧化监管实践

2007 年，国务院节能减排工作方案明确要求，尽快建立全国城镇污水处理管理信息系统。住房和城乡建设部作为行业主管部门，紧密围绕行业管理需要，采用大集中方式建设《全国城镇污水处理管理信息系统》，并出台了《全国城镇污水处理信息报告、核查和评估办法》（建城〔2007〕277 号）、《关于做好城镇污水处理信息报送工作的通知》（建办城函〔2007〕805 号）等文件，保障和规范系统信息的填报。2010 年住房和城乡建设部出台《城镇污水处理工作考核暂行办法》（建城函〔2010〕166 号），运用该系统进行全国城镇污水处理工作考核，奠定了排水与污水处理行业智慧化监管的基础。

为加强信息的统一性和及时性，该系统程序和数据库由住房和城乡建设部统一部署，地方不需要建设平台，提高了系统推进速度，减少了多层数据交换，节约了项目建设投资。系统用户分为部级、省级、市（县）级和项目级，不同的用户根据各自的权限进行相应的操作。系统信息报送采用“基层直报、分级核准”的模式，由在项目主管单位和项目运营企业负责信息填报，各级行业主管部门分时段、分级别对属地内填报的信息进行审核。该系统通过对全国在建和运营污水处理厂的建设和运行情况的实时采集，涵盖了污水处理、管网、再生水和污泥处置各方面，实现了对污水处理项目规划、建设、运行的全过程监管。围绕行业监管需求，该系统提供了高级查询、统计分析、绩效考核、设施覆盖等功能，通过对信息进行挖掘和分析，各级行业主管部门可以动态掌握行业现状，为决策提供翔实的数据支撑，包括编制污水处理规划、确定节能减排指标、重点流域水污染防治项目考核、污染物排放总量控制和监督管理等。

近些年，各地结合地方排水与污水处理监管实际，聚焦监管重点和难点问题，依托智慧城市建设不断创新智慧化监管手段，提供了许多地方实践的经验和探索。

北京市的“智能排水”着力提升联合调度指挥能力，降低防汛排水的运行成本，主要是围绕雨污水收集、污水处理、再生水利用、水质监测和防汛指挥等关键业务管理环节展开。目前，北京市已建立水务信息管理平台，数据中心的数据也已经启动了共享。

上海市以水务行业的发展需求为导向、应用为核心，建设了覆盖全市的供排水数据采集与监控系统、视频会议系统等新平台。目前，上海市中心城区的积、排水信息已与市防办、城投总公司、市水务局信息中心和基层运行单位信息全部实现联网，已实现排水运行实时监测、科学调度、智能运行三大目标，构筑了信息化、数字化、智能化的防汛系统工程，在汛期力争做到“积水少，退水快”。

天津市已建成城市排水动态数据采集与信息管理系统，不但能录入、存贮各种排水管网设施的图纸数据，还能自动采集雨情、连续采集排水泵站流量、液位以及降雨量等数据，并按要求定时传送采样数据。同时，天津市构建了积水视频和防汛调度会商系统，实现了泵站远程监测，可随时调用查看各监测点的实时采样数据，大大提高了城市防汛排水调度指挥的效率。

广州市在“数字市政”的基础上进一步开展了排水管网地理信息系统的建设。2019年，广州市水务局印发《广州市“智慧排水”建设项目专项规划》(2019～2021)，提出“单元划分、数据融合、物联建设、业务应用、基础配套”五大建设任务，逐步实现排水管理全过程的信息化管理与智能化应用全覆盖，提高城市排水防涝设施规划、建设、管理和应急水平，降低城市内涝风险，全面提升广州市排水综合管理水平。截至2020年5月底，由广州市排水规划行政管理部门牵头建设排水数据库，已完成广州市中心城区37个流域排水单元的划分，共计约8840个排水小单元，并部署近800套管网水位感知设备。

南京市以提高全市污水厂运行安全和效率为目的，采用物联网技术、地理信息技术和大数据技术构建城市污水处理监管信息系统，实现了污水收集系统的数字化管理、污水厂处理过程的监控预警、数字化绩效考核和污泥车的实时监控。该系统通过接入污水厂中控系统实时数据、污泥车运输数据、管网数据等，实现了对全市主城区17家污水厂进出水控制、处理流程、污泥处置等全方位的监控管理。在此基础上，系统设计了预警处理流程和绩效考核体系，在指导污水处理厂高效运行生产的同时，将污水处理厂的日常运行状态和绩效考核结果数字化直观地呈现给监管机构。

### （二）排水与污水处理行业智慧化监管主要内容

传统监管存在着数据不完全、响应不及时、决策不科学等诸多问题，智慧化监管旨在通过信息化技术和排水与污水处理监管的深度融合，建立覆盖排水与污水处理全过程的感知网络，为排水与污水处理监管提供及时动态的数据基础，借助大数据、信息共享和人工智能等技术，为行业发展评价与预判、资源调度、突发事件预警及应急处置等监管决策提供可视化支持服务，其主要内容包括：数据管理、规划建设、考核评估、资源调度、应急管理等。

1. 数据管理

数据的采集、共享和集成是智慧化监管的基础和保障，数据信息的质量决定了智慧化监管的水平和效能的发挥。首先，构建排水与污水处理设施基础数据库。参照《城市排水防涝设施数据采集与维护技术规范》（GB/T 51187—2016），根据当地情况制定统一的数据标准，以现有排水管网和污水处理厂的数据为基础，进行数据现场核查与补充测绘、标准化与整理入库工作，建立能基本反映现状的排水与污水处理设施数据库。

其次，构建实时在线监测网络。结合城市排水与污水处理监管监测数据需求，梳理区域排水与污水处理的关键节点和基础设施，特别是选择易涝区域、调蓄设施、泵站、主干管检查井、排放口、溢流口、河道等关键节点，布设监测设备，建成由点（排水户、污水处理厂、泵站等）、线（排水管网、河流等）、面（行政区、水资源分区和水功能分区等）组成的监测网格图，实时监测水位、流量、水质指标（pH 值、水温、电导率、溶解氧、悬浮物、氧化还原电位等），形成有效的排水与污水处理在线监测网络，准确反映全域排水与污水处理设施运行动态，并保障城市排水设施监测的持续性、准确性和及时性。

再者，完善数据的精细化管理。在统一数据、统一平台的基础上，打破行政区划和设施归属的限制，以管网为核心，根据管网的接驳关系、管网和污水处理厂的关系、管网和泵站的关系划分管理片区，精细管理力度，实现数据的网格化管理，对责任网格内的设施数量、质量以及运行系统情况等实现数据动态更新、共享和集成，实现信息的数字化归集、存储和管理，为监管决策提供数据支撑。

最后，实现数据可视化呈现。将监测数据与城市行政区划图、水系图、管网图、监测设备分布图等地图信息叠加，基于地图的坐标定位、鹰眼视图等功能进行设施设备管理，实现对排水与污水处理设施、监测设备空间和属性数据的显示、编辑、查询和统计。在对地图显示有高标准、高要求的需求时，可采用三维精细化模型展示相关图层数据，直观、具体、生动地展示各类地图数据。

2. 规划设计

在集成全域排水与污水处理设施数据信息的基础上，以提升排水系统总体运行效率为目标，基于复杂系统优化方法，建立新型规划设计评估优化流程。首先，系统性地梳理全域污水处理厂、泵站、排水管网、河道水系、排涝防洪设施及截流设施等现状，结合现场调研、勘察探测，诊断出区域排水与污水处理系统的问题及风险。其次，建立多种规划管理的决策支持模式，利用在线监测、模型模拟与大数据分析等手段，加强对排水与污水处理系统的合理规划，对未来排水与污水处理系统运行进行预测和分析，有针对性地提出排水与污水处理设施布局优化方案、系统改造方案及雨水防洪排涝方案等。

此外，传统的排水管网设计方法是基于推理公式法，不考虑管网实际流量和相连管道间的影响，而且二维的设计难以全面分析管道的交叉情况，无法直观地展示管道的纵向布置。在遇到体量庞大复杂的排水工程时，设计难度会成倍增加，而且容易发生碰撞，造成返工或浪费，甚至引发安全隐患。因此，排水系统建设的项目立项，要结合排水与污水处理发展规划和需求，采用数学模型法和BIM 技术，在考虑降雨在时空分布的不均匀性和管网汇流过程的基础上计算雨水设计流量，并结合降雨模型、地表径流模型、节点入流模型和管道传输模型等，模拟排水管网中真实准确的水流状况，确定排水系统中的瓶颈管段，科学设计排水管网设施布局。

3. 考核评估

对排水与污水处理系统的考核评估是优化系统运行、提高监管效能的有效手段。首先，评估各类设施的运行状况。可通过汇总监测数据反映设备运行情况，通过设备实时上传的运行数据与设计参数相比对，评估排水与污水处理设备运行效果。为了直观评估设备的运行效果，可以通过柱状图、曲线、表格等方式直观显示在线监测数据，包括水位、雨量、水质、视频等，并对不同图表进行综合展示，使得监管机构可以全方位评估排水与污水处理设施的运行状况。

其次，评估系统的运行效果。城市排水与污水处理系统由排水口、管道、泵站、污水处理厂、排放口等节点和要素组成，这些要素有机地结合在一起，构成一个完整、复杂的系统。通过收集排水与污水处理设施长期运行数据，可以有效识别系统的运行规律，定量评估整个排水与污水处理系统相关的排水防涝、污水处理和污泥处置的实施效果，提高城市排水与污水处理系统的动态管理能力。例如，基于向下或向上的排水和收水情况追溯分析、管道纵横断面分析、管网污水流向分析、管网坡降分析等，可以评估管网是否存在大管接小管、雨污混接、逆坡、淤泥等问题，并自动形成问题报告。

再者，评估区域的排水与污水处理绩效。排水与污水处理监管机构根据监管目标和系统的实际运行情况，制定绩效考核指标和考核方法，智能化监管可以实现对考核指标构成要素的管理，包括指标类别、指标名称、定义、数据单位等信息的编辑，支持指标自定义添加、修改与删除功能；实现对考核指标计算公式的管理，提供指标计算公式编辑器、公式参数等的设定，以适应未来指标体系扩展与优化的需求。根据在线监测、人工填报、系统记录等方式获取的数据，按照既定的考核指标和方法进行定量化绩效评价，并以图表的形式展现评估结果，辅助监管机构发现系统运行管理的薄弱环节，为系统运行管理优化提供决策支持。

4. 资源调度

目前，大多数污水处理厂与排水管网等设施分属不同单位运营管理，由于运营目标和管理考核标准不同，出现了厂网统筹建设以及协调运行方面的诸多问题，导致城镇排水系统不能完全发挥其应有的功能。为了最大化发挥排水与污水处理系统的效能，应当按照“统筹建设、协调运行”理念，以流域为单位，实行“厂、网、河（湖）全流域、全要素”联合调度。

通过“厂、网、河”数据联动与信息共享，可以构建在线控制系统，便于监管人员及时、全面感知排水与污水处理系统的实时运行情况，对水质、水量做出合理预判，实现系统级整体在线优化调度，包括：多级水质监控、水质水量预报警、超标排水追溯管控、污水均衡进厂、清污水联合调度等，充分挖掘管网及污水厂潜能，最大程度利用现有设施的输送、调蓄和处理能力，减少污水溢流，大幅提高排水与污水处理系统整体运行的可靠性和有效性，保障系统的稳定运行及河流水质的稳定达标。

5. 应急管理

排水与污水处理系统运行关系到城市排水防涝和水环境安全，其应急管理涉及住建部门、水利部门、应急管理部门和环保部门等多个监管机构，通过对相关领域的信息整合与信息分析，利用人工智能技术结合水文、市政、运筹学、管理学等多种科学的方法，一方面可以提供分级、分类预警功能，实现排水设施的长期持续监测与短时预警预报，动态监测排水设施的运行状况及风险，在管网运行数据异常时快速进行事故溯源、追踪和预警。例如，当泵站、泵闸、积水点监测值超过指定标准，可立即进行报警，同时管理人员可调用对应的监控视频实时查看现场情况。另一方面，可以实现防洪排涝决策方案的智能生成，并形成多方案优选的体系，与预报预警有效对接，提高各级各类监管机构对排水与污水处理问题的预警、处理能力和决策效率，降低应急处置时间，提高应急管理的效率和质量。

# 第四章　垃圾处理行业发展报告

垃圾处理行业一般包括工业垃圾处理、危险废物处理及城市生活垃圾处理三大领域。垃圾处理按作业对象可分为直接处理对象和间接处理对象两大类。世界银行发布的全球固体垃圾前瞻性报告中提到2025年垃圾年产量将达22亿吨，垃圾管理年成本将增加到3750亿美元。①

中国垃圾处理行业已经形成了较为成熟的产业链，其中垃圾处理产业链上游为垃圾处理设备制造，主要包括固废焚烧设备、尾气处理设备、餐厨垃圾处理设备、污泥干化处理设备等；中游为固废收集转运，主要是从事垃圾清运和垃圾分类的环卫企业；下游为垃圾处理处置，处理方式上主要是无害化和资源化，目前政策上也加大推动源头减量。目前，中国垃圾无害化处理的方式主要是填埋和焚烧。垃圾填埋操作简单及成本较低，但填埋垃圾会残留大量细菌、病毒，存在沼气、重金属污染等隐患，垃圾渗漏液会长久地污染地下水资源，造成严重二次污染。因此，二次污染少且能够资源再利用的垃圾焚烧发电，是目前更被提倡的垃圾处理方式。本书主要以城市生活垃圾的直接处理作业为例，对垃圾处理行业的投资与建设、生产与供应、发展成效和高质量发展及其未来趋势进行研究。

① 世界银行《全球固体垃圾的前瞻性报告》https://www.sohu.com/a/360948806_470091

# 第一节　垃圾处理行业投资与建设

## 一、总体概况

城市垃圾处理已是城市公共服务重要的组成部分，目前中国垃圾处理行业的主要投资主体或来源包括两大类：①政府投入，包括地方财政、国家财政、国债资金和CDM（清洁发展机制）的资金支持；②社会资本，包括国内垃圾处理投资运营商、国外垃圾处理投资运营商、银行融资、股市融资、环保产业基金和风险投资基金。

### （一）固定资产投资现状

2019年，全国城市市容环境卫生固定资产投资额为557.36亿元（图4-1）。同2009年相比有较大增幅，增长了76.12%，说明城市环境治理投资金额不断增长。

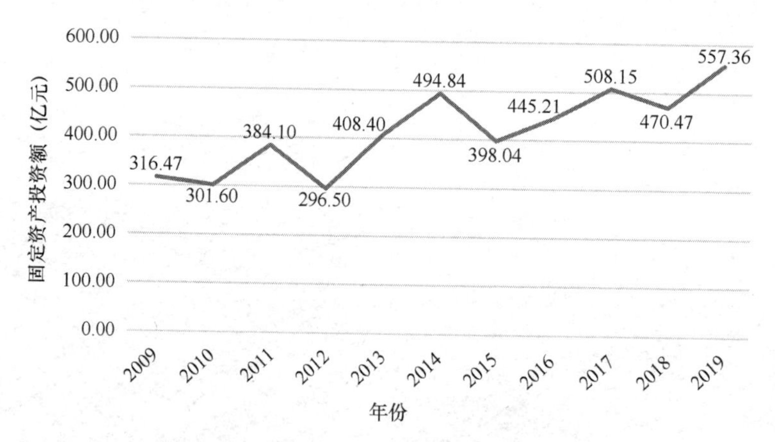


图4-1　城市市容环境卫生建设固定资产投资额

资料来源：《中国城乡建设统计年鉴》编委会.《中国城乡建设统计年鉴》(2019)[M]. 北京：中国统计出版社，2020。

2019年垃圾处理领域的固定资产投资额为406.8亿元，占全社会城市市政公用设施建设固定资产投资的比例为2.02%，环卫固定投资在2016～2019年连续四年有较大增幅（图4-2）。

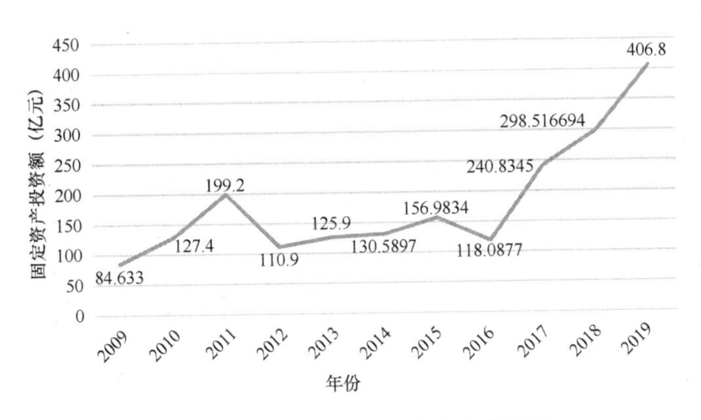


图 4-2　历年垃圾处理固定资产投资额

资料来源：《中国城乡建设统计年鉴》编委会.《中国城乡建设统计年鉴》（2019）[M]. 北京：中国统计出版社，2020。

## （二）环卫专用车辆设备

我国城市市容环卫专用车辆设备①总数保持逐年稳步增长，各年车辆设备总数如图 4-3 所示，2019 年车辆设备总数已达到 334214 台，同时从图中可以看到，

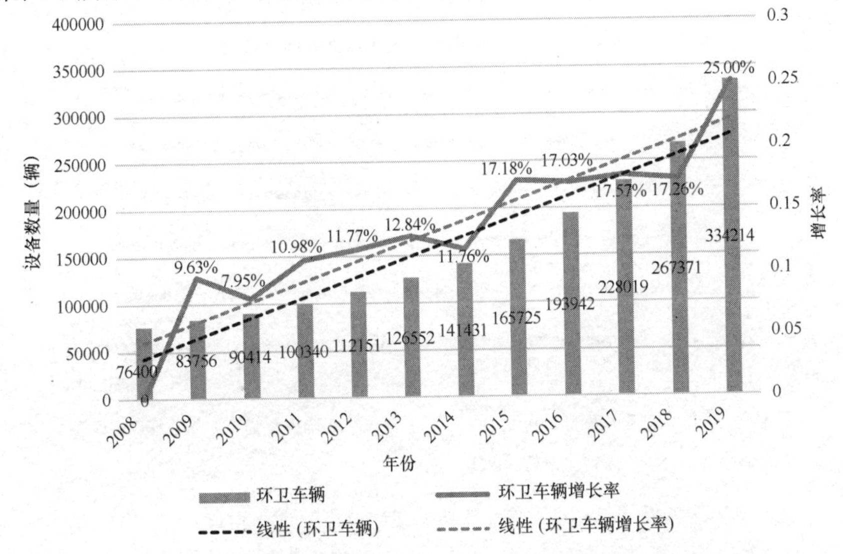


图 4-3　中国城市市容环卫专用车辆设备数量及其增长率

资料来源：《中国城乡建设统计年鉴》编委会.《中国城乡建设统计年鉴》（2019）[M]. 北京：中国统计出版社，2020。

① 指用于环境垃圾卫生作业、监察的专用设备和车辆，包括用于道路洒水、冲洗、清扫、除雪、市容监察、垃圾粪便清运以及与其配套使用的设备和车辆。如：垃圾车、扫路机（车）、洗路车、洒水车、真空吸粪车、除雪机、装载机、压实机、推土机、专用船舶、吸泥渣车、盐粉撒布机、垃圾筛选机、垃圾破碎机等。对于长期租赁的车辆及设备也统计在内。

我国城市专用车辆设备的年增长率也在逐年提高，2019 年增长率达到 25%。城市市容环境卫生车辆设备数量也呈现逐年增长趋势，尤其是对新能源环卫车的需求权重随之加大。

### （三）垃圾处理场①

我国城市生活垃圾处理的方式主要可以划分为三大类：垃圾卫生填埋、垃圾焚烧和其他垃圾处理方式（堆肥（含综合处理）、堆放和简易填埋）。图 4-4 统计了城市历年各类无害化垃圾处理厂的占比情况。由图 4-4 可知，2019 年垃圾卫生填埋处理厂占比降低 14.66%，焚烧处理厂和堆肥处理厂占比不同程度地增加，其中堆肥处理厂增加 3.11%，垃圾焚烧厂增加 2.53%。

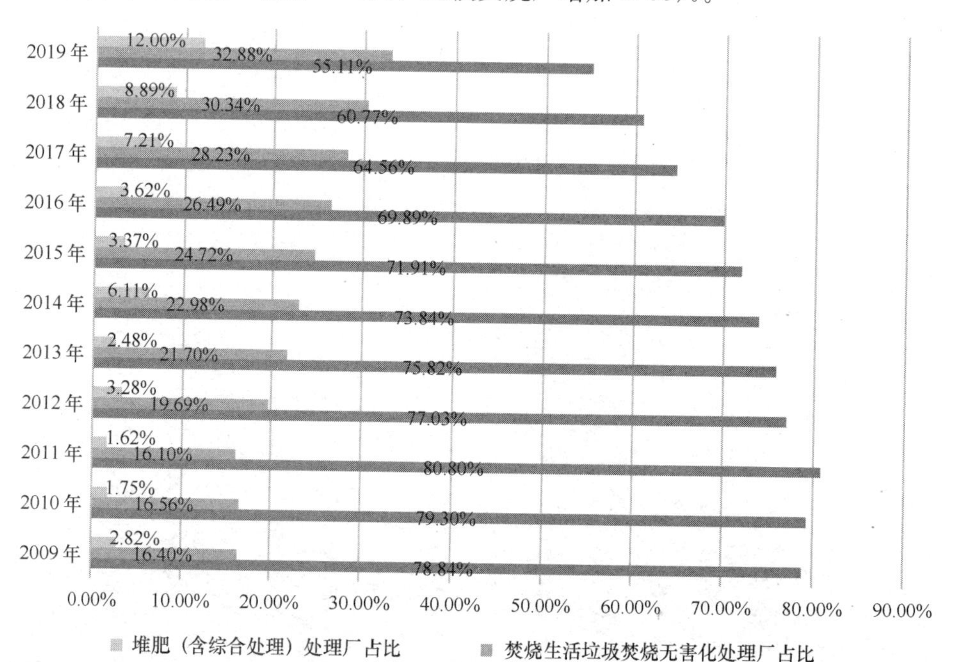


图 4-4 历年城市各类无害化垃圾处理厂占比

资料来源：《中国城乡建设统计年鉴》编委会.《中国城乡建设统计年鉴》(2019) [M]. 北京：中国统计出版社，2020。

可以看出，生活垃圾卫生填埋是我国现阶段最主要的垃圾无害化处理方式；其次，近年来卫生填埋处理量占总的垃圾处理量比例有降低趋势；而无害化垃圾焚烧厂的比例呈现逐渐扩大趋势。

① 本报告“垃圾场”与“垃圾厂”通用，以下同。

图 4-5 描绘了城市垃圾无害化处理厂、垃圾卫生填埋场和垃圾焚烧厂历年增长率。总体而言，城市垃圾无害化处理厂的总数目在稳步上升（2019 年增长率 8.43%），其主要增长力量为垃圾焚烧方式的无害化处理厂（2019 年增长率 17.52%）。此外，卫生填埋厂的增长率在 2019 年下降了 1.66%。

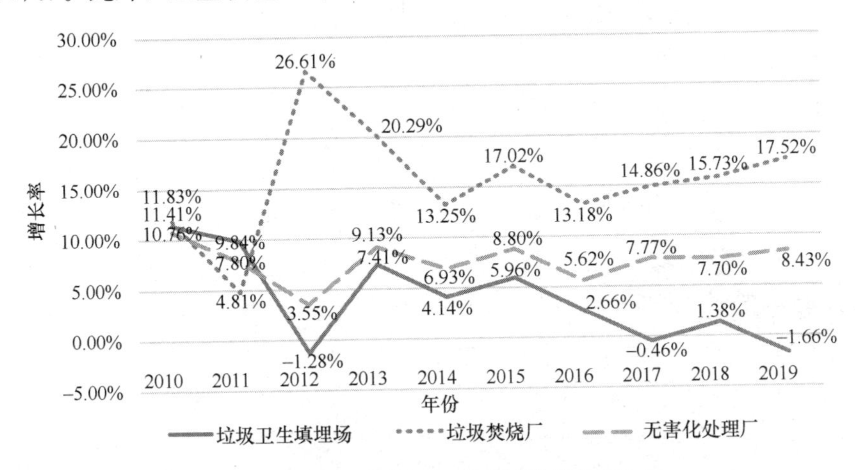


图 4-5 城市无害化垃圾处理厂的增长率比较

资料来源：《中国城乡建设统计年鉴》编委会.《中国城乡建设统计年鉴》(2019) [M]. 北京：中国统计出版社，2020。

## 二、垃圾卫生填埋场投资与建设

### （一）垃圾填埋简介

中国实施最为广泛的垃圾处理技术是垃圾填埋。该项垃圾处理技术就是将垃圾填入到洼池或者是大坑当中，用防渗材料将地面与垃圾接触部位覆盖住，避免垃圾渗滤液进入地下水发生污染；并在场地的底部铺设排水管道，把渗滤液引到场外；在垃圾体内设置导气系统，把填埋气导出利用或者燃烧；在场地的四周挖设截洪沟，避免洪水进入场内。

### （二）投资与建设现状

截至 2019 年底，我国共有生活垃圾卫生填埋厂 652 座。2009～2019 年城市生活垃圾卫生填埋无害化处理厂数量如图 4-6 所示，2019 年填埋厂数量比 2018 年减少了 11 座。

截至 2019 年 12 月底，我国各省份运营中的垃圾填埋场地域分布情况如图

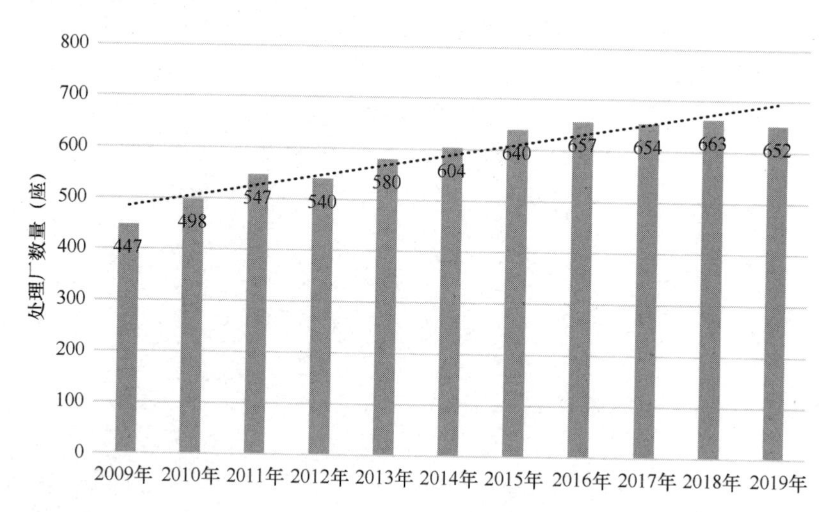


图 4-6 生活垃圾卫生填埋无害化处理厂数量

资料来源：《中国城乡建设统计年鉴》编委会.《中国城乡建设统计年鉴》(2019) [M]. 北京：中国统计出版社，2020。

4-6 所示。从该图可知，国内的垃圾填埋场主要集中分布在人口相对集中、密度较大的地区，如广东、河北、河南、山东等地；发达城市有逐渐减少的趋势，其中北京、上海等经济相对发达的城市制定了原生垃圾零填埋的指导目标，并在建造大量的垃圾焚烧设施。垃圾焚烧设施全部投入运行后，预计国内未来的焚烧能力将大幅提升，相对地，有危害性的垃圾填埋处理方式占比将大大降低。

## 三、垃圾焚烧厂投资与建设

### （一）垃圾焚烧简介

垃圾焚烧处理相较于卫生填埋、堆肥等无害化处理方式具有处理效率高、减容效果好、资源可回收利用、对环境影响相对较小等优势，在国家政策的大力支持下，将成为垃圾处理行业的主流方式。为引导垃圾焚烧发电产业健康发展，促进资源节约和环境保护，国务院相关部门出台了一系列支持和推动垃圾焚烧发电行业有序健康发展的政策文件。

### （二）投资与建设现状

根据环保部数据统计，2020 年 12 月全国垃圾焚烧中标项目 64 项，总投资金额为 145.76 亿元。环比来看，项目数量增长 25.5%，投资金额增长 67.9%。

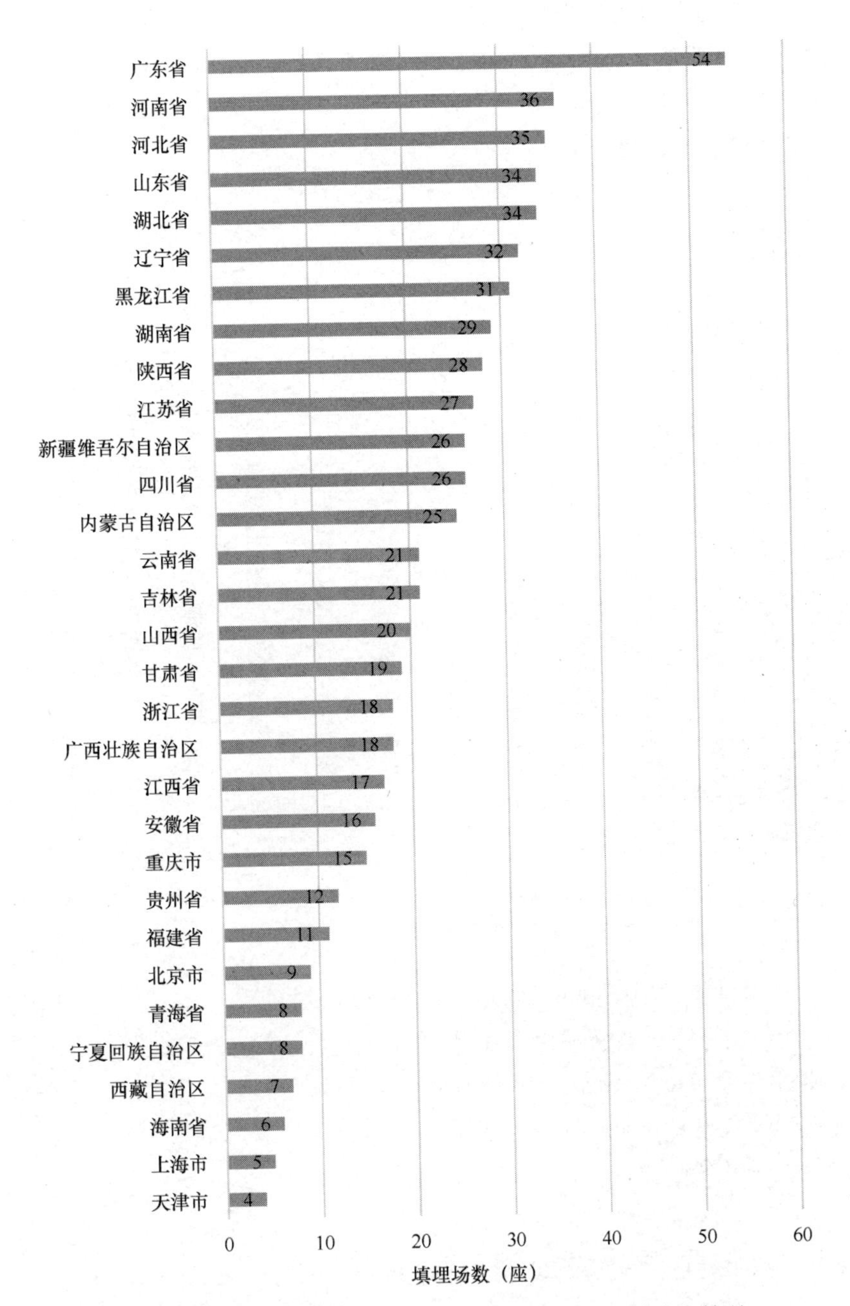


图 4-7　2019 年度各省（区、市）垃圾填埋场的地域分布情况

资料来源：《中国城乡建设统计年鉴》编委会.《中国城乡建设统计年鉴》(2019)［M］. 北京：中国统计出版社，2020。

2020 年 1～12 月，全国垃圾焚烧中标项目共计 377 项，总投资金额共计 801 亿元。[①] 如图 4-8 所示，截至 2019 年底，我国城市生活垃圾焚烧设施 389 座，相对 2018 年底新增 56 座。我国 2009～2019 年连续 11 年间城市生活垃圾焚烧设施数量一直呈现稳步增长趋势。

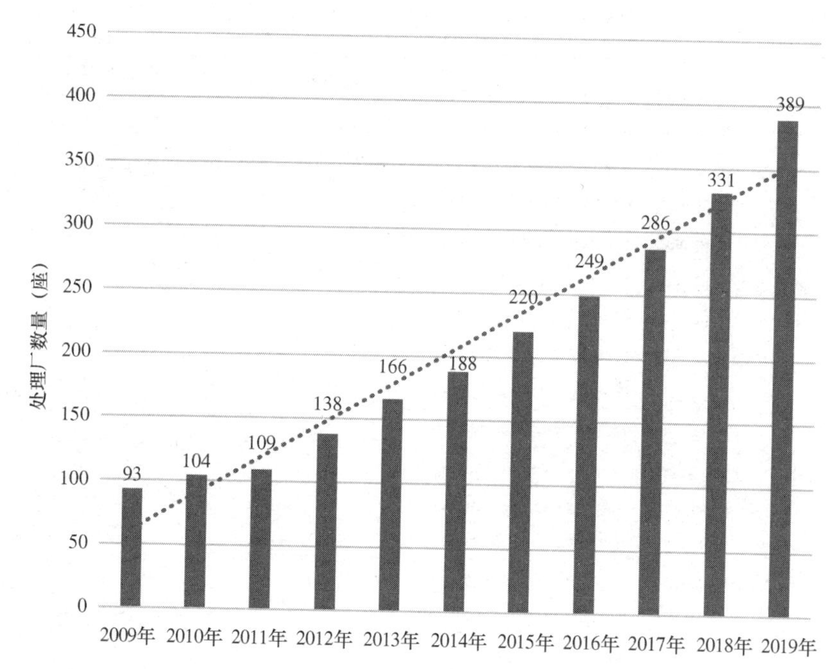


图 4-8　历年城市生活垃圾焚烧无害化处理厂数量

资料来源：《中国城乡建设统计年鉴》编委会.《中国城乡建设统计年鉴》(2019)［M］. 北京：中国统计出版社，2020。

广东省为目前我国城市生活垃圾焚烧设施最多的省份（有 48 座），同时相较 2018 年，2019 年广东省新建城市生活垃圾焚烧厂 11 座。其次是山东省、浙江省，分别拥有生活垃圾焚烧厂 46 座和 39 座，位列全国第二和第三。由图 4-9 可见，东部沿海发达地区城市生活垃圾焚烧设施数量较多，而中西部地区城市生活垃圾焚烧设施数量较少。

## 四、其他类型垃圾处理厂投资与建设

其他类型垃圾处理方式一般包括堆肥（含综合处理）、回收利用、堆放和简易

① 产业信息网《2020 年中国垃圾焚烧行业发展现状、行业展望与建议分析》https：//www.chyxx.com/industry/202104/947492.html

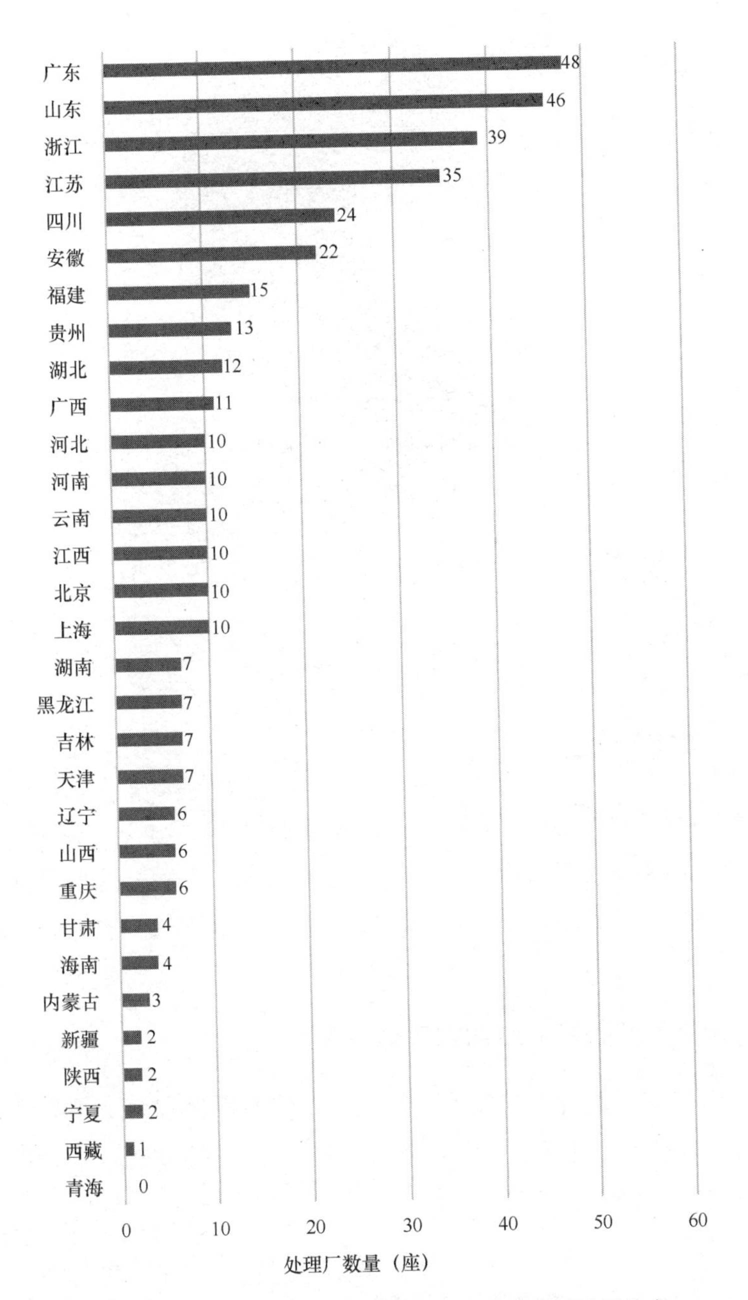


图 4-9 2019 年度生活垃圾焚烧无害化处理厂的地域分布

资料来源：国家统计局

填埋，后两种垃圾处理方式对环境破坏明显，属于取缔的对象。我国 2019 年垃圾处理方式以垃圾填埋、焚烧为主，垃圾处理技术的使用情况为：填埋方式所占比例约为 55%，焚烧方式所占比例约为 33%，而其他方式只占 12%，如图 4-10 所示。

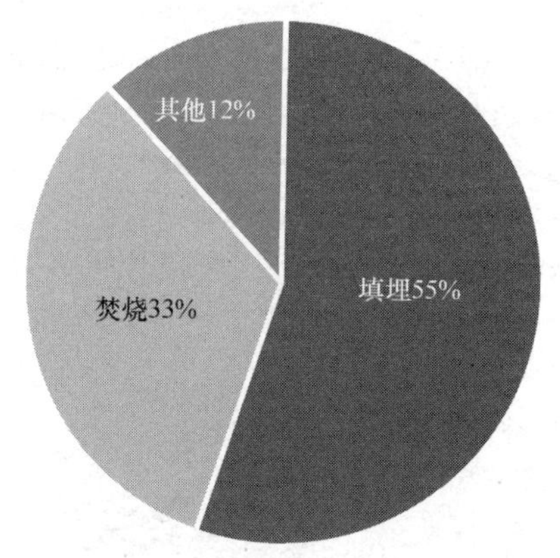


图 4-10　2019 年我国垃圾处理方式占比

# 第二节　垃圾处理行业生产与供应

## 一、总体概况

较之工业化、城镇化快速推进，垃圾处理的“工业”生态处理体系建设相对滞后，垃圾处理行业应建设与垃圾治理需求量不断增大相适应的垃圾处理体系，我国当前垃圾处理产业的产出大致可以分为三类：物质资源、环境资源和垃圾处理服务。

### （一）垃圾无害化处理能力和处理量

随着城镇化进程加速，我国城市垃圾无害化处理能力和处理量均在逐年增加，如图 4-11 所示。由图 4-11 可知，2019 年城市垃圾无害化处理能力达到 869875 吨/日，增幅为 13.53%。2019 年城市垃圾无害处理量为 24012.8 万吨，增幅为 6.41%。

### （二）各类型垃圾处理能力和处理量

如图 4-12 所示，2019 年城市生活垃圾卫生填埋无害化处理能力为 367013 吨/日（占 42.25%），生活垃圾焚烧无害化处理能力为 456499 吨/日（占 52.55%），垃圾堆肥/综合处理无害化处理能力为 45222 吨/日（占 5.2%）。另外，2019 年城市垃圾无害化处理量为 240128 万吨，城市垃圾卫生填埋无害化处理量为

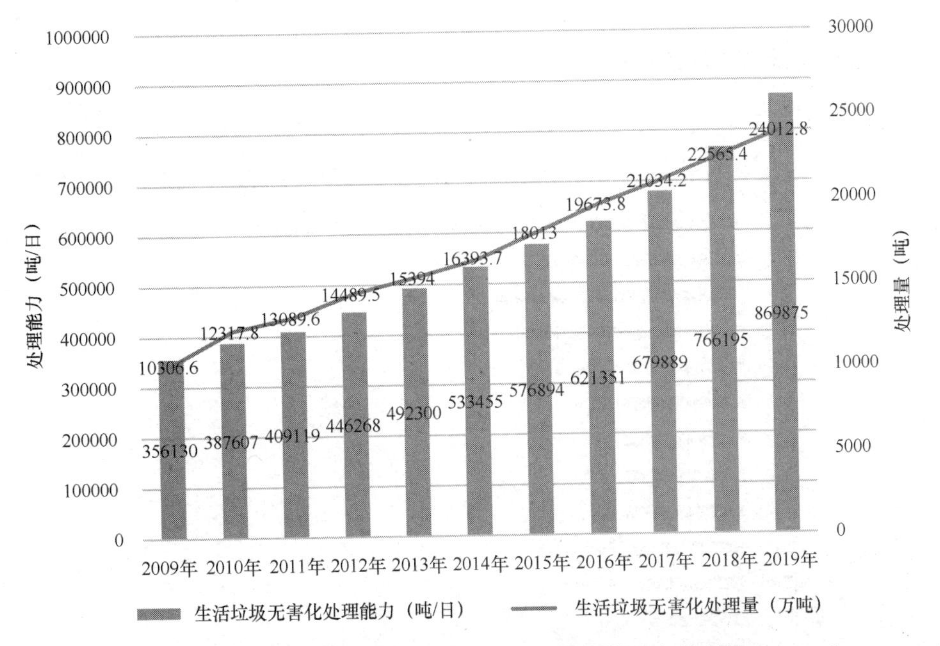


图 4-11　历年城市生活垃圾无害化处理能力和处理量

资料来源：《中国城乡建设统计年鉴》编委会.《中国城乡建设统计年鉴》(2019)［M］.北京：中国统计出版社，2020。

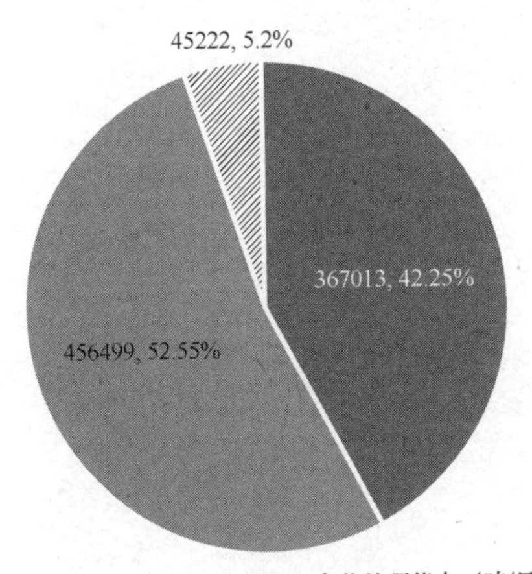


图 4-12　各类型垃圾处理能力以及占比情况

资料来源：国家统计局数据整理（http：//data. stats. gov. cn/easyquery. htm？ cn=C01）。

10948 万吨，垃圾焚烧无害化处理量为 12174.2 万吨，垃圾堆肥/综合处理无害化处理量为 890.6 万吨。

### （三）各地域垃圾无害化处理能力和处理量

图 4-13 展示了 2019 年各省（区、市）垃圾无害化处理能力分布，从该图可知，广东省垃圾无害化处理能力处于全国领先地位，达到 134543 吨/日。从排名

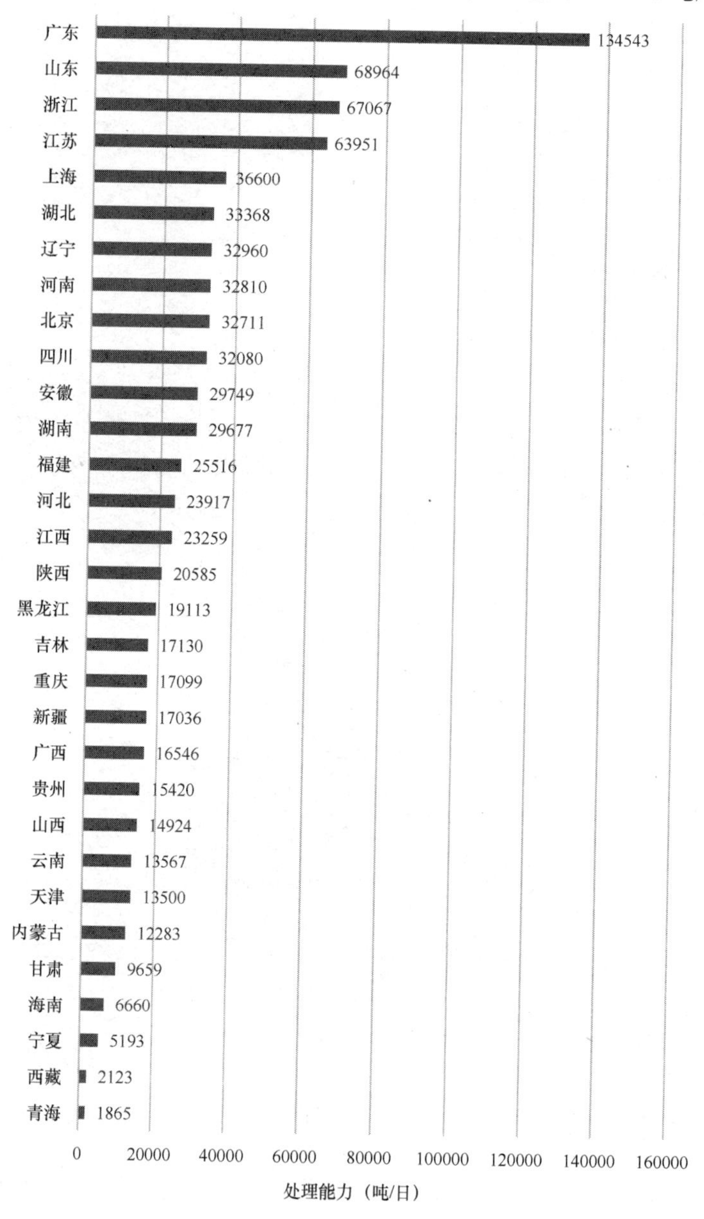


图 4-13　2019 年各省（区、市）垃圾无害化处理能力分布

资料来源：《中国城乡建设统计年鉴》编委会.《中国城乡建设统计年鉴》(2019)［M］. 北京：中国统计出版社，2020。

上看，我国东部沿海经济较发达地区，垃圾无害化处理能力较强，中西部地区垃圾无害化处理能力较弱。

图 4-14 展示了 2019 年各省（区、市）垃圾无害化处理量分布，广东省垃圾无害化处理量处于全国领先位置，达到 3345.7 万吨，从地域排名上看，我国东部沿海经济较发达地区，垃圾无害化处理量较大，中西部地区垃圾无害化处理量较小。

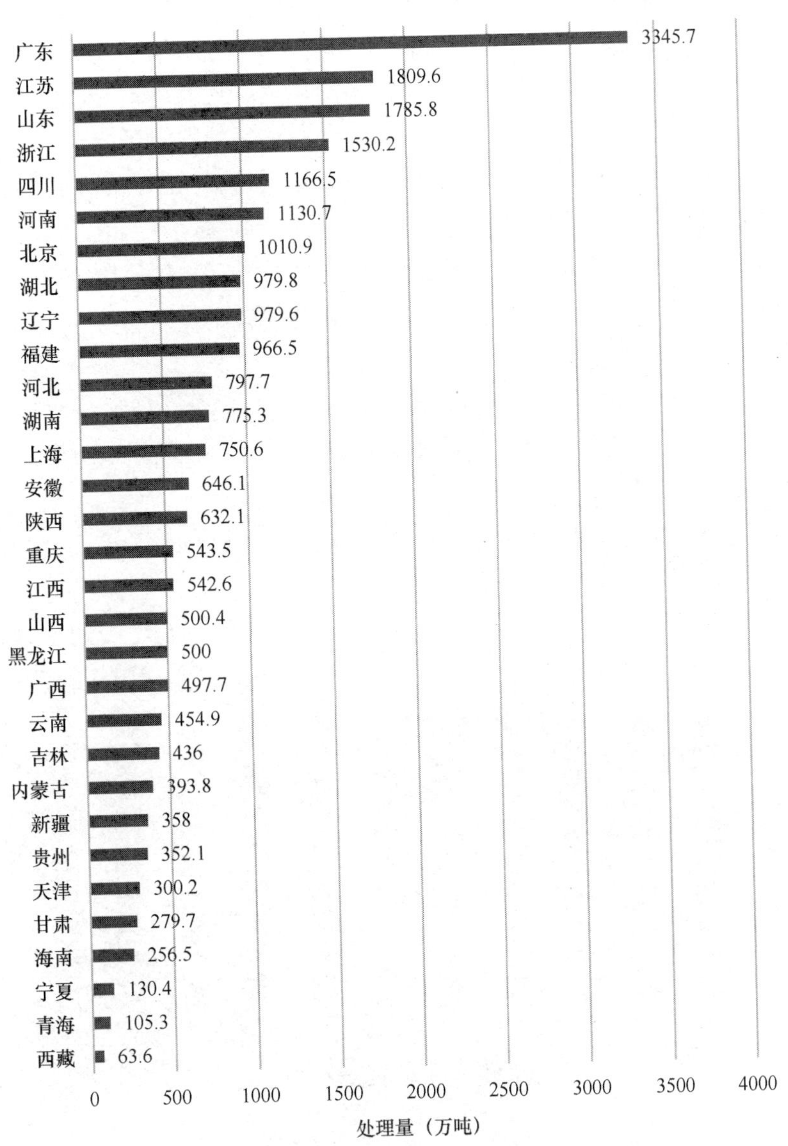


图 4-14　2019 年各省（区、市）垃圾无害化处理量分布

资料来源：《中国城乡建设统计年鉴》编委会.《中国城乡建设统计年鉴》（2019）[M]. 北京：中国统计出版社，2020。

# 二、垃圾卫生填埋场处理能力及处理量

## （一）增长现状

2021 年，随着生活垃圾分类的深入进行以及全面铺开，国家发展和改革委员会、住房和城乡建设部、生态环境部联合印发《城镇生活垃圾分类和处理设施补短板强弱项实施方案》，其中要求到 2023 年基本实现原生生活垃圾“零填埋”。这个阶段可以称作是在垃圾分类政策下的原生垃圾零填埋时代。

除了政策上的更新，目前我国多个大型垃圾填埋场关闭或即将关闭，包括上海的老港综合填埋场以及西安主城区仅有的生活垃圾填埋场。可以预计，未来大城市的生活垃圾填埋场将会陆续进入关闭期。同时，这几年连续的环保督察对于生活垃圾填埋场从臭气、渗滤液等均做了严格的监管。各地都对生活垃圾填埋场的污染控制提出了高要求。

图 4-15 展现了 2009～2019 年城市垃圾卫生填埋无害化处理能力和处理量的发展状况，经过 10 余年的发展，我国城市垃圾卫生填埋无害化处理能力从 2019 年的 273498 吨/日提升到 2019 年的 367013 吨/日，增长了 34.19%，城市垃圾卫生填埋无害化处理量由 2009 年的 8898.6 万吨到 2019 年的 10948 万吨，增长了 23.03%。

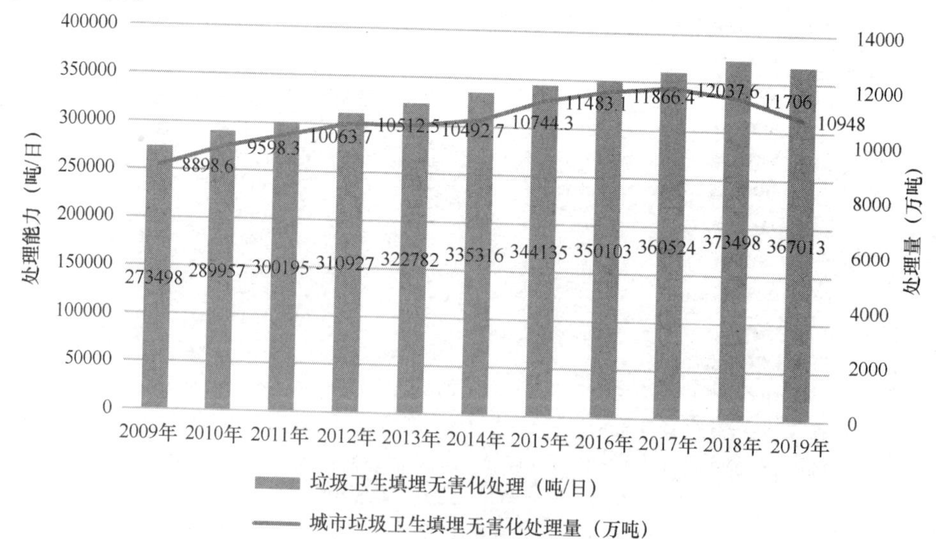


图 4-15　历年城市垃圾卫生填埋无害化处理能力和处理量

资料来源：《中国城乡建设统计年鉴》编委会.《中国城乡建设统计年鉴》（2019）[M].北京：中国统计出版社，2020。

### (二) 地域分布

国内的垃圾填埋厂主要集中在人口密度较大、分布相对集中的东部发达地区，东部发达地区由于其经济发展水平较高，带动了其垃圾焚烧技术的大力发展，其填埋处理能力平均在15574.1吨/日。大部分如北京、上海等经济相对发达的城市都规划了原生垃圾达到零填埋的指导目标，且目前已经开始大量垃圾焚烧设施的建设工作，待到这些垃圾焚烧设施全部投入到城市中的运行使用后，预计未来这些城市的焚烧能力将超过90%，从而会大大降低垃圾填埋的比例，但是其中部分地区依然全部采用垃圾填埋处理方式，它们的垃圾焚烧项目或部分即将投运或在建中或还在规划中，如青海、宁夏、新疆、江西、甘肃等。

相较于技术型的垃圾处理方式而言，填埋场的建设和运行投入成本相对较低，从而针对中西部等相对欠发达地区而言，填埋场目前仍是垃圾处理的主要选择。2019年各省（区、市）垃圾卫生填埋处理能力分布见表4-1，与2018年相比，全国接近一半数量的省（区、市）垃圾卫生填埋处理能力出现负增长，说明垃圾卫生填埋处理方式随着社会的发展在减少。

**2018～2019年各省（区、市）垃圾卫生填埋处理能力分布　　表4-1**

| 地域 | 省（区、市） | 2018年处理能力（万吨/日） | 2019年处理能力（万吨/日） | 变化率 |
|---|---|---|---|---|
| 东部 | 浙江 | 16626 | 12818 | −22.9% |
| | 江苏 | 14935 | 15155 | 1.47% |
| | 广东 | 51668 | 56367 | 9.09% |
| | 山东 | 18653 | 18214 | −2.35% |
| | 福建 | 6246 | 5866 | −6.08% |
| | 河北 | 13942 | 11357 | −18.54% |
| | 上海 | 15350 | 10350 | −32.57% |
| | 天津 | 15100 | 15350 | 1.66% |
| | 北京 | 10991 | 7491 | −31.84% |
| | 海南 | 2230 | 2260 | 1.35% |
| 中部 | 湖北 | 14847 | 14768 | −0.53% |
| | 安徽 | 8735 | 7889 | −9.69% |
| | 山西 | 10012 | 10442 | 4.29% |
| | 河南 | 17865 | 18560 | 3.89% |
| | 湖南 | 16222 | 17186 | 5.94% |
| | 江西 | 12356 | 15259 | 23.49% |

续表

| 地域 | 省（区、市） | 2018 年处理能力（万吨/日） | 2019 年处理能力（万吨/日） | 变化率 |
|---|---|---|---|---|
| 西部 | 四川 | 9731 | 9289 | −4.54% |
| | 云南 | 4479 | 5537 | 23.52% |
| | 广西 | 9796 | 7296 | −25.52% |
| | 重庆 | 7047 | 6449 | −8.49% |
| | 内蒙古 | 9604 | 8933 | −6.99% |
| | 贵州 | 7656 | 5755 | −24.83% |
| | 西藏 | 801 | 1420 | 77.28% |
| | 陕西 | 19288 | 18139 | −5.69% |
| | 甘肃 | 6294 | 5609 | −10.88% |
| | 青海 | 1659 | 1695 | 2.17% |
| | 宁夏 | 1670 | 2593 | 55.27% |
| | 新疆 | 13212 | 14936 | 13.05% |
| 东北 | 辽宁 | 22442 | 23732 | 5.75% |
| | 吉林 | 9154 | 8900 | −2.77% |
| | 黑龙江 | 13888 | 12650 | −8.91% |

资料来源：国家统计局数据整理（http：//data. stats. gov. cn/easyquery. htm？ cn=C01）。

## 三、垃圾焚烧厂处理能力及处理量

### （一）增长现状

根据国家发展和改革委员会等部门制定的《“十三五”全国城镇生活垃圾无害化处理设施建设规划》，我国 2020 年焚烧发电规模为 52.0 万吨，焚烧发电在国内生活垃圾无害化处理中占比将增至 50%。在国家出台政策趋于完善的基础上，我国垃圾焚烧技术水平日益提高，市场不断扩大，垃圾焚烧发电处理能力也得到了高速的提升，无害化处理率较高已进入高质量发展期。随着技术的发展，现代化的大型垃圾焚烧发电厂也被纷纷建设，不仅处理了无用的有污染程度的垃圾，降低了垃圾对环境的污染，也将垃圾转化为电力资源，实现了资源的可持续发展，而且随着我国城镇化进程的速度越来越快，人民的生活水平提高显著，垃圾生产量的增长使得垃圾焚烧发电技术更加先进。

2000 年以来，我国的城市生活垃圾数量逐年增加，城市垃圾的产量也呈直线增长的趋势，据统计，我国每年产生近 10 亿吨垃圾，城市生活垃圾总量每年的增长速度都在 10%以上，分类也更加复杂，所以处理难度系数也更加大。①《“十四五”城镇生活垃圾分类和处理设施发展规划》提出，到 2025 年底，全国城镇生活垃圾焚烧处理能力达到 80 万吨/日左右，城市生活垃圾焚烧处理能力占比 65%左右。在人口增长、城镇化等因素的驱动下，加之行业内部分公司仍有较高规模的未投运项目，未来垃圾焚烧行业投运产能有望稳步提升，支持业绩进一步增长。

图 4-16 呈现了 2009～2019 年，国内城市垃圾焚烧厂的无害化处理能力和焚烧垃圾量的发展趋势状况，国内的城市垃圾焚烧厂无害化处理能力实现将近六倍的能力扩充，从 2009 年的 71253 吨/日发展到 2019 年的 456499 吨/日，且每年的垃圾处理增长率也在逐步提升，近年来一直保持着较高的增长率，2019 年增长率达到了 25.2%；国内的城市垃圾焚烧厂无害化垃圾处理量也由 2009 年的 2022 万吨到 2019 年的 12174.2 万吨，保持了较高的增长速率，2019 年增长率也达到了 19.5%。

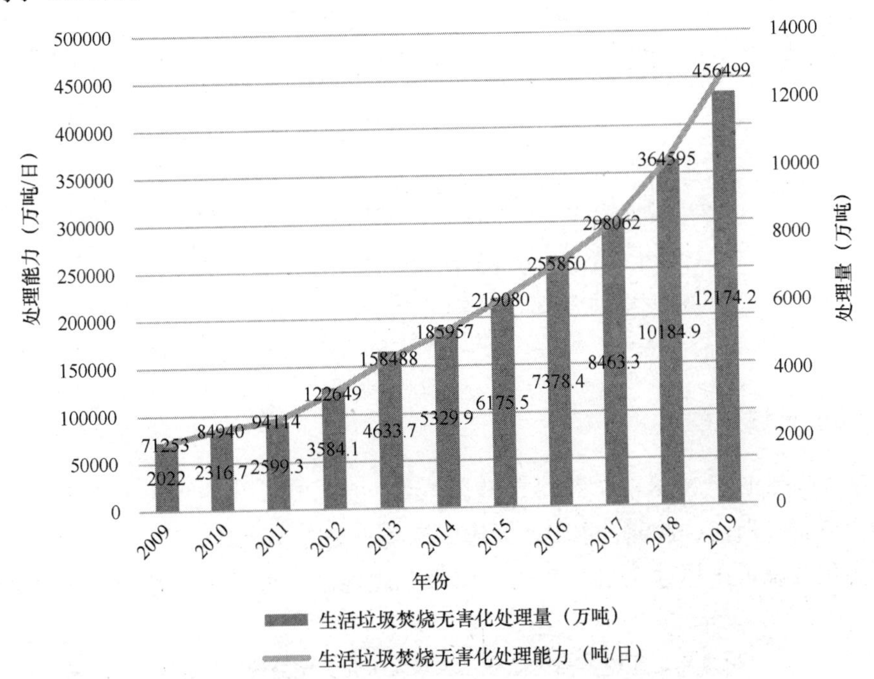


图 4-16　历年城市垃圾焚烧无害化处理能力及处理量

资料来源：《中国城乡建设统计年鉴》编委会.《中国城乡建设统计年鉴》(2019)[M]. 北京：中国统计出版社，2020。

① 中国电业《城市垃圾焚烧发电技术的应用以及发展趋势》https：//huanbao.bjx.com.cn/news/20210804/1167826.shtml

### （二）处理量占比

图 4-17 展示了我国历年城市垃圾焚烧量在无害化处理垃圾总量当中的占比，由图中可知，城市垃圾焚烧处理的垃圾总量占比在逐年攀升。2019 年城市生活垃圾无害化焚烧量占比达到 50.7%，比 2010 年的 18.81%多出 31.89%，在人口增长、城镇化等因素的驱动下，加之行业内部分公司仍有较高规模的未投运项目，未来垃圾焚烧行业投运产能有望稳步提升。

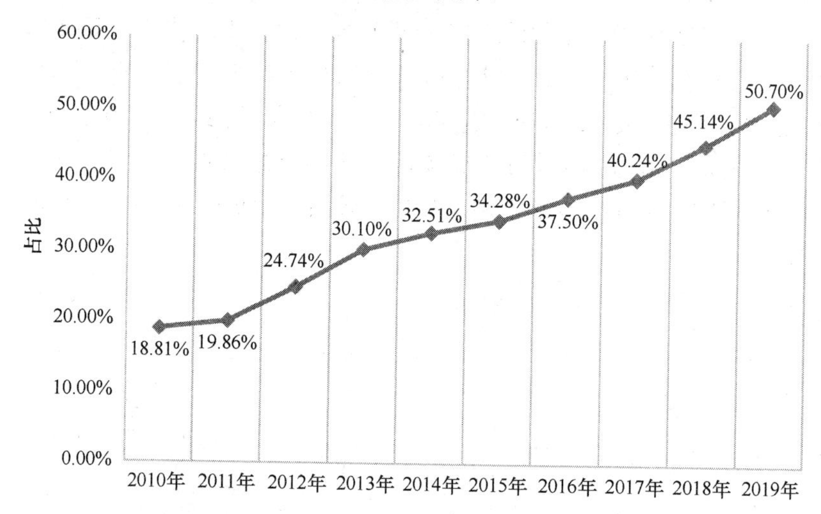


图 4-17　历年城市生活垃圾无害化焚烧量占比

资料来源：《中国城乡建设统计年鉴》编委会.《中国城乡建设统计年鉴》(2019)[M].北京：中国统计出版社，2020。

### （三）地域分布

表 4-2 列出了 2018 年、2019 年我国各省（区、市）生活垃圾无害化焚烧处理能力分布，浙江、江苏、福建、天津、海南、安徽、云南等 7 个省市的生活垃圾无害化焚烧占比超过 50%，焚烧已成为上述地区垃圾无害化处理的主要处理方式。

**2018 年、2019 年各地域生活垃圾无害化焚烧处理能力分布　　表 4-2**

| 地域 | 省（区、市） | 2018 年处理能力（万吨/日） | 2019 年处理能力（万吨/日） | 变化率 |
|---|---|---|---|---|
| 东部 | 浙江 | 44585 | 49685 | 11.44% |
|  | 江苏 | 44210 | 46810 | 5.88% |
|  | 广东 | 53872 | 73376 | 36.20% |
|  | 山东 | 36100 | 46890 | 29.89% |

续表

| 地域 | 省（区、市） | 2018年处理能力（万吨/日） | 2019年处理能力（万吨/日） | 变化率 |
|---|---|---|---|---|
| 东部 | 福建 | 16350 | 16950 | 3.67% |
| | 河北 | 10650 | 11670 | 9.58% |
| | 上海 | 13300 | 19300 | 45.11% |
| | 天津 | 5500 | 7000 | 27.27% |
| | 北京 | 12050 | 15950 | 32.37% |
| | 海南 | 3908 | 3900 | −0.20% |
| 中部 | 湖北 | 12350 | 13500 | 9.31% |
| | 安徽 | 15110 | 19110 | 26.47% |
| | 山西 | 3577 | 4103 | 14.71% |
| | 河南 | 7535 | 14200 | 88.45% |
| | 湖南 | 10300 | 11306 | 9.77% |
| | 江西 | 4962 | 7800 | 57.19% |
| 西部 | 四川 | 14810 | 21892 | 47.82% |
| | 云南 | 7930 | 7930 | 0.00% |
| | 广西 | 6100 | 9250 | 51.64% |
| | 重庆 | 10500 | 10500 | 0.00% |
| | 内蒙古 | 3350 | 3350 | 0.00% |
| | 贵州 | 7750 | 9100 | 17.42% |
| | 西藏 | 700 | 703 | 0.43% |
| | 陕西 | — | 2346 | — |
| | 甘肃 | 3600 | 3600 | 0.00% |
| | 青海 | — | — | — |
| | 宁夏 | 2000 | 2500 | 25.00% |
| | 新疆 | 800 | 1800 | 125.00% |
| 东北 | 辽宁 | 2780 | 8428 | 203.17% |
| | 吉林 | 5500 | 7650 | 39.09% |
| | 黑龙江 | 4600 | 5900 | 28.26% |

资料来源：国家统计局网站整理（http：//data.stats.gov.cn/easyquery.htm？cn=C01）。

### （四）工艺与规模

目前我国的炉排炉工艺在炉型工艺选择上仍然是市场的重要组成部分。从现有炉型分布上看，2020年全国已运行垃圾焚烧厂492座，涉及1202台焚烧炉，其中，机械炉排炉台数占比超过86%，循环流化床台数占比不到14%；从处置量来看，全国机械炉排炉日合计处理能力超过48万吨，循环流化床日合计处理能力仅为7.1万吨左右。炉排炉设施的处理规模浮动相当大，每日处理能力在

350～3000 吨之间不等（单期投运规模），日平均的处理规模达 896.7 吨，其中吨投资平均达 39.7 万元/吨，依然较高；流化床工艺每日处理能力在 200～1700 吨不等，日平均处理规模达 887.8 吨，相较于炉排炉，它的平均处理能力是很接近的，但吨投资却相对较低，平均仅约 33.9 万元/吨。① 由于中西部地区的煤炭资源丰富，采用流化床技术的焚烧厂主要分布在中西部地区，以及东部部分地区地级市；另外针对流化床焚烧炉垃圾处理贴费较低的特点，流化床焚烧炉较适宜于中型城市。针对目前城市发展土地资源的限制，焚烧设施存在着选址难等客观因素，因而焚烧设施完成选址工作后，主管部门会避免重复选址，往往更倾向于建造大规模的焚烧设施，技术本身自带的规模效应，也引导着我国不断出现规模越来越大的焚烧厂。同时，我国焚烧占比相较国外仍有较大提升空间，从各省市产能规划来看，未来 5～10 年垃圾焚烧产能建设需求较旺盛。近两年各省市生活垃圾焚烧中长期规划纷纷出台，多地明确指出要新增垃圾焚烧厂以提高焚烧处理能力，并设置了较高的焚烧占比规划目标。例如，江苏省提出在 2022～2030 年新（改、扩）建垃圾焚烧厂 39 座，预计新增垃圾焚烧处置能力 4.5 万吨/日；福建省提出到 2030 年生活垃圾焚烧率平均可达 100%。对比部分地区 2020 年存量产能与 2030 年规划产能，仍有接近两倍的提升空间，预示未来 5～10 年垃圾焚烧产能建设需求较旺盛。

### （五）焚烧发电量

垃圾焚烧发电已逐渐发展成为固废处理最主要的方式之一，截至 2019 年底，全国 30 个省（区、市）垃圾焚烧发电累计装机容量 1202 万千瓦，较 2018 年增长 31%。累计装机容量排名前五的省份分别是：广东省（16.3%）、浙江省（14.5%）、山东省（11.7%）、江苏省（10.8%）、安徽省（5.5%），合计占全国累计装机容量的 58.9%。在浙江、江苏、福建、广东、山东等省份，垃圾焚烧发电装机增长迅猛，需要引起投资企业的重视。垃圾焚烧发电量排名前十的省市（浙江、广东、江苏、山东、安徽、福建、四川、上海、湖南、北京）总发电量为 378 亿千瓦时，占全国总上网电量的 78%。② 其中，浙江省以上网电量 77.6 亿千瓦时位列榜首。此外，浙江省在垃圾焚烧发电各省项目数量排名、垃圾焚烧

① 北极星垃圾发电网.《2020 年垃圾焚烧发电行业研究报告》https：//huanbao. bjx. com. cn/news/20210313/1141499-3. shtml。

② 中国产业发展促进会生物质能产业分会编委会，《2020 中国生物质发电产业排名报告》，http：//oss. cnelc. com/Img/MaterialUrl/20190719/20190719094535388. pdf。

发电各省装机容量排名均列第一①。

## 第三节 垃圾处理行业的发展成效

### 一、垃圾清运和道路清扫的发展成效

随着我国城市规模持续扩张，各城市人口规模也随之逐年递增，使得城市生活垃圾的生产总量和排放总量迅速增长，最终加重了垃圾处理的负担。住房和城乡建设部公布的数据显示，我国城市生活垃圾年均规模以8%～10%的速度逐年递增，② 2009年以来，我国城市生活垃圾清运量逐年上升，2019年全国337个一至五线城市的生活垃圾生产量达3.43亿吨，2020年城市垃圾产量增长至约3.23亿吨。③ 全国1/4的城市垃圾填埋堆放场地已接近服役时限或已超过服役时限，城市垃圾清运任务迫在眉睫。④

由于生活垃圾产生量在统计时不易取得，常用垃圾清运量代替。图4-18展示了历年城市垃圾清运量，从该图可知城市垃圾清运量在逐年上升，2019年城市垃圾清运量达到24206万吨，增长率为6.15%。

如图4-19所示，我国城市道路清扫保洁面积自2010年以来，整体保持上升趋势，在2019年清扫面积达到922124万平方米，增长率达到6%。

### 二、垃圾处理和无害化处理的发展成效

在"碳中和"的背景下，我们对于环保的需求逐渐提升。从近期国家发布的相关政策及项目补贴，也均能体现出未来五年中国对于垃圾处理行业的重视。例如，国家发展和改革委员会印发《"十四五"循环经济发展规划》，为"十四五"

---

① 中国产业发展促进会、中商产业研究院，《浙江省位列2019垃圾焚烧发电上网电量排名第一》《中国新能源网》http：//www.china-nengyuan.com/news/126134.html，2019年7月4日。

② 孔竞. 我国城市生活垃圾分类治理历程中的问题及其治理之道［J］. 辽宁经济，2020，430（01）：51-53.

③ 灵动核心市场研究《2020年我国城市生活垃圾产生量及重点城市占比分析》https：//baijiahao.baidu.com/s? id=1672368808729284806&wfr=spider&for=pc。

④ 产业经济观察网《强制垃圾分类：解决垃圾围城带来新的投资机会》http：//www.360doc.com/content/21/0412/16/74726157_971852158.shtml。

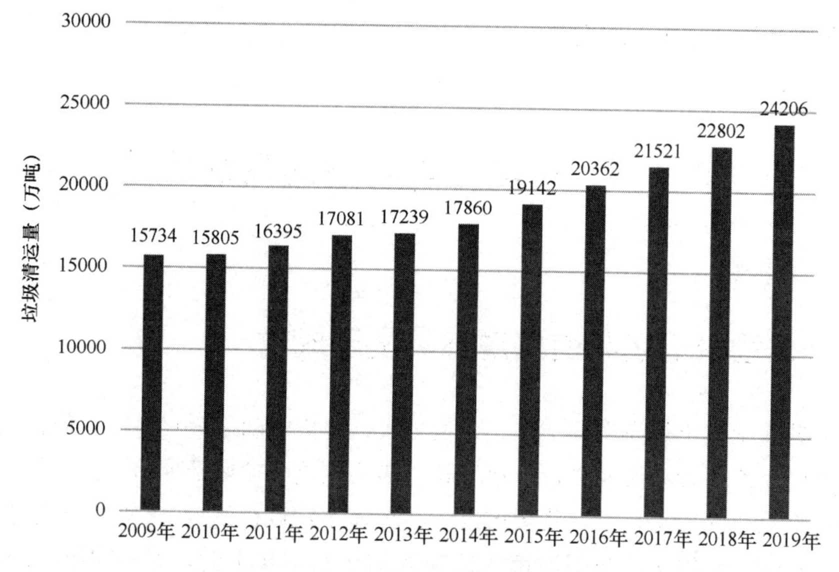


图 4-18　历年城市垃圾清运量

资料来源：国家统计局（http：//data. stats. gov. cn/easyquery. htm？cn=C01）。

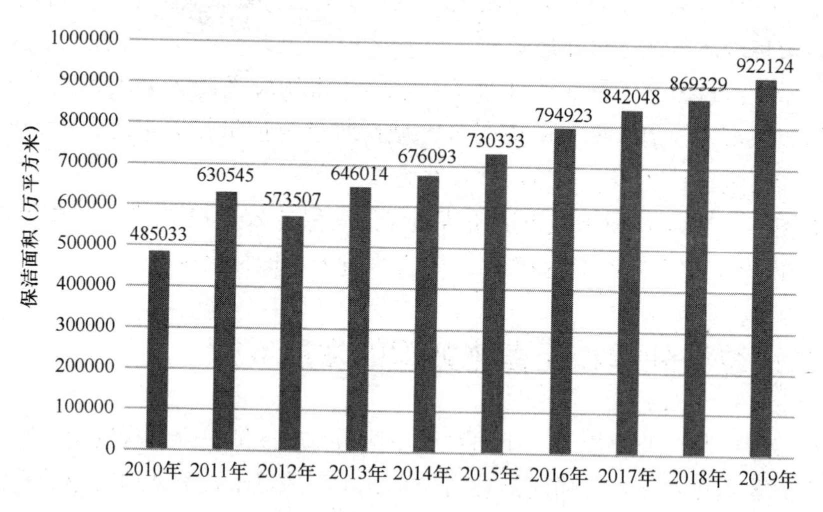


图 4-19　历年城市道路清扫保洁面积

资料来源：国家统计局网站（http：//data. stats. gov. cn/easyquery. htm？cn=C01）。

时期我国循环经济发展制定了总体目标与路线图，这对加快再生资源高效利用和循环利用具有重要意义。利好政策的助推下，垃圾处理行业的市场化步伐也将驶入快车道。随着垃圾行业的蓬勃发展，我国道路清扫量、生活垃圾处理率和无害化处理率都达到了相当高的水平。2009～2019 年城市生活垃圾处理量和无害化处理量如图 4-20、图 4-21 所示，城市生活垃圾处理量和无害化处理量逐年上升；垃圾无害化处理率从 2009 年的 71.4%上升到 2019 年的 99.2%。

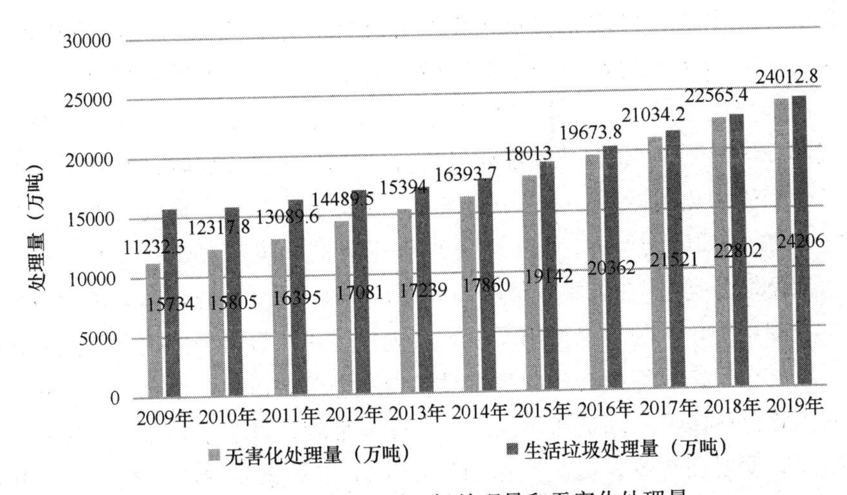


图 4-20 历年城市生活垃圾处理量和无害化处理量

资料来源：国家统计局（http：//data. stats. gov. cn/easyquery. htm? cn=C01）。

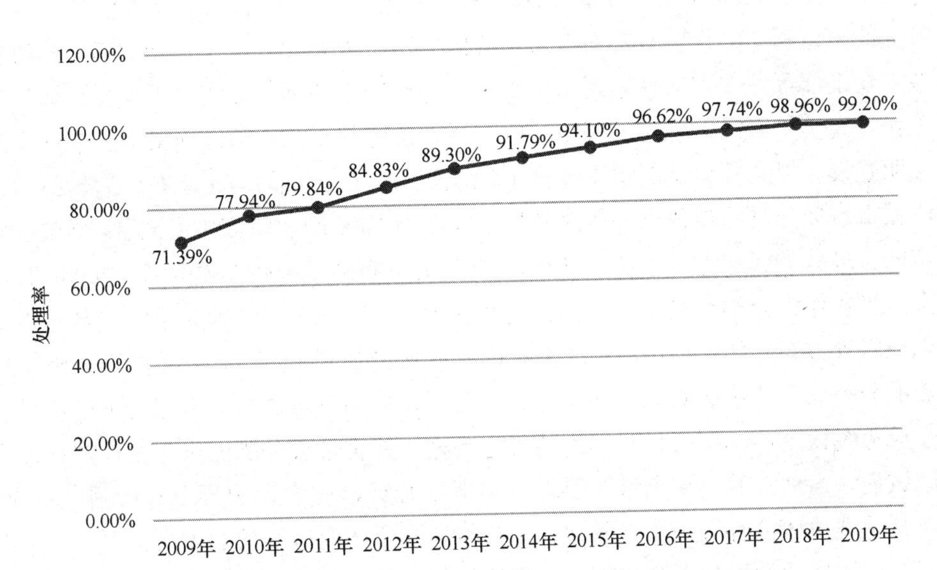


图 4-21 历年城市生活垃圾无害化处理率

资料来源：《中国城乡建设统计年鉴》编委会.《中国城乡建设统计年鉴》(2019) [M]. 北京：中国统计出版社，2020。

## 三、垃圾分类收集和管理的发展成效

垃圾分类是一项系统复杂的工程，涉及投放、收集、运处、处置等多个环节，每个环节又包含基础设施建设、作业人员统筹、收运路线规划等，因此，将每个环节无缝串联，形成流程化运作的分类体系是各个试点城市的首要任务。2019年6月，习近平对垃圾分类工作做出重要指示，强调实行垃圾分类，关系广大人民群众生活环境，关系节约使用资源，也是社会文明水平的一个重要体现。截至2020年底，通过合理规划，先行试点城市在垃圾收运和处置方面基本建成了较为流程化的体系。十三五以来，“垃圾分类”一直是政府工作的重中之重。在2021年“两会”上，国务院总理李克强在作政府报告时强调“有序推进城镇生活垃圾分类”。在国家政策的引导下，全国46个重点城市基本建成生活垃圾分类处理系统，其他地级城市实现公共机构生活垃圾分类全覆盖。然而，我国生活垃圾分类工作总体尚处于起步阶段，仍有许多城市的垃圾分类尚未建立小区层面的实效评估体系，动员居民主动分类存在难度，过于依赖二次分拣等。

据国家发展和改革委员会网站消息，2021年国家发展改革委、住房和城乡建设部印发《“十四五”城镇生活垃圾分类和处理设施发展规划》。规划显示，到2025年底，全国城市生活垃圾资源化利用率达到60%左右，全国生活垃圾分类收运能力达到70万吨/日左右。目前我国关于垃圾处理的政策不断加码，住房和城乡建设部等九部委文件紧跟，近年来，各地区、各部门扎实推进生活垃圾分类工作，为满足人民群众对美好生活的需要、构建基层社会治理新格局、推动生态文明建设、提高社会文明水平发挥了积极作用。在政策的密集发布背后，我国主流城市垃圾分类的步伐已经越来越快。2020年固废产业研究中心对46个重点城市的垃圾分类标准进行了统计分析，40个城市明确提出将易腐垃圾（或餐厨/厨余垃圾）作为分类垃圾之一，占比高达87%，其中25个明确立法（出台管理条例或管理方案）的城市100%将易腐垃圾单独进行划分。① 对居民而言，厨余垃圾的分类成为“违法必究”的义务，而餐厨垃圾的分类收运、合规处理已更早一步成为餐饮企业、单位食堂等地的规定动作。此番垃圾分类的全面推广，将过去区域性、运动式的“试点型”垃圾分类得以升级，成为影响整个有机固废行业，尤其是城镇地区有机固废（餐饮、厨余垃圾）全产业链发展的重大机遇。《“十四五”城镇生活垃圾分类和处理设施发展规划》（以下简称“规划”）发布，并明确2025年总体目标：城市生活垃圾资源化利用率达60%、全国生活垃圾分类收运能力达70万吨/日、全城镇生活垃圾焚烧处理能力达80万吨/日。2020年，浙江省各地各部门围绕“一年见成效、三年大变样、五年全面决胜”总体目标，克难攻坚，精准施策，全面深化生活垃圾治理，各项工作取得了显著成效。2021年5月，国家发展和改革委员会和住房和城乡建设部联合发布《“十四五”城镇

① 中国固废网，《“无废城市”推动下有机固废资源化利用的机遇与挑战》http：//wx. h2o-china. com/column/1141. html。

生活垃圾分类和处理设施发展规划》，要求到2025年底，直辖市、省会城市和计划单列市等46个重点城市生活垃圾分类和处理能力进一步提升；地级城市因地制宜基本建成生活垃圾分类和处理系统；京津冀及周边、长三角、粤港澳大湾区、长江经济带、黄河流域、生态文明试验区具备条件的县城基本建成生活垃圾分类和处理系统；鼓励其他地区积极提升垃圾分类和处理设施覆盖水平。支持建制镇加快补齐生活垃圾收集、转运、无害化处理设施短板。

另外，国家和地方正逐步采用可操作性强的垃圾分类方法、融合互联网＋的宣传方式、实用性的法规章程、完善的分类收集-分类运输-分类处理循环链来推进生活垃圾分类，使生活垃圾分类工作逐步向市场化方向发展。我国将走出一条切实可行、可复制、可推广的高效生活垃圾分类模式。① 如表4-3所示，2015年至今，垃圾分类政策不断加码。从2021年出台的一系列文件来看，政府和社会各界已经意识到垃圾分类的紧迫性和必要性。此次垃圾分类重视程度之高、推广力度之大超出预期，市场普遍认为这对于垃圾分类前端制造、中端收运、后端处置等固废产业链都将产生积极影响。

**2015～2021年国内出台的部分垃圾分类相关政策　　表4-3**

| 颁布时间 | 政策名称 | 颁布部门 | 政策主要内容 |
| --- | --- | --- | --- |
| 2015 | 生态文明体制改革总体方案 | 国务院 | 从顶层设计角度提出垃圾分类制度 |
| 2016 | 中央财经领导小组第14次会议 | | 习近平提出普遍推行垃圾分类制度 |
| 2017 | 关于在医疗机构推进生活垃圾分类管理的通知 | 国务院、住房和城乡建设部 | 到2020年底，所有医疗机构实施生活垃圾分类管理，对产生的生活垃圾实现准确分类投放、暂存，并与各类垃圾回收单位按分类进行有效衔接，分类运输、分类处理。生活垃圾回收利用率达到40%以上 |
| | 关于推进党政机关等公共机构生活垃圾分类工作的通知 | 国家机关事务管理局、住房和城乡建设部、发展和改革委员会 | 2020年底前，46个重点城市基本建成生活垃圾分类处理系统，基本形成相应的法律法规和标准体系，形成一批可复制、可推广的模式。在进入焚烧和填埋设施之前，可回收物和易腐垃圾的回收利用率合计达到35%以上 |

① 彭韵，李蕾，等.《我国生活垃圾分类发展历程、障碍及对策》[J]. 中国环境科学，2018年第10期.

续表

| 颁布时间 | 政策名称 | 颁布部门 | 政策主要内容 |
| --- | --- | --- | --- |
| 2018 | “无废城市”建设试点工作方案 | 国务院 | 将生活垃圾等固体废物分类收集及无害化处置纳入城市基础设施和公告设施范围，全面落实生活垃圾收费制度，推行垃圾计量收费。建设资源循环利用基地，加强生活垃圾分类，推广可回收利用、焚烧发电、生物处理等资源化利用方式 |
| 2019 | 关于在全国地级及以上城市全面开展生活垃圾分类工作的通知 | 住房和城乡建设部等9部委 | 在各直辖市、省会城市、计划单列市等46个重点城市（以下简称46个重点城市）先行先试基础上，决定自2019年起在全国地级及以上城市全面启动生活垃圾分类工作 |
| 2020 | 关于进一步推进生活垃圾分类工作的若干意见 | 住房和城乡建设部 | 进一步推进生活垃圾分类工作，落实城市主体责任、推动群众习惯养成、加快分类设施建设、完善配套支持政策 |
| 2021 | 关于做好公共机构生活垃圾分类近期重点工作的通知 | 国管局、住房和城乡建设部、国家发展和改革委员会 | 倡导使用再生纸、再生耗材等循环再生办公用品，限制使用一次性办公用品，加速推动无纸化办公。对产生的非涉密废纸、废弃电器电子产品等废旧物品进行集中回收处理，促进循环利用 |
|  | “十四五”城镇生活垃圾分类和处理设施发展规划 | 发展和改革委员会、住房和城乡建设部 | 到2025年底，直辖市、省会城市和计划单列市等46个重点城市生活垃圾分类和处理能力进一步提升；地级城市因地制宜基本建成生活垃圾分类和处理系统 |
|  | 国务院关于加快建立健全绿色低碳循环发展经济体系的指导意见 | 国务院 | 建立健全绿色低碳循环发展经济体系，促进经济社会发展全面绿色转型，是解决我国资源环境生态问题的基础之策。为贯彻落实党的十九大部署，加快建立健全绿色低碳循环发展的经济体系 |

资料来源：作者整理。

生活垃圾分类水平的提高有赖于各省市的政策落实，在国家政策的号召下，各省市积极对“十四五”期间各地的生活垃圾处理进行规划部署。部分省市生活垃圾分类政策汇总见表4-4。

**部分省市垃圾分类政策** **表4-4**

| 发布/实施时间 | 政策名称 | 主要内容 |
| --- | --- | --- |
| 2017 | 江苏省生活垃圾分类制度实施办法 | 设区市城市建成区生活垃圾分类投放设施覆盖率达到70%以上，其他城市建成区达到60%以上；在实施生活垃圾强制分类的城市，生活垃圾回收利用率达到35%以上 |

续表

| 发布/实施时间 | 政策名称 | 主要内容 |
| --- | --- | --- |
| 2017 | 福建省生活垃圾分类制度实施方案 | 厦门市、福州市城市建成区分别于2018年、2019年全面推行生活垃圾强制分类；除厦门外，福州、泉州等6个获得“全国文明城市”的设区市2018年至少选择1个区开展生活垃圾强制分类；其他设区市和平潭综合实验区城市建成区于2020年前开展生活垃圾强制分类 |
| 2018 | 黑龙江省关于做好生活垃圾分类工作的通知 | 明确“到2020年底，城区建立生活垃圾分类保障体系、源头分类体系、分类收运体系、分类处置体系，形成可复制、可推广的垃圾分类模式，生活垃圾回收利用率达到35%以上”的目标 |
| 2018 | 浙江省城镇生活垃圾分类管理办法 | 对浙江省城镇生活垃圾的管理工作提出了具体的要求和实施办法，2018年4月1日起执行 |
| 2018 | 上海市关于建立完善本市生活垃圾全程分类体系的实施方案 | 坚持“集中与分散相结合”的布局，加快推进湿垃圾处理利用建设，同时结合农村生活垃圾分类，大力推进乡镇（村）就地就近湿垃圾利用能力建设 |
| 2018 | 四川省生活垃圾分类制度实施方案 | 在成都、德阳、广元城区实施生活垃圾强制分类，生活垃圾回收利用率达到35%以上；开展农村生活垃圾分类和资源化利用示范工作 |
| 2019 | 上海市生活垃圾管理条例 | 根据城乡实际特点，分别采取不同的分类收运方法，有效解决现行城乡生活垃圾混合收集清运的单一模式，形成垃圾分类回收资源化利用的产业化格局，进一步提高城乡生活垃圾化、资源化和无害化水平 |
| 2020 | 天津市生活垃圾管理条例 | 结合实际情况，将生活垃圾分为厨余垃圾、可回收物、有害垃圾、其他垃圾四类，要求建立健全生活垃圾分类投放、分类收集、分类运输、分类处理的全程分类管理系统，实现生活垃圾分类制度全覆盖 |
| 2021 | 三亚市推进生活垃圾分类工作三年行动实施方案（2021—2023年） | 《方案》梳理了9个方面47项任务清单，以“一年补短板、两年抓提升、三年见成效”为目标，以“全体系提升、全方位覆盖、全社会参与”为工作原则，探索建立具有三亚特色的城乡差异化生活垃圾分类模式 |
| 2021 | 山东省城乡生活垃圾分类技术规范 | 制定充分考虑山东省实际，对城乡生活垃圾的分类投放、分类收集、分类运输和分类处理在技术层面作出了明确规定 |
| 2021 | 石家庄市生活垃圾分类管理条例 | 为了加强生活垃圾分类管理，改善城乡环境，推进生态文明建设和经济社会可持续发展，根据《中华人民共和国固体废物污染环境防治法》和《城市市容和环境卫生管理条例》等法律法规，结合实际制定 |

资料显示，我国垃圾分类收集与管理取得巨大成效。天眼查专业版数据显示，2020 年我国共有接近 50 万家经营范围含“垃圾、废品”，且状态为在业、存续、迁入、迁出的垃圾处理相关企业。其中，注册资本在 100 万以内的企业占比为 33.02%，注册资本超过 1000 万的企业占比为 20.34%。在持续加快垃圾分类步伐的大背景下，自 2017 年起，我国垃圾处理相关企业总量（全部企业状态）每年以超过 20%的增速迅猛增长。其中 2019 年增速高达到 28%，年新增相关企业超 12.6 万家，均为历史之最。值得注意的是，2019 年我国垃圾处理相关企业注册总量超过 57 万家，约为 10 年前的 4 倍。尤其是上海垃圾分类工作成绩突出。

2019 年 7 月 1 日，《上海市生活垃圾管理条例》正式实施，上海生活垃圾强制分类，违者将被依法予以处罚。在法律法规和社会氛围的双重倒逼下，上海垃圾分类效果正在显现。上海生活垃圾分类执行 2 年，居民习惯已经养成，可回收物、有害垃圾和湿垃圾分出量同比有明显增长，而干垃圾处置量同比减少，居住区和单位分类达标率双双达到 95%。2020 年上海可回收物回收量达到 6375 吨/日，同比增长 57.5%；有害垃圾日收运量达到 2.57 吨/日，同比增长三倍有余；湿垃圾日收运量 9504 吨/日，同比增长 27.5%；干垃圾处置量约 1.42 万吨/日，同比减少 20%。①

2020 年杭州市加快垃圾分类回收站点建设，明确回收网点布局、资源分拣利用、行业转型升级、市场秩序规范等要求，以街道为单位引进再生资源回收利用单位对高、低价值可回收物实行统收统运，加强对再生资源回收利用行业发展的政策支持；依托杭州信息经济高地优势，积极探索“互联网＋再生资源回收”模式，连续两年举办杭州市生活垃圾分类工作论坛，搭建政、企、社合作平台，促进再生资源回收利用新业态发展，推动垃圾清运与资源回收“两张网”的有机融合，被商务部确定为全国 15 个新型回收模式之一。2020 年，按照《2020 年度杭州市生活垃圾分类工作目标任务》，联合街道社区，牵头完成 16 个省级垃圾分类示范小区建设、90 个市级垃圾分类示范小区建设，打造各社区再生资源回收站 147 个，提升改造 10 座破旧垃圾房，有效改善了居民小区环境。围绕“垃圾不落地”工作，撤桶并点，已撤点位 314 处，现有点位 506 处。同时，提升改造部分投放点位，规范设置垃圾分类设施，绘制投放点地图，完善使用功能。加强分类小区日常管理，开展小区分类质量评比，实行红黑榜评价制度，对黑榜小区

① 新华网客户端，《上海垃圾分类可回收物回收量 2020 年同比增长近六成》https：//baijiahao.baidu.com/s? id=1689580125885801337&wfr=spider&for=pc。

开具执法通知单，至今共处罚生活垃圾不分类案件799件。①

另外，以工商登记为准，我国2020年上半年新增成立了超6.1万家垃圾处理相关企业，同比增长10.77%。② 按住房和城乡建设部要求，到2020年底，46个重点城市要基本建成“垃圾分类”处理系统；2025年底前，全国地级及以上城市要基本建成“垃圾分类”处理系统。同时，截至2019年，134家中央单位、27家驻京部队和各省直属机关已全面推行垃圾分类；23个省、自治区已制定垃圾分类实施方案；46个重点城市分类投放、分类收集、分类运输、分类处理的生活垃圾处理系统正在逐步建立，已配备了厨余垃圾分类运输车近5000辆，有害垃圾分类运输车近1000辆，各重点城市还将投入213亿元加快推进处理设施建设，满足垃圾分类处理的需求。同时，各重点城市开展生活垃圾分类入户宣传覆盖家庭已超过1900万次，参与的志愿者累计超过70万。上海、厦门、深圳、宁波、广州、杭州、苏州、北京等城市的生活垃圾分类制度覆盖居民小区数已达70%以上。③ 2021年5月，国家发展和改革委员会和住房和城乡建设部联合发布《“十四五”城镇生活垃圾分类和处理设施发展规划》，要求到2025年底，直辖市、省会城市和计划单列市等46个重点城市生活垃圾分类和处理能力进一步提升；地级城市因地制宜基本建成生活垃圾分类和处理系统；京津冀及周边、长三角、粤港澳大湾区、长江经济带、黄河流域、生态文明试验区具备条件的县城基本建成生活垃圾分类和处理系统；鼓励其他地区积极提升垃圾分类和处理设施覆盖水平。支持建制镇加快补齐生活垃圾收集、转运、无害化处理设施短板。

## 第四节 垃圾处理行业智慧化水平

### 一、垃圾处理行业智慧化技术的应用现状

随着城市建设的不断推进，城市垃圾处理工作已经成为城市管理与城市公共服务中的主要组成部分，更可以体现出城市的文明程度，可以为构建环境友好型社会、资源节约型社会创建有效条件，同时还可以有效改善城市公共卫生环境，

① 杭州城管，《扎实推进垃圾分类 不断提升环境品质》http://qt.hangzhou.gov.cn/art/2021/2/24/art_1229003372_58925690.html。

② 环球网，天眼查 https://3w.huanqiu.com/a/c36dc8/3zH6GnCa7iX?p=2&agt=10。

③ 新华网客户端，住建部 https://www.sohu.com/a/319118286_120142729。

为城市居民构建起更加优质的生活环境，在此基础上确保城市经济的发展。在智慧化技术的带动下生活垃圾处理智慧化成为现阶段城市垃圾处理工作的主要内容，可以提升生活垃圾处理效果。垃圾处理智慧化并非是单个技术或单个产品，而是应用人工智能的感知和分析能力来提升垃圾分类的效能，在垃圾处理智慧化生态中处于技术的应用层，这取决于现有计算机视觉技术在分类识别中的应用能力和水平。目前垃圾分类领域智慧化应用现状，主要有基于人工智能技术的垃圾分类软件、智能分类垃圾桶（箱）、智能分拣设备三大类，这三类产品分别应用于垃圾分类的宣传教育环节、收集环节和处理环节。例如，以下垃圾处理智慧化的案例事件。

### （一）智能垃圾分类屋，让居民“愿意分”“分得清”①

2020 年 9 月，海南省三亚市新增了智能垃圾分类屋，垃圾分类屋根据垃圾类别设有 4 种颜色的投放口，可根据场地实际调整尺寸建设，更便于集中管理，通过中间的触摸屏操作，注册信息后登录系统选择垃圾类别相应的按钮，投放口将自动打开，这时只需将对应垃圾丢入投放口即可，整个操作过程简单卫生。同时，智能垃圾分类亭不仅整洁美观，在提升小区形象的同时，还使用了炫酷科技，让垃圾分类更便捷、直观、智能。适用于居民社区、公共场所，或田园风格，又或简约时尚，配备灭虫、除臭、洗手池、宠物小站等人性化设施。智能垃圾分类亭采取开放式亭式设计，融入单箱单控垃圾分类箱，箱体标识明显，居民可根据分好的类别进行刷卡或扫码直接投放，方便且干净，垃圾分类宣导形式多样，便于教导居民正确分类，树立环保意识。

### （二）垃圾桶装上智能芯片，让垃圾分类监管智能化②

2020 年 9 月，浙江海宁尖山 1.5 万只垃圾桶装上了智能芯片，垃圾桶上的一枚小小的芯片，能够收集居民垃圾产生量、追溯不合格垃圾的来源，可以让工作人员远程监控，提高了检查垃圾分类情况的效率，让监测内容更有说服力，对垃圾分类监管更有力。以往，检查垃圾分类情况，挨家挨户跑，耗时耗力，现在，不仅省力，而且监测内容更具说服力，对后续垃圾分类常态化管理也大有裨益。

未来，将优化智能化分类管理考核，以智慧化技术力量实现生活垃圾“分类

---

① 三亚发布，《智能操作、人脸识别、大数据分析》https：//m.thepaper.cn/baijiahao_9213933。

② 陆省宁，林佳冰，严萍．海宁尖山 1.5 万只垃圾桶装上智能芯片［N］．嘉兴日报，2020-10-1(1)。

更精准、收运更高效、监管更有力”的目标，推进农村生活垃圾分类工作再上新台阶。

### （三）“小黄狗”智能垃圾回收亭，助力垃圾分类①

2020年，在北京举行的中国国际服务贸易交易会上，小黄狗智能垃圾回收亭吸引了大家的目光，扔垃圾的同时还可以获得环保金，通过大数据平台，“小黄狗”还能为垃圾分类督查工作提供有效数据，助力实现生活垃圾减量化、资源化、无害化。新冠肺炎疫情暴发时，垃圾分类回收工作不能停止，“小黄狗”在32个城市正在逐步全面复工。扫码开箱、自助投递，小黄狗智能回收机采用的无人值守、无人化垃圾分类收集点模式，受到了小区居民和保洁大妈的青睐。除此之外，针对部分封闭小区较多，体量较大的区域，小黄狗还紧急在北京、上海、杭州、宁波、东莞、深圳等10多个城市推出“无接触上门回收”，在保障安全的同时，积极助力社区、物业、居民解决疫情期间垃圾清运问题。

目前，小黄狗已进驻国内38个城市，共铺设回收机超过12000台，累计回收垃圾超51943.7吨，进驻114所学校为20余万学生进行垃圾分类教育。预计未来五年内，小黄狗注册用户可超过2000万，每天处理垃圾量可超过10000吨，年处理量可超过360万吨。所以，当前我国随着人工智能技术的进步和垃圾分类的深入推进，垃圾处理行业智慧化技术的应用正逐渐从单一环节的智能设备向垃圾分类收集、清运、处理等环节延伸，呈现出全流程整合、平台化管理的趋势，进一步丰富智慧化垃圾分类的技术解决方案。

## 二、垃圾处理行业智慧化改革后的监管优势

### （一）提高垃圾处理行业的监管效率

垃圾处理是一个庞大且复杂的系统工程，关系到每一居民个体几乎每一天的生活，若要建立起比较完善、有效的垃圾分类处理体系，则需要投入巨大的人力、物力与财力才能使智慧化技术得以运用，例如二维码扫描掌握垃圾投放情况、智能分类垃圾桶的运用、远程监控垃圾分类运输情况等，在很大程度上能够把管理过程化繁为简，把相应的处理环节进行合并与压缩，减少处理时间，提高了整体的垃圾分类处理效率。同时，随着垃圾分类智慧化监管系统的运用，街

① 新华网《小黄狗的新时尚 全民垃圾分类有“钱”途》http://www.xinhuanet.com/tech/2020-04/13/c_1125847614.htm。

道、居委会在线就可以监督居民的垃圾投放情况，精细到每户居民的垃圾投放细节，提高了管理效率。与此同时，还便于垃圾回收再利用，智能监控回收时间，无须进行人工实地勘探，从而大大提高了部门垃圾处理行业的效率。

### （二）有效降低垃圾处理的监管成本

垃圾处理行业智慧化技术的应用，有利于整合各个管理部门的力量，促进各种社会力量参与垃圾分类处理过程，实现协同联动机制。通过各种智能管理技术的运用，进一步缩短了上层管理部门与街镇、村居及公众之间的距离，强化了各方面的关注与参与，提高了管理的深度与宽度。此外，智慧化管理也有效实现了垃圾分类的共治、共建、共享的目的，切实减轻管理人员的压力，降低了各类资源的投入，把垃圾处理成本降低到最低。比如，在垃圾分类情况审核过程中，利用 AI 智能精准评审识别技术来替代人工审核员审核，大大提高了分类照片的评审效率和公正性，减少了人工成本的投入，更好地促进了垃圾分类管理体系的建设。

### （三）有效优化垃圾处理的监管流程

通过在垃圾分类处理过程中运用智慧化手段进行管理，建设一个基于数字信息资源的智慧化管理系统，以此来实现垃圾分类处理的流程化、制度化与标准化。通过智慧化管理系统，可以将各项事务精准地分派给各个责任单位，并要求责任单位按照标准完成具体事务。同时，通过数据平台还可以实时进行监控，降低各种违规现象的出现，及时纠正各类错误的管理行为等。从而，智慧化管理手段能够比较顺畅地推进垃圾分类监管工作，打通每一个工作环节，实现对垃圾分类主体以及设备设施的智慧精细化管理，做到垃圾来源可追溯，去向有记录，过程可监管，这将大大减少各个监管环节中的纠纷与矛盾。

## 三、垃圾处理行业智慧化技术的应用趋势

### （一）全流程智慧化整合和平台化管理成为主流

垃圾处理的资源化、减量化处理不仅需要收集端的分类，还需要收集、清运、处理等多个环节的协调和配合。目前智慧人工智能技术主要应用于前端的分类收集环节，随着垃圾分类的制度化和相关知识的普及，这一环节对人工智能的需求逐渐降低。而随着环卫工人的老龄化和劳动力的短缺，以及垃圾分类和处理的精细化要求不断提高，垃圾清运和处理环节对智慧化技术的需求则会逐步增

加。智慧化技术在垃圾分类领域的应用，将从前端的收集环节逐渐向后端的清运、处理等环节延伸，在垃圾清运环节，通过人工智能辅助规划垃圾清运线路，提升垃圾清运的及时性和效率；在垃圾分类环节，通过整合智能分类和机器人技术，实现更加精细化的垃圾分拣和末端处理。在这种趋势下，智能技术不仅是单一环节智能设备，还应当具备整合各环节智能设备的能力，提供覆盖全链条的智慧化解决方案。目前北京已经开展了这方面的尝试，通过整合前端垃圾分类回收、中端物流运输、末端自营分拣中心以及再生资源交易系统，形成全链条的智慧化解决方案。垃圾分类的全流程整合还需要依托智能化的信息管理平台。目前垃圾分类的各个环节相对独立，难以充分发挥人工智能技术在信息处理、路径规划和数据分析方面的优势。在垃圾分类处理全流程整合的趋势下，许多企业都开始重视智能设备的平台化管理，通过物联网和云计算技术整合各种智能设备，实现垃圾分类各环节的统筹管理和优化。在未来，垃圾处理的智慧化平台或许还将融入智慧城市系统，进一步提升城市环境管理的能力。

### （二）垃圾处理的智慧化技术解决方案更加多元

目前垃圾处理领域智慧化技术的核心是人工智能机器视觉和图像分析技术，虽然在机器学习算法和海量数据的训练下，这种视觉分析系统对垃圾处理识别的准确性有了极大的提升，但分析系统仍然有其局限性，对于混合污损的垃圾，以及外表相同但是材质不同的物体，智慧化分析系统的错误率还是很高。因此，许多分拣机器人研发企业尝试将视觉、金属、重量等传感器整合到分拣机器人中，使用更加多元化的垃圾识别技术方案，来提升垃圾识别和分类的准确性。新技术和新材料的研发也为垃圾识别分类提供了更多的技术选择，这将会给垃圾识别提供新的技术解决方案，未来整合触觉、视觉等多种传感器的智慧化分拣机器人将会进一步提升垃圾处理的准确率和效率。

### （三）服务智慧化逐渐替代智能数字化设备

智能机器人主要分为工业型机器人和服务型机器人两大类，工业型机器人已经广泛应用于各个领域，但是服务型机器人的研发和应用尚处于起步阶段，人工智能技术的发展和成熟为服务型机器人的研发奠定了技术基础，未来服务型机器人将会迎来大规模应用的爆发阶段。目前市场上推出的智能垃圾分类设备存在功能单一、用户体验较差等诸多缺点，限制了其市场前景。而服务型机器人则可以实现由被动的垃圾收集转变为主动的垃圾捡拾和清扫，应用场景和范围大大扩展。例如，为达到更高的智能化水平，谷歌的 Alphabet X 垃圾分类机器人还可以通过自主试验、与其他机器人联网共享经验、模拟训练等方式提升其自主工作能力，实现开门、拾取垃圾、分类放置等行为。具有自主学习能力的服务型机器人能够实现更加复杂的清理作业，在人口老龄化和劳动力成本上升等因素的推动下，服务型智慧化机器人具有巨大的消费需求和市场潜力，未来将会成为垃圾分类收集环节的主要产品形态。

### （四）智慧化信息服务成为运营收入的重要构成

目前利用智慧化技术垃圾处理领域的研发机构主要还是以销售智能产品和可再生资源交易为主要收益模式，但这种模式的回报机制不够稳定，市场前景也不够明朗，一些研发机构已经出现经营困难甚至被市场淘汰的情况。在大数据和人工智能技术广泛应用的背景下，信息和数据成为企业获取利润和提升竞争力的新战略资源。智慧化垃圾处理设备能够直接获取消费者对产品的选择、使用等信息，并可以进一步分析并获取居民的消费偏好、生活习惯等重要信息，具有巨大的潜在商业价值。未来如果能够解决信息安全等方面的问题，那么智慧化智能垃圾设备必将成为获取居民消费习惯和分析消费者行为的重要信息源，数据和信息服务也将会成为垃圾分类领域人工智能企业的重要业务和收入来源。

## 四、垃圾处理行业智慧化改革存在的问题

### （一）垃圾处理行业智慧化技术应用局限性较大

智慧化垃圾分类产品目前虽然已基本具备自动识别、自动分类等基本功能，但是在使用体验上并不能达到令人满意的效果，技术的成熟度尚未达到实用化推广的水平。一是收集环节容易受到识别速度和设备结构的限制。目前的智能垃圾桶大多采用机器视觉技术进行垃圾识别，这种技术只能对垃圾进行逐个扫描，用户将一件垃圾丢入垃圾桶后，需要等待垃圾桶识别和分类完成，才可以投入下一件垃圾，但多次投放的时间间隔还是会受到机械运行、压缩等环节的影响。识别速度和分类的限制导致这类产品难以应用于居民区等生活垃圾产生量大的场景。二是垃圾清运环节的应用尚在起步阶段。目前垃圾收集后的清运环节仍然是以人力作业为主。据统计，我国环卫工人中近 60%超过 50 岁，存在劳动力短缺、老龄化严重、效率低下等诸多问题。国家强制推行垃圾分类后，垃圾清运的工作量随之增加，厨余垃圾单独分类也要求增加垃圾清运的频次，这使得人力清运垃圾的种种弊端被进一步放大。三是垃圾清运环节应用智慧化技术尚处于起步阶段。智慧化清运需要智能垃圾站、信息管理平台、垃圾清运车等设施的配套。但从垃圾分类设施的现状看，我国垃圾清扫的机械化比例与发达国家仍有差距，智能垃

圾站尚未普及，基础设施配套尚未达到垃圾清运智能化的基本要求。

### （二）垃圾处理行业智慧化改革缺乏规范性文件

智慧化垃圾处理始终是一个系统化的复杂工程，只有出台完善的规范性文件，垃圾处理行业智慧化改革才能更彻底，从制度立法、全员监管、严格执行与公民参与，哪一个环节都必须补齐。而我们也看到针对垃圾处理行业智慧化技术应用的规范化解决方案也不能简简单单只是局部环节的修修补补，而应该是优先搭建一整套系统化的智能解决方案，从垃圾产生的源头分类，到最终端的核验和分拣，才能保证这个体系能够更为有效和持续地运营。我国垃圾处理行业监管与治理经历了一个从无到有，从零散到系统的过程。从早期的无特定监管与治理机构，到后来的地方自主监管与治理，再到中央和地方的协同监管与治理；从只注重职能分工到政策工具的组合应用，再到加强监管绩效评价，都需要大量的政策法规文件来支撑。当前，我国垃圾处理行业应用智慧化技术相关的企业和产品数量逐渐增多，技术方案和产品设计类型繁杂，对人工智能产品的界定也不统一，所以缺乏保障垃圾处理行业智慧化改革的规范性文件，将导致市场上相关手段的应用效果以及质量良莠不齐，不利于鼓励居民创新，甚至可能间接导致技术的滥用。

### （三）垃圾处理智慧化环节的研发投入相对较少

从目前投入市场的产品看，垃圾处理领域智慧化环节要是以垃圾收集端的智能垃圾桶（箱）为主，垃圾处理环节的智能分拣设备大多还处于研发阶段，进入商业化应用阶段的产品相对较少。造成这种差距的原因在于，智能垃圾桶类产品的相关技术比较成熟，通过技术移植能够快速产品化，具有研发难度低、投入少、周期短的特点。企业和创业者进入该领域的门槛相对较低，容易在短时间内推出产品，并吸引投资者。相比之下，垃圾处理环节的智能分拣设备属于技术和资金密集的产品，是机器视觉、自动控制、工业机器人等多项技术的集成，技术难度较高，研发的投入和风险也更高，具有较高的准入门槛，目前仅有少数环保装备产品线较为完善，具备设计、制造、建设和投入研发的能力。从应用价值看，随着垃圾分类常识的普及和居民行为的养成，智能垃圾桶等产品的应用场景将进一步减少，而垃圾分拣设备能够实现对混杂垃圾的分拣和分类，分类能力和效率都远远高于智能垃圾桶，在垃圾分类处理中的作用更加重要。目前，垃圾处理智慧化设备的研发和投入主要来自少数专业环保装备制造企业，资金投入和技术投入都难以满足未来垃圾资源化、减量化处理的需求，需要政府和金融机构的政策扶持和资金支持。

## 五、垃圾处理行业智慧化改革的政策建议

### （一）着重扶持技术研发和企业创新

垃圾处理行业相关技术虽然发展速度相对较快，但现阶段仍然存在机器设备关键技术的创新不足，例如，垃圾分类清运和处理环节的研发和应用相对滞后，服务型机器人领域的研发进展缓慢等诸多问题①。造成这一系列问题的主要原因在于垃圾处理行业智能化应用的研发主体主要是以企业为主，出于对风险和投资回报率的考虑，企业更愿意关注研发风险低、能快速应用到市场的垃圾处理产品，由此，相关研发企业可能会在关键数字技术和高度集成化智能等方面的研发精力、投资相对动力不足。所以，政府应当加大对垃圾分类行业智能化技术关键领域的支持力度。首先，通过建立建设课题项目和基金，诱导更多企业、专家以及技术资源流向智能化技术的关键研发领域；其次，通过产业升级倒逼，利用基金、税收优惠等政策，引导更多的企业、专家投入到垃圾处理行业智慧技术更高的设备研发领域，可有效降低科研经费负担和研发风险；最后，还应通过产业扶持计划和创新企业孵化服务，培育服务型研发和创新企业。

### （二）加速出台技术规范和行业标准

当前我国垃圾处理行业应用智慧化技术相关的企业和产品数量逐渐增多，技术方案和产品设计类型繁杂，对智慧化产品的界定也不统一，导致市场上的相关手段的应用效果以及质量良莠不齐，不利于鼓励居民创新。所以，首先政府应当加快出台垃圾处理行业数智慧化技术的应用规范，进一步整改垃圾收集、清运、处理各环节智能设备的主流技术方案、技术性能要求以及基础性能参数等。通过技术规范逐步淘汰效率低下的智慧化垃圾处理手段，推动技术资源和资金的高效配置。其次还应加快制定相关的行业标准，明确智慧化产品技术标准和基本功能，推动相关术语、算法、参考框架等技术的标准化，对相关的标识和管理规范进行系统管理，引导、约束以及鼓励居民的垃圾处理、垃圾分类行为，避免虚假宣传和误导，避免重营销轻研发的投机行为，同时还要通过技术规范统一各类设备的数据接口和操作流程，为后续完备智慧化技术设备整合和信息平台建设创造有利条件。

---

① 周冯琦，张文博. 垃圾分类领域人工智能应用的特征及其优化路径研究［J］. 新疆师范大学学报（哲学社会科学版），2020，41（4）：135-144.

### （三）强化保护个人隐私和信息安全

智慧化技术和人工智能技术在垃圾处理行业成功应用的前提就是个人隐私的安全和信息安全的稳定。一些发达国家（美国、欧盟、韩国、日本等）对个人信息保护早就出台了相关法律法规，尽管近些年，我国也出台并完善了网络信息保护和网络安全的相关法律和文件。但是智能垃圾处理设备通过一定的数据处理技术能够直接获取居民生活和消费的一些个人信息，企业或者机构在提供智慧化技术服务便利的同时，这些反映个人消费习惯、购物方式以及个人行踪的深层个人信息可能已经被某些设备“收入囊中”。从而导致个人隐私泄露，甚至可能导致人身和财产安全受到威胁。由于智慧化技术垃圾处理设备并没有广泛普及，且属于公共物品，并且信息安全与个人隐私相关的法律法规对这一行业的规范尚不成熟，会有潜在的信息安全风险。所以，政府应采取措施保护个人隐私和信息安全。首先，政府应在推广智慧化垃圾处理设备时，制定个人隐私保护技术规范和监管制度，规定技术层面的隐私保护措施，通过知情同意、设置默认保护隐私等手段保护居民个人隐私。其次，还应当建立科学利用数据库的相关法律法规，对信息和隐私等级进行合法处理和中性化管理，推进企业在提供垃圾处理设备服务之前进行信息安全风险评估。

### （四）基于智能手段强化垃圾处理行业智慧化监管

随着社会的发展和城市建设的不断推进，城市垃圾处理工作已经成为城市管理与城市公共服务中的主要组成部分，为城市居民构建起更加优质的生活环境，在此基础上确保城市经济的发展。在智能化技术的带动下，生活垃圾处理智慧化成为现阶段城市垃圾处理工作的主要内容，可以提升生活垃圾处理效果。

首先，在垃圾收集环节，可通过“智慧收集”系统平台，实现“作业流程设定—提醒商户准备—车辆到达提醒—迅速随车投放—密闭转运处置”的收运新模式进行监管。在试点中不断加以改进，通过新增街道、居委等分级类目，方便用户找到点位；设计多次上门收运模式，使流程更趋精确；合理规划路线，避免信息重复提示；以车辆颜色区分设置干湿分类作业模式，并设自动警报功能。

其次，在垃圾运输环节，可搭建垃圾运输行业监管平台。垃圾监管平台的建设思路是深度结合业务应用场景，以最优化方案解决行业痛点。整体平台的功能构架，如可疑卸点分析、车辆密闭及举升监控、电子围栏限行等功能模块，都是为有效解决实际工作中的痛点和难点而精心设置的。有了这个平台，监管部门将变得“耳聪目明”，可及时发现车辆违规作业行为，并针对性采取限制举升、限制车速等措施，原来的洒漏扬尘、违规倾倒、车辆盲区、违规上路等问题将大为改观。

最后，在垃圾处理环节，利用智能化手段对垃圾处理环节进行智慧化监管。可通过自动计算，准确统计转运数量，避免虚报，可作为绩效考核的重要依据，利于精准考核垃圾处理工作。例如，针对疫情期间的医疗垃圾处理，智慧化手段可能实现既能精确获取科室固定时间段内所产生的医废数量，又能获取医废专管员的工作量。智慧化手段可多维度为主管部门提供垃圾处理各个环节精准监管数据，为政府统筹规划垃圾处理生态提供可靠数据支撑，同时还对降低公共卫生风险起到一定的作用。

随着智能技术的不断发展，给人们的生活带来了非常大的改变，同时，不同行业在智慧化技术的带动下也得到了非常好的发展。将智慧化技术引入到城市垃圾处理工作中，可以充分利用智慧化技术构建起垃圾处理监控体系，对垃圾处理进行实时监控，避免垃圾处理过程中超标情况的出现。因此，在构建生活垃圾智慧化监管体系时应将垃圾处理技术与智慧化技术进行充分结合，实现实时监控的目标，进一步加大生活垃圾无害化处理能力，并提升智慧化运营管理能力，实现垃圾处理减量化、资源化与无害化。

# 第五章　天然气行业发展报告

2020年是“十三五”收官之年，天然气产供、储、销体系建设稳步推进，天然气产量快速增长，国家石油天然气管网集团有限公司组建成立，“全国一张网”基本成形，储气能力实现翻番，科技装备水平再上新台阶，为天然气“十四五”规划顺利开局奠定坚实基础。“十四五”及未来一段时间，天然气行业立足“双碳”目标和经济社会新形势，通过以数字化为主的智慧发展转型，满足经济社会发展对清洁能源增量需求，推动天然气对传统高碳能源存量替代，构建现代能源体系下天然气与新能源融合发展新格局。

# 第一节　天然气行业投资与建设

2020年我国天然气体制改革加快进程，上游油气资源多主体多渠道供应、中间统一管网高效集输、下游销售市场充分竞争的“X+1+X”油气市场新体系基本确立。在新的产业链模式下，上游、中游和下游都催生了大量的市场投资机会。

## 一、天然气生产的投资与建设

天然气生产主要包括了从天然气勘探到开采、输送后进行净化处理的整个生产过程。天然气主要蕴藏于油田、气田、煤层和页岩层中，以伴生气或非伴生气形式存在，所以勘探寻找有商业开采价值的天然气资源和建立气井将资源举升到地面是生产的第一步。天然气从气井采出后经集气管线进入集气站，在集气站内天然气通过节流、调压、计量等工艺流程处理后，统一输送至天然气净化厂，在净化厂里天然气脱除了硫化氨、二氧化碳、凝析油、水分等杂质，最终达到符合国家有关标准规定的天然气质量等级。2019年，我国油气勘查开采投资大幅增长，勘查投资达到历史最高。油气开采继续呈现“油稳气增”态势，原油产量稳中有增，天然气产量较快增长；油气资源管理改革稳步推进，油气地质调查工作取得重要进展。

从表5-1的数据来看，近十年来我国油气勘探开采投资总体保持增长势头，这与我国社会经济快速发展相对应。由表5-2可见，2020年天然气探明新增地质储量1.29万亿立方米，其中，天然气、页岩气和煤层气新增探明地质储量分别达到10357亿立方米、1918亿立方米、673亿立方米。页岩油气勘探实现多点开花，四川盆地深层页岩气勘探开发取得新突破，进一步夯实页岩气增储上产的资源基础。

**中国油气勘探开采投资额**　　**表5-1**

| 年份 | 油气勘探开采投资额（亿元） | 增长率（%） |
| --- | --- | --- |
| 2010 | 2927.99 | |
| 2011 | 3021.96 | 3.21 |
| 2012 | 2853.99 | −5.56 |

续表

| 年份 | 油气勘探开采投资额（亿元） | 增长率（%） |
| --- | --- | --- |
| 2013 | 3805.17 | 33.33 |
| 2014 | 4023.03 | 5.73 |
| 2015 | 3424.93 | −14.87 |
| 2016 | 2330.97 | −31.94 |
| 2017 | 2648.93 | 13.64 |
| 2018 | 2667.64 | 0.71 |
| 2019 | 3348.39 | 25.52 |

资料来源：《中国统计年鉴》（2011～2019年），中国统计出版社。2019年数据来源于网络收集整理。

**中国油气田新增探明地质储量** **表5-2**

| 年份 | 石油（亿吨） | 天然气（亿立方米） |
| --- | --- | --- |
| 2015 | 11.18 | 6772.20 |
| 2016 | 9.14 | 7265.60 |
| 2017 | 8.77 | 5553.80 |
| 2018 | 9.59 | 8311.57 |
| 2019 | 11.2 | 8090.92 |
| 2020 | — | 12900 |

资料来源：网络收集整理。

## 二、天然气管网及相关基础设施建设

管网及相关基础设施建设是天然气行业发展的必要条件，国家油气管网公司的成立加快了油气长输管网的建设速度。我国在2018～2020年集中实施干线管道互联互通，天津、广东、广西、浙江等重点地区打通瓶颈，基本实现干线管道“应联尽联”，气源孤岛“应通尽通”。截至2020年末，我国累计建设油气长输管道（包括国内和国外）里程数为16.5万公里，其中，天然气管道占比约61.8%，累计达到10.2万公里，中国以西气东输系统、川气东送系统、陕京系统为主要干线的基干管网基本成形，联络天然气管网包括忠武线、中贵线、兰银线等陆续开通，京津冀、长三角、珠三角等区域性天然气管网逐步完善，基本实现了西气东输、川气出川、北气南下。

大力推进天然气进出口基础设施建设。2020年12月3日，中俄东线天然气管道中段正式投产运营，中俄输气管道投产，意味着中国西北、西南、东北和沿海四大天然气进口通道全面建成，形成多元化气源供应，有效提升天然气安全保障。

2019 年，我国有 2 座 LNG 接收站建成投产，分别是广西防城港 LNG 接收站和深圳华安 LNG 接收站。截至 2019 年底，我国已建成 LNG 接收站 22 座，接收能力 9035 万吨/年。目前，中国 LNG 进口资源主要通过接收站实现周转。如果考虑现有 LNG 接收站扩建后的规模和在建规模，预计 2022 年前后中国 LNG 接收站总能力将超过 1.3 亿吨/年。

## 三、城市燃气的投资建设

### （一）城市燃气的投资水平逐年增加

城市燃气是城市基础设施的重要组成部分，关系到人民的生活质量、城市自然环境和社会环境，已成为国民经济中具有先导性、全局性的基础产业。2019 年，城市燃气行业投资有所加快，全国燃气生产和供应业固定资产投资增速为 18.1%，相比上年同期加快 11.7 个百分点。行业占全社会固定资产投资额的比例有所提高，由 2018 年的 0.37%上升到 2019 年的 0.50%。燃气行业投资增速会进一步加速，在天然气基础设施，特别是储气库建设方面，政府已经确定比较明确的目标，将撬动巨大的社会资本投入。2015～2019 年城市燃气行业固定资产投资情况见表 5-3。

**2015～2019 年城市燃气行业固定资产投资情况　　表 5-3**

| 年份 | 城市燃气行业 | | 全国全社会固定资产 | | 城市燃气行业/全国 |
|---|---|---|---|---|---|
| | 投资额（亿元） | 增速（%） | 投资额（亿元） | 增速（%） | 比例 |
| 2015 | 2331.49 | 4 | 551590.04 | 10 | 0.42 |
| 2016 | 2134.8 | −8.4 | 606466 | 8.4 | 0.4 |
| 2017 | 2229.78 | 5.0 | 641238 | 7.0 | 0.35 |
| 2018 | 2372.49 | 6.4 | 645675 | 5.9 | 0.37 |
| 2019 | 2801.91 | 18.1 | 560874 | 5.1 | 0.50 |

资料来源：《中国城市建设统计年鉴》（2016～2019 年），中国统计出版社。

近年来，城市燃气行业取得了较大的发展，城市燃气固定资产投资额总体呈增长态势，占市政公用设施建设固定资产投资额的比例在不断变化，城市燃气的投资规模受到天然气行业政策、城镇化进程等多个因素的影响。

### （二）城市燃气投资主体多元化

随着城市公用事业体制改革的不断深入和先进管理理念的引入，民营资本、境外资本陆续通过转制、合资等方式参与城市燃气建设运营，城市燃气市场逐步开放，并逐步形成城市燃气多元化发展的有利格局。城市燃气经营市场中，主要由两类企业主导：一类是依靠历史承袭而拥有燃气专营权的地方国企，如深圳、重庆等地区的地方国有燃气公司；二类是跨区域经营的燃气运营商，包括华润燃气、新奥能源等燃气公司。城市燃气投资主体有国有资本（中央大型企业集团和地方政府）、民营资本、境外资本等诸多市场经营主体，我国城市燃气市场呈现多种所有制并存的格局。

2019年6月，国家发展和改革委员会发布《外商投资准入特别管理措施（负面清单）（2019年版）》免去了“城市人口50万以上的城市燃气的建设、经营须由中方控股”的规定，对外资彻底开放天然气城市燃气投资，城市燃气行业实现全面放开。外资企业将加速探路我国市场，通过独资、参股、合作等方式发展城市燃气业务。2019年11月，申能集团和道达尔公司签署框架合作协议，将成立合资公司，共同开发长江三角洲地区市场。此外，上游企业积极发展终端城市燃气业务，中石油旗下的昆仑石油已经成为城市燃气行业的主力军；延长石油和陕西燃气重组开拓终端市场；中石化成立长城燃气进入城市燃气领域。城市燃气公司业务多元化发展，向上游延伸，开展LNG贸易、煤层气勘探开发等；发展综合能源服务，布局发电、新能源业务。

### （三）燃气生产和供应投资效益

燃气生产和供应业，指利用煤炭、油、燃气等能源生产燃气，或外购液化石油气、天然气等燃气，并进行输配，向用户销售燃气的活动，以及对煤气、液化石油气、天然气输配及使用过程中的维修和管理活动。我国燃气生产和供应业企业数量逐年增加，2020年燃气生产及供应企业数量为2372个，比2019年增加392个；燃气生产及供应企业利润总额为691.5亿元，同比增长7.7%，见表5-4。

**2017～2020年城市燃气生产和效益的重要指标** 表5-4

| 年份 | 2017 | 2018 | 2019 | 2020 |
|---|---|---|---|---|
| 企业数量（个） | 1700 | 1693 | 1980 | 2372 |
| 资产总额（亿元） | 9540.9 | 11120.1 | 12528 | 13294.6 |
| 营业收入（亿元） | 6205 | 7886 | 9499 | 8989.2 |

续表

| 年份 | 2017 | 2018 | 2019 | 2020 |
|---|---|---|---|---|
| 营业利润（亿元） | 504.9 | 572.7 | 622 | 682.1 |
| 利润总额（亿元） | 539.9 | 596.3 | 642.2 | 691.5 |

资料来源：国家统计局和网络资料整理。

2020 年中国燃气生产及供应行业营业收入为 8989.2 亿元，同比下降 5.4%；中国燃气生产及供应行业企业营业利润为 682.1 亿元，同比增长 9.37%。

2020 年中国燃气生产及供应行业亏损企业数量为 336 个，比 2019 年增加 25 个；中国燃气生产及供应行业企业亏损额为 88.5 亿元，同比下降 39%，见表 5-5。

**2017～2020 年我国燃气生产及供应亏损企业数量及亏损额　　表 5-5**

| 年份 | 2017 | 2018 | 2019 | 2020 |
|---|---|---|---|---|
| 亏损企业数量（个） | 238 | 277 | 311 | 336 |
| 亏损额（亿元） | 64.2 | 100.9 | 145 | 88.5 |

资料来源：国家统计局和网络资料整理。

2020 年受疫情影响，燃气生产及供应行业投资收益有所减少。2020 年中国燃气生产及供应行业投资收益为 79.5 亿元，同比下降 3.3%，见表 5-6。

**2017～2020 年中国燃气生产及供应行业投资收益及增速　　表 5-6**

| 年份 | 2017 | 2018 | 2019 | 2020 |
|---|---|---|---|---|
| 燃气生产及供应行业投资收益（亿元） | 60.4 | 65.9 | 82.2 | 79.5 |
| 增速（%） | — | 9.1 | 24.7 | −3.3 |

资料来源：国家统计局和网络资料整理。

## 第二节　天然气行业生产与供应

2020 年我国天然气行业显示出较强韧性，稳中向好，表观消费量突破 3200 亿立方米，在能源消费总量中的占比提高至 8.5%左右，比 2015 年提高约 2.6 个百分点，基本完成“十三五”规划目标。

## 一、天然气行业生产情况

### (一) 天然气产量

随着油气勘探开发七年行动计划推进，我国天然气增储步伐加快，产量稳步提升。2020年全年生产天然气1925亿立方米，同比增长9.8%，增速超出消费量增速约2.6个百分点；年增量约163亿立方米，连续第四年年增产超过100亿立方米，见表5-7。产量增长仍主要集中在西南、长庆、塔里木等三大主产区，合计占全国新增天然气产量的70%左右。

**2015～2020年中国天然气及液化天然气产量情况** **表5-7**

| 年份 | 天然气产量（亿立方米） | 增速（%） | 液化天然气产量（万吨） | 增速（%） |
|---|---|---|---|---|
| 2015 | 1271.41 | 2.92 | 512.7 | |
| 2016 | 1368.3 | 2.2 | 695.3 | 35.6 |
| 2017 | 1474.2 | 8.5 | 829.0 | 19.2 |
| 2018 | 1610.2 | 7.5 | 900.2 | 8.6 |
| 2019 | 1736.2 | 9.8 | 1165.0 | 29.4 |
| 2020 | 1925 | 9.8 | 1332.9 | 14.4% |

资料来源：《中国统计年鉴》（2016～2020年），中国统计出版社。2020年数据来自网络收集整理。

### (二) 液化石油气产量

我国液化石油气供应主要来源于炼厂气，与石油和天然气一样，是化石燃料。液化气是在石油炼制过程中由多种低沸点气体组成的混合物，没有固定的组成。主要成分是丁烯、丙烯、丁烷和丙烷。尽管大多数能源企业都不专门生产液化石油气，但由于它是其他燃料提炼过程中的副产品，所以含有一定产量。2020年前期由于受新冠疫情的影响，产量较低，但是全年来看产量保持稳定增长，增速有所下滑。2020年我国累计生产液化石油气4448万吨，同比增长7.6%，见表5-8。

**2015～2020年我国液化石油气产量** **表5-8**

| 年份 | 液化石油气产量（万吨） | 增速（%） |
|---|---|---|
| 2015 | 2934.4 | 6.6 |
| 2016 | 3503.9 | 20.1 |

续表

| 年份 | 液化石油气产量（万吨） | 增速（%） |
|---|---|---|
| 2017 | 3677.3 | 4.5 |
| 2018 | 3800.5 | 11.2 |
| 2019 | 4135.7 | 10.9 |
| 2020 | 4448 | 7.6 |

数据来源：《中国统计年鉴》（2015～2020 年），中国统计出版社。2020 年数据来自网络收集整理。

### （三）煤气产量

2020 年我国煤气产量保持较快增长，累计生产煤气 15791.4 亿立方米，同比增长 7.3%，增速较 2019 年同期提升 0.6 个百分点，见表 5-9。

**2015～2020 年我国煤气产量** **表 5-9**

| 年份 | 煤气产量（亿立方米） | 增长率（%） |
|---|---|---|
| 2015 | 6879.0 | −4.3 |
| 2016 | 10121.8 | 8.5 |
| 2017 | 10626.9 | 3.9 |
| 2018 | 11966.3 | 3.5 |
| 2019 | 14713.8 | 7.9 |
| 2020 | 15791.4 | 7.3 |

数据来源：《中国统计年鉴》（2015～2020 年），中国统计出版社。2020 年数据来自网络收集整理。

## 二、天然气行业供应情况

### （一）天然气供应能力保持增长态势

我国天然气多元供应体系不断完善，供应能力持续增长。2020 年全国天然气消费总量比 2015 年增长 1348 亿立方米，增幅 70%。2020 年国内天然气产量比 2015 年增加 579 亿立方米，5 年增幅达 43%，“十三五”时期年均增量超百亿立方米，年均增长 7.4%。中俄东线天然气管道黑河—永清段（北段、中段）建成投运，俄罗斯天然气实现直通华北。新增 LNG 接收能力 4920 万吨/年，对重点地区冬季保供作用进一步提升。资源来源国由 19 个增加到 28 个，国内采购主体明显增加。2020 年天然气进口量比 2015 年增加 789 亿立方米，“十三五”时期年均增速 18%。

### （二）天然气进口增速回落

受国产气快速增长和新冠疫情抑制需求等因素的影响，中国天然气进口增速有所回落。根据国家统计局公布的数据，2020年中国天然气进口量是1404亿立方米，同比增长3.6%。其中，LNG进口量6713万吨，同比增长11.5%，管道气进口477亿立方米，同比下降8.9%。天然气进口均价同比下降23.5%，受淡季历史低价和冬季保供需求双重拉动，全年LNG现货进口量2717万吨，同比增加28.9%，占LNG进口量的40.5%，较2019年提高了6个百分点。得益于进口增速的下滑以及国产气的快速增储上产，2020年中国天然气对外依存度较2019年有所降低。

### （三）积极推进干线管道建设和管网互联互通

2020年国家石油天然气管网集团有限公司（以下简称“国家管网集团”）加快重组整合，进入正式运营，推进管网互联互通和LNG接收站等重点工程建设，中俄东线中段投产后与东北管网、华北管网、陕京管道系统及大连LNG、唐山LNG、辽河储气库等互联，青宁天然气管道与长沙联通、福州联络线建成等，“全国一张网”不断完善。主干管网已经覆盖除了西藏之外的全部省市，京津冀及周边、中南部地区天然气供应能力进一步提升，有效保障华北、长三角、东南沿海等重点区域天然气供应。随着中俄东线（中段）正式投产，中国西北、东北、西南及海上四大油气战略进口通道基本建成，我国四大油气战略通道实现了原油和天然气均能输送。

### （四）储气设施建设步伐加快

各方储气责任进一步压实，形成以地下储气库和沿海LNG接收站储罐为主，其他调峰方式为补充的综合调峰体系，在调节季节峰谷差、满足冬季高峰需求、保障重点供应等方面发挥了重要作用。另外，建立信息定期披露和托运商准入制度、加快推动公平开放。实现代输储气库调峰气，增加资源串换互保互供。储备方面，2018～2020年中央预算拨出专项资金，推动储气库加速建设。截至2020年底，全国已形成储气能力超过200亿立方米，相当于全年消费量的6%左右。其中，累计建成27座地下储气库，有效工作气量143亿立方米，基本实现“十三五”规划目标。储气库加大注入量，实现能储尽储，供暖季可动用储气量同比增加约50亿立方米。

## 三、城市燃气供应情况

城市燃气的气源主要有人工煤气、液化石油气和天然气三大类。从燃气管道来看，2019 年城市燃气管道总长度达到 78.33 万公里，其中天然气管道长度占比达到 98.04%。从供气总量来看，2019 年人工煤气、液化石油气、天然气供气总量分别为 27.68 亿立方米、1040.81 万吨、1608.56 亿立方米。从需求端来看，2019 年城市燃气普及率达到 97.29%，天然气城市燃气消费量达到 1064 亿立方米。

### （一）城市燃气管道以天然气管道为主，逐年增加

我国城市燃气生产和供应行业快速发展，天然气作为一种清洁、高效、便宜的能源越来越受到人们的青睐。2004 年"西气东输"管道投入商业运行以来，天然气开始大规模走入千家万户，天然气用气人口首次超过人工煤气用气人口。从管道总长度来看，中国城市燃气管道长度逐年增加，在 2010 年就已达 90%以上，2010～2019 年年均复合增长率为 10.9%。2019 年城市燃气管道总长度达到 78.33 万公里，其中天然气管道长度 767946.33 公里，液化石油气管道长度 4451.5 公里，人工煤气管道长度 10914.97 公里（表 5-10）。

**2010～2019 年城市燃气管道长度和燃气普及率的变化　　表 5-10**

| 年份 | 人工煤气管道长度（万公里） | 天然气管道长度（万公里） | 液化石油气管道长度（万公里） | 供气管道长度（万公里） | 增长率（%） | 燃气普及率（%） | 增长率（%） |
|---|---|---|---|---|---|---|---|
| 2010 | — | — | — | 30.9 | — | 92 | — |
| 2011 | 3.71 | 29.90 | 1.29 | 34.90 | 12.93% | 92.41 | 0.41 |
| 2012 | 3.35 | 34.28 | 1.27 | 38.89 | 11.46% | 93.15 | 0.74 |
| 2013 | 3.05 | 38.85 | 1.34 | 43.24 | 11.17% | 94.25 | 1.10 |
| 2014 | 2.90 | 43.46 | 1.10 | 47.46 | 9.77% | 94.57 | 0.32 |
| 2015 | 2.13 | 49.81 | 0.90 | 52.84 | 11.33% | 95.30 | 0.73 |
| 2016 | 1.85 | 55.10 | 0.87 | 57.82 | 9.42% | 95.75 | 0.45 |
| 2017 | 1.17 | 62.32 | 0.62 | 64.12 | 10.90% | 96.26 | 0.51 |
| 2018 | 1.31 | 69.80 | 0.48 | 71.59 | 11.65% | 96.69 | 0.43 |
| 2019 | 1.09 | 76.79 | 0.45 | 78.33 | 9.41% | 97.29 | 0.60 |

资料来源：《中国城市建设统计年鉴》（2011～2020 年），中国统计出版社。

根据表 5-11 可知，供气管道是城市燃气普及的基础，随着城市燃气管道的

扩张，燃气普及率也在不断提高。天然气管道在总管道中占绝对比重，且不断增长，人工煤气管道和液化石油气管道在不断萎缩。

### （二）城市燃气供气总量上升，天然气比例上升

从供气总量来看，2010～2019年，我国人工煤气供气总量呈下降趋势，2019年供气总量为27.68亿立方米，较2018年下降7.08%；液化石油气供气总量较为稳定，2019年供气总量为1040.81万吨；天然气供气总量呈上升趋势，2019年供气总量为1608.56亿立方米，较2018年增长11.4%，见表5-11。

**2011～2019年城市燃气分类供气总量变化** **表5-11**

| 年份 | 人工煤气供气总量（亿立方米） | 天然气供气总量（亿立方米） | 液化石油气供气总量（万吨） |
|---|---|---|---|
| 2011 | 84.70 | 678.80 | 1165.80 |
| 2012 | 77.00 | 795.00 | 1114.80 |
| 2013 | 62.80 | 901.00 | 1109.70 |
| 2014 | 56.00 | 964.40 | 1082.80 |
| 2015 | 47.10 | 1040.80 | 1039.20 |
| 2016 | 44.10 | 1171.70 | 1078.80 |
| 2017 | 27.09 | 1263.75 | 998.81 |
| 2018 | 27.80 | 1444.00 | 1015.30 |
| 2019 | 27.68 | 1608.56 | 1040.81 |

资料来源：《中国城市建设统计年鉴》（2012～2020年），中国统计出版社。

2011～2019年间，城市燃气中人工煤气和液化石油气供气总量逐年减少，天然气供气总量逐年增加，且增加量较大，成为城市燃气的主要部分。同时管道长度和燃气普及率不断提高，城市燃气供给能力大幅提升。

### （三）天然气使用人口逐年增加，占比不断提高

从终端城市燃气来看，普及率逐年提高，天然气覆盖面更广。2019年全国人工煤气、天然气和液化石油气用气总人口为5.1亿人，燃气普及率达97.29%，比上年提高0.6个百分点。其中，天然气已超越人工煤气和液化石油气成为城市燃气的第一大气源，使用天然气总人口为3.90亿人，占全国用气总人口的76.52%；液化石油气用气人口继续萎缩，使用液化石油气总人口为1.13亿人，占全国用气总人口的22.15%；人工煤气用气人口也继续萎缩，使用人工煤气总人口为0.067亿人，占全国用气总人口的1.32%（表5-12）。

2009～2019 年人工煤气、天然气、液化石油气用气人口走势　　表 5-12

| 年份 | 人工煤气（亿人） | 占比（%） | 天然气（亿人） | 占比（%） | 液化石油气（亿人） | 占比（%） |
|---|---|---|---|---|---|---|
| 2009 | 0.397 | 11.21 | 1.45 | 41.04 | 1.69 | 47.75 |
| 2010 | 0.280 | 7.71 | 1.70 | 46.86 | 1.65 | 45.43 |
| 2011 | 0.268 | 7.08 | 1.90 | 50.34 | 1.61 | 42.58 |
| 2012 | 0.244 | 6.21 | 2.12 | 53.92 | 1.57 | 39.87 |
| 2013 | 0.194 | 4.76 | 2.38 | 58.25 | 1.51 | 36.99 |
| 2014 | 0.176 | 4.17 | 2.60 | 61.68 | 1.44 | 34.15 |
| 2015 | 0.132 | 3.02 | 2.86 | 65.17 | 1.40 | 31.81 |
| 2016 | 0.109 | 2.37 | 3.09 | 67.54 | 1.37 | 30.08 |
| 2017 | 0.075 | 1.59 | 3.39 | 71.74 | 1.26 | 26.67 |
| 2018 | 0.078 | 1.57 | 3.69 | 74.47 | 1.19 | 23.96 |
| 2019 | 0.067 | 1.32 | 3.90 | 75.26 | 1.13 | 22.15 |

资料来源：《中国城市建设统计年鉴》2019 年，中国统计出版社。

## 第三节　天然气行业发展成效

2020 年新冠肺炎疫情对我国经济社会发展产生了广泛而深刻的影响，但天然气领域发展却超出预期。市场凸显韧性，消费较快增长，城市燃气和工业用气均突破千亿立方米。产、供、储、销体系建设持续推进，极寒时期天然气供应有保障。国内外市场供需宽松推动价格低位运行，我国天然气进口呈稳定增长态势，对外依存度进一步缓解，国家管网公司重组整合并正式运营，改革红利开始释放。

### 一、天然气产业链体系日益完善

我国天然气国内上产增储、全国一张网基本形成，形成了包括国外管道气、进口 LNG 等多元供应体系，天然气产、供、销体系日臻完善。

#### （一）天然气勘探开发能力快速提升

“十三五”时期，我国油气勘探开发总投资 1.36 万亿元，年均增长 7.0%。

重点盆地和区域勘探获得重大发现，靖边、苏里格、安岳、延安、川西、米脂、东胜、渤中 19-6 等气田新增探明地质储量超过千亿立方米；新区、新领域获得新发现，新增库车博孜—大北、川南两个储量超过万亿立方米大气区。涪陵、长宁、威远、威荣和太阳等页岩气田新增探明地质储量超过千亿立方米。天然气新增探明地质储量 5.6 万亿立方米，其中常规天然气新增探明地质储量 3.97 万亿立方米，超额完成“十三五”规划目标，页岩气新增探明地质储量 1.46 万亿立方米，煤层气新增探明地质储量 0.16 万亿立方米；建成国内首个年产 6000 万吨油气当量的特大型油气田——长庆油田，天然气产能超过 300 亿立方米的两个大气区——塔里木和西南气区。2020 年全年生产天然气 1925 亿立方米，同比增长 9.8%，增速超出消费量增速约 2.6 个百分点；年增量约 163 亿立方米，连续第四年年增产超过 100 亿立方米（表 5-13）。

**我国十大油气田 2018 年、2019 年产量** **表 5-13**

| 名称 | 产量（万吨） | | 增长率（%） |
|---|---|---|---|
| | 2018 | 2019 | |
| 中国石油长庆油田 | 5701 | 5641 | 1.06 |
| 中国石油大庆油田 | 4363 | 4167 | 4.70 |
| 中海油渤海油田 | 3000 | 3000 | 0 |
| 中国石油塔里木油田 | 2850 | 2673 | 6.62 |
| 中国石化胜利油田 | 2400 | 2383 | 0.71 |
| 中国石油西南油气田 | 2139 | 1812 | 18.05 |
| 中国石油新疆油田 | 1480 | 1379 | 7.32 |
| 陕西延长石油 | 1120 | 1310 | −14.5 |
| 中海油南海东部油气田 | 1500 | 1305 | 14.94 |
| 中国石油辽河油田 | 1000 | 1040 | 3.85 |
| 中海油南海西部油气田 | 1000 | — | — |

资料来源：wind 数据库。

### （二）天然气“全国一张网”基本成形

2020 年国家石油天然气管网集团有限公司加快重组整合，进入正式运营。一方面，推进管网互联互通和 LNG 接收站等重点工程建设，西气东输三线、陕京四线、中俄东线（北段、中段）、中靖联络线、青宁线、天津深圳地区 LNG 外输管道等干线管道相继投产，“十三五”时期累计建成长输管道 4.6 万公里，全国天然气管道总里程达到约 11 万公里。中俄东线中段投产后与东北管网、华北管网、陕京管道系统及大连 LNG、唐山 LNG、辽河储气库等互联，青宁天然气管道与长沙联通、福州联络线建成等，“全国一张网”不断完善。

### （三）天然气供应保障能力不断增强

产供储销体系建设取得阶段性成效，四大进口战略通道全面建成，国内管网骨架基本形成，干线管道互联互通基本实现，气源孤岛基本消除。天然气多元供应体系不断完善。中俄东线天然气管道黑河—永清段（北段、中段）建成投运，俄罗斯天然气实现直通华北。沿海 LNG 接收站布局不断完善，“十三五”时期新增 LNG 接收能力 4920 万吨/年，对重点地区冬季保供作用进一步提升。国际贸易更加活跃，海外资源进口实现多国别、多气源，资源来源国由 19 个增加到 28 个，国内采购主体明显增加。2020 年，天然气进口量比 2015 年增加 789 亿立方米，“十三五”时期年均增速 18%。

储气库建设持续推进。大港、华北、呼图壁、相国寺、金坛等已建储气库（群）持续扩容改造，中原文 23、辽河双 6 等新建储气库相继建成投产。截至 2020 年底，全国储气库已形成有效工作气量 143 亿立方米。地下储气库（群）总工作气量比 2015 年增加 89 亿立方米，增幅 160%。沿海 LNG 接收站储罐罐容实现翻番，2020 年比 2015 年增加 566 万立方米，增幅 113%。2020 年 11 月，重庆成立全国首家混合所有制天然气地下储气库运营管理企业，参与方包括上游和下游企业以及地方政府，通过风险共担、能力共享的方式，参与储气调峰市场的有益探索。

## 二、天然气行业体制改革不断深化

深入贯彻落实党中央、国务院《关于深化石油天然气体制改革的若干意见》，上下游竞争性环节市场活力进一步增强，管网体制改革取得里程碑式突破。

### （一）上游市场逐步开放，勘探进度加快

放开天然气上游勘探开采是实现天然气市场化的充要条件，也是我国油气体制的重点和难点。2019 年，国家部委接连发布数个油气矿权改革和放开油气勘探开采的重磅文件，包括：2019 年 4 月中共中央办公厅、国务院办公厅印发的《关于统筹推进自然资源资产产权制度改革的指导意见》，指出将有序放开油气勘查开采市场，完善竞争出让方式和程序，制定实施更为严格的区块退出管理办法和更为便捷合理的区块流转管理办法；2019 年 6 月国家发展和改革委员会发布了新版的《鼓励外商投资产业目录（2019 年版）》和《外商投资准入特别管理措施（负面清单）（2019 年版）》，删除了外商投资石油、天然气开发必须与国内油公司合资、合作的规定；2019 年 12 月中共中央国务院发布《中共中央国务院关于营造更好发展

环境支持民营企业改革发展的意见》提出支持民营企业进入油气勘探开发等领域；2019年12月自然资源部印发《关于推进矿产资源管理改革若干事项的意见（试行）》，提出了矿业权出让制度改革、油气勘查开采管理改革、储量管理改革等3个方面11条改革内容，标志着中国全面放开油气勘查和开采的市场准入。

### （二）国家管网资产交割基本完成，初步建立信息公开和托运商制度

2020年9月，国家管网集团接管原分属于三大石油公司的相关油气管道基础设施资产（业务）及人员，正式并网运营，标志着我国油气管网运营机制市场化改革取得阶段性成果。广东、浙江、海南、湖北、湖南、福建等省级天然气管网以多种形式融入国家管网，“全国一张网”格局基本形成。依据《油气管网设施公平开放监管办法》，国家管网集团建立了信息公开规则，公开内容包括国家管网集团及所属企业基本情况、油气管网设施基础信息、储气库设施基础信息、LNG接收站设施基础信息、油气管道剩余能力、LNG接收站剩余能力、油气管道运输价格、LNG接收站服务价格等，并按要求滚动更新。此外，还启动了托运商准入工作，首批确立了54家托运商。以上举措将为更多市场主体使用管网、接收站等基础设施提供条件，是公平开放迈出的实质性的一步。

### （三）价格政策进一步完善，交易中心建设持续推进

价格政策方面，2020年发布新版《中央定价目录》，自5月1日起实施。文件将“各省区市天然气门站价格”从中央定价目录中删除，以注释形式对现行天然气门站价格定价机制进行了规定，固化了已有的改革成果。新增“具备竞争条件省份天然气的门站价格由市场形成”，进一步扩大了市场化定价的适用范围。由政府主导的门站价格的作用将逐步削弱，在多气源的沿海地区，未来随着天然气交易中心建设不断推进，及市场基准价格逐步形成，将有更多省份通过市场化方式形成门站价格，为价格全面放开奠定基础。此外，2020年12月《关于清理规范城镇供水供电供气供暖行业收费促进行业高质量发展意见的通知》发布，取消了城镇燃气中的不合理收费项目，完善了配气价格机制。交易中心建设方面，上海和重庆石油天然气交易中心仍处于建设初期，主要工作是推动扩大现货交易规模，试点窗口期交易、国际资源交易，并筹备期货交易。上海石油天然气交易中心2020年天然气单边交易量增至约406亿立方米，比2018年提高34.2%，并推出国际LNG电子交易系统，探索国际LNG拼单业务等。重庆石油天然气交易中心首次开展了现货中远期交易。此外，2020年11月，深圳天然气交易中心暨前海联合交易中心挂牌，计划推出六个天然气交易品种。2020年12月，浙江天然气交易市场有限公司在杭州成立。

## 三、天然气行业监管体系逐步完善

天然气管道运输属于自然垄断环节业务，需要实施政府监管。天然气管道分为长输管道、省级天然气管道和城市天然气管道，当前，大部分长输管道和部分省级管道已经纳入国家管网公司经营范围，城市燃气企业通过特许经营模式在特许区域范围内经营城市天然气运输和销售，这些经营天然气管道的企业都是被监管主体。当前，我国天然气行业已经确立了“准许成本＋合理收益”的管网运输价格监管方法，以促进对管网运输价格，以及与之相关管网企业的投资、成本、质量等内容进行“精细化”深度干预。2017 年上半年，根据《天然气管道运输价格管理办法（试行）》和《天然气管道运输定价成本监审办法（试行）》的规定，国家发展和改革委员会组织对 13 家企业开展了成本监审，并在此基础上核定了跨省管道运输价格。经过成本监审，共剔除 13 家企业无效资产 185 亿元，核减比例 7％；核减不应计入定价成本总额 46 亿元，核减比例 16％，核定准许成本 242 亿元。在此基础上，进一步计算确定了各管道运输企业的准许收益及年度准许总收入，结合各企业管道负荷率水平，核定 13 家天然气跨省管道运输企业管道运输平均价格，比此前下降了 15％左右。各省也制定省级及以下管网运输价格管理办法，并组织完成省级及以下天然气管网运输成本的监审工作。天然气行业管道运输价格监管政策体系和改革实践探索，为行业市场化改革奠定重要基础，国家油气管网公司也将推动天然气管道运输价格体系的进一步完善。在 2019 年 5 月由国家发展和改革委员会、国家能源局、住房和城乡建设部、国家市场监督管理总局四部门联合发布《油气管网设施公平开放监管办法》，推动天然气长输管网向第三方公平开放，天然气行业政府监管治理机制不断完善。

# 第四节　天然气行业智慧化水平

## 一、我国天然气行业智慧化发展的重要意义

### （一）促进上游勘探开发企业转型升级

自然资源部近期接连发布《关于矿产资源储量评审备案管理若干事项的通

知》和《关于做好岩芯数字化与信息共享工作的通知》，明确提出上游勘探领域数字化提速，统一技术要求，统一管理数据信息，加快实现全国数据与信息的互通共享。目前，我国大数据与人工智能技术在油气勘探开发领域的应用处于初期阶段，技术实力较为薄弱。研究制定大数据驱动油气勘探开发的发展战略，在地震、钻井、测井、油藏描述与油藏工程、智慧油田建设与装备健康管理等主要技术更新换代方面重点发力，确立其主要研究内容、技术路线和发展规划，是促进我国油气勘探开发行业转型升级的关键所在。

### （二）对天然气行业有效监管的要求

管网公司成立的初衷是构建“全国一张网”，有利于更好地在全国范围内进行油气资源调配，提高油气资源的配置效率，保障油气能源安全稳定供应，这需要大量的数据分析提供依据。同时，为了保障国家管网公司将剩余管输和储存能力向社会公平开放，信息公开是前提。上气点、下气点、加气站的位置都要公开，设立统一的开口和计量标准，从而使参与者都可以依法合规地申请使用管网资源，这都需要国家管网提高智慧化水平。

### （三）提高燃气企业经营效率和服务质量

对于城市燃气企业，充分利用数据，有助于提高服务质量和经营效率，从而取得竞争优势。传统燃气行业对数据不够重视，系统分散建设，数据共享存在困难。面对数字化变革给城市燃气行业在生产经营、运营管理以及客户服务等方面带来的重重挑战，传统燃气行业应在充分发挥自身原有资源与经验的同时，运用大数据等新技术优势，推动新技术与传统业务的深度融合，将大数据思维、能力融入企业的所有环节中，用数据管理、用数据决策、用数据创新，真正实现新技术赋能于传统业务。

## 二、我国天然气行业智慧化水平现状

在上游勘探部门，中石油在2019年率先建立梦想云平台，这是中国油气行业第一个形成规模的大数据平台。它以统一数据湖、统一技术平台、通用应用和标准规范体系为核心，将中国石油60多年的勘探与生产核心数据资产全面纳入，实现了油气勘探开发生产的跨越式迈进。油气大数据平台的建立、完善、运营，真正实现全行业、全社会共享，是一个全新的系统工程，需要全行业甚至行业内外共同参与，共襄盛举。这不仅是一项新技术，更是一套全新的探索，基于大数据平台，油气企业的运营模式将会发生革命性的变革，带动石油勘探行业的发展。虽然各油气企业纷纷引进了大数据技术，但目前来看，大数据技术在这一领域的应用仍处于初级阶段，尚有较大发展空间。其发展受到了多方面因素的制约。制约油气地质大数据技术发展的最大的因素，是数据共享问题，这是横亘在油气地质大数据发展面前的一大鸿沟。就数字化而言，上游石油和天然气行业远远落后于其他行业，上游勘探数据的管理和分析的程度低，需要依靠改革激发市场主体活力，增强发展新动能，提高上游勘探部门的数字化水平。

国家管网集团提出了市场化、平台化、科技数字化、管理创新“四大战略”，明确了打造智慧互联大管网、构建公平开放大平台、培育创新成长新生态“两大一新”战略目标，通过与中国电子信息产业集团开展战略合作，充分发挥其在信息技术和新型基础设施建设方面的优势，为国家管网集团提供专业的信息化、数字化服务，在信息安全、数字化转型和新型基础设施建设等领域共同构建合作发展新格局。

在2020年，北斗高精准燃气泄漏检测、激光巡检车检测、无人燃气场站建设、智慧燃气调度、人工智能服务、线上远程燃气缴费……伴随着城市燃气发展不断向信息化、数字化靠拢，特别是疫情以来，智慧燃气在保障城市生命线安全运行方面成效显著。数字化转型开展较早的燃气企业，应用相关智能技术手段，通过物与物关联，在很大程度上减少了人与人之间的接触，在疫情防控应对中起到了关键性支撑作用，业务受影响程度更小，安全供应及服务更有保障。但是国内智慧燃气发展步伐仍较缓慢、智慧化水平有待进一步提升，燃气行业全产业链要想实现智能化还有很多工作要做。智慧燃气发展包括“两网”概念，一是发展城镇燃气智能物联网，二是发展气基能源互联网。城镇燃气智能物联网是依托新一代信息与通信技术，以及基于北斗系统精准的时空信息构建的智能高效、本质安全、开放融合、集能源管理、运营和服务于一体的市政物联网平台系统，是智慧燃气的具体体现，也是近期发展的目标。气基能源互联网是一种综合能源生态系统。它充分发挥天然气可以冷热电三联供的技术优势，不受蓄电池技术的制约，从而实现电力、热能的储存和快速转换，再依托高度发展的信息与通信技术及能源互联网技术，以燃气为核心能源，涵盖各种能源综合应用、高效管理、智能运营、便捷服务等范畴。

## 三、提升天然气行业智慧化水平的举措

### （一）基于数字化技术转换油气勘探生产方式

油气行业数字化成熟度处于行业末尾，油气行业上游数字化是对勘探与生产

各个环节进行集成优化，包括地震处理与成像，地震与地质解释，形成评估方案，油藏表征及静态建模，油井设计，油藏工程模拟，油井施工、钻探、地质导向，生产建模等。数字化使石油公司可及时有效地了解分析油藏性状、远程采集现场数据、优化工作流程和物流，实现解放员工、提高效率、降低成本。研究表明，油气行业上游通过数字化转型，可使营业表现从平均水平提升到中上水平，油气产量可提高7%～8%，租赁和运营成本减少2%～3%，且运营的不确定性明显降低。

油气工业数字技术集中在大数据、高性能计算、用户交互、自动化、物联网、虚拟现实、实时分析、仿真建模、智能设备、机器学习、移动终端、机器人12个领域。例如，物联网可以通过功能强大的智能化软件实施监控；传感器可以监控石油钻塔、炼油厂、车辆和电力系统，并传输数据、提供机械系统的数字表示。大数据软件可对传感器网络产生的大量数据快速处理分析，建立并优化仿真模型。上游勘探企业通过数字化转型驱动新商业模式、新生产模式和新产业生态。如科学制定气田生产策略，气田生产应确定合理的储采比，并建设匹配的管道输气能力，保证下游长期稳定用气。

### （二）基于数据平台加强天然气行业监管

数字管网建设也能更好地满足综合监管的需求。管网公司成立需要在全国范围内调配油气资源调配，保障油气能源安全稳定供应，这需要信息平台和数据基础。通过大数据分析与挖掘来辅助决策，也是数字管网建设的目的之一。我国油气管网的密度仅是欧美成熟市场的1/8。未来管网建设工程量巨大，但哪里需要扩建、新建，也要根据大数据辅助决策。除此之外，智能化技术在加快管道建设、保障天然气安全稳定供给方面也发挥着重要作用。

通过数字管网建设，将基于云架构建设数据、平台和应用服务，形成统一的共享服务平台。未来，平台将在信息发布、综合监督、辅助决策等方面发挥重要作用，推动信息采集和信息披露发展，促进剩余管输和储存能力向社会公平开放。

### （三）基于数据挖掘的天然气市场价格机制

我国尚没有建立市场化的天然气价格形成机制。我国管道气价格最接近中国石油ERP系统成交价的加权统计，LNG价格可以参考中海油ERP系统中的成交价，这些是对已成交价格的反映，而不能用于指导未来价格的确定。目前LNG储罐都已经配备了物联网设备，可以实时了解罐容量，LNG槽车也都有GPS定位和载重量的数据。天然气期货上市之后，由储气库、LNG储罐和LNG

罐箱构成的天然气库存数据将受到市场的重点关注。如何整合这些零散的数据，集成到一个平台上，实现信息的透明化，是天然气价格市场化的重要一环。各交易中心需要通过市场机制促进油气勘探开发企业公开数据获取上游企业的生产数据和下游燃气企业的数据，整合中游管网披露的数据，建立市场需求和价格预测模型。如上海石油天然气交易中心的 E-GAS 平台数据库，由中国经济信息社提供支撑性基础数据，提供天然气行业的交易数据及会员单位提交的数据，目前，平台包括国内天然气行业地图、LNG 国际贸易地图、天然气行业资讯三大板块，我国天然气产、供、储、销四个环节的基础信息已经实现了基于 GIS 地图的可视化。

### （四）构建数字化为主导的智慧燃气

智慧燃气要在智慧城市建设的基础上同步推进。一方面智慧燃气要融合于城市大系统的发展，要与城市特色和优势以及城市信息化基础条件相结合；另一方面，智慧城市发展还应与企业发展思路、业务场景实情，以及资金实力、研发能力相结合。推进智慧燃气发展需要政府明确的政策导向、补贴性的智慧燃气政策、在标准体系建设方面的共识。

首先，要加强顶层设计，推进智能化标准体系建设。要加快“燃气智能化发展评价”和“智慧燃气标准体系”的建设，智慧燃气分级评价体系能明确智慧燃气的发展阶段，了解现在和未来的发展方向，确定智慧燃气实现需要达成的条件。智慧燃气标准体系则是为标准化发展路径的实施提供标准范式，实现有据可依，利于更快规模化建设智慧燃气系统。两个环节相辅相成，缺一不可。

其次，要加强智能化设施投入，完成设施升级改造。燃气站箱方面，“高压”等重要节点的投入较大，智能化程度也较高，但是“中低压”智能化程度较低，用户数据无法与站箱衔接；阀井方面，缺乏防侵入以及阀位、液位监测等功能，存在安全隐患；管线方面，缺乏防破坏预警、防腐预警等功能；表具方面，非民用计量表智能化程度较高，但民用计量表基本不具备远传功能，缺乏对数据的分析与管理。

再次，要完善数据库建设管理，增强智能化深度应用。要全面加强对管网设备设施的实时监控，建立设备档案，将相互关联的数据集中于同一系统中，形成设备数据的完整性视图；保证实际管网设备与图档数据的准确性；统一用户数据的识别，提高数据采集录用效率，降低成本，并及时更新；增强便捷性，让用户和运营方可以通过智能终端随时随地访问相关数据。

最后，要完善智能信息平台，加强核心系统自主可控能力。要通过统一的信息化运营平台实现自上而下的统筹管理；各系统之间建立数据共享机制，从而对异常、事故、作业等管理过程进行闭环跟踪和管理；充分发挥数据的价值，挖掘其中蕴含的规律和模式，为企业的科学决策提供辅助支持；借助当前国内信息化高速发展的契机，实现核心信息平台模块等重要技术的自主可控。

# 第六章 电力行业发展报告

电力作为最重要的基础性能源之一，其行业发展与国民经济息息相关，全社会用电量指标也常常被视为经济发展的替代性指标，用电量上升往往意味着经济向上发展。世界各国电力行业发展一般经历严格管制到适度放松的过程，这与电力行业地位及其行业结构相关，中国也不例外。中华人民共和国成立初期，电力行业实行严格的计划经济，20 世纪 80 年代初开始实行市场化改革，经过 30 多年的发展，基本改变了电力短缺的局面，行业一体化结构也被打破，在发电市场基本实现市场化竞争。本章分别介绍电力行业投资与建设、生产与供应、发展成效以及智慧化水平。

# 第一节　电力行业投资与建设

改革开放后，电力行业以前所未有的速度发展，电力投资力度持续加大，电源建设不断迈上新台阶，电网建设速度逐年加快。但近年来，受宏观经济的影响，电力行业投资与建设有所放缓，同比有下滑的趋势。

## 一、电力行业投资

如图 6-1 所示，2020 全国电力工程投资总额接近万亿元，同比增长约 24.4%，刷新了历年投资总额的纪录。回顾近二十年的全国电力工程投资总额情况，总体上保持增长的势头。早期为填补电力供需缺口，2003～2007 年间电力工程投资总额累计 20595 亿元，形成了一次大规模的电力投资建设浪潮，2008～2009 年全国电力基本建设投资规模继续增加，但增速放缓，2010 年则有所回落，随后 2010～2016 年全国电力工程投资总额再次保持持续增长势头，但增速却有起伏，2011～2014 年增幅不明显，2015 年较 2014 年有大幅度增加，但 2016 年增幅则又趋于平缓，同比增幅不足 0.2%，2017 年调头下滑，全国主要电力企业电力工程建设完成投资 8014 亿元，同比减少 9.5%。打破了连续 7 年保持增长的势头。与 2017 年相比，2018 年全国电力工程投资略有回升，2019 年略有下

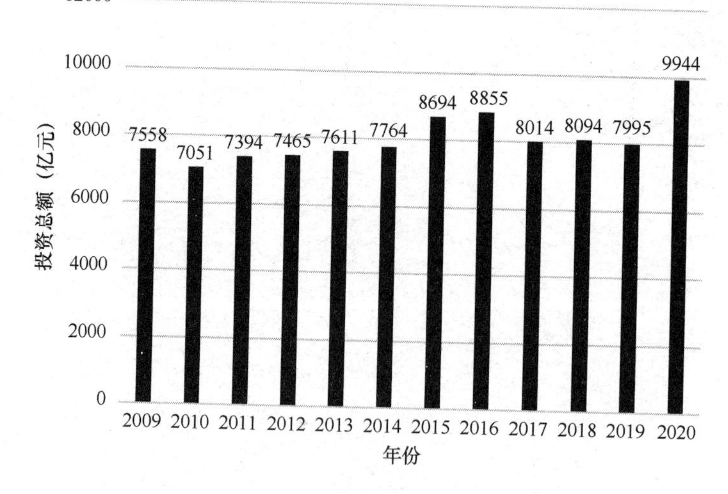


图 6-1　2009～2020 年全国电力工程投资总额

数据来源：同花顺 iFinD。

降，2020年则出现较大幅度的增长。

### （一）电源投资总额先升后降

2002年发电资产重组后，发电市场竞争效果初步显现，电源建设投资迅速增加，电力供应不足的问题很快得到解决。图6-2与图6-3表明，近二十年间，全国发电装机容量一直保持增长的态势。2002～2006年间，全国发电装机容量增加迅猛，从2002年的35657万千瓦增加到2006年的62200万千瓦，年增长率从5.87%升至22.34%，随后，增速放缓，增长率表现为下降的趋势，直至2015年后增长率又有所回升。但从2016年开始又呈下降趋势，2016年全国发电装机容量增长率与上年相比，下降3.11个百分点，2017年、2018年及2019年同比再次下降0.54个百分点、0.75个百分点及1.1个百分点，但2020年全国发电装机容量增长率又出现较大幅度的回升，同比增长3.63个百分点。

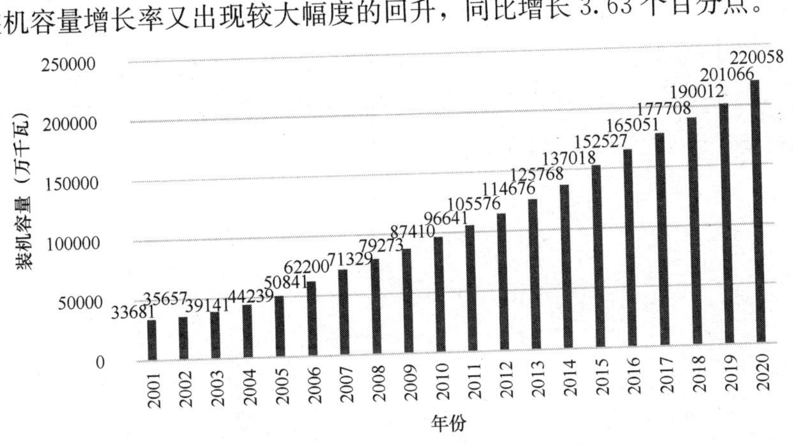


图6-2 2001～2020年全国发电装机容量

数据来源：同花顺iFinD。

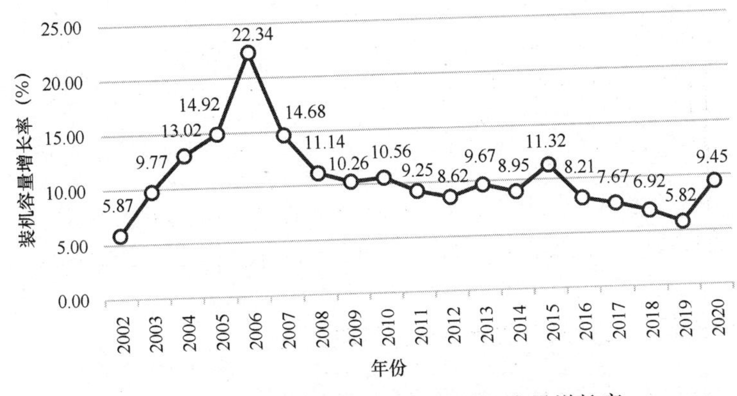


图6-3 2002～2020年全国发电装机容量增长率

数据来源：同花顺iFinD，笔者整理而得。

从电力投资结构来看，中电联《中国电力行业年度发展报告 2021》显示：2020 年，全国主要电力企业合计完成投资 10189 亿元，比上年增长 22.8%。全国电源工程建设完成投资 5292 亿元，比上年增长 29.5%。其中，水电完成投资 1067 亿元，比上年增长 17.9%；火电完成投资 568 亿元，比上年下降 27.3%；核电完成投资 379 亿元，比上年下降 18.0%；风电完成投资 2653 亿元，比上年增长 71.0%；太阳能发电完成投资 625 亿元，比上年增长 62.2%。

2020 年，全国电网工程建设完成投资 4896 亿元，比上年下降 2.3%。其中，直流工程 532 亿元，比上年增长 113.4%；交流工程 4188 亿元，比上年下降 7.5%，占电网总投资的 85.5%。

### （二）清洁能源投资占比持续提升

图 6-4 显示，从投资占比看，火电工程投资从 2008 年的 49.3%下降到 2020 年的 10.7%，降幅达近 40 个百分点；风电投资占比大幅提升，从 2008 年的 15.5%，提升到 2020 年的 50.1%，增幅近 35 个百分点；水电和核电投资占比波动性较大，没有明显的增幅或降幅。

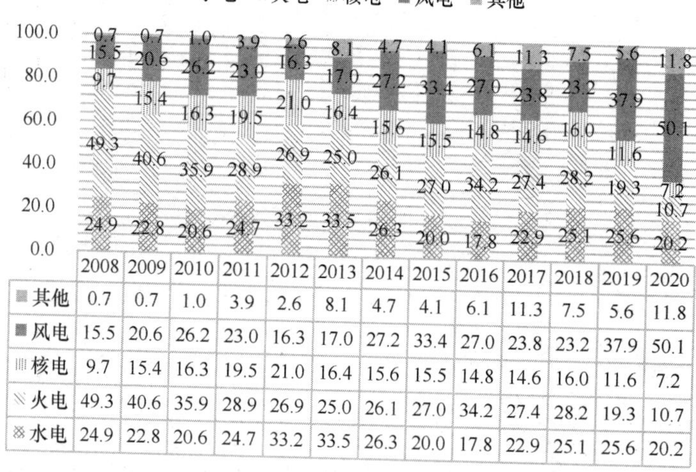


| | 2008 | 2009 | 2010 | 2011 | 2012 | 2013 | 2014 | 2015 | 2016 | 2017 | 2018 | 2019 | 2020 |
|---|---|---|---|---|---|---|---|---|---|---|---|---|---|
| 其他 | 0.7 | 0.7 | 1.0 | 3.9 | 2.6 | 8.1 | 4.7 | 4.1 | 6.1 | 11.3 | 7.5 | 5.6 | 11.8 |
| 风电 | 15.5 | 20.6 | 26.2 | 23.0 | 16.3 | 17.0 | 27.2 | 33.4 | 27.0 | 23.8 | 23.2 | 37.9 | 50.1 |
| 核电 | 9.7 | 15.4 | 16.3 | 19.5 | 21.0 | 16.4 | 15.6 | 15.5 | 14.8 | 14.6 | 16.0 | 11.6 | 7.2 |
| 火电 | 49.3 | 40.6 | 35.9 | 28.9 | 26.9 | 25.0 | 26.1 | 27.0 | 34.2 | 27.4 | 28.2 | 19.3 | 10.7 |
| 水电 | 24.9 | 22.8 | 20.6 | 24.7 | 33.2 | 33.5 | 26.3 | 20.0 | 17.8 | 22.9 | 25.1 | 25.6 | 20.2 |

图 6-4 2008～2020 年各类电源投资所占比重统计图

数据来源：笔者根据中电联发布的《中国电力行业年度发展报告》整理而得。

### （三）电网基本建设投资累计完成额平稳增长

1978～1995 年，电网基本建设投资占全部电力基本建设投资比例平均只有 25.34%。进入“九五”以后，全国长期严重缺电的局面逐步缓解，电力部门开始注意同步发展电网、调整电力工业产业结构。1998 年 7 月，国务院决定大规模推行城乡电网建设与改造工程，使电网基本建设投资占全部电力基本建设投资的平均比例在“九五”上升到 29.38%。“十五”期间，是中国省内或省间、区域内或区域间以 500kV 联网、城乡电网建设与改造工程、“西电东送”三大通道工程大力推进时期，电网基本建设投资占全部电力基本建设投资的平均比例又上升到 35.05%。“十一五”前两年，电网基本建设投资占全部电力基本建设投资的平均比例又上升到 39%，电源、电网的投资结构处于不断地改善之中。

1999～2002 年，电网投资增速相对缓慢，2002 年以来电网投资增长较快。2004 年与 2009 年，输电线路新增速度明显加快，其中，2009 年 330 千伏输电线路几乎等于 1999、2002 年与 2004 年三个年份总的新增输电线路长度。2009 年，500 千伏以上与 220 千伏输电线路均有大幅增长。随着电网建设加快，输电效率也有提高，输电线路损失率从 1999 年的 8.1%下降到 2009 年的 6.72%。

2008 年，电网投资首超电源投资。全国电力基本建设投资完成额达到 5763 亿元，同比增长 1.52%。其中，电源电网分别完成投资 2879 亿元和 2885 亿元，同比下降 10.78%和增长 17.69%，电网基本建设投资占电力基本建设投资的 50.05%，近几年首次超过电源投资，如图 6-5 所示。

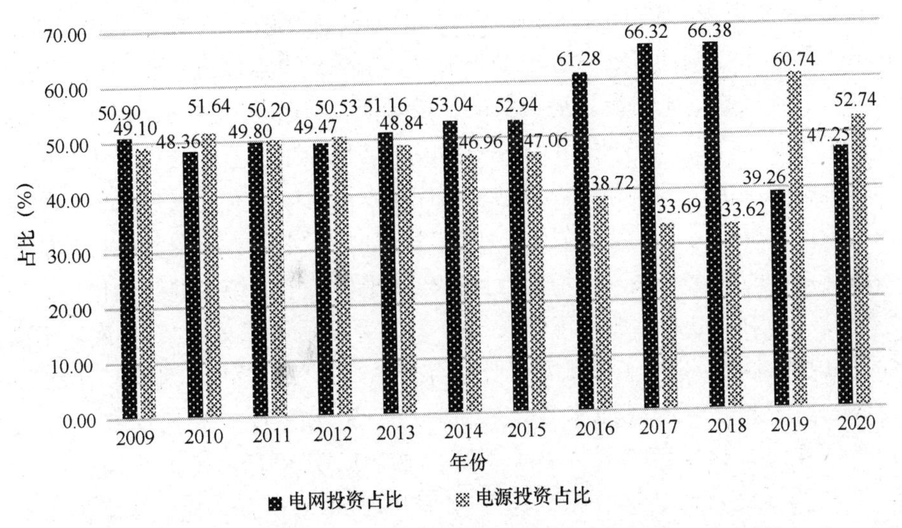


图 6-5　2009～2020 年电源和电网基本建设投资完成额所占比例统计图

资料来源：同花顺 iFinD，笔者整理而得。

2010 年电网投资较 2009 年有所下降，2010～2012 年电网投资均低于电源投资，但从 2013 年开始，电网投资重新超过电源投资，且超过的额度有增长的趋势，“十二五”以来，2011～2018 年间，除 2017 年外，电网工程建设完成投资每年都有不同程度的提升。其中，2011 年完成 3682 亿元，同比增长 6.77%；2012

年完成 3693 亿元，同比增长 0.2%；2013 年完成 3894 亿元，同比增长 5.44%；2014 年突破 4000 亿元，达 4118 亿元；2015 年完成 4603 亿元，增速首次达到两位数；2016 年首破 5000 亿元大关，达到 5426 亿元，增速升至 16.9%；因 2016 年电网投资增速较高的基数效应，2017 年我国电网工程建设完成投资 5315 亿元，同比下降 2.2%，为 2010 年以来首次下降；相比之下，2018 年电网工程建设投资 5373 亿元，较电源投资高出 2652 亿元，虽然增幅不大，但延续了我国电网工程建设完成投资持续增长的态势，连续第六年超过电源建设投入。但 2019 年出现大幅度逆转，电网工程投资 3139 亿元，与 2018 年相比，大幅下降，而且投资占比远低于电源工程投资，仅 39.26%。2020 年电网工程投资 4699 亿元，占电力工程投资总额的比例依然低于电源工程投资，但比例与 2019 年相比有所上升，同比增长 7.99 个百分比（图 6-5）。

## 二、电力行业建设

### （一）发电装机容量

自 2002 年以来，我国电力行业实行厂网分开，打破了电力行业原来高度一体化的垄断体系，调动了各方办电的积极性，电源建设速度进一步加快，成为中华人民共和国成立以来电源发展最快的一段时期。与改革开放初期相比，发电装机容量增长了 10 倍。自 1996 年起，中国发电装机容量一直位居世界第二位。电源结构不断继续优化。电源建设贯彻了“优化发展火电，有序发展水电，积极发展核电和大力发展可再生能源发电”的方针，加快了水电、核电和可再生能源等清洁能源发电的建设步伐。新增能力保持较大规模，电源结构继续优化。

中电联《中国电力行业年度发展报告 2021》显示：截至 2020 年底，全国全口径发电装机容量 220204 万千瓦，比上年增长 9.6%。其中，水电 37028 万千瓦，比上年增长 3.4%（抽水蓄能 3149 万千瓦，比上年增长 4.0%）；火电 124624 万千瓦，比上年增长 4.8%（煤电 107912 万千瓦，比上年增长 3.7%；气电 9972 万千瓦，比上年增长 10.5%）；核电 4989 万千瓦，比上年增长 2.4%；并网风电 28165 万千瓦，比上年增长 34.7%；并网太阳能发电 25356 万千瓦，比上年增长 24.1%。

随着新的发电机组相继投产，全国发电设备容量继续平稳增长，且新能源发电装机容量占比不断提高。全国全口径非化石能源发电装机容量 98566 万千瓦，比上年增长 16.8%。2020 年，非化石能源发电量 25830 亿千瓦时，比上年增长 7.9%。

清洁能源装机比重提升，电源结构继续优化。如图 6-6 所示，截至 2020 年底，电力装机构成中，火电装机占比 56.58%，同比降低 2.63 个百分点；水电装机占比 16.82%，同比回落 0.91 个百分点；核电装机占比 2.27%，同比下降 0.15 个百分点；风电装机占比 12.79%，同比提高 2.34 个百分点；太阳能发电装机占比 11.52%，同比提升 1.34 个百分点。

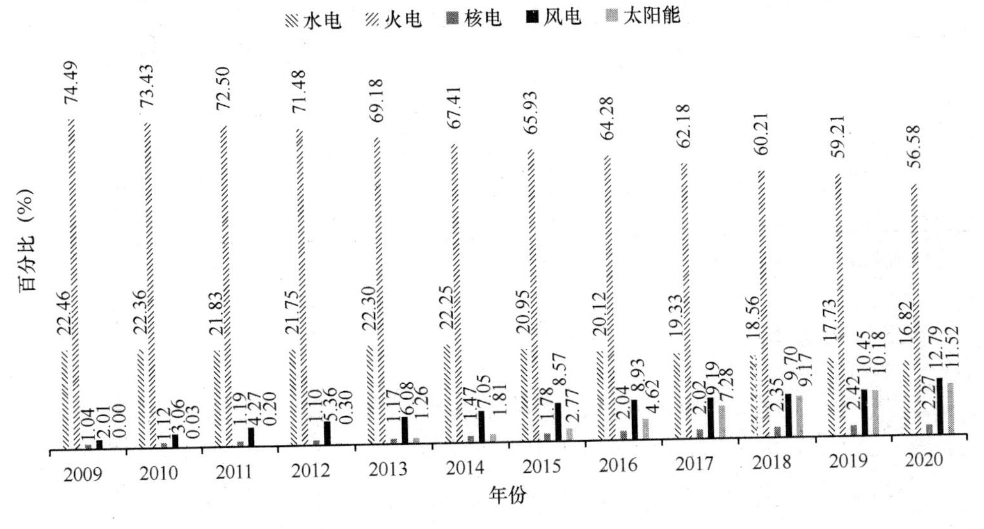


图 6-6 2009～2020 年电力装机构成图

数据来源：同花顺 iFinD。

### （二）新增装机

2020 年，全国发电新增装机容量 19087 万千瓦，一改 2018 年和 2019 年的下降态势，同比大幅度增加，增加额达到 8914 万千瓦（表 6-1）。分电源类型看，水电新增容量 1323 万千瓦，同比增加 906 万千瓦，增幅 217%；火电新增容量 5637 万千瓦，同比增加 1545 万千瓦，增幅 38%；核电新增 112 万千瓦，同比减少 297 万千瓦，降幅 73%；风电新增容量 7167 万千瓦，同比大幅度增加 4593 万千瓦，增幅 178%；太阳能发电新增容量 4820 万千瓦，同比增加 2139 万千瓦，增幅 80%。

**2009～2020 年全国新增发电装机容量**（万千瓦） **表 6-1**

| 年份 | 总量 | 水电 | 火电 | 核电 | 风电 | 太阳能 |
|---|---|---|---|---|---|---|
| 2009 | 9667.35 | 2105.70 | 6585.76 | | 973.00 | 2.79 |
| 2010 | 9124.00 | 1642.85 | 5830.56 | 173.69 | 1457.31 | 19.59 |
| 2011 | 9041.00 | 1225.00 | 5886.00 | 175.00 | 1585.00 | 169.00 |

续表

| 年份 | 总量 | 水电 | 火电 | 核电 | 风电 | 太阳能 |
|---|---|---|---|---|---|---|
| 2012 | 8315.00 | 1676.00 | 5236.00 | | 1296.00 | 107.00 |
| 2013 | 10222.00 | 3096.00 | 4175.00 | 221.00 | 1487.00 | 1243.00 |
| 2014 | 10443.00 | 2180.00 | 4791.00 | 547.00 | 2101.00 | 825.00 |
| 2015 | 13184.00 | 1375.00 | 6678.00 | 612.00 | 3139.00 | 1380.00 |
| 2016 | 12143.00 | 1179.00 | 5048.00 | 720.00 | 2024.00 | 3171.00 |
| 2017 | 13019.00 | 1287.00 | 4453.00 | 218.00 | 1720.00 | 5341.00 |
| 2018 | 12785.00 | 859.00 | 4380.00 | 884.00 | 2127.00 | 4525.00 |
| 2019 | 10173.00 | 417.00 | 4092.00 | 409.00 | 2574.00 | 2681.00 |
| 2020 | 19087.00 | 1323.00 | 5637.00 | 112.00 | 7167.00 | 4820.00 |

数据来源：同花顺 iFinD。

### （三）电网建设

中电联《中国电力行业年度发展报告 2021》显示：截至 2020 年底，全国电网工程建设完成投资 4896 亿元，比上年下降 2.3%。其中，直流工程 532 亿元，比上年增长 113.4%；交流工程 4188 亿元，比上年下降 7.5%，占电网总投资的 85.5%。

2020 年，全年新增交流 110 千伏及以上输电线路长度和变电设备容量 57237 千米和 31292 万千伏安，分别比上年下降 1.2%和 2.0%。全年新投产直流输电线路 4444 千米，新投产换流容量 5200 万千瓦。

# 第二节　电力行业生产与供应

改革开放以来，我国电力行业生产与供应能力飞速发展，特别是 2002 年电力体制改革之后，电力供应短缺局面迅速扭转，电力生产运行安全也在快速增加。

## 一、电力行业生产

近 20 年是我国电力行业生产飞速发展时期，全国发电设备容量平稳增长，发电量逐年增加，生产运行安全可靠性不断提升。近年来新能源发电装机容量占比不断提高，弃风、弃光问题明显改善，风电设备利用小时屡创新高，但区域发电仍然存在较大差异性。

### （一）发电量及增长情况

如图 6-7～图 6-10 所示，2001～2020 年间，发电量逐年增加。全社会发电量平稳增长，累计发电量增速稳步回升，特别是 2002 年以后，发电量增长迅猛，但近几年也有所放缓。

2020 年，全国全口径发电量为 76264 亿千瓦时，比上年增长 4.1%，增速比上年下降 0.7 个百分点。其中，水电 13553 亿千瓦时，比上年增长 4.1 %（抽水蓄能 335 亿千瓦时，比上年增长 5.0 %）；火电 51770 亿千瓦时，比上年增长 2.6%（煤电 46296 亿千瓦时，比上年增长 1.7%；天然气 2525 亿千瓦时，比上年增长 8.6%）；核电 3662 亿千瓦时，比上年增长 5.0%；并网风电 4665 亿千瓦时，比上年增长 15.1%；并网太阳能发电 2611 亿千瓦时，比上年增长 16.6%。

### （二）电源结构情况

2020 年 1～12 月，核电、风电、太阳能发电量占比同比均略有提升，水电发电量占比同比维持不变，火电发电量占比则有所下降。根据国家统计局发布的数据，2020 年全年，水电发电量占全部发电量的比例为 17.77%，与上年同期相比维持不变；核电、风电、太阳能发电量占全部发电量的比例分别为 4.80%、6.12%和 3.42%，与上年同期相比分别提高 0.04 个百分点、0.59 个百分点和 0.37 个百分点；火电发电量占全部发电量的比例为 67.88%，与上年同期相比下降 1 个百分点（图 6-11）。

### （三）分区域发电情况分析

受我国幅员辽阔，区域天然条件差异大的影响，我国分区域发电情况差异很大。图 6-12 是 2020 年全国各省（区、市）发电情况，2020 年发电量增速在 10%以上的地区仅有 1 个，新疆（12.30%）发电量增长较快；发电量负增长的地区有 6 个：海南（－0.04%）、浙江（－0.18%）、湖南（－0.32%）、北京（－1.43%）、山东（－1.54%）和安徽（－2.69%）；其余地区发电量增速在 0～10%。

与 2019 年相比，各省份增速整体上有所回落，2019 年发电量增速在 10%以上的地区有 4 个，西藏（28.83%）、陕西（18.19%）、吉林（12.90%）、新疆（11.79%）发电量增长较快；发电量负增长的地区仅有 2 个：上海（－2.09%）和河南（－5.31%）；其余地区发电量增速在 0～10%。

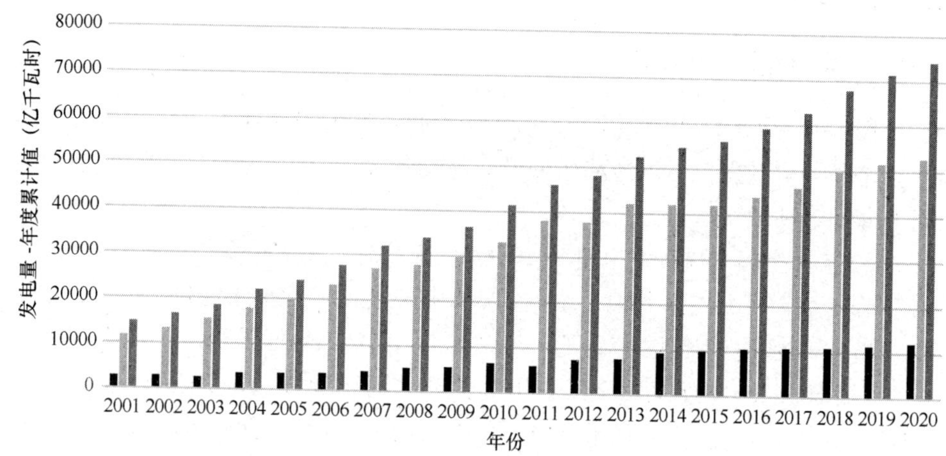


图 6-7　2001～2020 年全国发电量统计图

数据来源：同花顺 iFinD。

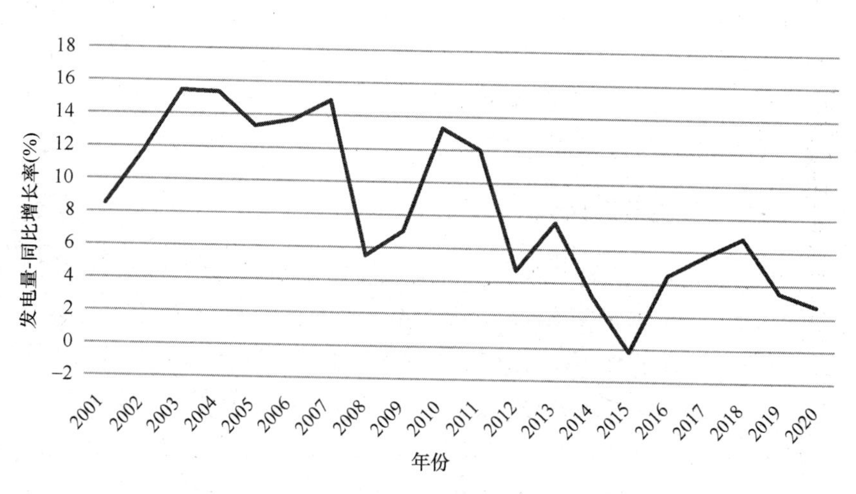


图 6-8　2001～2020 年全国发电量同比增长率

数据来源：同花顺 iFinD。

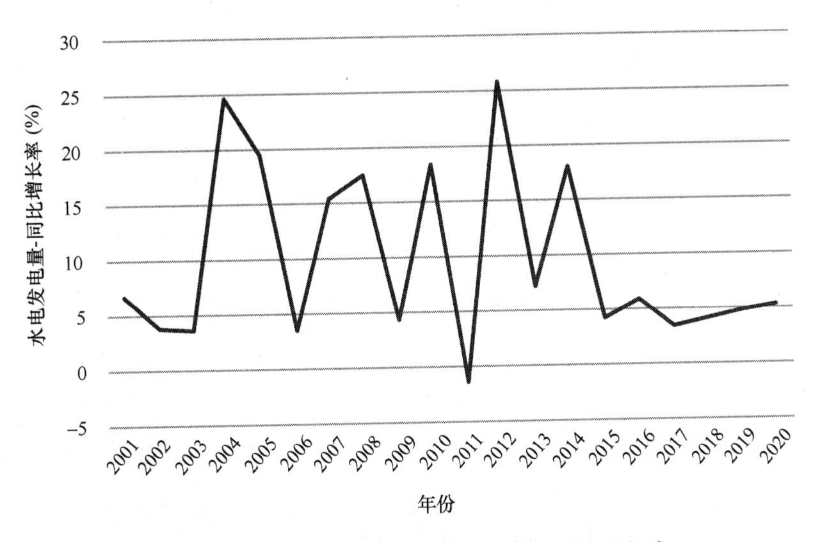


图 6-9　2001～2020 年全国水电发电量同比增长率

数据来源：同花顺 iFinD。

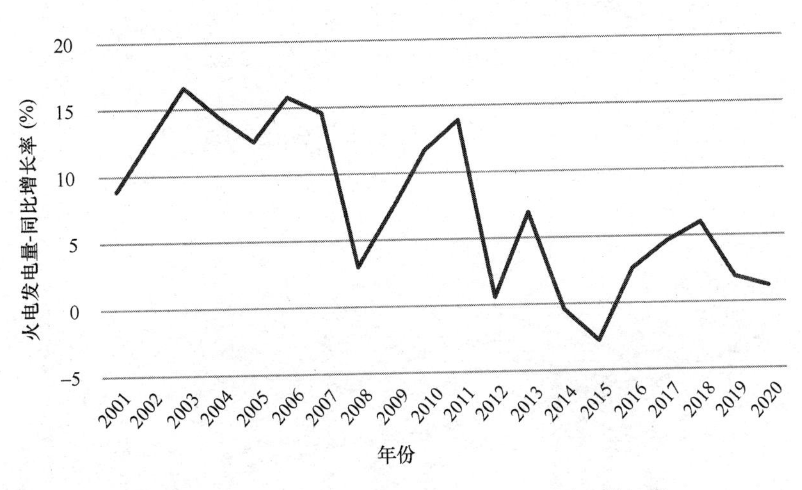


图 6-10　2001～2020 年全国火电发电量同比增长率

数据来源：同花顺 iFinD。

与各省份发电量增长情况相比，发电量增速的地区差异更大，如图 6-13 所示，2020 年发电量增速最高区域西北是最低区域华东的近 18 倍，但发电量西北却不及华东，因为发电量不仅受地区用电需求的影响，还受装机增速等其他因素影响，未来，随着发电装机向资源禀赋丰富地区转移，跨区输电比例扩大，发电量增速的区域性差异将愈加明显。

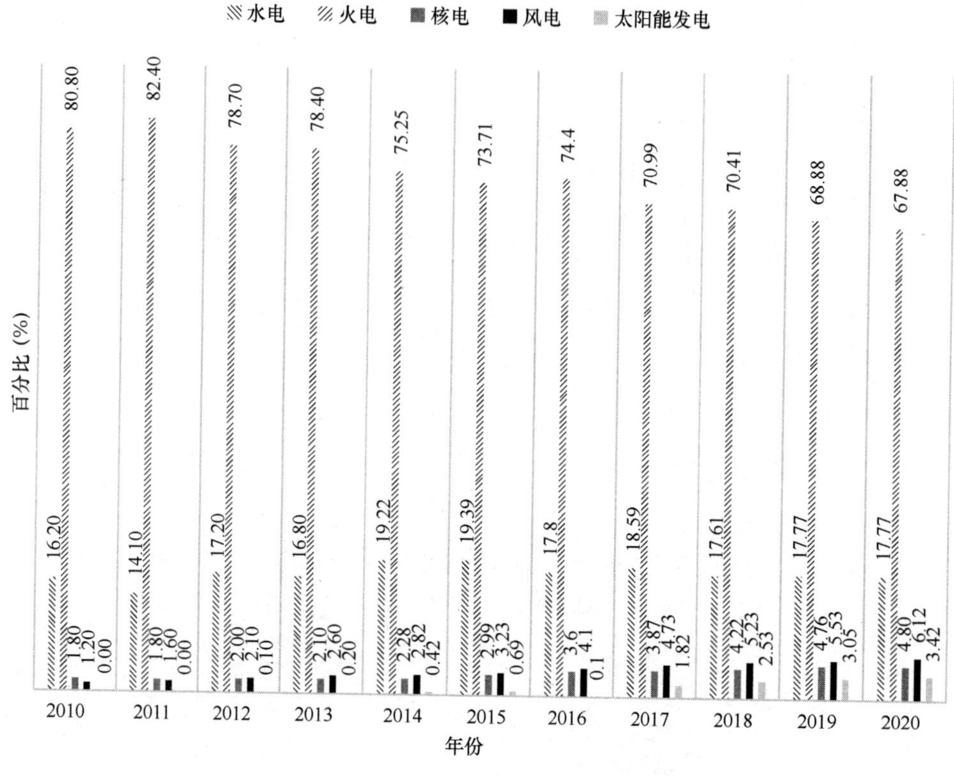


图 6-11　2010～2020 年中国发电量构成

数据来源：笔者根据中电联发布的《中国电力行业年度发展报告》整理而得。

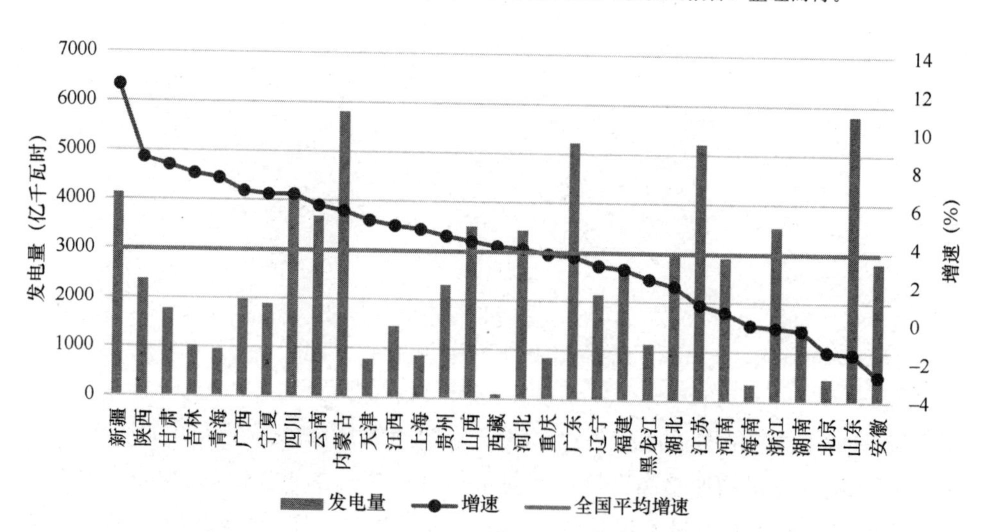


图 6-12　2020 年全国各省（区、市）发电量及增长情况

数据来源：同花顺 iFinD，笔者整理而得。

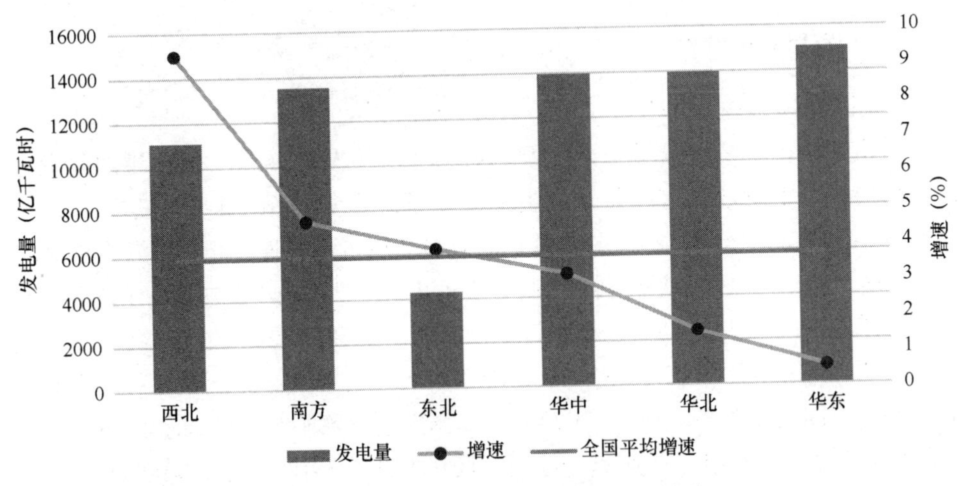


图 6-13 2020 年分地区发电量及增长情况

数据来源：同花顺 iFinD，笔者整理而得。

分地区看，2019 年，西北地区发电量 11097.93 亿千瓦时，同比增长 9.38%，增速在各地区中最高；华东地区发电量 15070.62 亿千瓦时，同比增长 0.53%，增速在各地区中最低，但仍然较去年有所增长。

### （四）生产安全

2020 年，全国没有发生重大以上电力人身伤亡事故，没有发生电力安全事故、水电站大坝漫坝垮坝事故以及对社会有较大影响的电力安全事件。2020 年全国发生电力人身伤亡事故共计 36 起，事故起数同比增加 1 起，同比增幅 3%；发生电力人身死亡人数共计 45 人，死亡人数增加 5 人，同比增幅 13%。其中，电力生产人身伤亡事故 23 起，事故起数同比减少 6 起，同比降幅 21%，占事故总起数的 64%；电力生产人身死亡人数 24 人，死亡人数同比减少 8 人，同比降幅 32%，占死亡总人数的 53%。电力建设人身伤亡事故 13 起，事故起数同比增加 7 起，占事故总起数的 36%；电力建设人身死亡人数 21 人，死亡人数同比增加 13 人，占死亡总人数的 47%。

## 二、电力行业供应

近年来，随着特高压电网建设提速，城市配电网以及农网升级改造稳步推进，全国建设新增变电容量及输电线路长度持续增加，电力供应能力及可靠性不断增强。

### （一）发电效率分析

1. 设备利用小时分析

因发电装机容量快速增长，而电力需求增长缓慢，2005～2020年期间发电设备平均利用小时数虽有起伏，但整体上呈下降态势（图6-14）。其中2013～2016年降幅最大。2017～2018年，受益于全社会用电量快速增长，以及发电装机增速放缓，全国发电设备平均利用小时数实现止跌回升。全年发电设备平均利用小时数分别为3790小时和3862小时，同比增长5小时和72小时。2019年，全国发电设备平均利用小时数再次下降，而且降幅很大，全年发电设备平均利用小时数3469小时，同比下降393小时。2020年，全国发电设备平均利用小时数有所回升，全年发电设备平均利用小时数3758小时，同比上升289小时，上升幅度为8.3%。

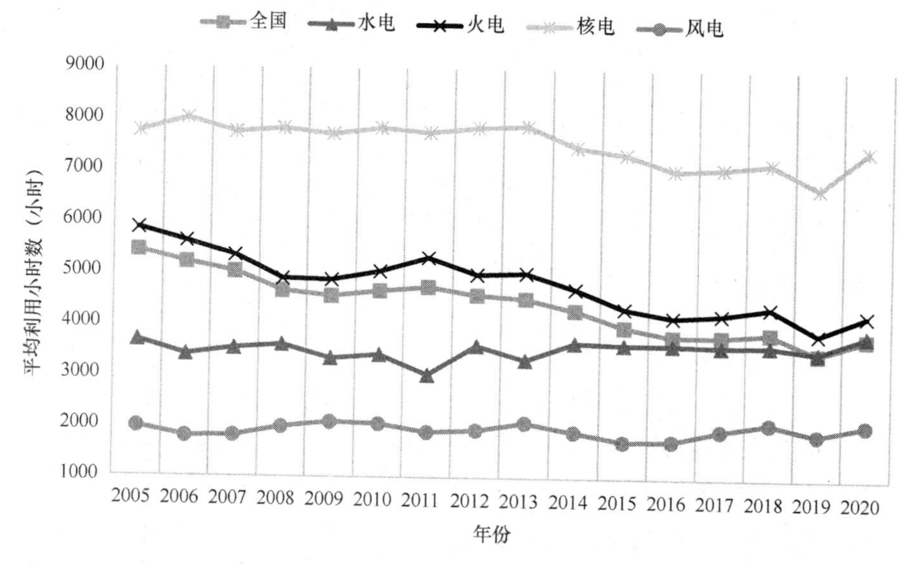


图6-14　2005～2020年全国发电设备累计平均利用小时数变动趋势图

数据来源：中国电力企业联合会、各年《电力工业统计资料汇编》、同花顺iFinD。

分类型来看，全国水电设备平均利用小时数为3827小时，比上年同期上升328小时；全国火电设备平均利用小时数为4216小时，比上年同期上升360小时；全国核电设备平均利用小时数7453小时，比上年同期上升743小时；全国风电设备平均利用小时数2073小时，比上年同期上升191小时。

2. 供电煤耗水平分析

如图6-15所示，2006～2020年，供电煤耗水平逐步下降，下降幅度逐步减小。其中2017年以前，年度供电煤耗率同比降幅在3克/千瓦时以上，2018～2019年没有延续前几年3克/千瓦时下降值，年度降幅均为1克/千瓦时。2020

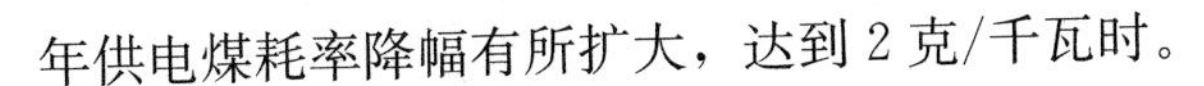

年供电煤耗率降幅有所扩大，达到2克/千瓦时。

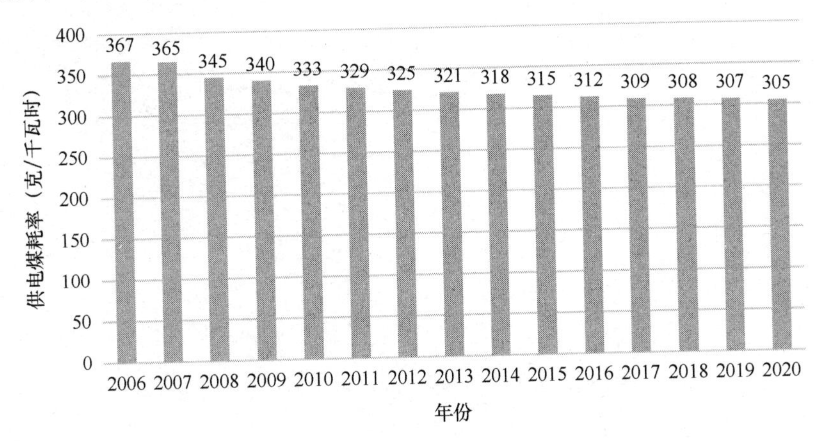


图 6-15 2006～2020 年供电煤耗趋势图

数据来源：中国电力企业联合会，同花顺 iFinD。

### (二) 电网运行状况

1. 电网规模有所增加

近年来电网投运规模增速保持在较低水平，220 千伏及以上变电设备容量、输电线路回路长度增速均在5%以内。新增规模波动幅度不大，基本保持近几年平均水平，变电设备增量持续超过2亿千伏安，输电线路回路长度增长超过3.5万千米。截至2020年底，初步统计全国电网220千伏及以上输电线路回路长度79.4万千米，比上年增长4.6%；全国电网220千伏及以上变电设备容量45.3亿千伏安，比上年增长4.9%；全国跨区输电能力达到15615万千瓦（跨区网对网输电能力14281万千瓦；跨区点对网送电能力1334万千瓦）。2020年全国跨区送电量完成6474亿千瓦时，比上年增长13.3%。

特高压建设方面，2020年，山东-河北环网、张北-雄安、蒙西-晋中、驻马店-南阳（配套）、乌东德-广东、广西（简称"昆柳龙直流工程"）、青海-河南等特高压线路建成投运。至2020年，我国共建成投运30条特高压线路。其中，国家电网共26条特高压，分为14条交流特高压和12条直流特高压；南方电网有4条直流特高压。此外，云贵互联通道工程、阿里与藏中电网联网工程等重点项目也已建成投产。

2. 线路损失率及变化情况

图6-16显示，2008～2020年线路损失率整体上呈下降趋势，近年来，下降趋势更为明显，2019年和2020年连续两线路损失率在6%以下，分别为5.90%和5.62%。

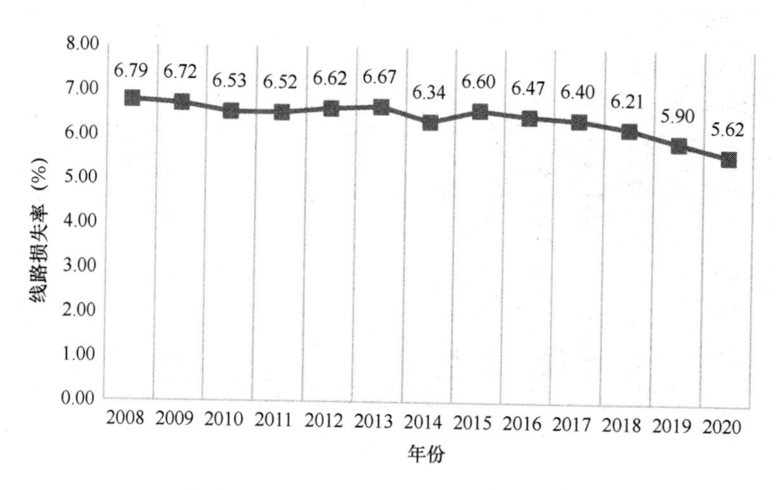


图 6-16　2008～2020 年线路损失率情况

数据来源：中国电力企业联合会、同花顺 iFinD。

### （三）售电总量

图 6-17 显示 2005～2020 年中国售电总量呈上升趋势，近年来受宏观经济转型的影响，售电量整体上有所减缓，2015 年增长率较 2014 下降，增速放缓明显。但 2016 年开始售电量回升明显。2020 年 1～11 月累计售电量 55，395.00 亿瓦时，同比增长 2.49%。

中电联《中国电力行业年度发展报告 2021》显示：2020 年全国人均用电量

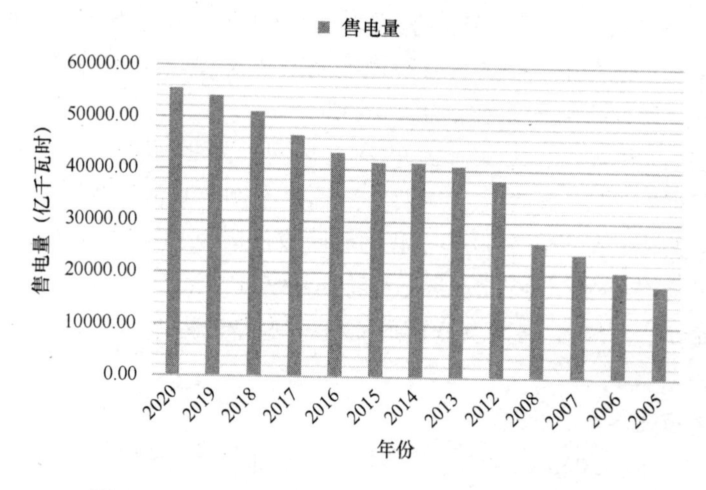


图 6-17　2005～2020 年全国 1～11 月售电量统计图

数据来源：同花顺 iFinD。售电量各年为 1～11 月累计值，非全年售电量。

5331千瓦时/人，比上年增加145千瓦时/人；全国电力供需形势总体平衡，部分地区有富余，局部地区用电高峰时段电力供应偏紧，疫情防控期间电力供应充足可靠，为全社会疫情防控和国民经济发展提供坚强电力保障。

# 第三节　电力行业发展成效

改革开放以来，随着经济体量的迅速扩大，我国电力行业开始高速发展，在发展速度、发展规模和发展质量方面取得了巨大成就，发生了翻天覆地的变化。在全国联网、解决无电人口等方面取得了举世瞩目的成绩，但也必须看到我国电力发展仍面临清洁能源消费比重偏低、配置资源效率低下、体制机制有待完善等重重挑战。2014年6月，在中央财经领导小组六次会议上，习总书记创造性提出“四个革命、一个合作”能源安全新战略。电力行业按照党中央、国务院统一部署，积极落实能源“四个革命、一个合作”发展战略，在保障电力系统安全稳定运行和可靠供应、提供电力能源支撑的同时，加快清洁能源发电发展，加大电力结构优化调整力度，持续推进电力市场化改革，大力推动电力科技创新，狠抓资源节约与环境保护，积极应对气候变化，倡导构建全球能源互联网，持续扩大电力国际合作，电力行业发展取得新的成绩，为国家经济社会发展、能源转型升级和落实国家“一带一路”战略做出了重要贡献。

## 一、电力行业运行成效

### （一）电力供输成效

改革开放40多年来，我国电力供应能力快速发展，建设规模也在不断扩大，电力工业作为国民经济发展最重要的基础产业，为经济增长和社会进步提供了强力保障和巨大动力。

1. 电力供应能力持续增强

1978年底，我国发电装机容量为5712万千瓦，其中，水电装机容量1728万千瓦，占总装机容量的30.3%，火电装机容量3984万千瓦，约占总装机容量的69.7%。发电量为2565.5亿千瓦时，水电发电量为446亿千瓦时，占总发电量的17.4%，火电发电量为2119亿千瓦时，占总发电量的82.6%，仅相当于现在一个省的规模水平。人均装机容量和人均发电量还不足0.06千瓦、270千瓦时。发电装机容量和发电量仅仅分别位居世界第八位和第七位。改革开放之初的电力发展规模不但远低于世界平均水平，也因为严重短缺成为制约国民经济发展的瓶颈。

改革开放开启了电力建设的大发展，此后经历 9 年时间，到 1987 年我国发电装机容量达到第一个 1 亿千瓦，此后又经历 8 年时间，到 1995 年达到 2.17 亿千瓦。到了 1996 年，发电装机容量达到 2.4 亿千瓦，发电装机容量和发电量跃居世界第二位，仅次于美国。2006 年起，每年新增发电装机容量在 1 亿千瓦左右。2011 年，我国发电装机容量与发电量超过美国，成为世界第一电力大国。2015 年，我国发电装机容量达到 15.25 亿千瓦，人均发电装机容量历史性突破 1 千瓦。2020 年底，我国发电装机容量达到 22 亿千瓦，发电量 76264 亿千瓦时，分别是 1978 年的 38.5 倍和 29.7 倍以上。40 多年来我国电力工业从小到大，从弱到强，实现了跨越式快速发展。

此外，高参数大容量发电机组也成为电力生产的主力。改革开放初期，我国电力科技水平较为落后，只有为数不多的 20 万千瓦火电机组，30 万千瓦火电机组尚需进口。核电站直到 20 世纪 80 年代才在国外的帮助下建成。40 多年来，随着技术进步及电源结构的优化，目前我国不仅在装机总量和发电量上是世界大国，而且电力装备业也已全面崛起，并已跻身世界大国行列。我国装备了具有国际先进水平的大容量、高参数、高效率的发电机组。

2. 电网规模稳步增长

改革开放之初，我国电网建设相对滞后，全国 220 千伏及以上输电线路长度仅 2.3 万千米，变电容量约为 2528 万千伏；历经 40 多年的建设，全国电网建设也取得了举世瞩目的成就，最高电压等级从 220 千伏、500 千伏逐步发展到当前的 1000 千伏、±800 千伏，电压层级分布日趋完善。1978 年，我国 35 千伏以上输电线路维护长度仅为 23 万千米，变电设备容量为 1.26 亿千伏安，截至 2020 年底，全国仅 220 千伏及以上输电线路回路长度就已经接近 80 万千米，220 千伏及以上变电设备容量已超过 45 亿千伏安。“十二五”时期，新疆、西藏、青海玉树藏族自治州、四川甘孜州北部地区相继结束了孤网运行的历史，全国彻底解决了无电人口用电问题，电网成为满足人民美好生活需要的重要保障。我国电网规模 2005 年以来稳居世界第一，电网建设总体保证了新增 17 亿千瓦电源的接入，满足了新增电量 6 万亿千瓦时的供电需求，有力支撑了社会经济的快速发展。

跨区输电能力大幅提升。我国的发电资源与电力负荷呈现明显的逆向分布，煤电资源主要分布在东北、华北和西北，风电资源主要集中在“三北”和华东沿海地区，太阳能光伏资源主要分布在西北和华北地区，而负荷中心集中于东南部沿海和中部地区，跨省跨区电网建设已成为我国解决资源分布不均、优化发电资源的重要手段，我国已基本建成“西电东送、南北互供、全国联网”的电网配置资源格局，特高压线路逐年增加，电力资源的大范围调配成为常态。2006～2018年间，我国跨区输电容量增长了5倍，西南、西北和华中三个区域的输出电量规模最大，合计占比超过3/4；34个省级行政区中，20个省区市净电量输出超过10太瓦时，13个省区市净电量输入超过10太瓦时；作为水电资源丰富的西南地区，云南和四川是全国跨省外送电量比例最大的省份，2018年均超过40%；而北京和上海作为人口密度最大的城市（除香港和澳门），年用电量超过40%为外来电。2020年全国跨省跨区输电能力达1.4亿千瓦。

电网电压等级不断提升。改革开放之初，我国电网最高电压等级为330千伏，1981年第一条500千伏超高压输电线路——河南平顶山至湖北武昌输变电工程竣工。1989年第一条±500千伏超高压直流输电工程——葛洲坝至上海直流输电工程，单极投入运行。2005年第一个750千伏输变电示范工程——青海官亭至甘肃兰州东正式投运。2009年建成投运第一条1000千伏特高压输电线路（晋东南—荆门），我国电网进入特高压时代。2010年建成投运两条±800千伏特高压直流输电线路（云广、向上），我国又迎来特高压交直流混联电网时代。2018年±1100千伏新疆准东—安徽皖南特高压直流输电线路（3324千米）投运。至2020年，我国共建成投运30条特高压线路。

### （二）电力生产成效

1. 电源结构多元化和清洁化

改革开放40多年来，电力生产逐渐由初始的规模导向、粗放式发展过渡到以“创新、协调、绿色、开放、共享”五大发展理念为引领的绿色低碳发展理念。经过40多年的发展，我国电源投资建设重点向非化石能源方向倾斜，电源结构持续向结构优化、资源节约化方向迈进，形成了水火互济、风光核气生并举的电源格局，多项指标世界第一，综合实力举世瞩目。

新能源发电投资占比显著提高。2020年，风电、核电、水电、火电发电投资占电源总投资比例分别为50.1%、7.2%、20.2%、10.7%。火电及煤电投资规模大幅下降，为2006年以来最低水平。

电源结构得到明显改善。改革开放初，我国电源构成仅有火电与水电，结构较为单一，其中火电3984万千瓦，占比69.7%，水电1728万千瓦，占比30.3%。清洁能源发电量也只有水电的446亿千瓦时。其他清洁能源则从零起步。经过40多年的发展，特别是党的十八以来，在“四个革命、一个合作”能源安全新战略指引下，我国的电源结构已形成水火互济、风光核气生并举的格局。截至2020年底，全国火电装机12.45亿千瓦，在全国装机中占比56.58%；

水电装机 3.70 亿千瓦，占比 16.82%；核电装机 0.50 亿千瓦，占比 2.27%；风电装机 2.82 亿千瓦，占比 12.79%；太阳能发电装机 2.53 亿千瓦，占比 11.52%。

水电长期领先，综合实力举世瞩目。我国水电发展起步较早，并长期在世界水电领域保持领先地位。2004 年，以公伯峡水电站 1 号机组投产为标志，中国水电装机容量突破 1 亿千瓦，居世界第一。2010 年，以小湾水电站 4 号机组为标志，中国水电装机容量突破 2 亿千瓦。2012 年，三峡水电站最后一台机组投产，成为世界最大的水力发电站和清洁能源生产基地。此后，溪洛渡、向家坝、锦屏等一系列巨型水电站相继开工建设。2020 年，中国水力发电装机 3.70 亿千瓦，占到全球水电总装机容量 30%左右。

风电、光伏、核电后来居上，多项指标世界第一。2000 年，我国风电装机仅有 30 多万千瓦，2010 年则突破 4000 万千瓦，超越美国成为世界第一风电大国，2015 年 2 月，我国并网风电装机容量首次突破 1 亿千瓦，截至 2020 年底，我国风电装机容量已达到 2.82 亿千瓦。1991 年 12 月，我国自行设计、研制、安装的第一座核电站——秦山一期核电站并网发电，从此结束了中国大陆无核电的历史。截至 2020 年底，我国核电装机 0.50 亿千瓦，总装机容量跻身世界前五；1983 年，总装机 10 千瓦的我国第一座光伏电站在甘肃省兰州市榆中县园子岔乡诞生。近几年光伏发电加速发展，光伏领跑者计划、光伏扶贫计划和分布式光伏计划全面启动，国内光伏发电产业发展由政策驱使逐步转向市场化，装机容量实现爆发式增长。光伏发电新增装机从 2013 年开始连续居于世界首位，并于 2015 年超越德国成为累计装机全球第一。

2. 电力科技水平不断提升

改革开放 40 多年来，我国通过实施一大批重大科技项目，推动科技实力实现跨越式提升，实现了科技实力从“赶上时代”到“引领时代”的伟大跨越。40 多年来，我国出台了多项能源科技发展规划及配套政策，走出了一条引进、消化吸收、再创新的道路，能源技术自主创新能力和装备国产化水平显著提升。我国电力工业快速发展的背后，是电力科技实力不断提升的支撑。目前，我国多项自主关键技术跃居国际领先水平。

火电技术不断创新，达到世界领先水平。高效、清洁、低碳火电技术不断创新，相关技术研究达到国际领先水平，为我国火电结构调整和技术升级做出贡献。超超临界机组实现自主开发，大型循环流化床发电、大型 IGCC、大型褐煤锅炉已具备自主开发能力，二氧化碳利用技术研发和二氧化碳封存示范工程顺利推进。燃气轮机设计体系基本建立，初温和效率进一步提升，天然气分布式发电开始投入应用。燃煤耦合生物质发电技术已在 2017 年开展试点工作。

可再生能源发电技术已显著缩小了与国际先进水平的差距。水电、光伏、风电、核电等产业化技术和关键设备与世界发展同步。中国水电工程技术挺进到世界一流，特别是在核心的坝工技术和水电设备研制领域，形成了规划、设计、施工、装备制造、运行维护等全产业链高水平整合能力。风电已经形成了大容量风电机组整机设计体系和较完整的风电装备制造技术体系。规模化光伏开发利用技术取得重要进展。核电已经从最初的完全靠技术引进，到如今以福清 5 号机组和防城港 3 号机组为代表的“华龙一号”三代核电技术研发和应用走在世界前列，四代核电技术、模块化小型堆、海洋核动力平台、先进核燃料与循环技术取得突破，可控核聚变技术得到持续发展。

电网技术水平处于国际前列。掌握了具有国际领先水平的长距离、大容量、低损耗的特高压输电技术，运行着全球最大的电网，使之成为我国大范围资源优化配置的重要手段。电网的总体装备和运维水平处于国际前列。特高压输电技术处于引领地位，掌握了 1000 千伏特高压交流和±800 千伏特高压直流输电关键技术。已建成多个柔性直流输电工程，智能变电站全面推广，电动汽车、分布式电源的灵活接入取得重要进展，电力电子器件、储能技术、超导输电获得长足进步。

前沿数字技术与电力技术的融合正在成为新的科技创新方向。当前，发电技术、电网技术与信息技术的融合不断深化，大数据、移动通信、物联网、云计算等前沿数字技术与电力技术的融合正在成为新的科技创新方向，以互联网融合关键技术应用为代表的电力生产走向智能化。我国已开展新能源微电网、“互联网+”智慧能源、新型储能电站等示范项目建设，正在推动能源互联网新技术、新模式和新业态的兴起。

3. 电力生产安全不断提升

改革开放以来，我国电力生产安全性不断提升，但安全生产形势依然严峻。2020 年，全国虽然没有发生重大以上电力人身伤亡事故，没有发生电力安全事故、水电站大坝漫坝垮坝事故以及对社会有较大影响的电力安全事件。

### （三）电力消费持续增长

改革开放以来，经济结构对应的产业电量排序经历了从“二一三”到“二三一”，再到“三二一”的调整，电力消费弹性系数，也经历了由小于 1 到大于 1 继而降至小于 1 的“A”型发展。通过产业结构调整促进电力消费结构优化，三次产业及居民用电结构表现出“两升两降”的特点，即第一、二产业用电占比双降，第三产业及居民用电占比快速上升，用电结构从 1986 年的 6：82：7：5 演变为 2020 年的 10：596：141：127。

## 二、电力市场建设成效

我国坚持市场化的改革方向不动摇，市场作为资源配置的主导地位不断提升。也是推动电力工业快速发展的强大动力。在改革开放的大背景下，电力行业不断解放思想深化改革，经历了电力投资体制改革、政企分开、厂网分开、配售分开等改革。电力体制机制改革既是我国经济体制改革的重要组成部分，也是我国垄断行业走向竞争、迈向市场化的一种探索。电力领域每一次改革，都为电力行业以及社会经济激发出无穷活力，产生深远影响。在售电侧改革与电价改革、交易体制改革、发用电计划改革等协调推动下，2020 年电力市场建设加快，电力市场交易更加活跃。

### （一）电力投资体制改革促进投资主体多元化

改革开放前和改革开放初期，电力行业一直实行集中统一的计划管理体制，投资主体单一，运行机制僵化，投资不足且效率低下。20 世纪 80 年代初，为了解决电力短缺以适应国民经济蓬勃发展的新局面，以 1981 年山东龙口电厂正式开工兴建为标志，拉开了电力投资体制改革的序幕。此轮电力投资体制改革通过集资办电、利用外资办电、征收每千瓦时 2 分钱电力建设资金交由地方政府办电等措施，吸引了大量非中央政府投资主体进行电力投资，打破了政府独家投资办电的格局，促进了电力投资主体多元化。这次改革比较成功地解决了电源投资资金来源问题，极大地促进了电力特别是电源的发展。1978 年，全国电力装机只有 5712 万千瓦，到 2001 年底，全国各类电力装机已经达到 33849 万千瓦。同时，从 1988 年到 2002 年，随着改革开放的不断深入，按照公司化原则、商业化运营、法制化管理的改革思路，我国电力行业逐步实现了政企分开，并颁布实施了《电力法》，确立了电力企业的法人主体地位。

### （二）厂网分开改革形成电源市场化竞争格局

2002 年，《国务院关于印发电力体制改革方案的通知》（国发〔2002〕5 号），明确按照“厂网分开、竞价上网”的原则，将原国家电力公司一分为七，成立国家电网、南方电网两家电网公司，华能、大唐、国电、华电、中电投五家发电集团，以及四家辅业集团公司。出台了电价改革方案和相应的改革措施，改进了电力项目投资审批制度。在东北、华东、南方地区开展了电力市场试点工作。厂网分开后，电源企业形成了充分竞争的市场化格局，进一步提升和发挥了市场机制的推动作用，激发了企业发展的活力，使得电力行业迎来了又一次快速发展的新机遇，这期间无论是电源建设规模，还是电网建设规模，都达到过去几十年来电力建设的顶峰。

### （三）新电改加快推动电力交易市场化

2015年3月，中共中央 国务院印发《关于进一步深化电力体制改革的若干意见》（中发〔2015〕9号），开启了新一轮电力体制改革，同年，六个配套文件也相继出台，随后各项改革试点工作迅速推进。2017年，电力体制改革综合试点扩至22家；输配电价改革试点已覆盖全部省级电网；售电侧市场竞争机制初步建立，售电侧改革试点在全国达到10个，增量配电业务试点则达到195个，注册登记的售电公司超过1万家；交易中心组建工作基本完成，组建北京、广州两个区域性电力交易中心和32个省级电力交易中心。电力现货市场建设试点启程，八个地区被选为第一批电力现货市场建设试点。全国电力市场化交易规模再上新台阶。截至2019年底，北京电力交易中心举行增资协议签约仪式，共引入10家投资者，新增股东持股占比30%。此外，国家电网区域24家省级交易机构均已出台股份制改革方案，22家增资扩股实施方案已报国务院国资委审批，6家交易机构增资方案获得国务院国资委批复，实现进场挂牌。我国电力交易机构股权结构进一步多元。2020年，国家电网有限公司经营区域市场化交易电量2.3万亿千瓦时，同比增长9.6%，占售电量比例首次超过一半，为50.6%。

### （四）市场化改革降低企业用电成本

随着新一轮电力体制改革的推进，大用户直购电、跨省跨区竞价交易、售电侧零售等具有市场化特质的电量交易已初具规模，市场化交易电量占比日益提高，降低了企业用电成本。2015年开始的这轮电力体制改革历时3年，完成各省级电网（西藏除外）输配电价核定，核定后全国输配电价较原购销价差降低1分/千瓦时，核减32个省级电网准许收入约480亿元。2020年，国网经营区内客户用电成本降低550亿元，平均降低电价3.037分/千瓦时，同比提高13.7%。

### （五）电力普遍服务水平显著提升

电力不仅支撑了我国工业的高速发展，满足了城市的消费，还大力服务于农村经济发展、农民生产生活。40多年来，通过全面解决无电地区人口用电问题、大力推进城乡配电网建设改造和动力电全覆盖、加大电力扶贫工作力度，电力普遍服务水平显著提升。

改革开放之初，我国的农村电气化水平极低，从 1982 年起，随着“自建、自管、自用”和“以电养电”等政策的实施，全国农村电气化建设有序推进。1983 年、1990 年、1996 年，国家先后组织了三批共 600 个农村水电初级化试点县建设。1996 年，全国有 14 个省区市实现了村村通电、户户通电。截至 2012 年底，全国还有 273 万人口没有用上电，主要分布在新疆、四川、青海、甘肃、内蒙古、西藏等偏远地区。国家能源局审时度势，于 2013 年正式启动《全面解决无电人口用电问题三年行动计划（2013-2015 年）》。截至 2015 年底，随着青海省果洛藏族自治州班玛县果芒村和玉树藏族自治州曲麻莱县长江村合闸通电，全国如期实现“无电地区人口全部用上电”目标。

改革开放之初，农村电网薄弱，我国高度重视农村电网建设与改造，长期以来保持持续投入。1998 年以来，陆续实施了一二期农网改造、县城农网改造、中西部地区农网完善、无电地区电力建设，农网改造升级工程。2016 年启动新一轮农村电网改造升级工程，截至 2020 年底，新一轮农网改造升级三大攻坚任务“农村机井通电”“小城镇中心村农网改造升级”“贫困村通动力电”顺利完成，显著提升了农村供电能力，农村电力消费快速增加，带动了农村消费升级和农村经济社会发展。

光伏扶贫成为精准扶贫的重要方式。光伏扶贫被国务院扶贫开发领导小组列为精准扶贫十大工程之一。2014 年，国家能源局、国务院扶贫办联合印发《关于实施光伏扶贫工程工作方案》，并随后启动光伏扶贫试点工作。截至 2020 年底，覆盖贫困户百万户。此外，各地根据国家政策还自行组织建设了一批光伏扶贫电站。通过多年努力，光伏扶贫取得了稳定带动群众增收脱贫、有效保护生态环境、积极推动能源领域供给侧改革“一举多得”的效果，成为精准扶贫的有效手段和产业扶贫的重要方式，增强了贫困地区内生发展活力和动力。

## 三、电力行业节能减排

为缓解资源环境约束，应对全球气候变化，国家持续加大节能减排力度，将节能减排作为经济社会发展的约束性目标。改革开放 40 多年来，电力行业持续致力于发输电技术以及污染物控制技术的创新发展，目前煤电机组发电效率、资源利用水平、污染物排放控制水平、二氧化碳排放控制水平等均达到世界先进水平，为国家生态文明建设和全国污染物减排、环境质量改善做出了积极贡献。

### （一）电力能效水平持续提高

1978 年全国供电煤耗 471 克/千瓦时，电网线损率为 9.64%，厂用电率

6.61%。改革开放以来，受技术进步及大容量、高参数机组占比提升和煤电改造升级等多因素影响，供电标准煤耗持续下降。截至2020年底，全国6000千瓦及以上火电厂供电标准煤耗304.9克/千瓦时，比1978年降低166.1克/千瓦时，煤电机组供电煤耗水平持续保持世界先进水平；全国线损率5.60%，比1978年降低3.44个百分点，居同等供电负荷密度国家先进水平。

### （二）电力排放绩效显著优化

改革开放之初，我国以煤为主要燃料的火电厂对环境造成严重污染，1980年，我国火电厂粉尘排放量为398.6万吨，二氧化硫排放量为245万吨。1990年，电力粉尘、二氧化硫和氮氧化物化物排放量分别为362.8万吨、417万吨、228.7万吨。改革开放40多年来，电力行业严格落实国家环境保护各项法规政策要求，火电脱硫、脱硝、超低排放改造持续推进，截至2020年底，全国电力烟尘、二氧化硫、氮氧化物排放量分别约为15.5万吨、78.0万吨、87.4万吨，分别比上年下降15.1 %、12.7%、6.3 %；单位火电发电量烟尘、二氧化硫、氮氧化物排放分别为0.032克/千瓦时、0.160克/千瓦时、0.179克/千瓦时，分别比上年下降0.006克/千瓦时、0.027克/千瓦时、0.016克/千瓦时。

2020年，全国单位火电发电量二氧化碳排放约832克/千瓦时，比2005年下降20.6%；全国单位发电量二氧化碳排放约565克/千瓦时，比2005年下降34.1%。以2005年为基准年，从2006年到2020年，通过发展非化石能源、降低供电煤耗和线损率等措施，电力行业累计减少二氧化碳排放约185.3亿吨。其中，非化石能源发展贡献率为62%，供电煤耗降低对电力行业二氧化碳减排贡献率为36%，降低线损的二氧化碳减排贡献率为2.6%。

## 第四节　电力行业智慧化水平

电力行业智慧化本质上源于电力行业信息化的发展，而信息化的基础是数字化。在新基建的推动下，新型基础设施建设将为数字经济搭建底层平台。电力革命与数字革命融合成为必然趋势，数字化发展将对电力行业进行数字贯通和价值整合，推动电力业务在线化、智能化和数字化，重塑电力业务模式和商业模式，通过提升电力生产效率和供给效率，降低电力经营成本，激发新的服务模式，在“碳中和”目标下，将对中国电力生态产生重大影响。

# 一、电力行业智慧化概述

## （一）电力行业智慧化概念

行业智慧化是近年来城市建设、信息化建设的重点，从智慧城市概念的兴起，到各领域全面的智慧化建设浪潮，从国家到地方，各行各业都在积极地推进"智慧建设"。在电力行业，智慧电力的建设也如火如荼。但在实际的建设中，依然面临着困惑，什么是电力行业智慧化？有些电力单位可能还在数字化、智能化的推进中，智慧化又有何不同？

智慧化和智能化本质上都是建立在数字化的基础之上。"智慧化"是生命所具有的基于生理和心理器官的一种高级创造思维能力，集成所有智能化系统，偏重综合应用，对内加强电力单位生产经营决策，对外增强与智慧城市、泛在电力物联网的配合，增强人对信息的获取能力，辅助决策，甚至自主决策，跨越时间维度、空间维度。与"智能化"相比，电力行业"智慧化"更兼顾整体。

## （二）电力行业智慧化需求

伴随着产业转型升级，近年来中国经济增速放缓，使得电力需求的增长速度放慢，而电煤价格持续攀升，火电企业发电成本不断上升。燃料成本上涨、财务负担加重、发电量低于预期，发电企业在增产增收不增效的情况下，经营形势愈加严峻，扭亏增盈的压力巨大。随着"碳中和"的目标规划，电力领域将领先启动转型措施。除去多产化发展，区域性发电公司经营形势严峻，面临如何通过集约化管理和经营有效促进"开源节流"，改善经营状况，快速实现扭亏增盈的问题，即面临如何开展"经营提效"。因而，从目的倒推：电力行业智慧化建设是为了建立现代电力系统，实现安全、高效、绿色、低碳的电力生产与供应。电力行业智慧建设相关政策文件见表 6-2。

**电力行业智慧化建设相关政策文件** **表 6-2**

| 政策名称 | 发布机构 | 发布时间 | 主要内容 |
| --- | --- | --- | --- |
| 关于促进智能电网发展的指导意见 | 国家发展改革委、国家能源局 | 2015.07.07 | 到 2020 年，初步建成安全可靠、开放兼容、双向互动、高效经济、清洁环保的智能电网体系，实现清洁能源的充分消纳，提升输配电网络的柔性控制能力 |
| 关于推进"互联网+"智慧能源发展的指导意见 | 国家发展改革委 | 2016.02.29 | 2016～2018 年，着力推进能源互联网试点示范工作；2019～2025 年，着力推进能源互联网多元化、规模化发展，初步建成能源互联网产业体系，成为经济增长重要驱动力 |

续表

| 政策名称 | 发布机构 | 发布时间 | 主要内容 |
| --- | --- | --- | --- |
| 关于可再生能源发展“十三五”规划实施的指导意见 | 国家能源局 | 2017.07.19 | 加强可再生能源目标引导和监测考核、加强可再生能源发展规划的引领作用、加强电网接入和市场消纳条件落实、创新发展方式促进技术进步和成本降低、健全风电、光伏发电建设规模管理机制 |
| 关于促进储能技术与产业发展指导意见 | 国家发展改革委、国家能源局、工信部、财政部 | 2017.10.11 | 储能是构建能源互联网，推动电力体制改革和促进能源新业态发展的核心基础；“十三五”期间，建成一批不同技术类型、不同应用场景的试点示范项目；“十四五”期间，储能项目广泛应用，形成较为完整的产业体系，成为能源领域经济新增长点 |
| 国家能源局综合司关于做好可再生能源发展“十四五”规划编制工作有关事项的通知 | 国家能源局 | 2020.04.09 | 推动可再生能源持续降低成本、扩大规模、优化布局、提质增效，实现高比例、高质量发展，为推动“十四五”期间可再生能源成为能源消费增量主体，实现2030年非化石能源消费占比20%的战略目标奠定坚实基础 |

## 二、电力行业智慧化建设

### （一）电力行业智慧化投资

据亿欧智库统计，2020年中国电力行业智慧化投资在1100亿元以上，预计未来随着智慧化转型的持续，中国电力行业智慧化投资将以6.1%的规模增长，到2025年投资规模将达1575亿元（图6-18）。

国家电网公司和南方电网公司在智慧化转型方向上也纷纷加大投资。建设新型数字化基础设施，建立以企业大数据中心为代表的工业互联网平台和人工智能平台等，把信息基础设施、融合基础设施作为重点方向，同时将加大数字化设备采购和服务创新。2019年，国家电网公司发布《泛在电力物联网白皮书2019》，未来将围绕电力系统各环节，充分应用移动互联、人工智能等现代信息技术、先进通信技术，实现电力系统各个环节万物互联、人机交互，具有状态全面感知、信息高效处理、应用便捷灵活特征的智慧服务系统，打造能源互联网生态圈，适应社会形态，打造行业生态，培育新兴业态。2020年国家电网公司总体投资约247亿元，大力推进新型数字基础设施建设，推动业务数字转型；2019年，南方电网公司也正式印发《公司数字化转型和数字南网建设行动方案（2019年版）》，明确提出“数字南网”建设要求，将数字化作为公司发展战略路径之一，加快部

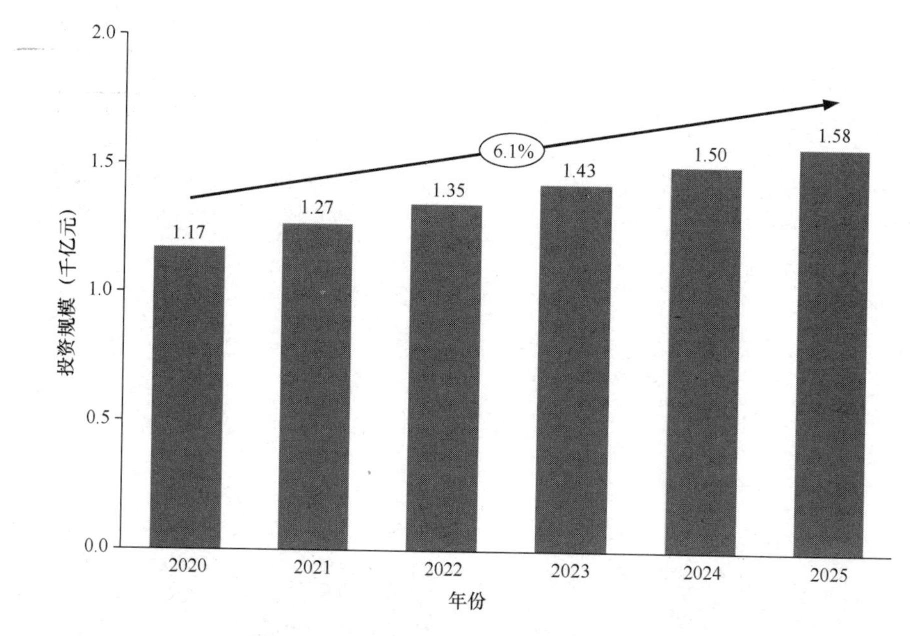


图 6-18　中国电力行业智慧化投资规模预测

数据来源：亿欧智库。

署数字化建设和转型工作。南方电网公司将聚焦电网数字化、运营数字化和能源生态数字化三个重点，将电网生产、管理、运营等能力进行有效集成并实现数字化、智慧化，通过“4321”建设方案，逐步实现全面的数字化转型升级。2019～2020 年南方电网公司合计投资 85 亿元，推动数字化建设方案实施。

### （二）电力行业智慧化应用

1. 5G 通信支撑电力智能化应用

5G 具有大带宽、低延时、广连接的特性，随着 5G 通信技术的成熟与发展，有力地支撑了电力行业智慧化应用中分布式清洁能源快速接入、智能电网精准控制低延时，以及新型商业模式高标准网络要求的需求。依托 5G 高传输速率，拓展无人化设备应用，依托“端到端网络保障 SLA、业务隔离、网络功能按需定制、自动化”的典型特征，助力电力行业智慧化转型，保障电力网络连接需求从而创造全新的商业模式。

2. 人工智能提升电力场景处理能力

人工智能技术的成熟发展及商业化应用为能源电力行业提供了新的智能化解决方案，在人员解放、效率提升方面发挥着重要价值，基于机器学习、深度学习的负荷感知预测及可再生能源预测提高了能源供给的稳定性，保障了电力系统的高效运行。此外，人工智能技术也为电网业务的多元化发展改进提供了有效支撑，通过计算机视觉、语音识别、机器人等实现智能化巡检、客服、营销等工作，最大限度地提高了电网精益化运行水平，提升工作效率的同时降了安全隐患，通过智能化升级帮助企业降本增效。

3. 大数据技术深度挖掘电力数据价值

对于电力领域来说，能源互联网发展使其积累的海量能源数据能够进一步运用，并且随着电力需求增加，电力设备数据、电网运行数据、用户行为数据都将呈指数级增长；而借助大数据技术对能源电力数据进行深层挖掘分析，将充分发挥电力数据价值，实现电力设备的数字化运行，提高能源利用效率，保障电力系统供应稳定，同时向用户提供精准的个性化服务。

4. 云计算提供实时性安全保障

智慧能源云平台在泛在电力物联网体系建设中扮演重要角色，是开展综合能源服务的重要基础平台与对外“窗口”，具有规模大、可靠性高、通用性强等特点。而随着边缘计算的发展，利用云边协同、边边协同、边缘智能等技术解决电力系统面临的实时性高、数据周期短、任务复杂等难题成为新的应用方向，为电力系统提供边缘端的安全可靠应用服务。

5. 数字孪生提升电力企业运营效率

随着云计算、大数据等新一代信息技术快速发展，数字孪生技术在智慧电力行业拥有广阔的发展前景，基于数字孪生技术构建的生态体系贯穿智慧电力系统全生命周期过程，通过服务和模式创新，显著提升智慧电力生态系统的工作效率，降低电力产销成本，实现智慧电力系统规划、运行和控制方面的提质增效。

6. 区块链为电力交易改革创新奠定信用基础

区块链技术将极大改变电力系统生产和交易模式，电力交易主体可以点对点实现电力生产和交易、电力基础设施共享；电力区块链还可实现数字化精准管理，未来将延伸到分布式交易微电网、电力金融、碳证交易等互联场景，区块链的去中心化、智能合约等特征正在被应用至电力价值链的多个环节，成为电力行业智慧化转型的重要驱动力之一。

## 三、电力行业智慧化展望

“十四五”期间，清洁能源将成为中国能源领域的重要发展部分，助力国家能源转型和“碳中和”目标实现，绿色能源将成为构建智慧能源体系、推动绿色数字经济发展的核心方向，与之相对应的分布式技术、新兴技术等将快速推动产业整合；电力市场围绕能源形态变革，在市场机制和市场功能上将持续深入完善，电力服务立场日益鲜明，商业化服务方式更加多元丰富。在这些变革的深入影响下，电力领域智慧化转型地位和转型迫切度持续提高，智慧化转型成为应对电力危机和提升电力供应稳定的重要手段，作为数字化技术融合应用的综合体现，电力企业在智慧化转型方向、转型路径、转型模式上均面临着严峻考验。

智慧化转型为电力创新升级提供了全新机遇，但同时也面临着巨大挑战。清洁能源和分布式技术的发展加速了电力供给形式分化，新能源的大规模推广应用依然存在诸多考验，如长时间稳定供给及恶劣突发性调控。同时，智慧化转型作为电力企业数字化技术融合应用的重大实践，在转型思路和转型方式上都是全新探索，如何衡量企业智慧化转型带来的电力价值变现和商业价值提升均是转型成果的重大挑战。

面对考验与挑战，电力行业智慧化转型应做好顶层设计，科学制定转型路径规划，学习借鉴国内外成熟方案，理论指导实践，构建系统转型蓝图及智慧化转型提升目标，明确智慧化转型发展的优先级，构建企业核心数字化转型部门，共享标准数据信息，从而最终作用于电力企业商业服务创新和价值创造，提供专业化、差异化电力服务体验。同时，重视电力行业智慧化转型中的潜在风险，利用人工智能等技术搭建风险模型，建立电力行业智慧生态体系。

# 第七章 电信行业发展报告[①]

从1994年至2008年的十五年间，我国电信行业先后经历了两次剧烈的行业拆分重组。我国于20世纪90年代前中期开始计划并实施邮电的政企分离，由此开启了我国电信行业的第一次拆分重组。1994年吉通通信有限责任公司（吉通）和中国联合通信有限公司（中国联通）相继正式挂牌成立。1997年北京电信长城移动通信有限责任公司（电信长城）成立。1998年中国电信将其全国寻呼业务剥离出来，单独成立了国信寻呼集团公司。1999年国信寻呼和电信长城并入中国联通，中国国际网络通信有限公司（中国网通）成立。2000年中国电信集团公司和中国移动通信集团公司正式成立挂牌，分别负责移动电话业务和固网服务。2001年中国铁道通信系统有限公司（中国铁通）和中国卫星通信集团公司（中国卫通）正式挂牌成立。2002年北方九省一市电信公司从中国电信剥离，与网通、吉通合并，成立中国网络通信集团公司（中国网通）。至此，我国形成了联通、移动、卫通、铁通、网通和电信六家电信公司的格局。

2008年我国开始了新一轮电信行业重组。2008年中国卫通的基础电信业务并入了中国电信，中国电信收购联通CDMA网络，而联通则收购了网通成立了新中国联合网络通信有限公司。2009年铁通公司

① 本章由甄小鹏博士撰写。除特别说明外，本章数据均来源于2008～2019年历年《中国通信统计年度报告》（中华人民共和国工业和信息化部，人民邮电出版社）。本章所有图表均由本章作者整理加工。

的铁路通信的相关业务、资产划转给铁道部后，铁通公司仍作为中国移动的独立子公司从事固定通信业务服务。至此网通并入联通，铁通并入中国移动，卫通的基础电信业务并入了中国电信，奠定了中国电信、中国移动和中国联通三家电信公司的基本格局。2014 年中国电信、中国移动、中国联通和中国国新又出资成立了中国铁塔股份有限公司，主要从事通信业相关基础设施的建设、维护和运营。

伴随着行业的拆分重组，我国通信技术也在频繁迅速更迭。在移动通信技术方面我国已经历三次技术变革。我国电信行业完成第一轮行业拆分重组后，中国移动及中国联通拥有 GSM 网络牌照（2G 牌照），而电信仅有固话及宽带牌照。完成第二次行业拆分重组后，于 2009 年初工信部正式向三大电信运营商正式发放了 3G 运营牌照，中国移动获得了 TD—SCDMA 牌照，中国联通获得了 WCDMA 牌照，中国电信则收购了中国联通的 CDMA 牌照。3G 技术方兴未艾，4G 时代便已到来。2013 年底工信部又向三大电信运营商发放了 4G 运营牌照。中国移动、中国电信和中国联通都获得了 4GLTE 牌照。2019 年 6 月工信部又向三大运营商正式发放了 5G 运营牌照，标志着 5G 技术开始大规模民用普及。在互联网传输技术方面我国也先后经历了 xDSL（数字用户线路）和 FTTH（光纤到户）两代传输技术。其中 xDSL 先后大致又分为 IDSL、HDSL、SDSL 和 ADSL 四种，相应传输速率逐渐提高。2012 年我国开始普及 FTTH/O 技术，其传输速度远高于 xDSL 技术。

长期大规模行业拆分重组和频繁技术进步冲击，导致我国电信行业在投资、建成、服务生产与供应等各方面，相较于其他城市公用事业表现出一些独有特点。其一，政府主导的行业拆分重组导致行业结构复杂且变化剧烈；其二，技术快速更迭导致行业服务种类繁多且更迭迅速；其三，反映行业状况的各项指标变化趋势复杂，不具有单调性，各项指标往往在短期内剧烈变动。鉴于此，本章将主要对我国电信行业在 2009～2019 年的发展情况进行归纳概述。这一时间跨度的选择有三方面原因。首先，2009 年我国完成了第二次电信行业的拆分重组，从而奠定了当前“电信、移动、联通三分天下”的基本格局；其次，由于统计口径和统计指标的差异，时间跨度扩大至 2008 年之前将导致较多统计指标难以前后衔接；最后，2019 年为当前相关公开可得数据的最近披露年限。

# 第一节　电信行业投资与建设

2009～2019年我国电信行业固定资产投资累计完成40692亿元，年均增加2.36%，历年投资规模处于3000亿～4525亿元范围内，且主要集中在投资规模最大的前三项分项投资上，依次分别为移动电信固定资产投资、传输类固定资产投资以及互联网及数据通信投资。三亿项共累计完成投资额30844.1亿元，占总固定资产投资累计完成额的75%以上。

2009～2019年我国通信光缆建成长度保持较快平稳增长，年均增加391.17万公里，年均增速达19%以上。同期我国移动电话基站建成数量保持较快增长，平均增速达26%以上，年均建成66.35万座。截至2019年末，全国光缆线路建成长度达到4741.2万公里，各类移动电话基站建成数量达到841万座。2019年我国电信业xDSL宽带接入端口数量仅为800万个，而FTTH/O宽带接入端口则达到了8.36亿个，表明我国在2013～2019年基本完成了从xDSL向FTTH/O互联网传输技术的全面升级过渡。我国移动电话交换机容量逐年快速增加，年均增速达8.7%，2019年我国移动电话交换机容量达27.2亿门。

## 一、电信行业固定资产投资情况

### (一) 电信行业固定资产总投资

2009～2019年我国电信行业固定资产投资累计完成40692亿元，年均增加2.36%，各年投资规模处于3000亿～4525亿元范围内。根据2009～2019年间电信固定资产投资完成额变化趋势，该过程大致可分为三个阶段。如图7-1所示，第一阶段为2009年，投资额为3773亿元，较2008年增加22.98%。第二阶段为2010～2015年，该阶段固定投资额逐年递增，其中2010年投资额由2009年的3773亿元骤降至3022亿元，为各年中投资额最低的一年。随后5年时间内以8.47%左右的增速逐年递增，至2015年投资额增加至4525亿元。第三阶段为2016～2019年，2016年电信固定资产投资额较上年减少17.35%，降低至3739亿元，并在2017年维持在该投资水平上变化不大，2018年进一步降低至3507亿元，2019年小幅上升到3654.1亿元。由图7-1还可见，2009年我国电信行业固定资产投资在全社会投资中的占比为1.68%，随后大约以年均

0.11%的幅度逐年递减，2012 年降至 1%以下为 0.97%，2019 年降低至 0.65%。

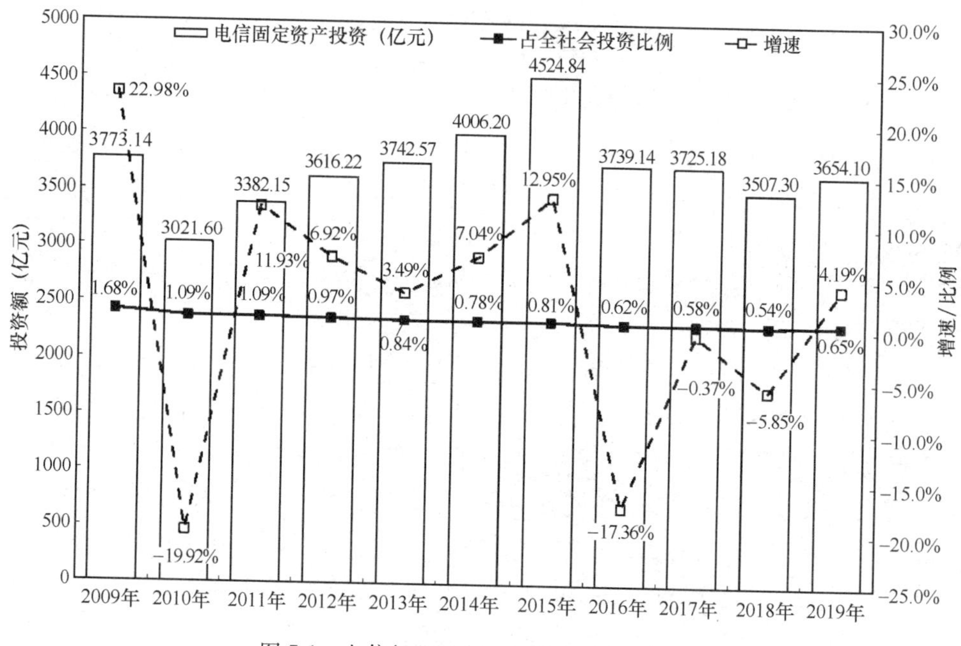


图 7-1　电信行业固定总资产投资完成情况

### （二）电信行业固定资产分项投资情况

我国电信行业固定资产总投资通常分为固定电信投资、移动电信投资、互联网及数据通信投资、创新及增值平台投资、业务支撑系统投资、传输投资、局房和营业场所投资、其他固定资产投资，共 8 类分项固定资产投资。从各分项固定资产投资的投资规模、分项投资占比以及投资增速来看具有以下特点。首先，2009～2019 年间我国电信业固定资产投资主要集中在投资规模最大的三项分项投资上，该三项投资依次为移动电信固定资产投资、传输类固定资产投资、互联网及数据通信投资。2009～2019 年三项共累计完成投资额 30844.1 亿元，占总固定资产投资累计完成额的 75%以上。其次，上述规模最大的三项固定资产投资在历年间波动较为剧烈，且不具有单调的增减趋势，但表现出一定的周期性；最后，2009～2019 年间电信行业固定资产投资结构整体平稳，但固定电信投资、互联网及数据通信以及其他电信投资在结构上有较为显著变化，如图 7-2 和图 7-3所示。

移动电信固定资产投资累计完成 17461.8 亿元，占电信固定资产总投资累计完成额的 42%以上，年均增加 4.5%，各年投资额在 1250 亿～2050 亿元的范围

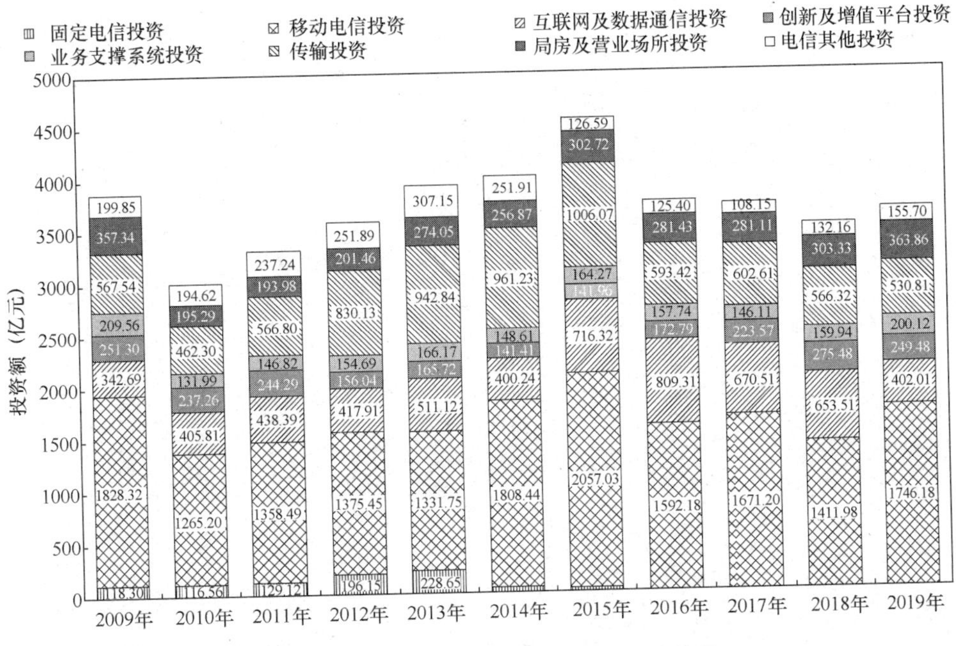


图 7-2 电信行业固定资产分项投资完成情况

内，变动较大。如图 7-2 所示，其变化过程大致可分为四个阶段：第一阶段 2009 年，投资额剧增至 1826 亿元，增加 34.8%；第二阶段 2010～2012 年，2010 年投资降低至 1265 亿元，较 2009 年降低 30.8%，然后逐年缓慢增加，到 2012 年投资额为 1375 亿元；第三阶段 2013～2015 年，该阶段投资进入快速增加阶段，2013 年投资额为 1332 亿元，随后逐年快速增加，至 2015 年增加到 2057 亿元；第四阶段为 2016～2019 年，2016 年和 2017 年投资额较为平稳，维持在 1650 亿元左右，2018 年降低至 1411 亿元，2019 年又大幅回升至 1746 亿元左右。2009～2019 年间移动电信固定资产投资在各分项投资中最为主要，且其占比较为稳定，一直保持在 40%左右，最低时为 2013 年的 35.6%，如图 7-3 所示。

传输固定资产投资累计完成 7630.1 亿元，占总固定资产累计投资完成额 18%以上，年均增加 3.6%，规模在 250 亿～1000 亿元的范围内变动。如图 7-2 所示，其变化过程大致可分为两个阶段：第一阶段 2009～2015 年，2009 年该项投资 567.5 亿元，随后以大约 17.9%的增速逐年快速递增，至 2015 年投资额增加至 1006.07 亿元，为十年间投资规模最大的一年；第二阶段 2016～2019 年，2016 年投资额快速回落至 600 亿元左右，2018 年进一步降低，至 2019 年降至 530.8 亿元。传输类固定资产投资在所有分项投资占比中处于第二主要位置，2012～2015 年间该项投资保持在 22%左右，其余年份维持在 15%左右，如图7-3 所示。

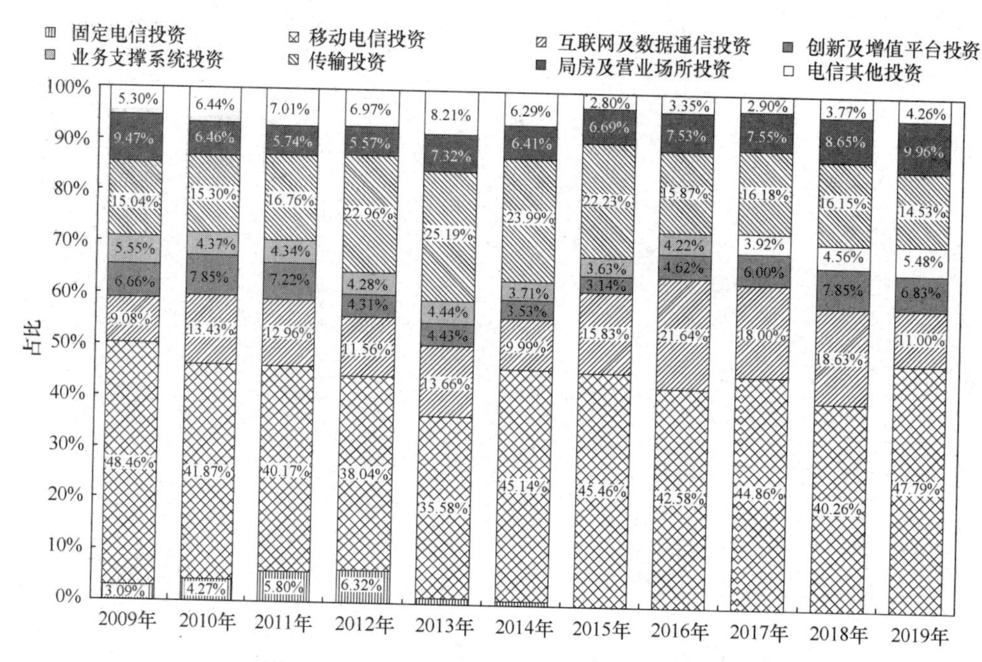


图 7-3 电信行业固定资产分项投资占比情况

互联网及数据通信固定资产投资累计完成投资 5767.8 亿元，占总固定资产累计投资完成额 14%以上，年均增加 9.4%，变化范围在 230 亿～810 亿元。如图 7-2所示，其变化过程大致可分为三个阶段：第一阶段 2009～2011 年，投资额由 2009 年的 342.7 亿元逐年增加至 2011 年的 438.4 亿元，年均增速 24.6%；第二阶段 2012～2013 年，2012 年投资额较上年微弱回落，为 417.9 亿元，但随后 2013 年又快速增加到 511.1 亿元，增幅 22.3%；第三阶段 2014～2016 年，2014 年投资回落至 400.2 亿元，较上年减少 21.7%，随后 2015 年剧增至 716.3 亿元，2016 年进一步增加至 809.3 亿元，平均增速 46%以上；第四阶段 2017～2019 年，该阶段投资额再次大幅回落，2017 年和 2018 年两年维持在 650 亿～670 亿元的范围内，2019 年降至 402.1 亿元。2009～2019 年间，该项投资在总固定资产投资结构中发生了比较显著的根本性变化。如图 7-3 所示，该项投资在 2009 年时占比仅为 9.08%，随后逐年扩大，至 2016 年达到最高为 21.7%，2017～2018 年有所减少，但占比仍在 18%～19%。

### （三）电信行业固定资产分地区投资情况

2009～2019 年我国东、中、西三个地区的电信业固定资产投资情况如图 7-4、图 7-5 和图 7-6 所示。东部地区历年投资额在 1460 亿～2090 亿元的范围内波动，历年占比47%左右，年均增速1.75%，共累计完成投资19136.2亿元，大约占总投资累计完成额的47%；中部地区历年投资额在700亿～1150亿元的范围内波动，历年占比在23%左右，年均增速3.65%，累计完成投资9431.9亿元，占总投 资累计完成额的23.2%；西部地区历年投资额在700亿～1160亿元的范围

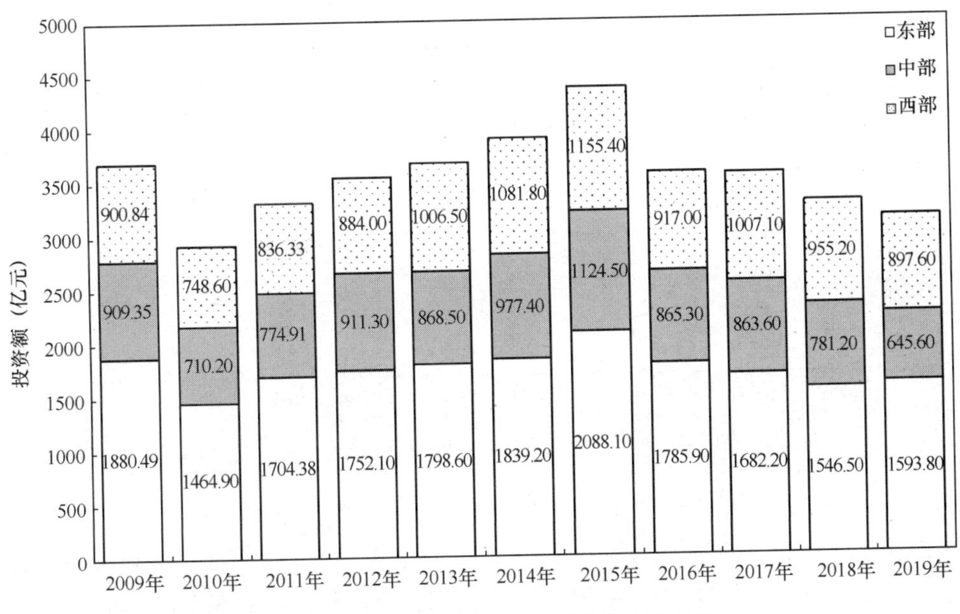


图7-4　电信业固定资产分地区投资变化情况

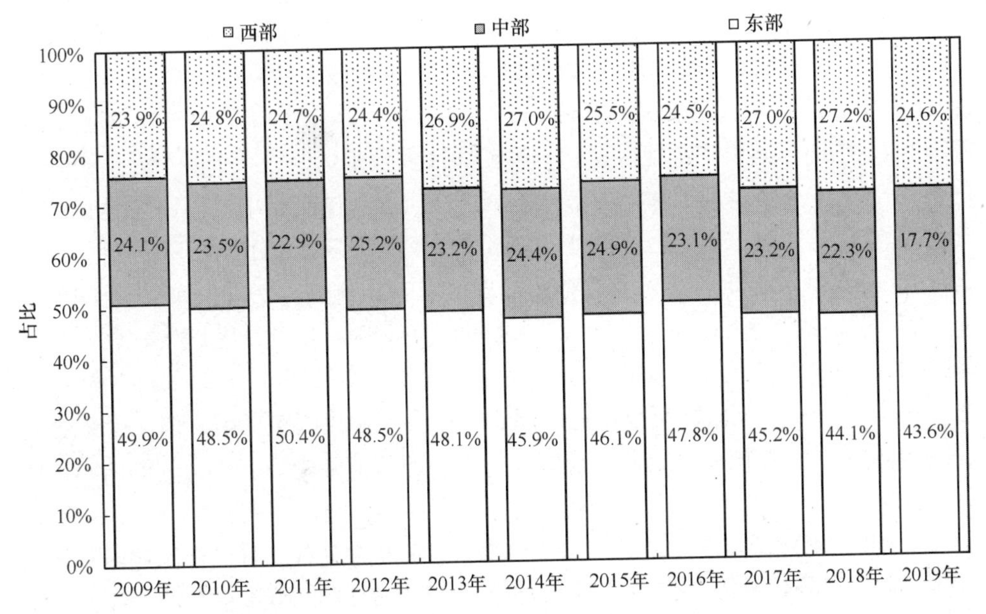


图7-5　电信业固定资产分地区投资结构变化情况

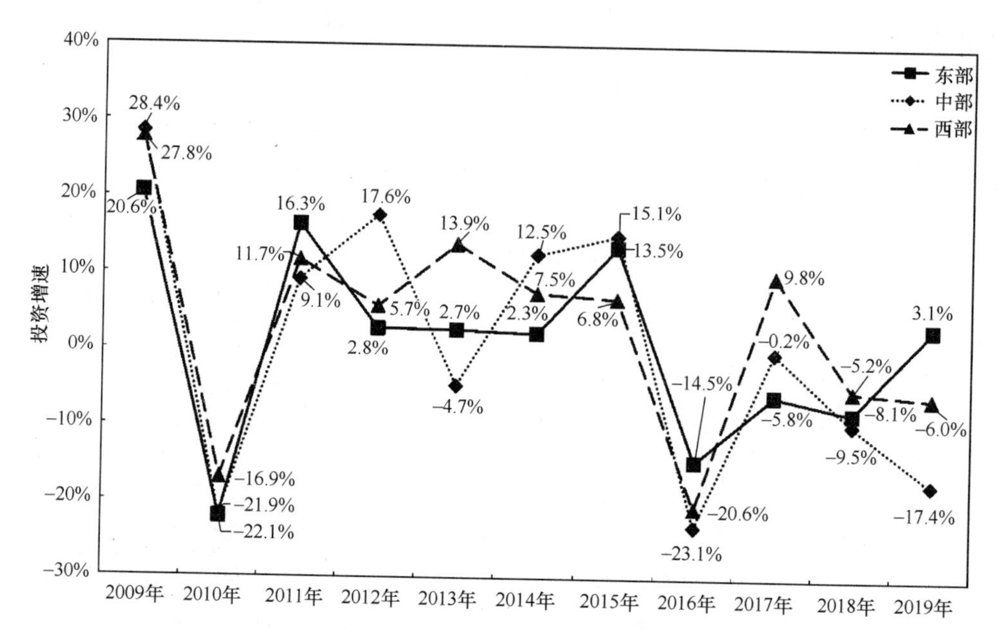


图 7-6　电信业固定资产分地区投资增速变化情况

内波动，历年占比在 25%左右，年均增速 5.1%，累计完成投资 10390.4 亿元，占总投资累计完成额的 25.5%。由图 7-5 可以发现，东、中、西三个地区的电信业固定资产投资比例基本保持恒定，东部占比 47%左右，中部及西部地区各占比 25%左右，且西部地区占比略高于中部地区。由图 7-6 可见，三个地区的电信固定资产投资增速基本保持一致，其中 2009 年三个地区固定资产投资较上年均有 20%以上的增加，而 2010 年和 2016 年三个地区较上年均有 20%左右的投资额减少。2011～2015 年三个地区投资额增速具有一定差异，但基本都在低于 15%的范围内，其中中部地区变动幅度略大于其他地区。

图 7-7 进一步展示了移动通信固定资产投资在我国东、中、西三个地区的占比变化情况。尽管东部地区发展水平高于中、西部地区，但由图 7-7 可见，我国电信业在该项固定资产投资中，对西部地区有一定倾斜。2009～2019 年间的东部地区的该项投资占比在 45%～50%之间，中部地区为 23%～27%，西部地区则在 25%～30%之间。

图 7-8 展示了互联网及数据通信固定资产投资在我国东、中、西三个地区的占比变化情况。在该项固定资产投资中，中、西部地区受到了更大的倾斜。由图 7-8 可见，2010 年东部地区的互联网及数据固定资产投资占比为 56.6%，2018 年、2019 年则降低至 42%左右，下降了 14 个百分点左右。与之相比，西部地区则由 2010 年前后大约 18%的占比增加至 2018 年前后的 30%左右，大致扩大了 12 个百分点；中部地区 2010 年大约占比 25%，到 2018 年前后达到 28%左右。

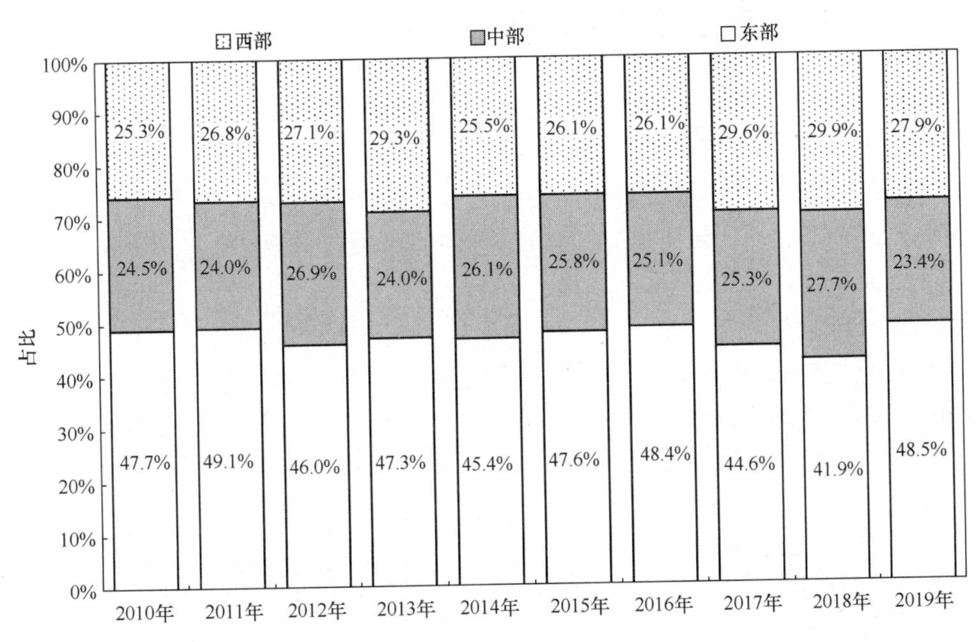


图 7-7　东、中、西地区移动通信固定资产投资占比变化情况

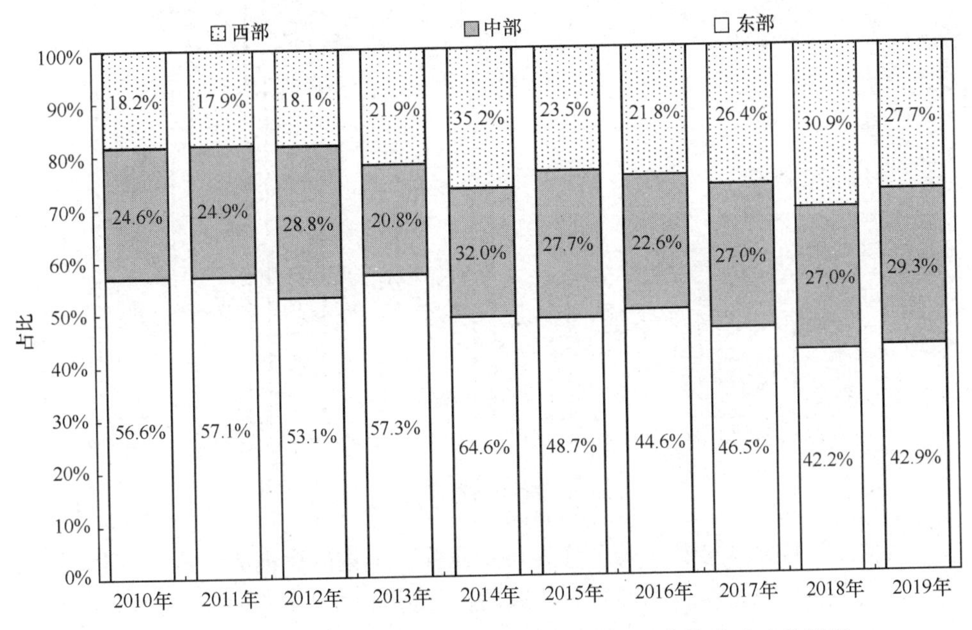


图 7-8　东、中、西地区互联网及数据通信固定资产投资占比变化情况

# 二、电信行业通信能力建成情况

## （一）光缆线路长度

2009～2019 年间我国通信光缆建成长度保持较快平稳增长，年均增加 391.17 万公里，年均增速达 19%以上。如图 7-9 所示，2009 年光缆线路建成长度为 829.5 万公里，随后 4 年间增速均保持在 20%以上，到 2012 年光缆线路建成长度达到 1479.3 万公里，较 2009 年增加 78%以上；2013～2014 年光缆线路建成长度增速有所放缓，年增速为 18%左右，到 2014 年光缆线路建成长度为 2061.3 万公里，较 2009 年增加 1.4 倍以上；随后 2015～2017 年间，每年增速再次提高至 20%以上；2018 年增速放缓，较上年增加 14.2%。截至 2019 年，全国光缆线路建成长度达到 4741.2 万公里，大约为 2009 年的 6 倍。

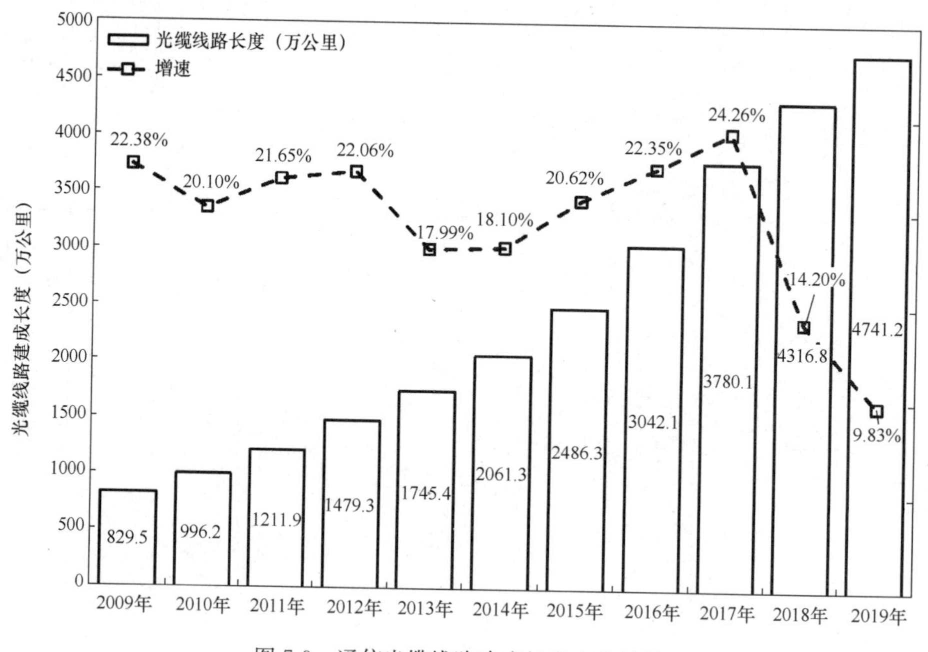


图 7-9　通信光缆线路建成长度变化情况

通信光缆按照功能和布局可分为长途光缆、本地网中继光缆和接入网光缆。其中长途光缆用以远距离不同城市间通信信号传输，本地网中继光缆用以在城市内部连接各个通信中心机房，接入网光缆又称为用户光缆，用以连接家庭用户和通信机房。图 7-10、图 7-11 和图 7-12 反映了上述三类光缆线路建成长度的相关变化情况。

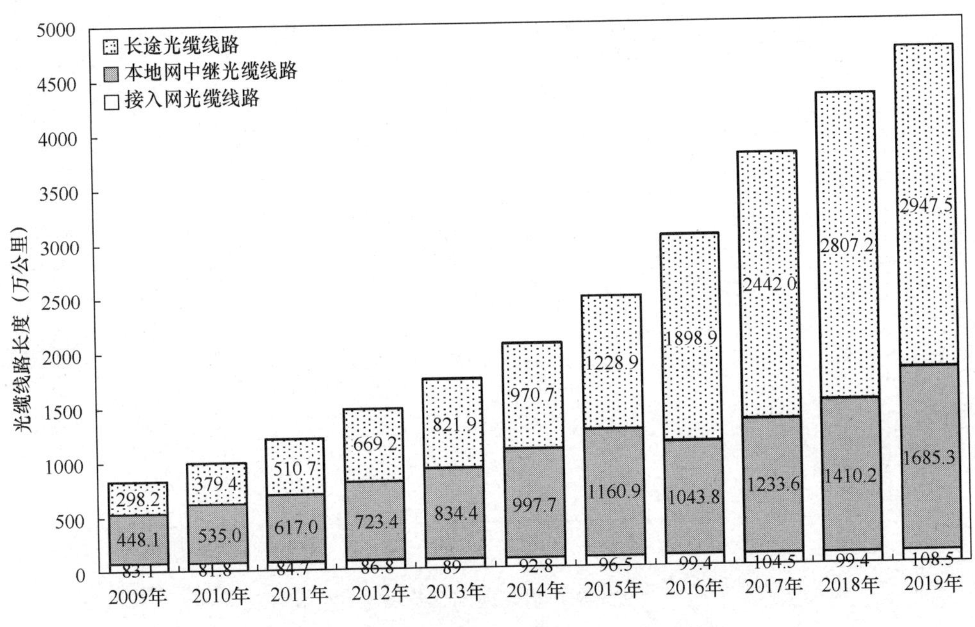


图 7-10　不同类型通信光缆建成长度变化情况

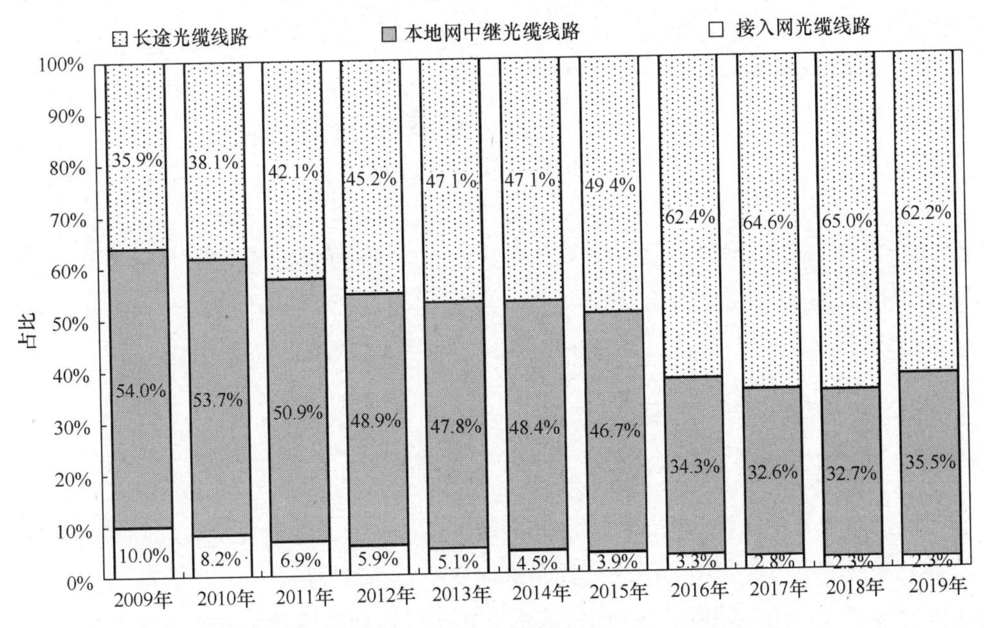


图 7-11　不同类型通信光缆建成长度占比变化情况

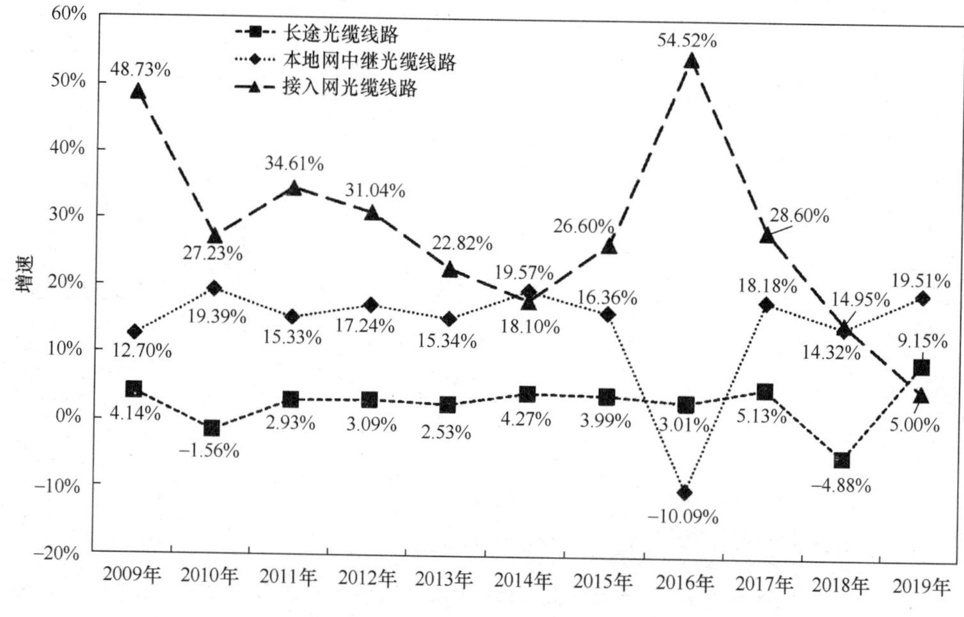


图 7-12　不同类型通信光缆建成长度增速变化情况

由图 7-10、图 7-11 和图 7-12 可见，三类光缆线路中长途光缆线路建成长度最短，2009 年光缆光缆线路建成长度为 83.1 万公里，随后大约以 3%的年均增速缓慢增长，至 2017 年达到 104.5 万公里，并且在 2018 年出现长度减少，为 99.4 万公里。本地网中继光缆线路建成长度 2009 年为 448.1 万公里，除 2016 年外，其余各年增速均在 15%上下，到 2017 年该类光缆线路建成长度达 1410.2 万公里，在三类光缆线路中占比为 32.7%。三类光缆线路中，增速最快的为接入网光缆线路，2009 年光缆线路建成长度仅为 298.2 万公里，但其增速较快，年均增速达 30.7%，除 2018 年外各年均维持在 19%以上，尤其在 2009 年和 2016 年两年，增速分别达到了 48.7%和 54.5%。到 2019 年该类光缆线路建成长度达到 2947.5 万公里，在三类光缆线路中最长，占比从 2009 年的 35.9%扩大到 2019 年的 62.2%。

### （二）移动电话基站数量

移动电话基站即公用移动通信基站，是指在一定的无线电覆盖区中，通过移动通信交换中心，与移动电话终端之间进行信息传递的无线电收发信电台。移动基站数量是反映电信通信能力最为重要的指标之一。移动通信技术按照代际划分，目前可分为 2G、3G、4G 以及 5G 四代技术，相应的移动电话基站也分为四类。我国早期三大电信运营商中，中国移动公司和中国联通公司拥有 2G 经营牌照（即 GSM 牌照），中国电信公司则运营固定电话、宽带业务，但拥有 CDMA 牌照。

如图 7-13 所示，2009～2019 年间我国移动电话基站建成数量保持较快增长，平均增速达 26%以上，年均建成 66.35 万座。2009 年 3G 移动通信开始民用普及，累计建成基站 111.1 万座，增速达到 61.01%。随后各年增速放缓，至 2013 年降低到 16.65%。2013 年底 4G 通信技术正式开始民用普及，因此 2014 年基站数量再次迅猛增加，增速骤增至 45.56%。随后基站数量增速又开始逐步放缓，到 2018 年增速降低至 7.84%。2019 年 5G 技术开始推广，增速再次大幅提高至 26%。截至 2019 年末，移动电话基站建成数量达到 841 万座。

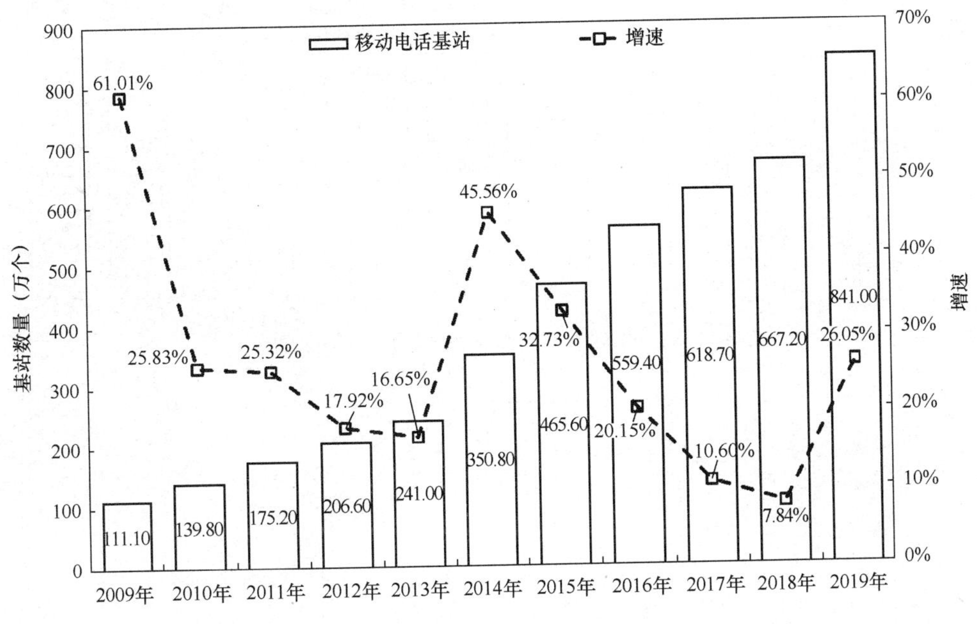


图 7-13 移动电话基站数量变化情况

图 7-14 和图 7-15 反映了我国 2009～2019 年间三类移动电话基站的数量及增速变化情况。首先，尽管新一代通信技术的出现会引起上一代通信基站数量比例的降低，但上一代移动电话基站数量绝对值仍会保持增加，表明一定时期内新旧移动通信技术共存，对旧技术的取代需要一定过程。其次，4G 通信技术开始普及后，其相应移动通信基站建设速度显著高于 3G 技术普及过程中 3G 基站的建设速度。

2008 年我国累计建成移动电话基站 69 万座，且均为非 3G/4G 基站。2009 年 3G 通信技术开始普及后，非 3G/4G 基站建成数量仍处于较快增长中，增速达到 19.2%，2010 年增速为 14.0%，2011 年甚至再次上升，达到 19.3%，此后增速才开始逐渐回落，到 2017 年仍有 1.61%的增速，如图 7-15 所示。

2009 年 3G 移动通信技术开始正式投入商用后，3G 基站开始建成投入使用，

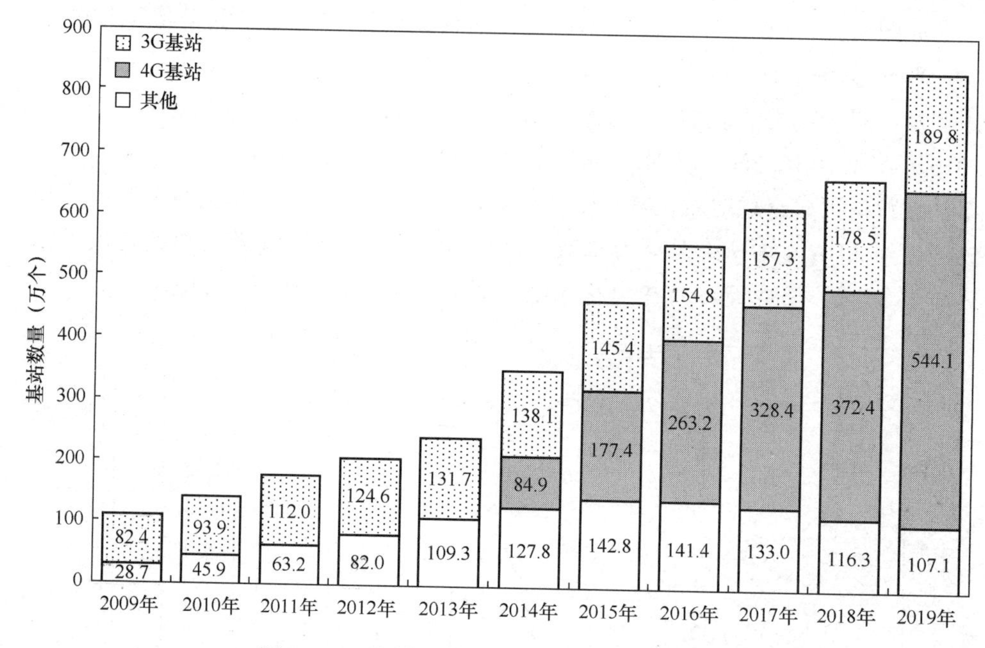


图 7-14　不同类型移动电话基站数量变化情况

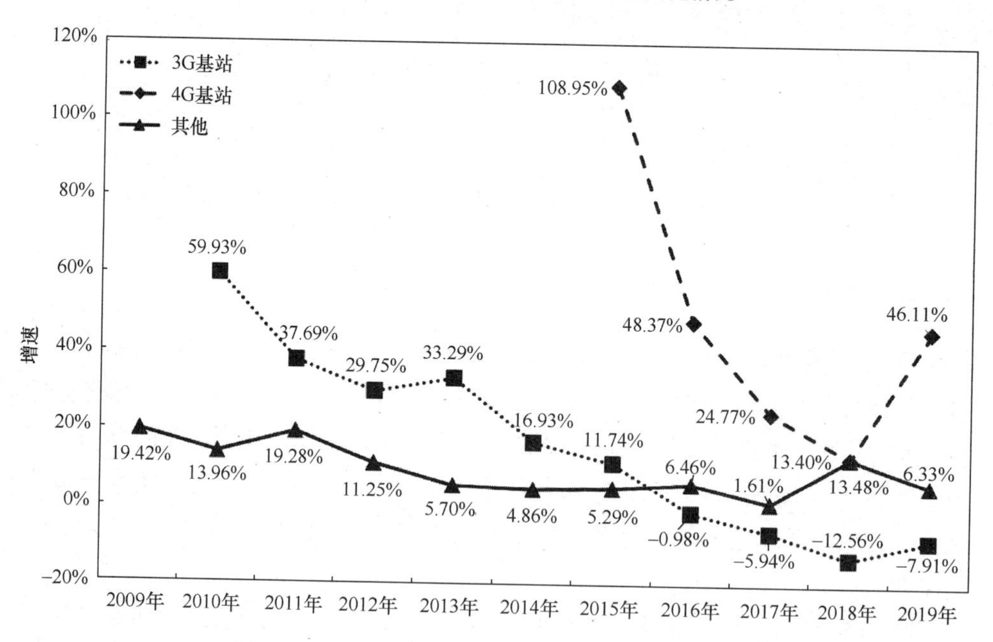


图 7-15　不同类型移动电话基站数量增速变化情况

当年共建成移动电话基站 28.7 万座。2010 年 3G 基站数量迅速增加，该类基站累计建成 45.9 万座，较上年增加 59.93%，但随后增速逐渐回落，在 2011～2013 年保持在 30%左右，2014 年再次开始回落。2015 年 3G 基站数量达到历史最高的 142.8 万座，随后开始逐年减少，到 2019 年减少至 107.1 万座。

2014 年 4G 移动通信技术开始正式商用，大量 4G 基站建成开始投入使用。2014 年当年共建成 4G 移动通信基站 84.9 万座。2015 年 4G 基站累计建成数量骤增至 177.4 万座，较上年增加 108.95%，随后增速开始回落，到 2018 年仍有 13.48%的增速，2019 年增速又大幅回升至 46.11%。截至 2019 年，我国累计建成 4G 移动通信基站 544.1 万座，年均增速 48.3%，年均建成 4G 基站 91.84 万座。由此可见，4G 移动通信基站建设速度远快于 3G 通信技术普及过程中 3G 基站的建设速度。

### （三）互联网宽带接入端口

除基于电信运营商提供的移动互联网流量服务外，其余民用互联网通信均要通过互联网固定宽带接入互联网。互联网固定宽带不仅为 PC 机等固定终端提供互联网接入服务，移动终端也可通过终端路由器等设备连接互联网宽带。因此，互联网宽带接入端口数量是反映我国基础电信业中互联网接入服务的重要指标。

如图 7-16 所示，我国互联网宽带接入端口数量在 2009～2018 年间的变化过程大致可分为三个阶段。第一阶段为 2009～2012 年，该阶段中互联网宽带接入端口迅速增加。2008 年我国互联网宽带接入端口为 1.09 亿个，随后大约以 31.2%的年均增速逐年增加，到 2012 年接入端口数量达到 3.21 亿个。第二阶段为 2013～2014

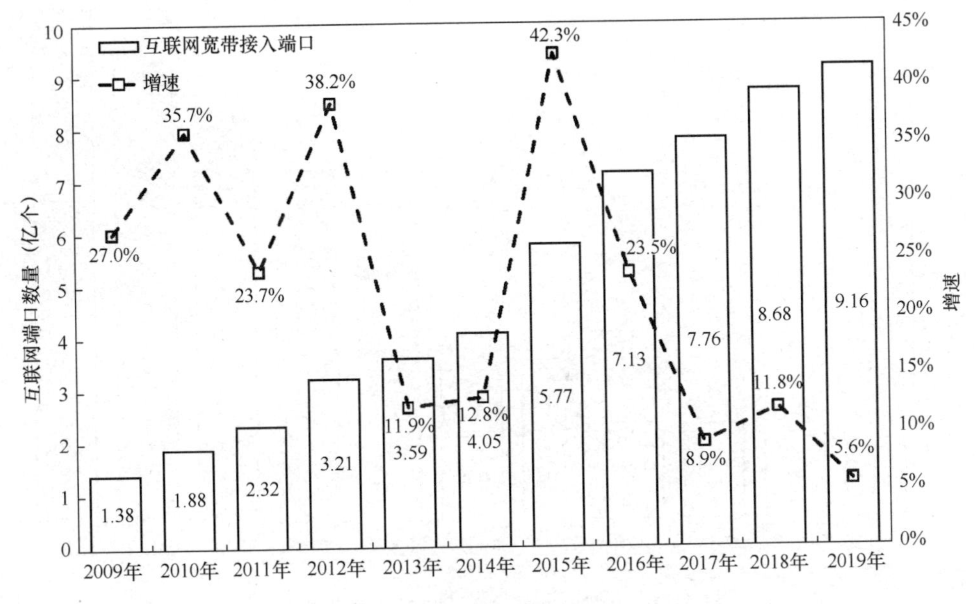


图 7-16　互联网宽带接入端口数量变化情况

年，该阶段互联网宽带接入端口缓慢增加，两年增速均维持在 12%左右。第三阶段为 2015～2018 年，其中 2015 年增速骤然增加至 42.3%，互联网宽带接入端口数量增加至 5.77 亿个，随后增速又迅速下降，2016～2018 年增速分别降低到了 23.5%、8.9%和 11.8%，接口数量分别增加到 7.13 亿个、7.76 亿个和 8.68 亿个。到 2019 年接口数增加至 9.16 亿个，较上年增加了 5.6%。

导致上述变化过程的主要原因可能在于，第一阶段互联网宽带接入端口快速增加为基于 xDSL 技术的接入端口普及过程。相比于当年需求，到 2012 年该类端口安装基本饱和。2013 年我国开始大规模普及 FTTH/O（光纤到户）技术，因而 2013 年开始新增的 FTTH/O 端口一部分用以替代 xDSL 旧端口，由此导致第二阶段内端口接入数量增长缓慢。

图 7-17 和图 7-18 一定程度上反映了上述分析。2009～2011 年 xDSL 端口均保持较快增长速度，而到 2012 年该类宽带接入端口增速已降至 2%，说明该类端口到 2012 年已增长乏力。随后到 2013～2014 年，随着 FTTH/O 技术普及 xDSL 宽带接入端口开始减少，其增速降低至−7.1%和−6.1%，说明该类宽带接入端口可能正在被 FTTH/O 端口替代。到 2015 年后，FTTH/O 端口急剧增加，2015 年增速达到 108.7%，相比之下 xDSL 宽带接入端口则进一步急剧减少，2015～2018 年四年间增速分别为−27.5%、−61.3%、−42.8%以及−51.4%。到 2019 年，xDSL 宽带接入端口数量仅为 0.08 亿个，而 FTTH/O

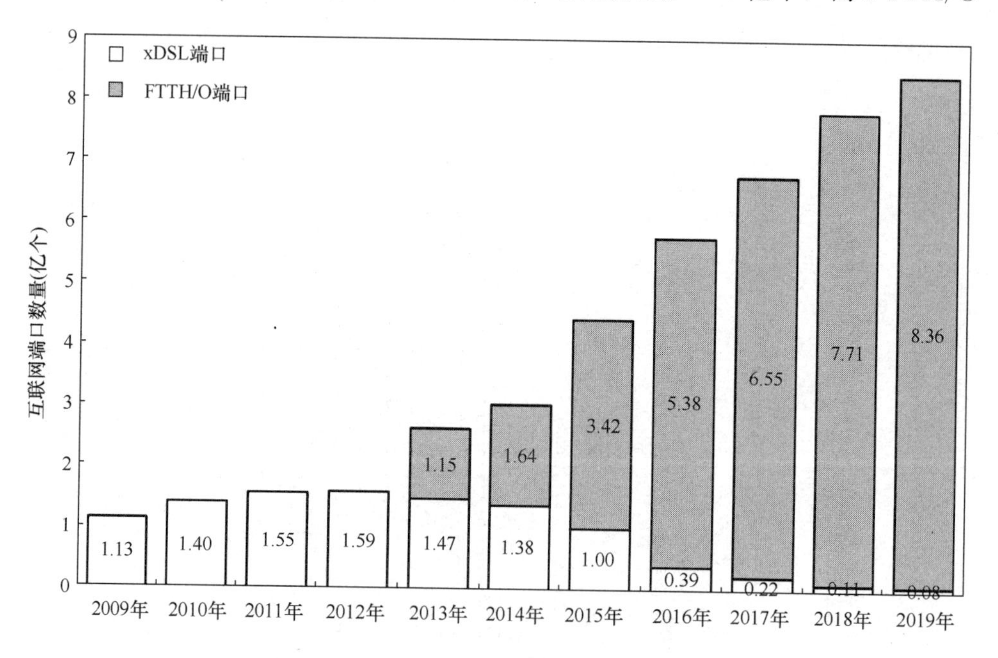


图 7-17　互联网宽带接入端口数量变化情况

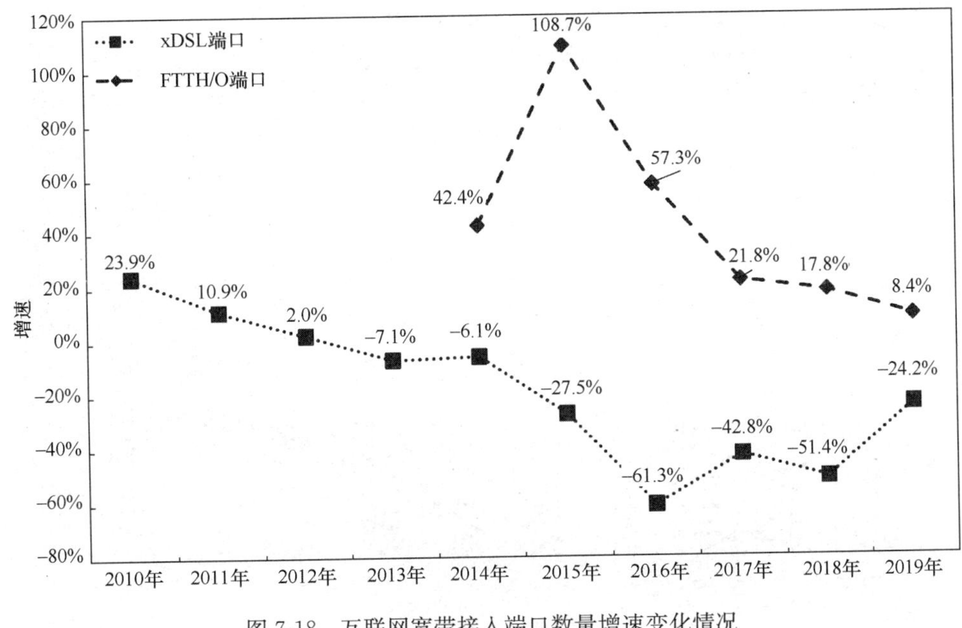


图 7-18 互联网宽带接入端口数量增速变化情况

宽带接入端口则达到了 8.36 亿个，表明我国在 2013～2019 年的六年时间内，基本完成了从 xDSL 向 FTTH/O 互联网传输技术的全面升级过渡。

### （四）交换机容量

图 7-19 和图 7-20 分别反映了我国电信行业三类交换机容量和增速的变化过程。其中固定长途电话交换机容量数量较少，且逐年减少。2009 年该类交换机容量为 0.17 亿路端，随后大约以－2.0％的速度逐年减少，到 2013 年时该类交换机容量减少速度进一步提高，到 2017 年一直维持在－16％的水平，截至 2019 年该类交换机容量仅有 0.01 亿路端，较 2008 年大约减少了 77％。2009 年局用交换机容量有 4.93 亿门，随后到 2014 年大约以年均－3.7％的速度缓慢降低，到 2015 年该类交换机容量猛然下降，当年增速为－35.8％，随后到 2016～2017 年减少速度有所放缓，大约为－14％左右，但 2018 年再次骤然减少，增速达到－41.03％。截至 2019 年我国局用交换机容量已减少至 0.72 亿门，较 2009 年减少了 85％。与上述两类交换机截然不同，我国移动电话交换机容量历年均远高于上述两类交换机容量，且逐年增加，年均增速达到了 8.9％，其中 2009 年、2011 年以及 2017 年，该类交换机容量增速最高，分别达到了 25.8％、14.2％和 10.8％。这一变化过程表明，固定电话通信已基本被移动和互联网通信取代。

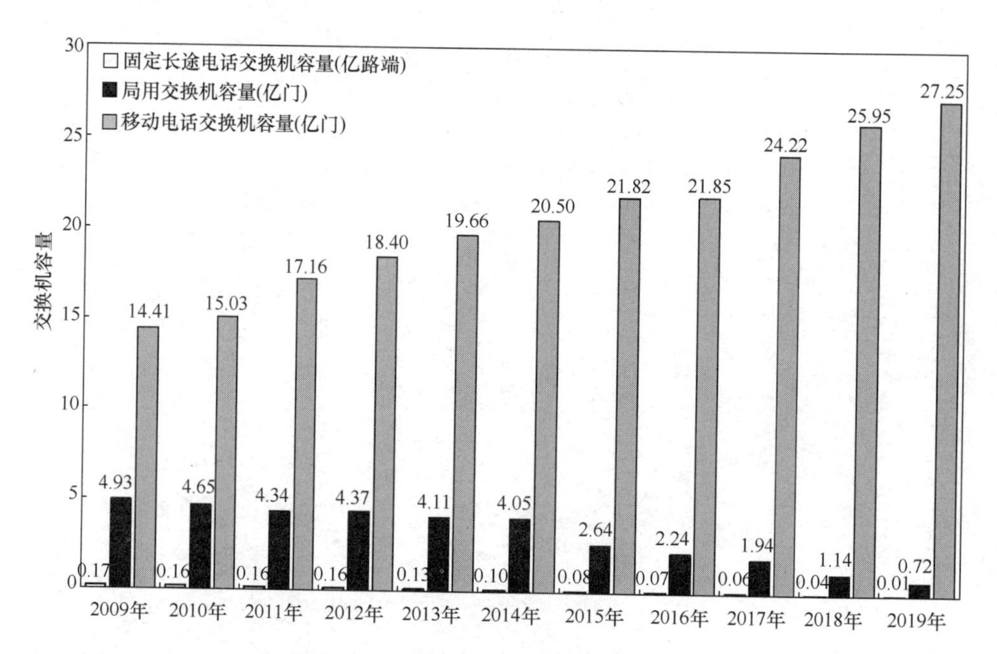


图 7-19　不同类型交换机容量变化情况

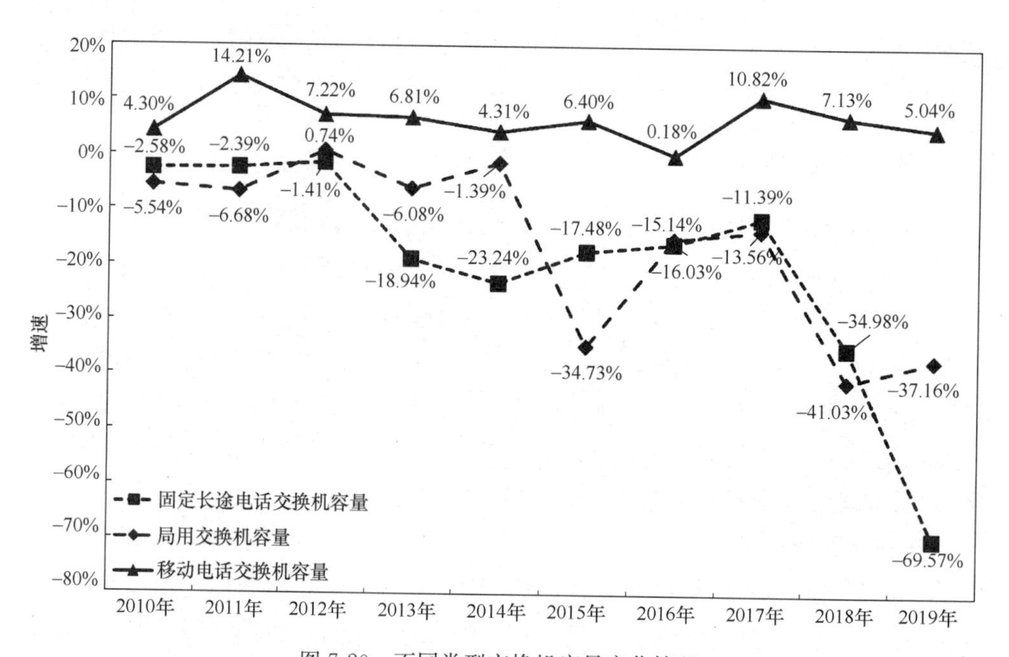


图 7-20　不同类型交换机容量变化情况

# 第二节　电信行业生产与供应

2009～2019年我国电信行业累计完成326414.5亿元业务量，年均增加31%。期间固定电话通话业务量以年均－15.6%的速率逐年迅速减少，2019年固话本地通话时长仅为1206.5亿分钟，较2009年减少82%。我国移动电话通话量经过2007～2013年快速增长后，在2015年开始缓慢负增长，显现出增长乏力的迹象，这表明移动电话通话可能遭受了互联网通信的冲击。2010年我国移动短信业务总量为8277.5亿条，到2017年下降至6641.4亿条，但2018年短信业务量又猛增至11398.6亿条，2019年进一步大幅增加达到14181.亿条，总量占比达94.1%。尽管短信业务量总体下滑，但"非点对点短信业务量"仍然处于快速增加中，表明"非点对点短信"在我国通信服务中仍具有重要价值和大量需求。2012年我国移动互联网接入总流量仅为8.8亿GB，人均接入流量0.649GB，到2019年总量达到1219.9亿GB，7年内增长26倍以上，到2019年手机接入流量在总接入流量中占比接近100%。

2009～2019年我国电信业固定电话用户以年均5.1%的速度持续减少，到2019年固话用户规模缩减至1.91亿户。而同一时期内，我国移动电话用户规模以年均8.8%的速度持续快速扩大，11年累计增加8.54亿户，至2019年达到16.01亿户，按当年年末全国总人口计算，移动电话普及率达到114.4部/百人，表明移动电话保有量可能接近饱和。2009～2019年间，我国互联网宽带接入用户逐年快速增加，年均增速达16.9%，十年累计增加3.45亿户。FTTH技术开始投放市场后，其用户占比急剧扩大，截至2019年达到92.9%，表明FTTH互联网接入技术在我国已基本实现普及。

## 一、电信行业业务量

### （一）电信行业总业务量

2009～2019年我国电信行业累计完成326414.5亿元业务量，年均增加31%。根据11年间电信总业务量变化趋势，以2013年为界，该过程大致可分为四个阶段，如图7-21所示。第一阶段为2008～2012年，在该阶段各年电信业务完成总量大约以15%的增速逐年较快递增，至2011年达到11725.8亿元。2012

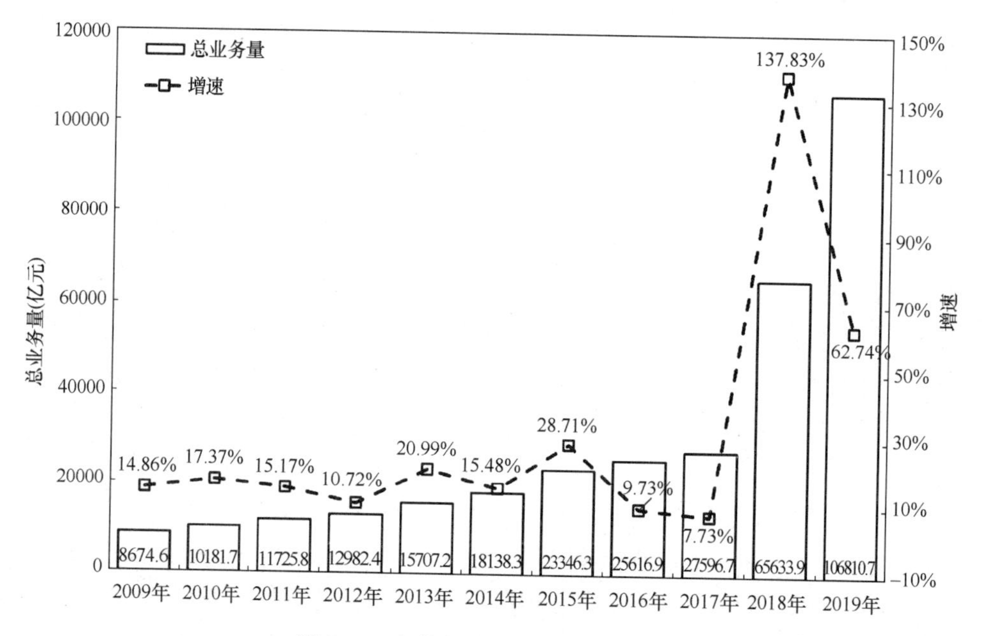


图 7-21 电信行业总业务量变化情况

年增速放缓至 10.72%，当年完成业务总量为 12982.4 亿元。第二阶段为 2013～2015 年，该阶段业务总量增速急剧提高，业务总量呈现大规模增长。其中 2013 年业务总量急剧增加到 15707.2 亿元，较 2012 年增加了 20.99%；随后 2014 年业务量增速有所放缓，为 15.48%，业务总量为 18138.3 亿元；2015 年电信业务总量再次出现大规模增加，并首次突破 20000 亿元，达到 23346.3 亿元，当年增速达到 28.71%。第三阶段为 2016～2017 年，该阶段业务总量增速大幅回落，其中 2016 年增速为 9.73%，业务量为 25616.9 亿元，2017 年增速为 7.73%，业务量增加至 27596.7 亿元。第四阶段为 2018～2019 年，期间业务量大幅增加，2018 年增幅达到 137.83%，业务量达到 65633.9 亿元，2019 年业务量突破十万亿，达到 106810.7 亿元。

从我国电信业技术革新普及，固定资产投资以及相应设备建成情况的角度来看，导致了上述电信行业业务总量在 2013～2015 年急速增加的主要动力来源于 4G 移动通信业务和 FTTH/O 固定宽带业务开始大规模普及。首先，2013 年底工信部向三大运营商正式发布了 4G 运营牌照，标志 4G 通信技术开始大规模普及；与此同时，FTTH/O（光纤到户）宽带技术同年开始大规模普及；其次，2013～2015 年电信业固定资产在移动通信和互联网及数据通信两类固定资产的投资上，增速急剧上升；第三，由图 7-13 和图 7-17 可见，2013～2015 年的 4G 通信基站以及 FTTH/O 宽带接入端口大量增加。

### （二）固定电话通话时长

2009～2019年间，我国固定电话通话业务量一直处于逐年快速下降的过程中。图7-22为我国固定电话通话时长的变化情况，2009年我国固定电话通话时长为6715.2亿分钟，随后以年均－15.6％的速率逐年减少，到2019年时固话本地通话时长仅为1206.5亿分钟，较2009年减少了82％。

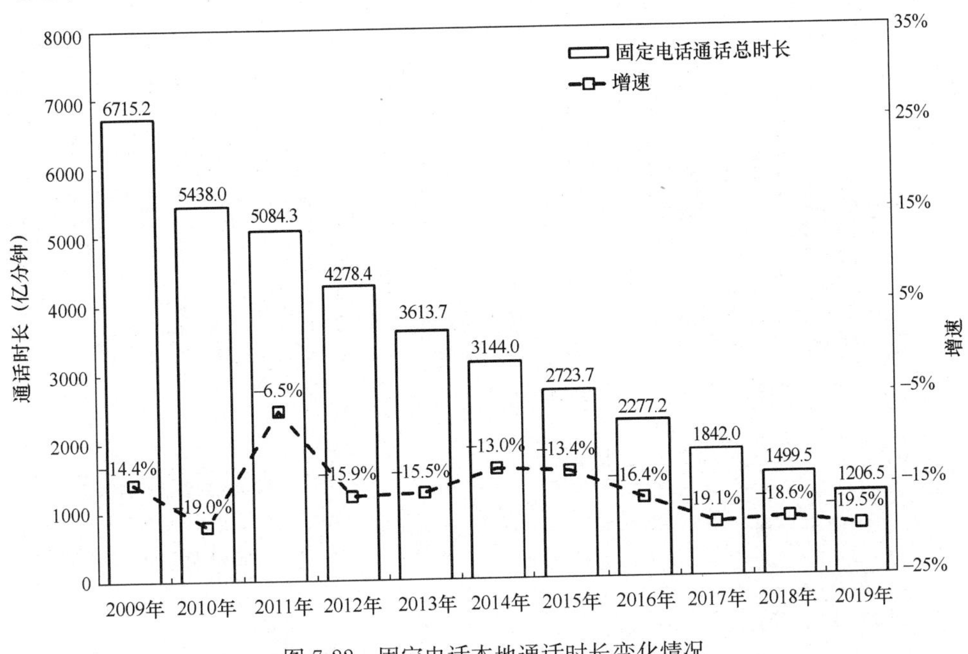


图7-22　固定电话本地通话时长变化情况

### （三）移动电话通话时长

移动电话是替代传统固话的主要通信方式之一。2009～2019年间，我国移动电话通话量总体经历了“先增加，后减少”的过程。如图7-23和图7-24所示，2009年我国移动电话通话总时长（来去话合计）为35351亿分钟，随后以大约20％的速度增长至2011年，然后增速逐年降低，到2014年放缓至1％，通话总时长增加到59012.7亿分钟，为2009～2019年间最大值。到2015年通话总时长开始出现小幅下降，当年增速为－2.6％，到2019年通话总时长降低至47826.2亿分钟，当年增速为－6％左右。

移动通话量经过2007～2013年快速增长后，在2015年开始缓慢负增长，显现出增长乏力的迹象，这表明移动电话通话可能遭受了互联网通信的冲击。2013年4G通信技术和光纤到户宽带开始大规模商业普及，这使得移动互联网和固定

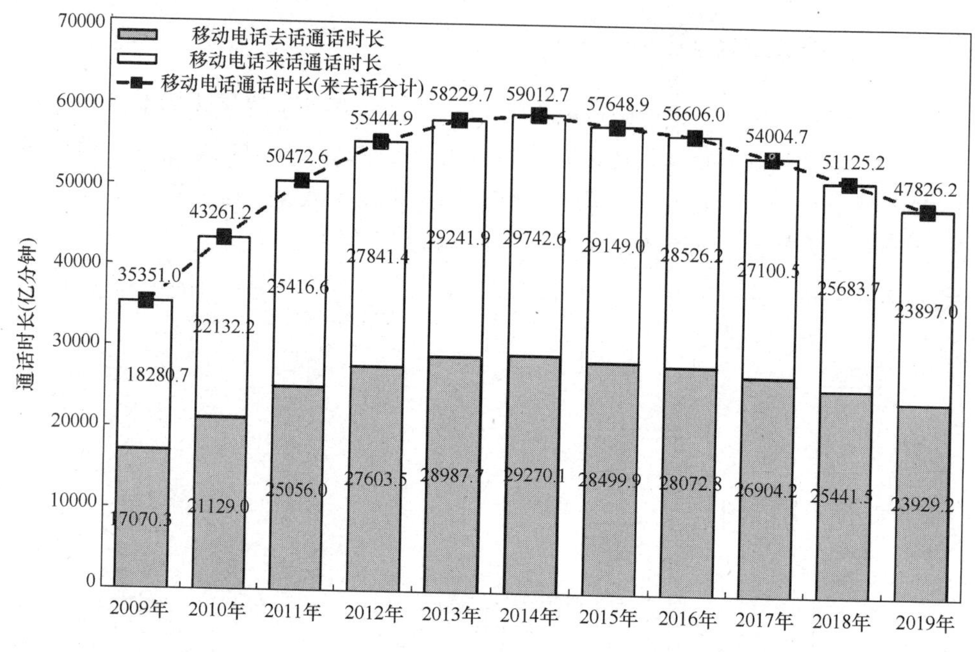


图 7-23　移动电话通话总时长变化情况

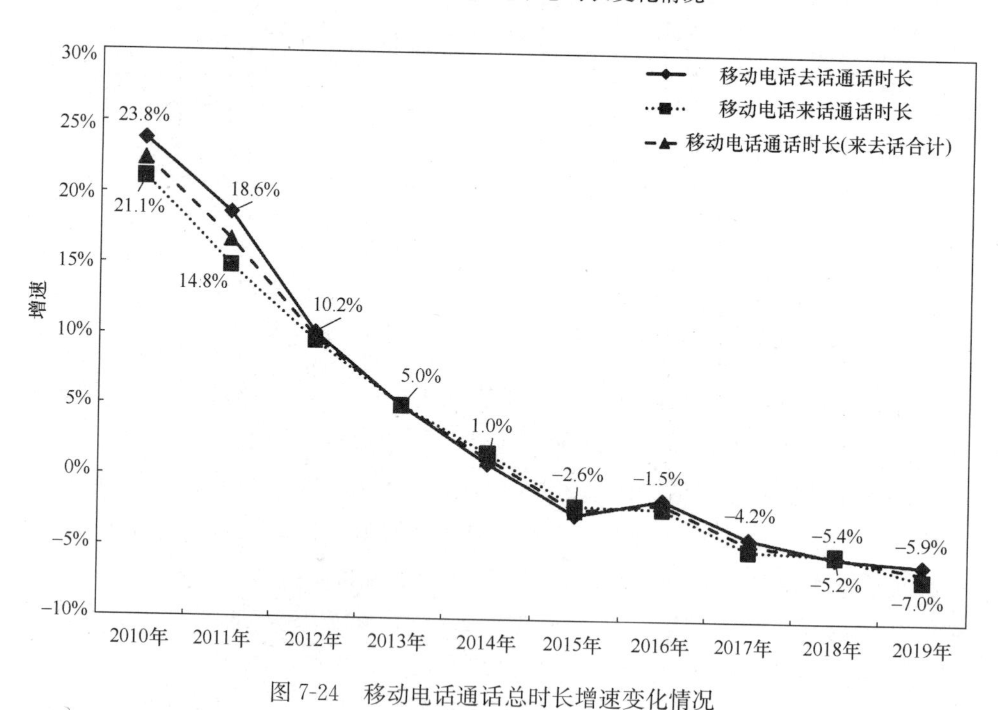


图 7-24　移动电话通话总时长增速变化情况

宽带的传输速度大幅度提高，从而能够在移动终端上实现较高质量的互联网语音通话，甚至是视频通话。

**(四)移动短信业务量**

移动短信是移动电话通话外的另一种重要通信方式。短信和彩信又分为“点对点”和“非点对点”两类。点对点短信是指两个通信终端(主要为移动电话)之间相互发送和接收短信/彩信,主要使用者为个体居民;非点对点短信/彩信则主要是指移动终端(移动电话)与SP运营商①之间相互发送和接收的短信,其主要使用者是提供电信增值服务的SP运营商和其用户。

图7-25和图7-26描述了2010~2019年我国电信业移动短信业务量的变化情况。2010年我国移动短信业务总量为8277.5亿条,然后逐年小幅增加,到2012年达到8973.1亿条,随后又开始逐年下滑,其中2014~2015年降幅较大,分别为−14.0%和−8.9%,到2017年下降至6641.4亿条。但2018年和2019年两年,短信业务量又猛增至11398.6亿条和15066.4亿条。进一步分类来看,从2011年开始“点对点短信”业务量一直处于逐年减少的过程,且其在总短信业务量中的占比逐年降低。2010年“点对点短信”业务量为5451.8亿条,在总移动短信业务量中占据较大比例,占比达65.9%。2011年“点对点短信”业务量

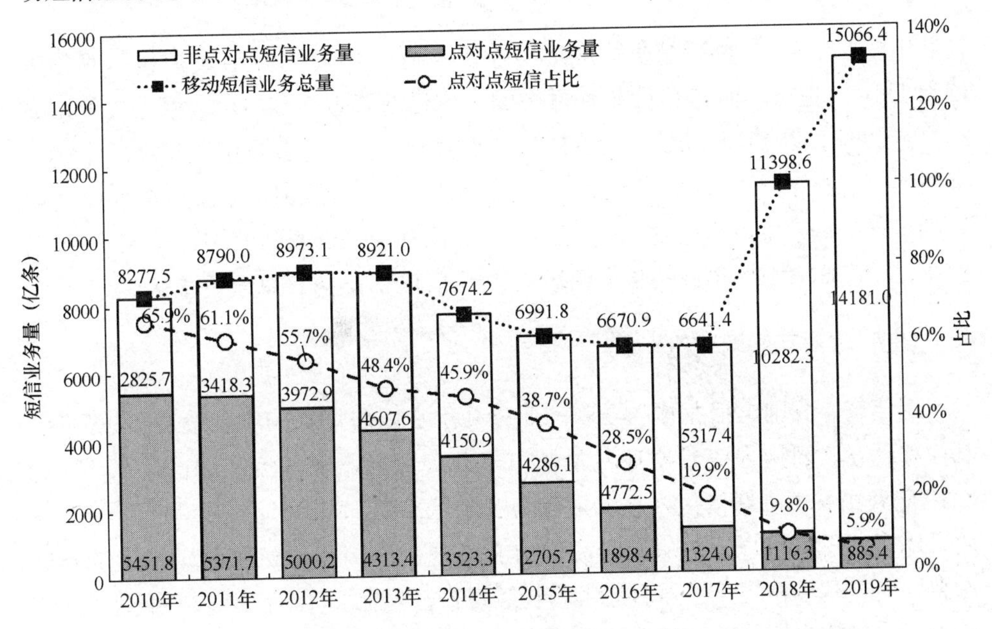


图7-25 移动短信业务量变化情况

① SP运营商是指电信增值服务提供商,即通过运营商提供的增值接口为用户提供服务,然后由运营商在用户的手机费和宽带费中扣除相关服务费,最后运营商和SP再按照比例分成。

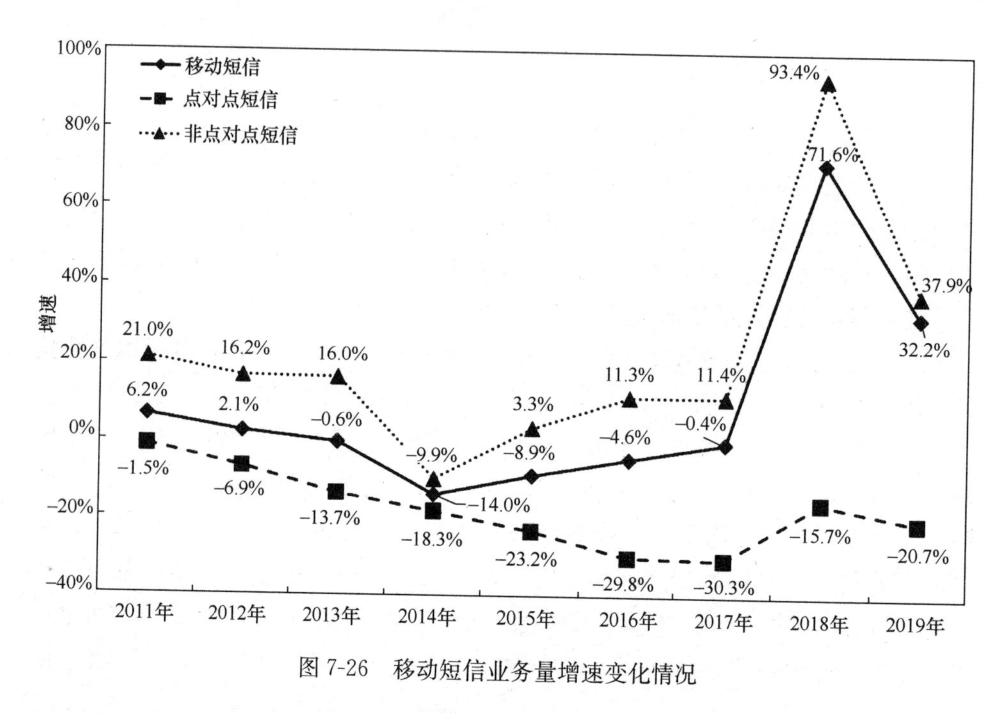


图 7-26　移动短信业务量增速变化情况

较上年减少 1.5%，随后减少速度逐年加快。到 2018 年“点对点短信”业务量仅为 1116.3 亿条，而其在总业务量中的占比迅速降低至 9.8%。相比之下，除 2014 年以外，以 SP 移动短信为主的“非点对点短信”业务量则逐年递增，2010 年该类短信业务量为 2825.7 亿条，占比为 34.1%，到 2017 年该类短信业量增加到 5317.4 亿条，在总短信业务量中占比达到 80.1%，2018 年又猛增至 10282.3 亿条，2019 年进一步大幅增加达到 14181. 亿条，总量占比达 94.1%。

## （五）移动互联网流量

近年来，我国电信业移动互联网业务几乎在以爆炸式的增长速度飞速发展，其中移动互联网接入流量增速甚至超过了几何级数增长速度。如图 7-27 所示，2012 年我国移动互联网接入总流量仅为 8.8 亿 GB，到 2019 年总量达到 1219.9 亿 GB，增长 26 倍以上。从接入流量构成来看，2012 年手机和移动网卡的互联网接入流量基本相当，但随后后者增长缓慢，甚至在 2013 年、2014 年两年内有所减少。相比之下，手机接入互联网流量规模迅速扩大，到 2019 年手机接入流量在总接入流量中占比接近 100%。

图 7-28 反映了移动互联网接入流量增速变化情况，由图 7-28 可见，移动互联网接入流量增速在 2013～2014 年分别为 44.3%和 62.8%，到 2015 年增速骤升至 103.1%，2016～2018 年增速进一步增加到 124.0%、162.3%以及

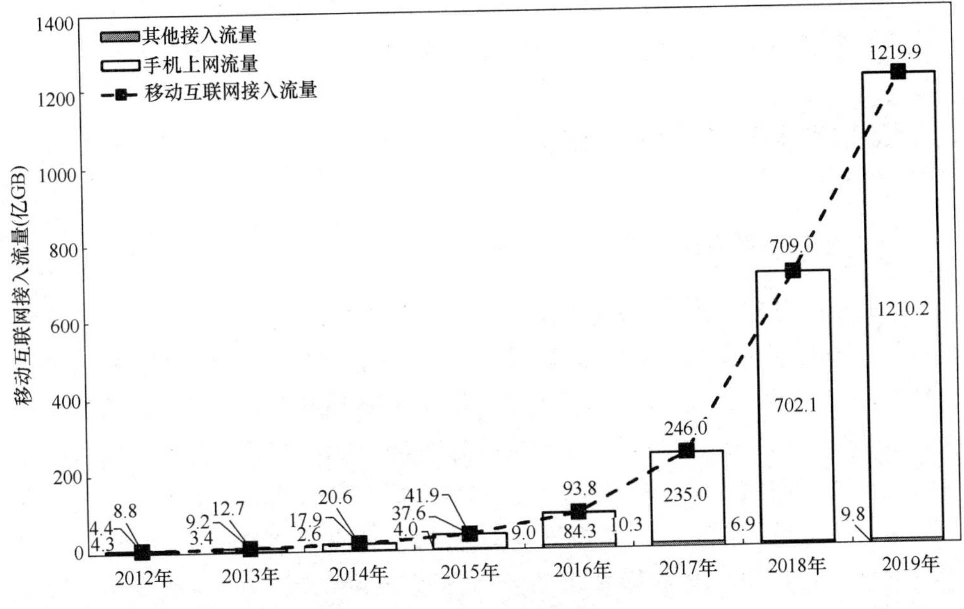


图 7-27 移动互联网接入流量变化情况

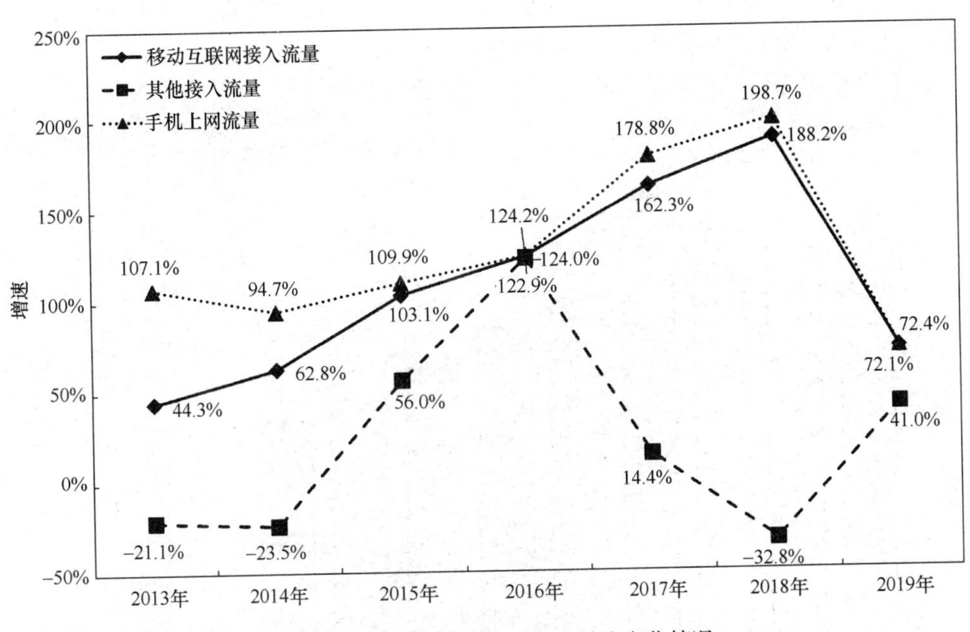


图 7-28 移动互联网接入流量增速变化情况

188.2%。从增速构成来看，手机接入流量增速几乎一直保持在 100%以上，2017 年、2018 年两年甚至达到了 178.8%和 198.7%，也即其增速超过了每年“翻一番”的几何级数。移动网卡接入流量增速相对缓慢，甚至在 2013 年、2014

年两年内有所减少，由于 2014 年之前移动网卡接入流量占比较大，因而在较大程度上拉低了 2013 年、2014 年总体接入流量增速。

## 二、电信行业用户情况

### （一）固定电话用户

2009～2019 年我国电信业固定电话用户以年均 5.1%的速度持续减少。图 7-29 描绘了该时期内我国固定电话用户数量变化情况，2009 年我国各类固话用户规模为 3.14 亿户，到 2019 年固话用户规模缩减至 1.91 亿户，减少 1.23 亿户。该变化过程大致分为三个阶段。第一阶段为 2009～2012 年，该阶段固话用户数量减少速度逐年放缓，由 2009 年的－7.82%降低至 2012 年的－2.44%。进入第二阶段 2013～2016 年后，固话用户数量减少速度逐渐加快，2016 年达到－10.55%，固话用户由 2012 年的 2.78 亿户迅速降低至 2016 年的 2.07 亿户，降幅达到 25.5%。第三阶段为 2017～2019 年，该阶段固话用户数量降幅逐渐缩小，总量基本维持不变，三年分别为 1.94 亿户、1.92 亿户和 1.91 亿户，其中 2018 年和 2019 年两年降幅仅为 0.86%和 0.55%。

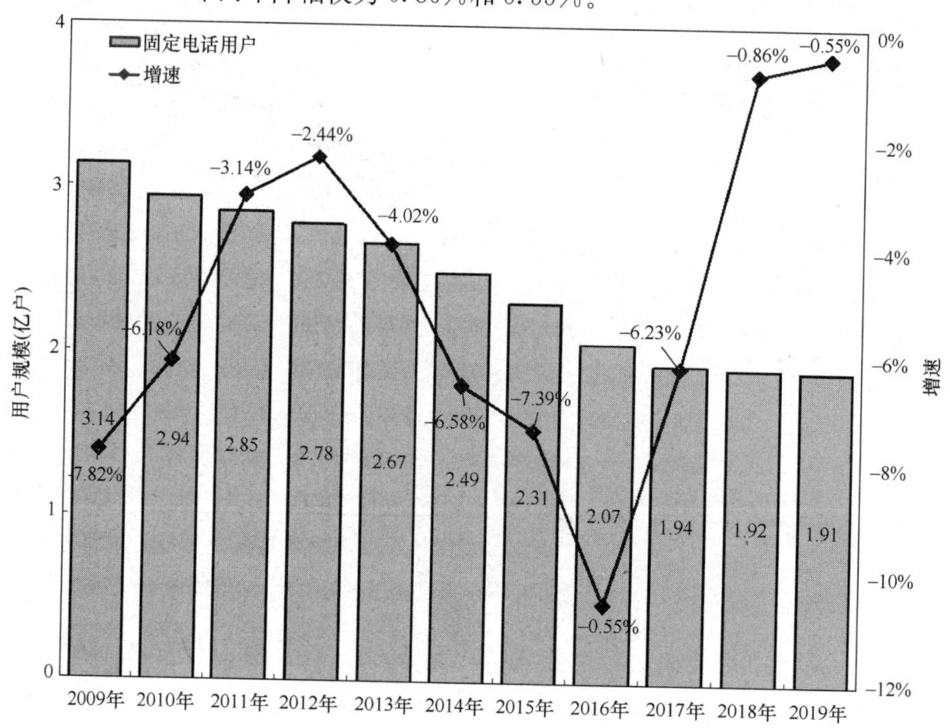


图 7-29　固定电话用户规模变化情况

## （二）移动电话用户

2009～2019 年间，我国移动电话用户规模以年均 8.8%的速度持续快速扩大，11 年累计增加 8.54 亿户，至 2019 年达到 16.01 亿户，按当年年末全国总人口计算，移动电话普及率达到 114.4 部/百人。如图 7-30 所示，移动电话用户总规模分两个阶段快速增长，第一阶段为从 2009 年的 7.47 亿户持续增长至 2014 年 12.86 亿户，随后 2015 年用户规模小幅下降至 12.71 亿户；第二阶段为从 2015 年的 12.71 户持续增加至 2019 年的 16.01 亿户。

如图 7-30 中所示，从不同类型移动电话用户规模的变化来看，以 3G 和 4G 通信技术大规模普及为节点，该变化过程又分为三个阶段。第一阶段为 2008～2012 年，该阶段内 3G 用户出现并快速增加，但其规模有限，非 3G/4G 移动电话用户规模同时增加，2009 年非 3G/4G 用户规模为 7.35 亿户，3G 用户仅 0.12 亿户，到 2012 年非 3G/4G 用户增加至 8.79 亿户，3G 用户增加至 2.33 亿户。第二阶段 2013～2014 年，非 3G/4G 用户规模开始快速减少，2013 年减少至 8.28 亿户，3G 用户规模急剧扩大，2013 年扩大至 4.02 亿户，随后 2014 年 3G 和非 3G/4G 用户规模同时缩减，分别缩减至 2.76 亿户和 7.04 亿户，与此同时

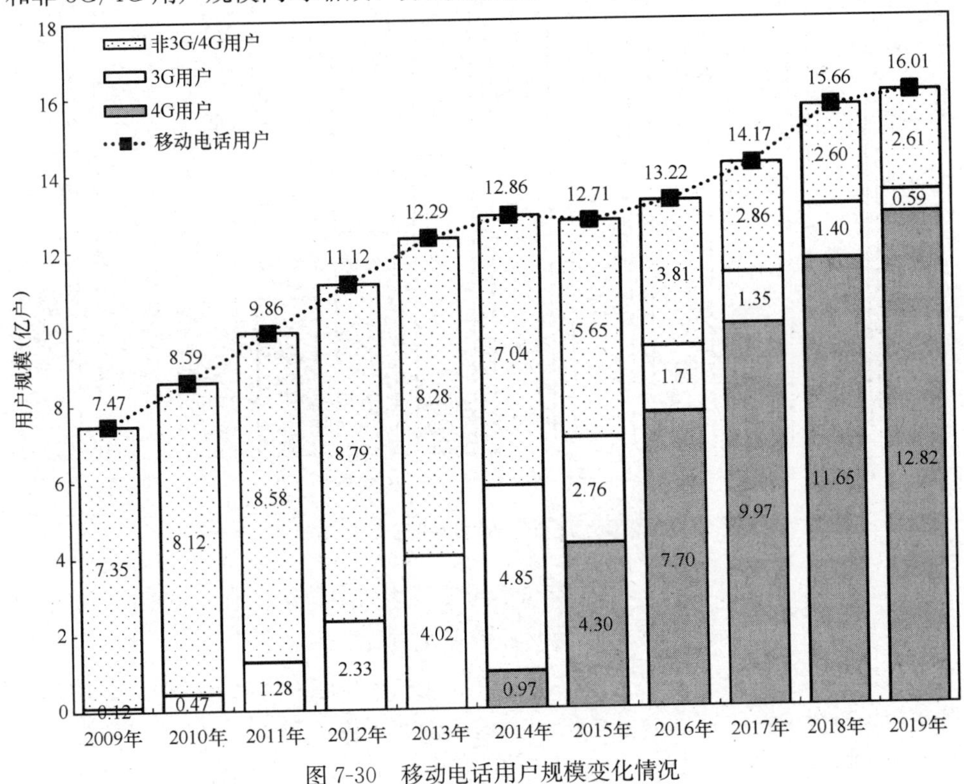


图 7-30　移动电话用户规模变化情况

4G 用户开始出现，并迅速增加至 0.97 亿户。第三阶段 2015～2019 年，该阶段 4G 用户爆炸式增长，大规模替换 3G 和非 3G/4G 用户，2019 年非 3G/4G 用户降低至 2.6 亿户，3G 用户降低至 0.59 亿户，而 4G 用户则增加至 12.82 亿户。

图 7-31 描绘了 2009～2019 年移动电话用户构成变化情况。由图 7-31 可见，3G 和 4G 用户相继出现导致非 3G/4G 用户规模占比逐年下降，从 2008 年的 100%最终降低到 2019 年的 16.3%。3G 用户规模占比则经历了先增加后减少的抛物线过程。2009～2014 年 3G 用户规模占比持续增加，并一度增加至 2014 年的 37.7%，随后又在 2014～2017 年间开始迅速下降，到 2019 年下降至 3.7%。4G 用户规模占比从 2014 年开始便一直处于急剧扩张过程中，2014 年占比仅为 7.6%，2018 年则达到 80.1%。

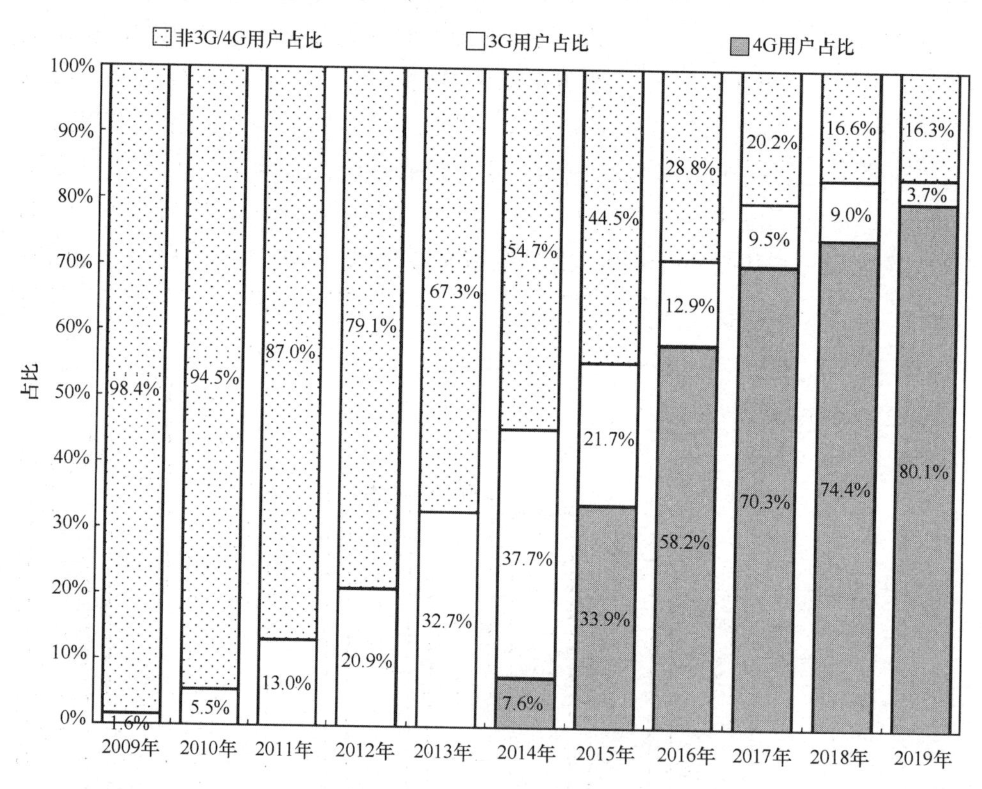


图 7-31　移动电话用户构成变化情况

图 7-32 反映了移动用户总规模和不同类型移动用户规模在 2009～2019 年间的增速变化情况，反映出两个较为明显的变化规律。首先，图中 3G 和 4G 用户规模增速曲线表现出类似的变化规律，当新技术开始进入市场普及时，其用户规模在初始阶段的扩张速度会急剧增加，随后迅速下降。例如，3G 用户数量增速在 2010 年一度达到 281.8%，到 2014 年便迅速降至 20.8%；而 4G 用户数量增

速在 2015 年达到 342.4%，2017 年便急剧下降至 29.5%。其次，新技术出现后，旧技术用户会被新技术迅速替代而急剧减少。例如，3G 技术出现后，非 3G/4G 用户增速在 2013 年便下降至－5.9%，并持续降低；而 4G 技术出现后，2015 年 3G 用户增速由 20.8%骤降至－38.1%。

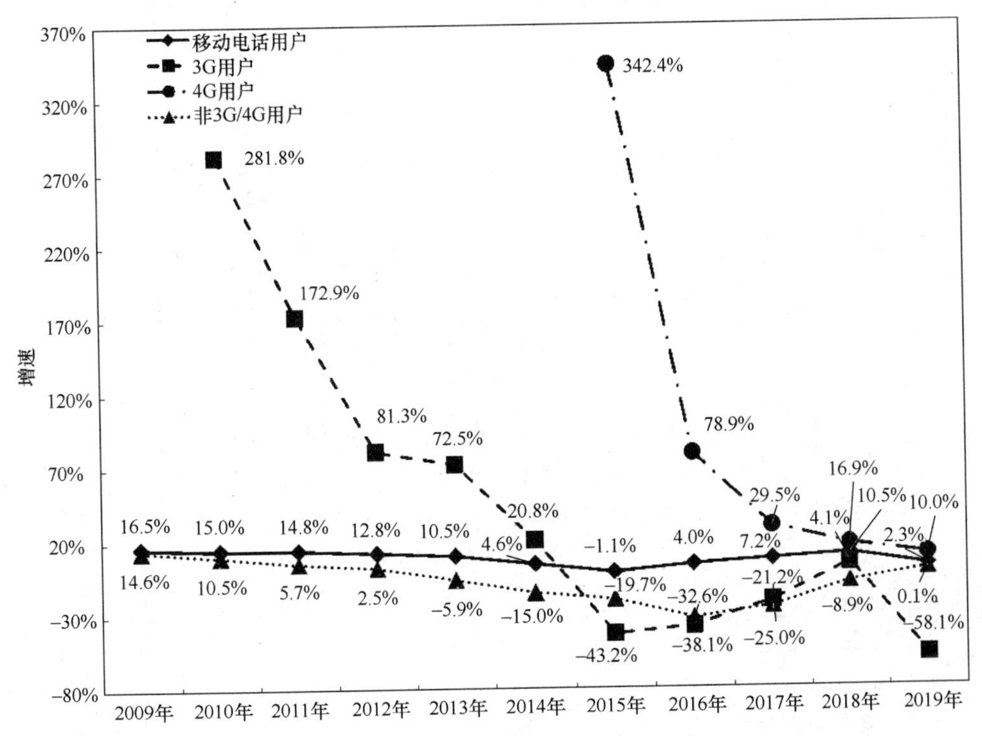


图 7-32 移动电话用户规模增速变化情况

### （三）互联网用户

2009～2019 年间，我国互联网宽带接入用户逐年快速增加，年均增速达 16.9%，11 年累计增加 3.45 亿户。如图 7-33 所示，2009 年我国互联网宽带接入用户规模为 1.04 亿户，当年增速 25.5%。随后用户规模逐年扩大，但增速放缓，2014 年用户规模增加至 2.00 亿户，增速放缓至 6.0%。2015 年增速急剧上升到 29.4%，用户规模扩大至 2.59 亿户。2016～2018 年增速下滑至 16%左右，到 2019 年用户规模增加至 4.49 亿户。

目前我国互联网宽带接入形式可分为 LAN（局域网）、xDSL（数字用户线路）和 FTTH（光纤到户）三类用户。2013 年，我国开始大规模普及 FTTH 互联网宽带技术。图 7-34 更为详细地描绘了 2009～2019 年上述三种类型互联网接入用户规模变化情况，LAN用户规模有所增加，但总体保持较低比例，2017年

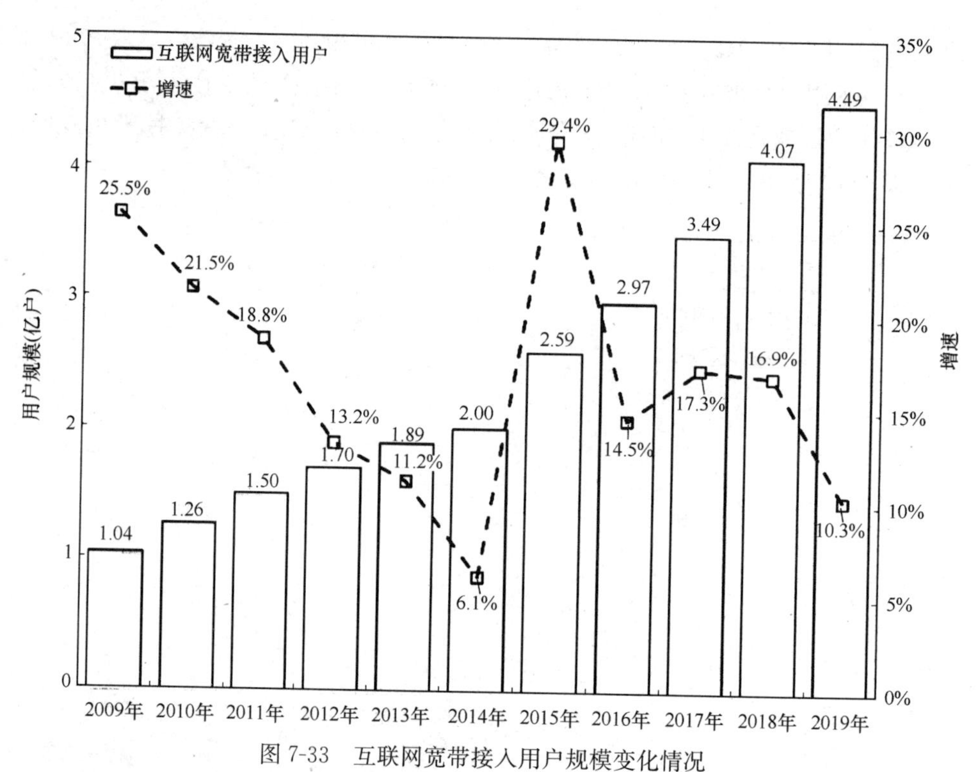

图 7-33　互联网宽带接入用户规模变化情况

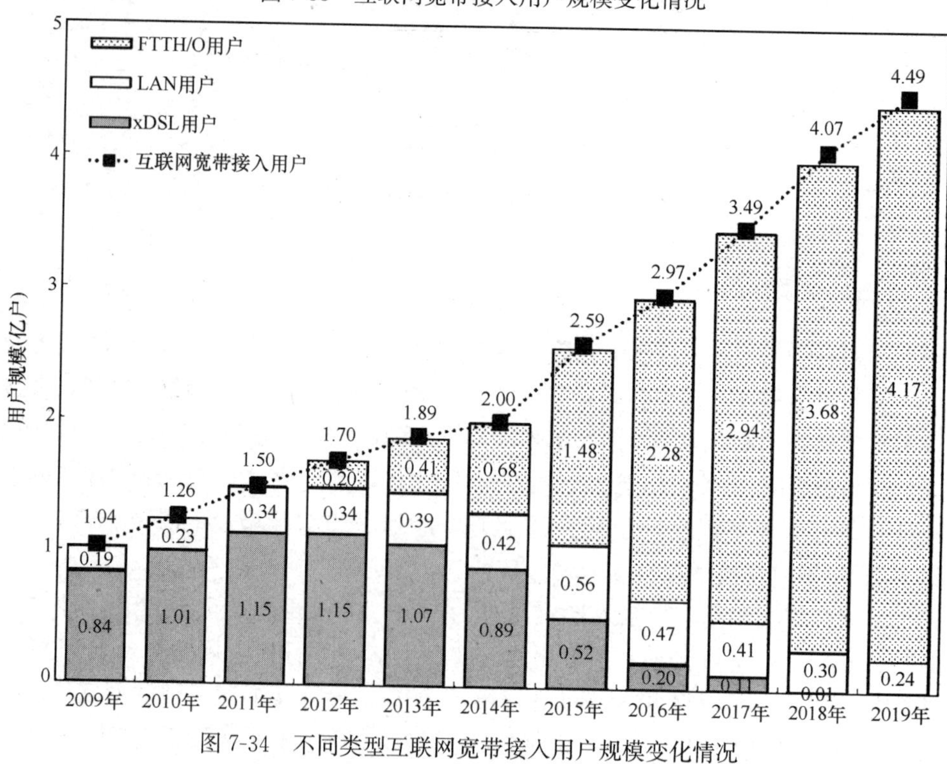

图 7-34　不同类型互联网宽带接入用户规模变化情况

该类用户为 0.41 亿户；xDSL 用户规模在 2008～2012 年逐年扩大，2012 年该类用户规模达到 1.15 亿户，为历史最大值。2013 年 FTTH 开始大规模普及后，该类用户规模开始迅速缩减，到 2019 年该类用户量接近于零。2012 年开始出现 FTTH 用户，当年规模为 0.12 亿户，随后该类用户数量急剧增加，到 2019 年达到 4.17 亿户，占比 90％以上。

图 7-35 反映了不同类型互联网宽带接入用户规模占比变化情况。2009～2011 年，xDSL 用户与 LAN 用户比例基本维持在 1∶4。2012 年开始出现 FTTH 用户后，xDSL 用户占比首先遭到挤压而开始逐渐减小，到 2015 年该类用户占比缩减至 20.2％，到 2017 年则仅占 3.2％。LAN 用户占比相对较为稳定，2009～2015 年一直保持在 20％左右，但 2016～2017 年该类用户占比开始下降，两年占比分别为 15.9％和 11.7％。FTTH 用户出现后，占比急剧扩大，2018 年达到 90.4％，2019 年进一步增加至 92.9％，表明 FTTH 互联网接入技术在我国已基本实现普及。

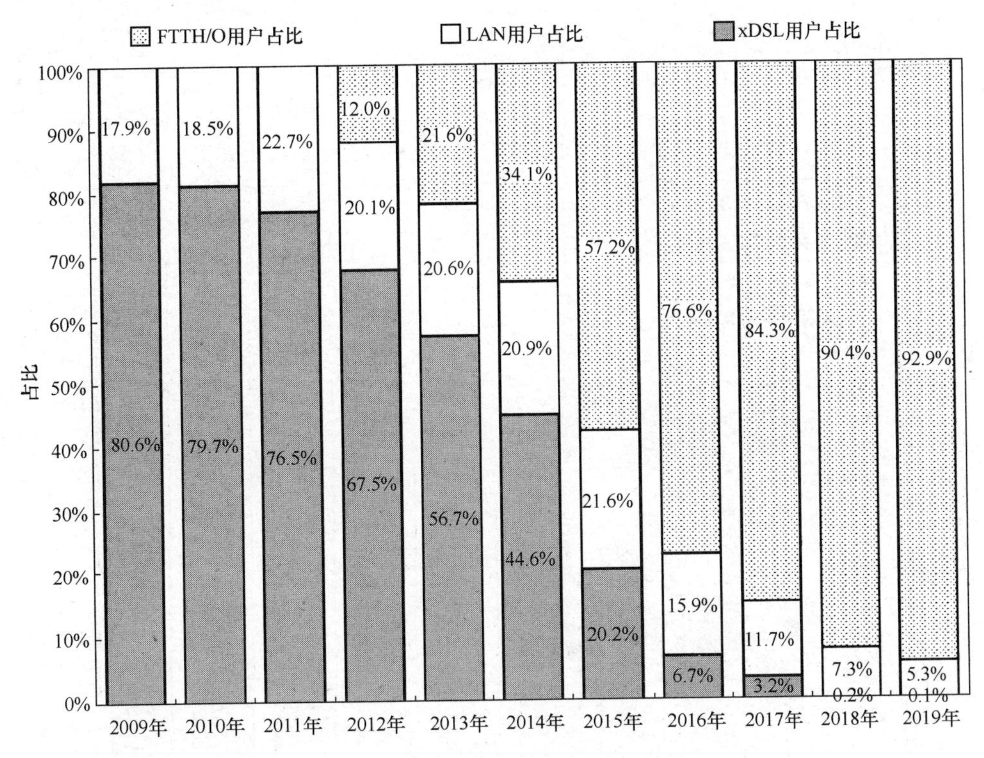


图 7-35　不同类型互联网宽带接入用户规模占比变化情况

图 7-36 进一步刻画了各类互联网宽带接入用户规模增速变化情况。由图 7-36可以发现与3G和4G用户规模类似的变化规律(图7-37)，当新技术出现

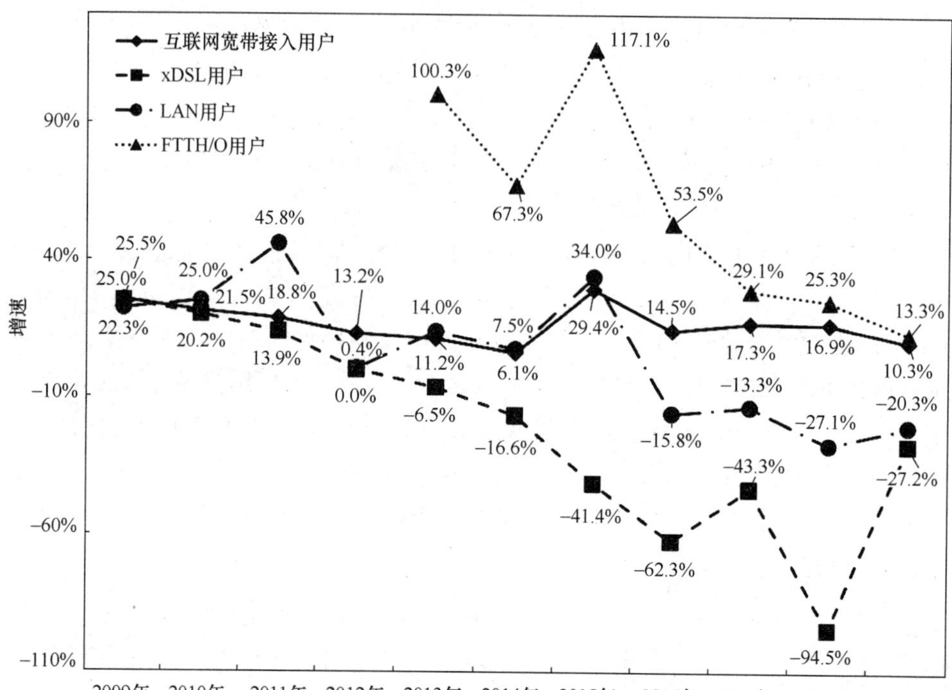


图 7-36 不同类型互联网宽带接入用户规模增速变化情况

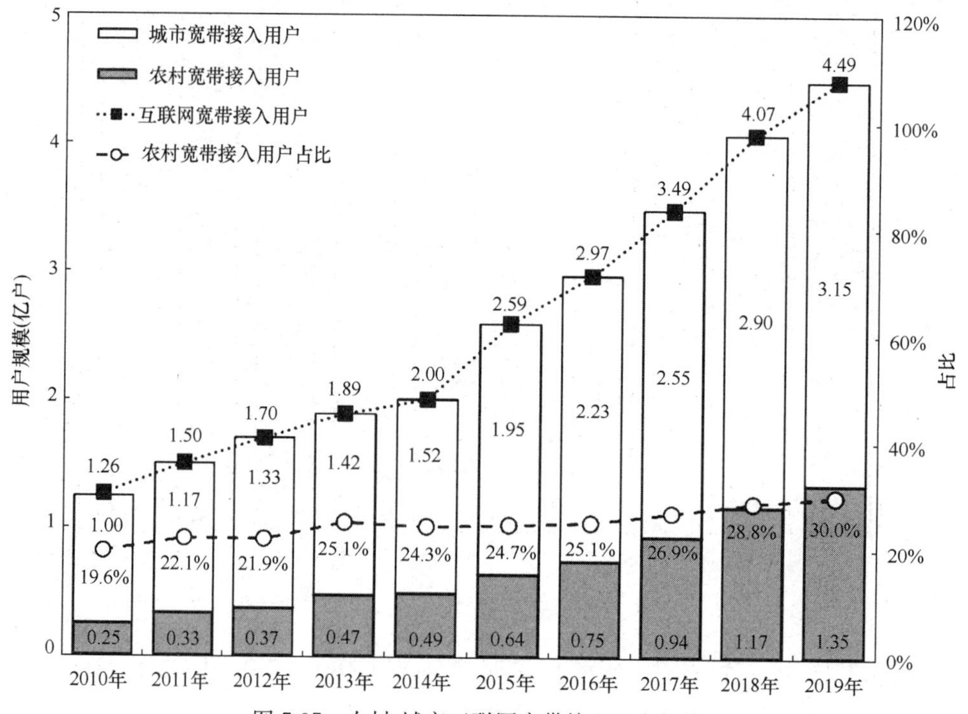


图 7-37 农村-城市互联网宽带接入用户规模

并开始大量投放市场后，其用户规模在初始阶段的扩张速度会急剧增加，随后迅速下降；与此同时，旧技术用户会被新技术迅速替代而急剧减少。如图 7-36 所示，2012 年 FTTH 技术开始应用，2013～2015 年保持较高增速，2015 年一度增加至 117.1%，随后增速又开始迅速回落，2017 年时下降至 29.1%。与此同时，xDSL 用户增速迅速下降，2013 为－6.5%，2016 年迅速降低至最低值－62.3%，2017 年虽有所回升，但仍有－43.3%，2018 年则进一步降至－94.5%。

图 7-37 和图 7-38 反映了我过互联网宽带城市和农村接入用户量和增速变化情况。由图 7-37 可见，农村互联网宽带用户逐年扩大，2010 年该类用户为 0.25 亿户，2019 年增加至 1.35 亿户，相应其占比则从 2010 年的 19.6%增加至 2019 年的 30%，共增加 10.4 个百分点。这表明我国农村地区互联网宽带接入用户增速高于城市，由图 7-38 可见，农村用户增速在 2011 年、2013 年、2015 年、2017 年以及 2018 年均达到 30%左右，显著高于城市用户规模的同期增速。

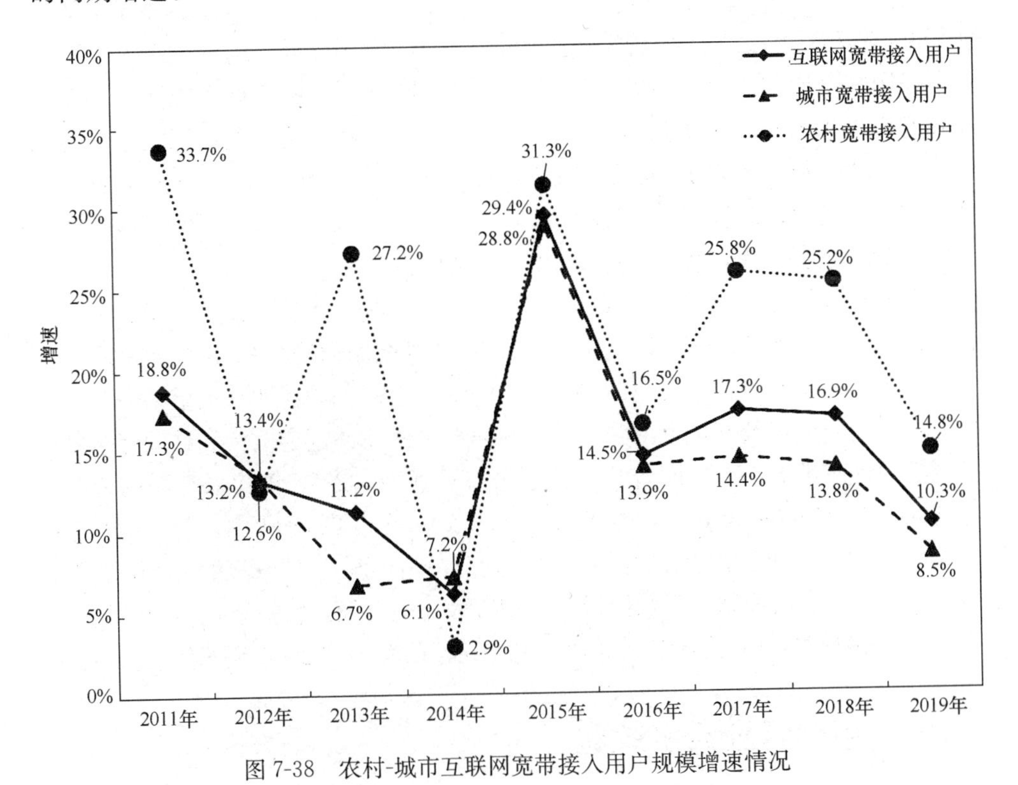


图 7-38　农村-城市互联网宽带接入用户规模增速情况

# 第三节　电信行业发展成效

2009 年我国电信业完成了第二次拆分重组后，奠定了“移动、电信、联通三足鼎立”的基本行业格局。经过十年发展，我国电信行业在资产投资积累、行业经济效益以及业务普及等各个方面，均取得了长足进步和显著成效。

在经济效益方面，2009～2019 年我国电信行业业务总量保持快速增加，累计完成 326414.5 亿元业务量，年均增加 31%。2019 年电信行业业务总量达到 106810.7 亿元。与此同时，我国电信业收入以 4.5%的年均速度逐年增加，并累计实现收入 124243.9 亿元，2019 年全年实现收入 13096.1 亿元。同一时期内我国电信业累计花费成本 73662.6 亿元，年均增加 7.9%，高于年均收入增速 3.4 个百分点。2019 年当年花费成本达 8941.3 亿元。2009～2019 年我国电信业累计实现利润 17945.9 亿元，年均涨幅 1.8%，2019 年实现利润 1833.7 亿元。

在固定资产方面，不同固定资产指标规模均以较快增速逐年扩大。2009～2019 年间，我国电信业固定资产原值、固定资产总值以及固定资产净值分别以 5.5%、3.2%和 3.2%的年均增速逐年增加。2019 年三项固定资产规模指标分别为 40431.7 亿元、33575.3 亿元和 15604.4 亿元。2009～2019 年间我国电信业固定资产折旧速度加快，新增固定资产比例持续下降。

在业务普及方面，2009～2019 年我国移动电话普及率快速大幅提高，2013 年我国移动电话普及率达到 90.3 部/百人，达到基本普及。2019 年普及率进一步增加至 114.4 部/百人，为 2009 年普及率的 2 倍以上，表明移动电话在我国居民中已达到完全普及并接近饱和的状态。同期内互联网固定宽带和移动互联网业务规模的迅速扩大，互联网普及取得显著发展成效。2019 年我国互联网普及率达到 64.5%，也即每 100 人中平均有 64.5 人为互联网网民，为 2009 年的 2.6 倍。到 2019 年我国互联网网民数量达到 9.04 亿人，网民数量年均增速达 11.0%。移动电话和移动互联网通信的相继大规模普及，快速取代传统固定电话业务，到 2019 年固话普及率已下降至 13.6 部/百人，较 2009 年下降近一半。

## 一、电信行业经济效益

### （一）电信行业业务总量

2009～2019 年间，我国电信行业累计完成 326414.5 亿元业务量，年均增加

31%。期间电信总业务量变化趋势大致可分为三个阶段，如图 7-39 所示。第一阶段为 2009～2012 年，在该阶段各年电信业务完成总量以较快增速逐年递增。2009 年全年我国电信行业业务总量为 8674.6 亿元，随后大约以 15%的增速，逐年增加。2012 年完成业务总量为 12982.4 亿元，增速放缓至 10.72%。第二阶段为 2013～2015 年，该阶段业务总量增速急剧提高，业务总量呈现大规模增长。其中 2013 年业务总量急剧增加到 15707.2 亿元，较 2012 年增加了 20.99%；随后 2014 年业务量增速有所放缓，为 15.48%，业务总量为 18138.3 亿元；2015 年业务总量再次出现大会规模增加，并首次突破 20000 亿元，达到 23346.3 亿元，当年增速达到 28.71%。第三阶段为 2016～2017 年，该阶段业务总量增速大幅回落，其中 2016 年增速为 9.73%，业务量为 25616.9 亿元，2017 年增速为 7.73%，业务量增加至 27596.7 亿元。2018～2019 年电信业务总量出现爆发式增长，两年业务量分别达到 65633.9 亿元和 106810.7 亿元，两年增速达到 137.8%和 62.7%。

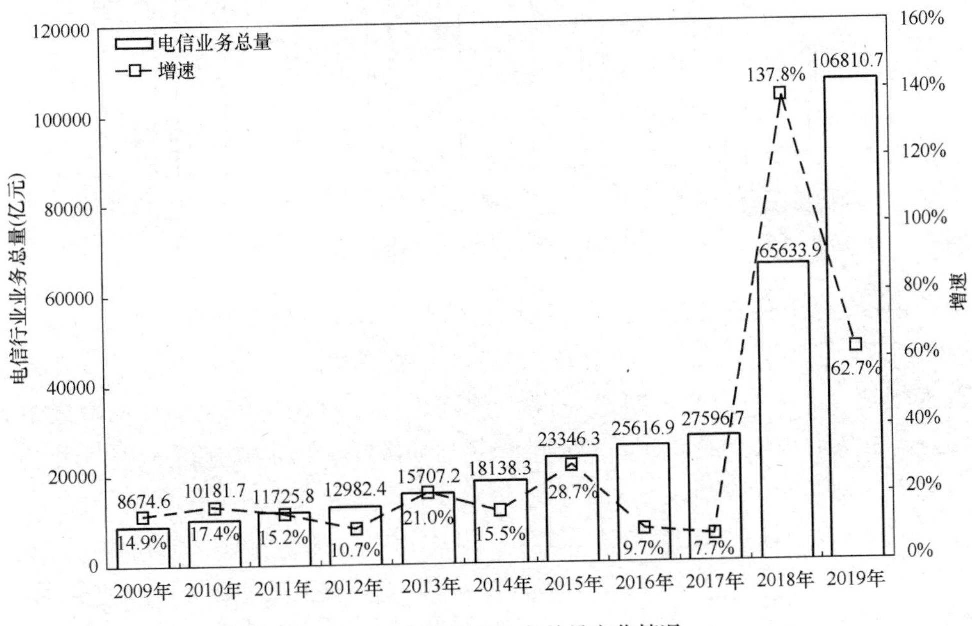


图 7-39 电信行业业务总量变化情况

### (二) 电信业收入、成本及利润

2009～2019 年间，我国电信业收入大体逐年增加，累计实现收入 124243.9 亿元，年均增加 4.5%。如图 7-40 所示，2009 年全年我国电信业实现收入 8674.6 亿元，随后收入规模及收入增速逐年增加，到 2011 年增速达到 8.8%，

2012 年首次突破 1 万亿元收入，达到 10758.3 亿元。2013 年继续保持 8.5%的增速，但随后增速开始放缓，至 2015 年增速下滑至−2.0%，当年全年实现收入 11665.2 亿元。2016～2018 年收入增速再次提高，分别达到 2.9%、5.3%和 2.9%。2019 年全年实现收入 13096.1 亿元，为 11 年来收入最高的一年。

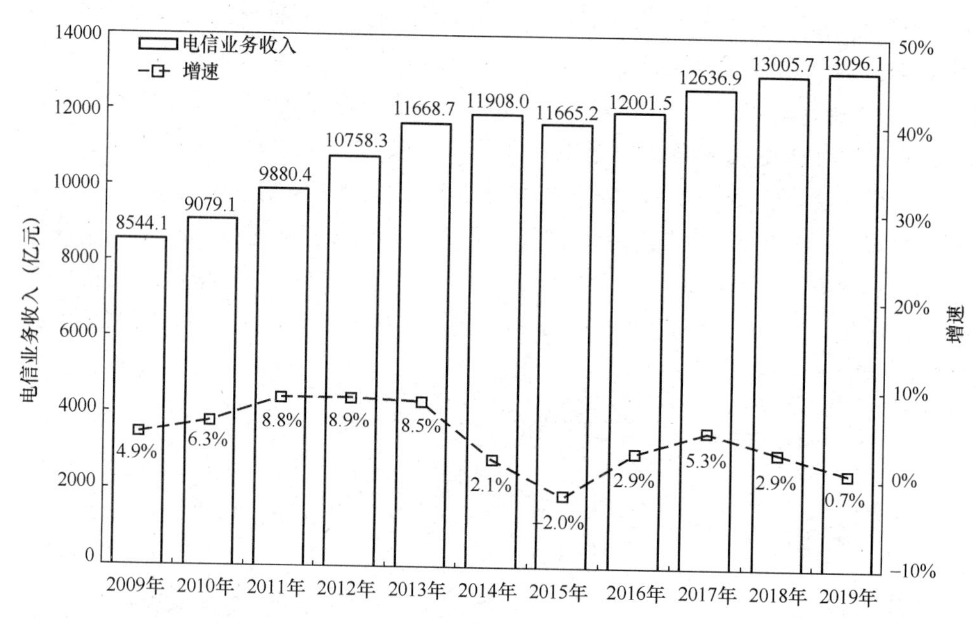


图 7-40　电信业收入变化情况

伴随电信业务总量持续扩大，我国电信业成本花费也在不断上升。2009～2019 年间，我国电信业累计花费成本 73662.6 亿元，年均增加 7.9%，高于年均收入增速 3.4 个百分点。如图 7-41 所示，2009 年我国电信业全年花费成本 4116.3 亿元，随后一直到 2011 年成本及增速均保持逐年递增的趋势，2011 年花费成本达到 4980.2 亿元，较上年增加 14.2%。2012 年花费成本为 5240.3 亿元，成本增加有所放缓，较上年增加 5.2%。但随后成本再次进入快速增加阶段，增速逐年快速增加，到 2015 年成本增加幅度达到 17.5%，成本花费达到 7698.9 亿元。2016 年仍保持较大增幅，较上年成本增加接近 1000 亿元，增幅达到 11.9%。随后 2017～2019 年成本增幅相对较小，成本花费在 8632.2 亿～8941.3 亿元的范围内。

2009～2019 年间我国电信业累计实现利润 17945.9 亿元，年均涨幅 1.8%。受多方面因素影响，其总体变化趋势较为复杂。由图 7-42 可见，2010 年、2013 年以及 2016 年三年实现利润最低，分别为 1458.5 亿元、1213.1 亿元以及 1544.9 亿元。其中 2013 年为 11 年中最低，当年降幅达到 32.5%。其余各年利润在 1650 亿～1750 亿元。2017～2019 年连续三年利润增加，平均涨幅 5.9%，2019 年为历年来最高，达到 1833.7 亿元。

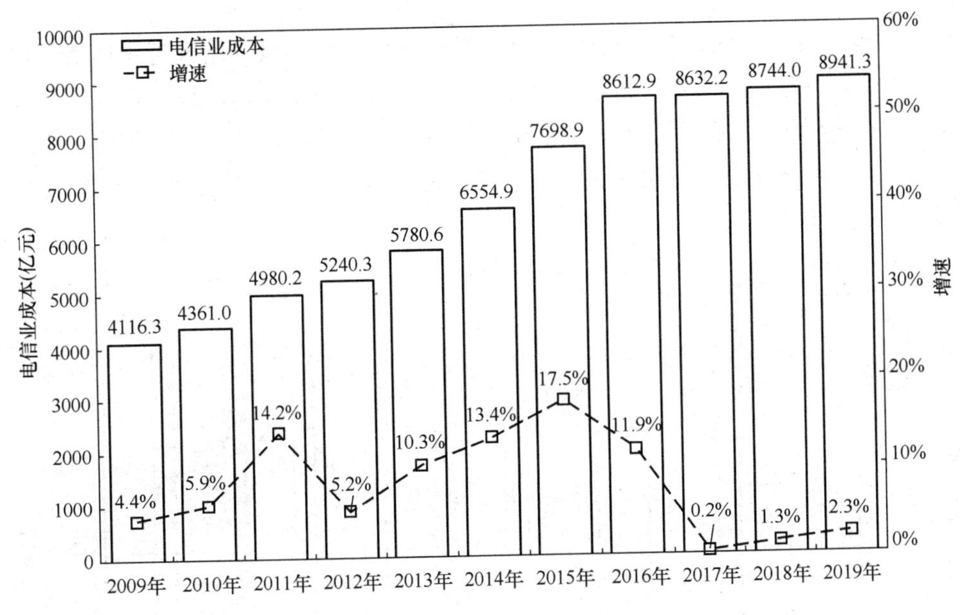


图 7-41　电信业成本变化情况

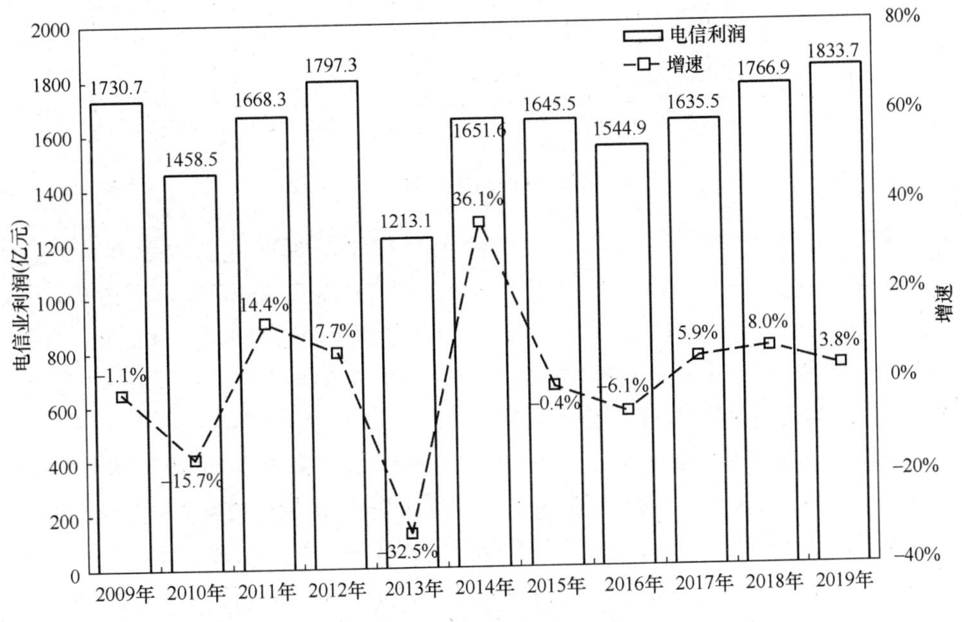


图 7-42　电信业利润变化情况

## 二、电信行业资产状况

2009～2019 年间，我国电信行业资产原值以年均 5.5%的增速逐年递增。如图 7-43 所示，除 2015 年外其余各年规模逐年增加，增速整体呈递减趋势，保持在 5.0%～9.0%之间。2009 年我国电信业资产原值为 24660.9 亿元，增速 9.1%；到 2019 年资产原值达到 40431.7 亿元，为 11 年间资产原值最高的年份，当年增速为 1.6%。

图 7-43　电信业固定资产原值变化情况

2009～2019 年我国电信行业资产总值整体呈不断扩大趋势，年均增加 3.2%。如图 7-44 所示，2009 年我国电信业资产总值为 21169.0 亿元，随后逐年递增，增速保持在 5%左右。2016 年电信业资产总值规模达到 31803.9 亿元，并在随后的 2017 年和 2018 年两年基本维持不变，2019 年该项规模达到 33575.3 亿元，较上年增加 5.7%，为历年来规模最大的年份。

2009～2019 年我国电信行业资产净值整体呈不断扩大趋势，年均增加 3.2%。如图 7-45 所示，2009 年我国电信业固定资产净值为 12086.5 亿元，随后逐年增加直至 2014 年，到 2015 年电信业固定资产净值规模出现下滑，较上年减少 4.2%。2016～2017 年资产净值再次持续增加，2017 年电信固定资产净值达 15743.7 亿元，为历年最高水平。2018 年、2019 年两年较上年均出现小幅下滑。

图 7-46 中的“电信固定资产有用系数”反映了 2009～2019 年间我国电信业

图 7-44　电信业资产总值变化情况

图 7-45　电信业固定资产净值变化情况

固定资产折旧（新旧）程度。如图 7-46 所示，2009 年该项系数为 0.490，随后大约以 2%的速度逐年递减，到 2019 年该系数下降至 0.386。该结果表明近 11 年来我国电信业固定资产折旧速度加快，新增固定资产比例下降。

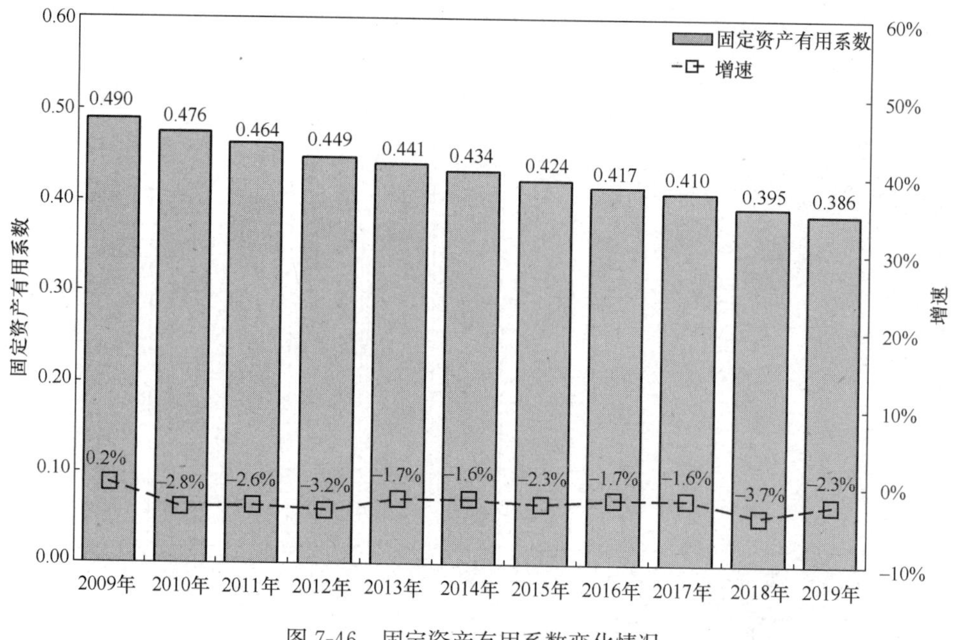


图 7-46　固定资产有用系数变化情况

## 三、电信行业业务普及率

移动电话和移动互联网通信的相继大规模普及，导致传统固定电话业务被快速取代，进而在统计数据上表现出固话普及率的快速下降。如图 7-47 所示，2009 年我国固话普及率为 23.6 部/百人，随后大约以 6.6%的速度逐年快速降低，到 2017 年固话普及率已下降至 13.9 部/百人，较 2008 年下降近一半。2018 年、2019 年两年该项普及率下降放缓，基本维持在 1%左右。2019 年我国固定电话普及率为 13.6 部/百人。

2009～2019 年我国移动电话普及率快速大幅提高，2013 年该项普及率已达到 90.3 部/百人，标志我国已基本实现移动电话普及。如图 7-48 所示，2009～2019 年间我国移动电话普及率变化过程可大致分为两个阶段。第一阶段 2009～2014 年，2009 年我国移动电话普及率为 56.3 部/百人，随后普及率以较快增速逐年上升，但增速逐年放缓。其中 2009 年增速为 16.1%，到 2014 年增速下降至 4.1%，而普及率上升至 94 部/百人。第二阶段 2015～2019 年，2015 年移动电话普及率小幅下降至 92.5 部/百人，随后又开始回升。2019 年我国移动电话普及率上升至 114 部/百人，为 2009 年普及率的 2 倍以上，这表明移动电话的平均拥有量已超过每人一部而逐渐接近饱和状态。

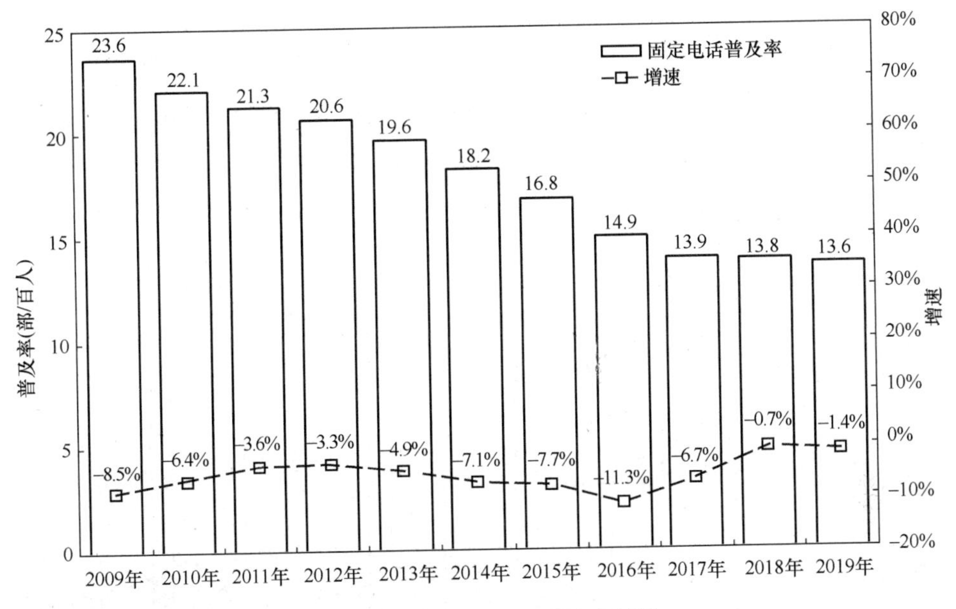


图 7-47 固定电话普及率变化情况

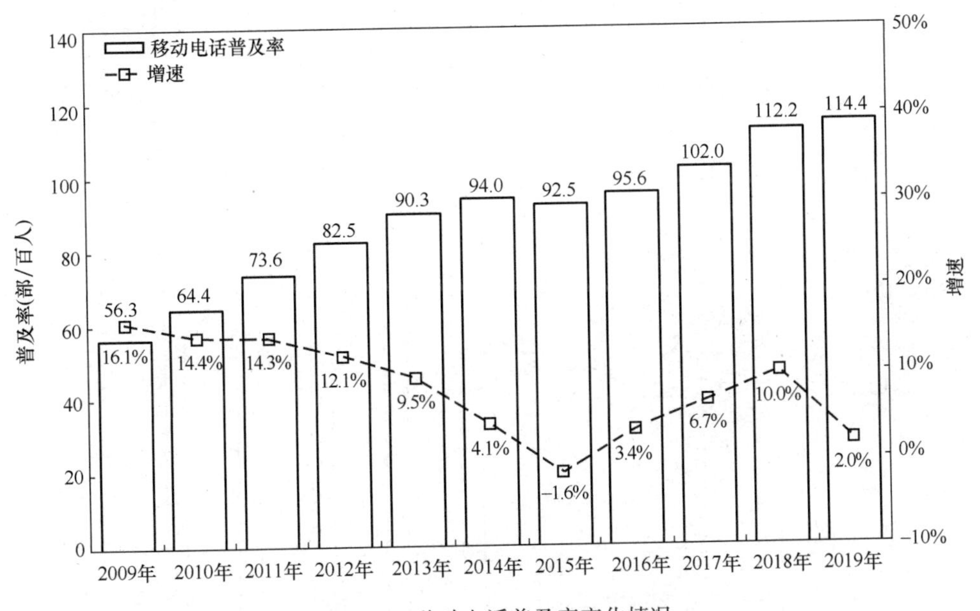


图 7-48 移动电话普及率变化情况

互联网固定宽带和移动互联网业务规模的迅速扩大，使我国互联网普及在2009～2019 年间取得显著发展成效。如图 7-49 所示，2009 年我国互联网普及率仅为 28.9%，也即平均每 100 个人中仅有 28.9 人为网民。随后互联网普及率逐年增加，且年均增加 3.7 个百分点。2019 年我国互联网普及率达到 64.5%，也即平均每 100 人中有 64.5 人为互联网网民，为 2009 年的 2.2 倍。图 7-50 进一步描绘了我国 2009～2019 年历年网民数量的变化情况，2008 年我国网民数量仅为 3.84 亿人，到 2019 年网民数量达到 9.04 亿人，网民数量年均增速达到 11.0％。

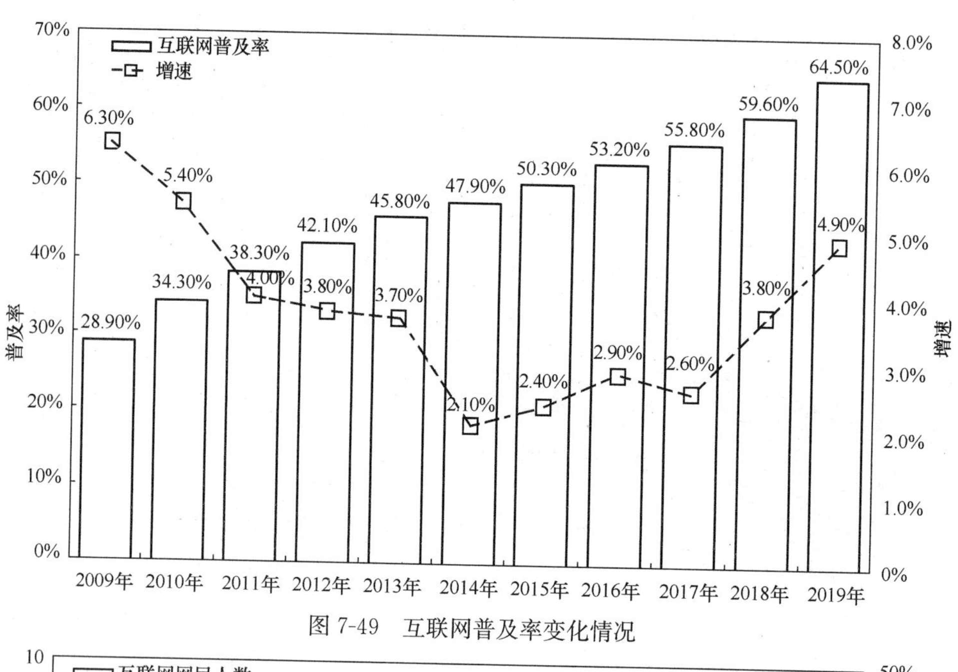


图 7-49　互联网普及率变化情况

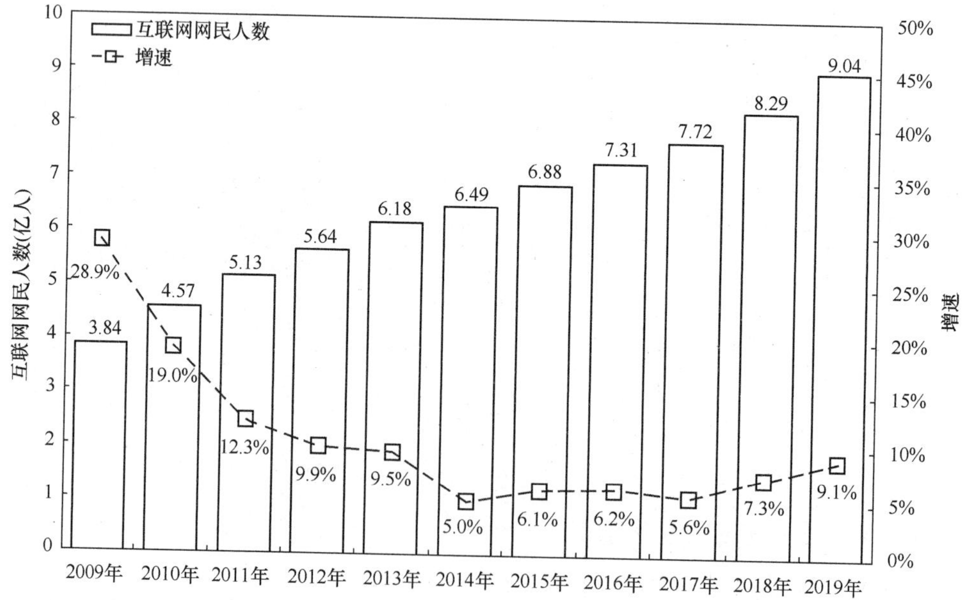


图 7-50　互联网网民人数变化情况

## 四、其他

类似于其他价格指数，电信综合价格指数的变化反映电信行业中各种电信业务价格的普遍变化情况。我国电信业综合价格指数水平在2009～2019年的各年中均有不同程度的下降，表明我国电信业服务价格普遍持续下降。如图7-51所示，2009年、2010年两年中我国电信综合价格指数下降水平均在9%以上；2011～2013年电信综合价格指数降幅较低，其中2012年仅为1.6%，2013年为6%；随后电信综合价格指数下降水平又大幅增加，其中2014年该指数下降水平达到11.6%，2015年和2016年则达到24%左右，2017～2019年则进一步分别达到39.7%、56.7%和38.1%。

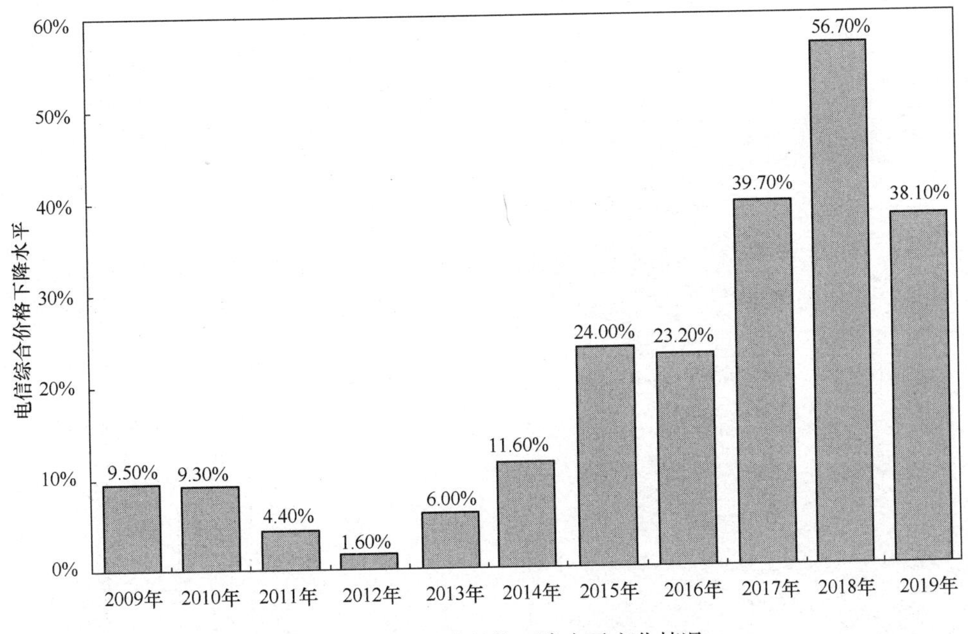


图7-51　电信综合价格下降水平变化情况

我国三大电信运营商均提供移动电话国际漫游服务。如图7-52所示，2009年中国移动公司在237个国家或地区提供国际漫游服务，2012年后范围进一步扩大，到2014年增加至251个海外国家或地区，2017年后进一步扩大至约260个国家或地区。2009年中国电信提供移动电话国际漫游服务的海外国家或地区为211个，在三大电信运营商中数量最少，2011年增加至258个国家或地区，2015～2016年有所减少，2017年再次增加至262个。2009年中国联通移动电话国际漫游海外国家或地区为217个，但2011年迅速扩展到246个，2016年达到

258 个，2017 年又减少至 252 个。

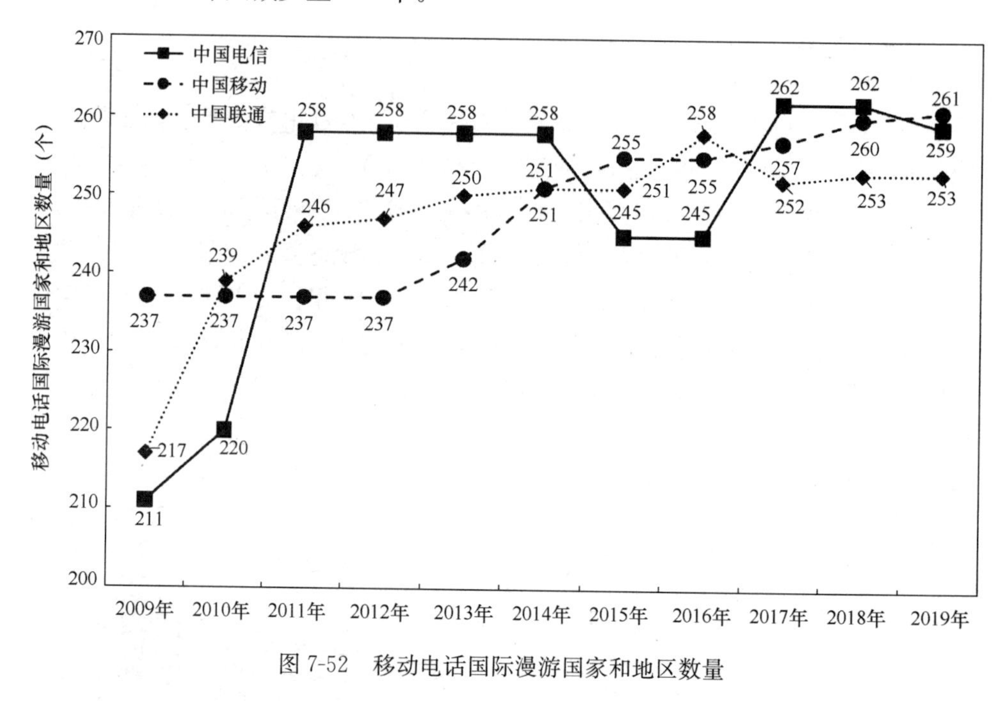


图 7-52 移动电话国际漫游国家和地区数量

2009～2019 年间，我国互联网国际出口带宽迅速增加，年均增速在 28%以上，至 2019 年带宽达到 883Mbit/s。如图 7-53 所示，2009 年我国互联网国际出

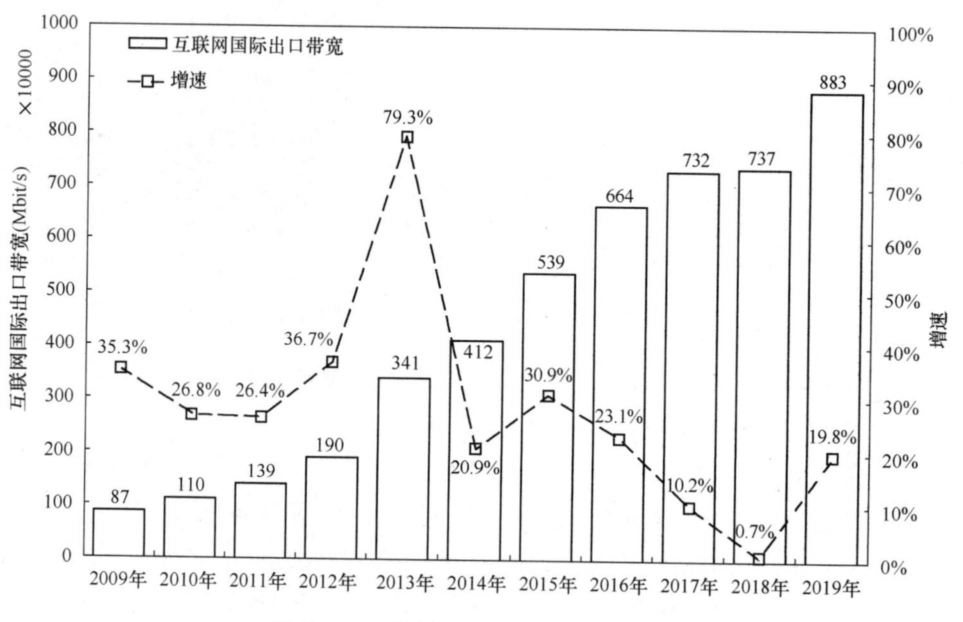


图 7-53 互联网国际出口带宽变化情况

口带宽仅为87Mbit/s，随后大约以30%的增速逐年增加至2012年，2013年4G移动互联网和光纤到户宽带大规模普及，出口带宽猛增至341Mbit/s。随后在2014～2016年三年内，出口带宽又以20%～30%的年增速持续增加，至2019年带宽增加至883Mbit/s，为2009年的13.8倍。

## 第四节　电信行业智慧化水平

当前我国电信行业智慧化主要体现在人工智能和大数据应用两方面。其中人工智能技术主要应用于电信网络的配置、管控、运维以及优化等方面，相应电信网络智能化能力处于初中级发展阶段①。大数据技术则主要应用于电信行业的经营性业务营销等方面。近年来，在行业业态改变和政策环境趋紧等多重合力推动下，我国电信行业已由“粗放式规模扩张”进入到“集约化存量经营”时代。在此新形势下，大数据的“精准性”技术功能与各大运营商的核心经营战略要求高度契合，从而促使大数据技术在电信行业中得到迅速推广和极为广泛深入的应用，并成为彰显我国当前电信行业智慧化水平最为卓著的一面。鉴于此，本节主要对我国电信行业大数据精准营销情况进行概述。

### 一、电信行业大数据精准营销实施背景

伴随社会经济高速发展和通信技术迅猛进步，我国电信行业业态产生巨大变革，近年来电信业面临前所未有的产业环境和挑战。从20世纪90年代至21世纪20年代，国民收入稳步提高和通信技术快速进步带来了通信大众化普及，我国电信业规模急剧扩张，用户规模逐年迅速扩大。然而近年来这一迅猛发展势头锐减，到2018年前后我国电信业用户规模增速明显放缓，用户总量基本达到人口上限；同时期互联网技术蓬勃发展，各大互联网公司频频涉足通信、云计算、物联网等信息服务市场，电信业替代化危机日益加剧。这意味着电信业规模红利不再，增量经营触及天花板。同一时期，我国逐步迈入全面高质量发展阶段，在供给侧结构性改革背景下电信业面临国企改革、“提速降费”“携号转网”等压

① 中国人工智能发展联盟，《电信行业人工智能应用白皮书（2021）》，15-16页。《电信行业人工智能应用白皮书（2021）》系统分析了当前我国电信网络中人工智能应用的总体发展态势与现状。网址：https：//xw. qq. com/amphtml/20210312A04KEP00

力；互联网安全，电信用户严格实名制等又进一步向电信业叠加多重政府诉求。由此，电信业不可避免地由粗放式规模扩张进入到集约化存量经营时代。

在此背景下，各大电信运营商经营战略开始转向“优化存量经营，深挖用户价值”，并提出一系列“降本增效”措施。向终端个体消费者提供通信服务是电信业最为主要的业务，因而具有一般零售业务“用户规模大，平均单客价值低”的显著特点。与此同时存量经营需要满足存量客户差异化需求，从而要求电信服务种类不断丰富。然而伴生于增量扩张时代的传统电信业务营销模式，建立在同质化产品基础上，以扩大市场规模为目的，主要依托于门店经营，营销模式单一，单客营销质量低，缺乏精准性，在存量经营时代将难以起到“增效”作用。同时在“降本”这一前提下，亦不能通过追加营销人力等资源来实施更为精细的差异化营销。由此，基于大数据的精准营销在电信业应运而生。

大数据精准营销之所以能够“降本增效”，是因为企业能够依据从数据中所挖掘出的规律，将有限的资源更为精确地优化配置，从而在给定资源前提下进一步提升营销效率或者在给定效率前提下进一步减少营销成本。举例而言，负责营销和客户维护的人员负责大量客户，新产品上市推广，传统情形下营销人员将有限营销资源平均摊分在每一个用户上，从而导致平均营销质量差，总体营销效率低，进一步扩大销售规模便需追加营销资源。然而如果事先得知不同用户对该产品的需求情况，则可据此制定更为精准的分级营销方案，营销人员对最有可能接受该产品的用户倾注更多营销资源。

## 二、电信行业大数据概况

电信业终端消费通常以网络为媒介，以移动电话、电脑等智能终端为载体，因而运营商具有用户数据收集的天然优势。首先，终端设备上的操作信息实时直接传回运营商，因而数据时效性强，数据质量好。其次，终端产生数据数量大，全面立体，信息载量丰富，有效信息量大。与此同时，依赖于高效通信系统，数据采集、传输以及储存成本相对较低。大体上电信运营商的数据包括以下 7 类：

（1）用户特征数据

该类数据反映用户的某些自然或社会特征属性。例如，年龄、性别、民族、学历、收入、职业、家庭所在地以及家庭成员等。近年来，电信业强制实名制的推广实施，保证电信业用户身份数据具有较高的可靠性。

（2）通话数据

该类数据主要为用户使用移动或者固定电话进行语音通话时的相关数据。例如，用户通话时长、通话频率、主叫时间、被叫时间、主叫频率、被叫频率以及通话社交关系等。

（3）上网数据

该类数据为用户利用终端设备上网时的记录，主要为一些反映用户上网行为的数据，例如有流量使用行为、Wi-Fi 使用行为、网站访问行为、App 使用行为等。

（4）通信消费数据

该类数据反映用户在通信服务充值频率、充值费用、费用分布、套餐费用情况、通信增值服务等。

（5）位置数据

运营商利用用户的基站信号数据能够得到较高精度的用户位置信息。

（6）用户终端数据

该类数据主要包括两类，一类是用户终端的特征数据，例如终端的品牌、型号、价格，另一类则是用户的终端更换和使用行为，例如终端更换频率、终端更换记录、不同类型终端使用行为等。

（7）第三方平台融通数据

电信运营商可能与其他相关平台企业合作，获取第三方平台用户的相关数据。通常该类平台多为互联网公司或数据管理平台（Data Management Platform），第三方平台用户又包含本网用户和异网用户两类。

## 三、电信运营商精准营销与大数据挖掘

所谓大数据精准营销，即从大量包含用户特征、偏好、消费行为等信息的历史数据中，识别出不同用户在不同营销策略下对不同产品或服务的潜在需求等规律，然后基于这些规律制定出更为精准的差异化营销方案并实施。数据本身并非规律，只是记录了用户特征及行为等信息，而规律则“蕴含”于数据之中。因此，基于大数据的精准营销中最为关键的是，利用特定数据挖掘方法从看似杂乱无章的数据中识别出有用规律。下文主要对电信业中几种典型大数据精准营销模式及其相应的数据挖掘算法原理进行概述。

用户画像是电信行业精准营销实施过程中最为基本的一种大数据技术手段，该技术依据用户的相关信息数据，将一系列人为定义的标签赋予每一位用户，而这些标签则与不同服务或产品以及不同营销策略密切相关。电信运营商首先依据用户的相关信息定义出用户身份标签，而这些标签与用户的收入、消费倾向、偏好等密切相关。在进一步的营销中，便可依据这些标签对用户进行分类，然后根据每一类用户的特点制定相应的营销策略。实际当中用户标签可分为多级，从而

构成数量庞大的标签体系。例如，一项网络资料显示，某电信运营商用户标签体系分为三级，标签总数接近两千项。①

由于用户画像本质上是对用户进行分类，因此其数据挖掘方法主要有“分类”和“聚类”两类方法。分类算法和聚类算法可实现的功能都是分类，但二者存在较大区别。“分类”是将用户归类为预设的既定类别，也即需要预先定义出用户类别。常见的分类算法有决策树、基于规则的分类、人工神经网络、支持向量机以及朴素贝叶斯等。分类方法通常需要首先构建分类模型，再利用较为可靠的已分类用户数据来训练该模型，直到训练结果收敛到稳定状态便得到一个分类器。实际当中训练也可能随着用户数据的不断积累和变化而不断迭代。得到分类器后，便可以将新用户特征数据输入该分类器，分类器则自动给出该用户的分类预测结果。

“聚类”无须预设既定类别，而是依据用户特征的“相近”程度将用户聚集为有限的几类。由于用户特征信息是多维的，因此相近程度以欧氏距离、马氏距离等广义距离函数衡量。聚类得到的用户分类结果不直接具有明确的属性类别含义，因此在得到聚类结果后，还要进一步分析每种类别的主要特征以对其定义恰当的类别标签。例如，得到聚类结果后，可进一步使用多元方差分析来分析各类之间差别最大的用户特征变量。聚类方法是一种直接对用户数据进行分析的统计方法，因而不需要事前建模和训练。

用户画像本质上是基于用户属性的用户分类，进一步还需营销人员基于用户画像判别用户偏好、需求等，由此再制定营销策略。然而实际当中用户偏好、需求等行为规律可能与用户特征之间呈较为复杂的高度非线性关系，在此情形下一方面用户画像的特征标签解释力不足，另一方面依靠营销人员有限经验难以把握过于复杂的用户偏好及需求规律。

在上述复杂情形下，运营商的一些精准营销问题可归结为用户排序或者基于用户排序的用户分级。例如，“携号转网”实施后，电信运营商之间的竞争加剧，出现所谓“用户策反”与“反策反”，对运营商的客户关系管理带来新的挑战。运营商可能通过第三方平台获取异网用户数据，并对数据加以分析得到最有可能被策反的用户名单而实施策反；同样运营商还需对自身用户的数据进行分析以获取可能被策反的用户名单，并对名单上的预警用户积极干预。用户是否会携号转网本质上是一种未实际发生的选择，因此能够利用用户做出该选择的概率值来衡量用户携号转网的潜在倾向性程度大小。类似的，用户是否会接受某个新的套餐、新的流量包，是否会选择 4G 升 5G，是否会选择更换终端设备等一系列营

---

① https：//wenku. baidu. com/view/0f9513030d22590102020740be1e650e53eacf07. html。

销问题都可以归结为这一模式。再例如，精准营销往往需要对用户潜力做出判别，然后对最具营销潜力的用户倾注更多的营销资源，而这就需要依据用户数据对每个用户的“潜力”进行评分。

归结起来，上述问题都是依据已知用户信息对用户某个潜在变量值做出预测，因此就需要首先构建一个预测模型，如图7-54所示。模型输入变量是用户的相关数据，而模型本身则是某种特定计算规则，输入变量的值经过模型的计算就能得到相应的输出变量值，输出变量即可以是一元的，也可以是多元的。通常预测模型可以分为三类，即白箱、黑箱以及灰箱模型。

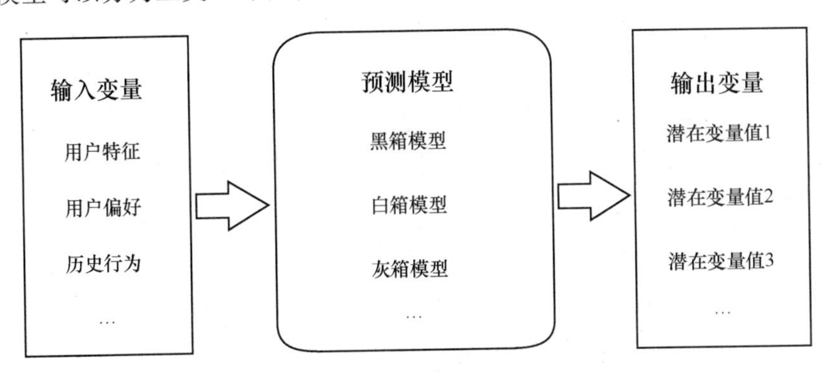


图7-54　预测模型示意图

所谓白箱模型是指模型计算规则建立在输入变量与输出变量之间具有可被理解的理论或经验逻辑关系上，例如依据经济学中的消费理论通常能够得到收入高的用户消费多而边际消费倾向更低的理论逻辑关系，而频繁出差的商务人士对漫游流量需求更高则是一种经验逻辑关系等。面临较为复杂的情形时，模型的构建则依据更为综合且系统的理论或经验知识进行建模，而白箱模型会被表达为输出变量关于输入变量的数学函数，而该函数包含特定参数且具有特定数学结构。例如对于电信运营商用户携号转网问题，依据离散选择模型能够将某个用户携号转网的概率值表示为

$$\Pr(T=1 \mid X;\beta)=F(X\beta)$$

其中 $T=1$ 代表用户实施携号转网，$X=(X_1,\cdots,X_n)$ 代表某个用户的特征等 $n$ 个变量值，$\beta=(\beta_1,\cdots,\beta_n)$ 为构成模型的固定参数①，$F(X\beta)$ 则为关于 $X\beta$ 的累计分布函数②，给定 $X\beta$ 的数值时就能计算出明确的数值。因而 $\Pr(T=1 \mid X;\beta)$ 代表具有特征 $X$ 的用户会选择携号转网的概率值，在 $\beta$ 已知时就能根据 $F(X\beta)$ 计

① 包括潜变量模型、随机效用模型等，而这些模型都建立在经济学的效用理论上。

② 通常为逻辑斯蒂或者正态分布，相应地所构建模型则分别被称为Logit模型和Probit模型。

算出具有特征 $X$ 的用户的这一概率值。然而 $\beta$ 的取值通常都是未知的，进一步要利用模型进行预测，就要利用已有的大量用户数据来计算 $\beta$ 值，也即统计学中的参数估计，或者机器学习中的模型训练。

实际当中，往往缺乏足够充分的理论和经验来描述输入变量和输出变量之间的关系，此时则需要构建黑箱模型。黑箱模型又分为非参数和参数模型两类。非参数模型不需要对模型做出任何模型结构设定，而直接基于既有用户数据给出输入变量和输出变量之间的数值对应关系，换言之该类模型本质上是一张输入变量和输出变量数值对应关系表，而对输出变量的预测本质上类似于在该数值关系表中进行“查询”。黑箱参数模型类型较多，例如人工神经网络模型、近似函数模型等。

人工神经网络模型将预测模型建构为生物神经仿生系统。如图 7-55 所示的两层前馈人工神经网络，图中每一个圆都代表一个神经元；其中输入层仅为输入变量本身，隐含层及输出层中每个神经元接受上一层神经元的输入，并按照一定规则计算出输出。

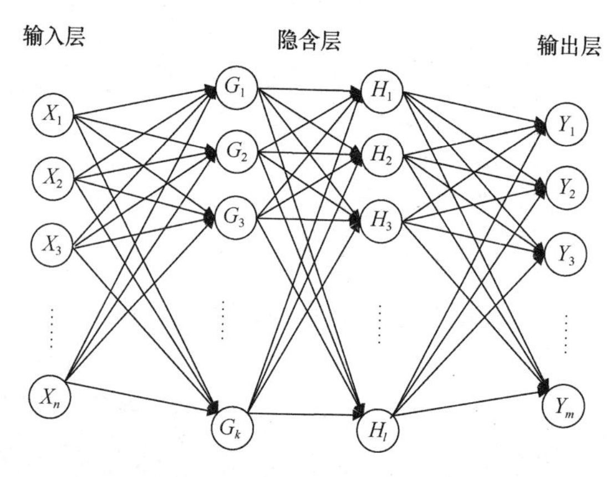


图 7-55　人工神经网络模型示意图

神经元中的计算规则形式很多，例如一种较为基本的形式是，将上一级所有输入的加权求和值加上一个偏置量，输入给一个特定激活函数而得到该神经元输出值。也即神经元 $G_1$ 的输出可以表示为

$$Opt_{G1} = \varphi[\sum_{i=1}^{n}(w_{Gi}X_i) + b_{G1}]$$

其中 $w_{Gi}$ 为神经元突触权重参数，$b_{G1}$ 为偏置参数，$\varphi(\cdot)$ 为激活函数。$w_{Gi}$ 以及激活函数中包含的参数都是未知的，因此这些参数都要使用既有的用户数据来得到，也即对神经网络模型进行训练。

近似函数模型则是依据函数逼近论，用一些具有特殊形式函数的加和来近似解析形式未知的函数，最常见的形式就是使用自变量各阶幂级数的线性加和。例如，电信运营商要对用户的潜在价值进行估计，而用户特征、偏好等变量与价值之间的关系不明确，则可以将这一关系近似为

$$V=\sum_{m=1}^{M}(c_m X_1^{p_{1m}} X_2^{p_{2m}} \cdots X_n^{p_{nm}})+\varepsilon$$

其中 $V$ 为用户的价值，$X_1,\cdots,X_n$ 为用户的特征、偏好等变量，$\varepsilon$ 为一个偏置项，$c_m$ 以及 $p_{1m},\cdots,p_{nm}$ 均为常数，但 $c_m$ 未知，而 $p_{1m},\cdots,p_{nm}$ 则分别取 $[0,1,\cdots,N_k]$，$(k=1,\cdots,n)$ 中的任意一个整数。显然这是一个 $M$ 项的多项式，而总项数 $M$ 则取决于各项幂 $p_{1m},\cdots,p_{nm}$ 的最大取值 $N_k$ 。一般而言，项数越多模型的就越逼近真实规律。同样由于 $c_m$ 未知，而需要利用既有用户数据进行估计，也即对模型进行训练。

黑箱模型的优势在于不对输入输出变量之间的关系，也即模型结构，做任何先验设定，而是直接从历史数据中得到二者之间的复杂关系；然而其缺点也正是由这一优点所致，不对模型中的变量关系做先验设定，相当于全部的规律信息都需从数据中提取获得，因此模型训练就需要数量更大、质量更高的历史数据。而白箱模型则恰恰相反，对模型结构的先验设定相当于“提前”提供了规律中的一部分信息，而历史数据只用来对规律中的剩余未知部分进行推断，因此所需数据数量和质量都低于黑箱模型的要求。同样白箱模型的缺点也正由其优点所致，错误的先验模型设定通常都会带来错误的预测结果。

因此一种折中方法便是将二者结合在一起，也即灰箱模型。构建该类模型的基础是，输入与输出变量之间的关系只有部分是明确可靠的。因此针对“明确”部分构建白箱模型，针对“不明确”部分构建黑箱模型，再将二者相结合。实际当中所面临的问题往往复杂多变，相应的背景理论情况也有所差异，因此该类模型构建通常需要视具体情况而定，构建的方法与形式也不一而足。其中一个较为典型的例子是半参数模型，例如上述用户价值问题可被表述为

$$V=f(X_1,X_2,\cdots,X_k;\beta)+g(X_l,X_{l+1},\cdots,X_N)+\varepsilon$$

其中 $f(X_1,X_2,\cdots,X_k;\beta)$ 为已知的先验部分，具有明确的函数形式；$\beta$ 为相应的参数；$g(X_l,X_{l+1},\cdots,X_N)$ 为未知部分。$(X_1,X_2,\cdots,X_k)$ 和 $(X_l,X_{l+1},\cdots,X_N)$ 可以重合也可以不重合。

# 第八章 铁路运输行业发展报告

铁路是国家战略性、先导性、关键性重大基础设施，是国民经济大动脉、重大民生工程和综合交通运输体系骨干，在经济社会发展中的地位和作用至关重要。2020 年，国际形势复杂因素加剧，在疫情影响和经济存在下行预期的双重压力下，我国铁路投资和建设面临巨大压力。2020 年铁路行业受疫情等因素影响，铁路固定资产投资规模为 7819 亿元，较 2019 年下降 2.6%。铁路建设方面，2020 年相继建成了沪苏通长江公铁大桥、五峰山长江公铁大桥、平潭海峡公铁大桥，提前建成“四纵四横”高铁网，加密成型“八纵八横”高铁网，基本形成布局合理、覆盖广泛、层次分明、安全高效的铁路网络。

# 第一节　铁路运输行业投资与建设

## 一、铁路投资规模略有下降

2020 年初受新冠肺炎疫情影响，一季度铁路完成投资 799 亿元，同比下降 21%。二季度，落实中央复工复产及“六稳”“六保”决策部署，调增铁路投资计划，加大在建工程组织实施力度，完成投资 2459 亿元，同比增长 11.4%，在超额完成投资计划的同时，补齐一季度投资亏欠。到 2020 年底，全国铁路固定资产投资（含基本建设、更新改造和机车车辆购置）完成 7819 亿元，根据中长期规划所确定的铁路建设任务，2020 年铁路固定资产投资未达到规划所预计的维持在每年约 8000 亿的投资规模，相比 2019 年减少 210 亿元。根据铁道统计公报，2015～2020 年，全国铁路固定资产投资分别为 8238 亿元、8015 亿元、8010 亿元、8028 亿元、8029 亿元和 7819 亿元（图 8-1）。① 2020 年铁路固定资产投资额较 2019 年下降 2.62%，但总体保持平稳。保证铁路固定资产投资的规模和增速，对于我国应对疫情、复苏受疫情影响的经济以及保持经济平稳运行有着重要的支撑意义。

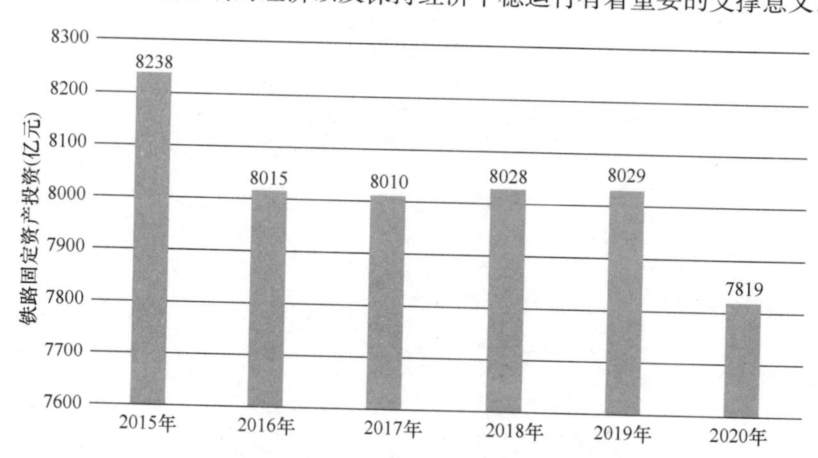


图 8-1　2015～2020 年我国铁路固定资产投资额情况

资料来源：国家铁路局发布的历年铁道统计公报。

① 参见国家铁路局发布的历年铁道统计公报，https：//xxgk.mot.gov.cn/2020/jigou/zhghs/202105/t20210517_3593412.html。

2020年，铁路行业投产新线4933公里，其中高铁2521公里。到2020年底，全国铁路运营里程达到14.63万公里，其中高铁3.8万公里。移动装备方面，全国铁路机车拥有量为2.2万台，其中，内燃机车0.8万台，电力机车1.38万台。全国铁路客车拥有量为7.6万辆，其中，动车组3918标准组、31340辆。全国铁路货车拥有量为91.2万辆。国家铁路机车拥有量为2.1万台，其中，内燃机车0.76万台，电力机车1.34万台。国家铁路客车拥有量为7.5万辆，其中，动车组3828标准组、30620辆。国家铁路货车拥有量为85.7万辆。

## 二、铁路建设保持世界领先水平

### (一) 铁路里程位居世界前列

改革开放40多年以来，铁路行业发展实现了历史性突破和成就，其中的突出亮点之一正是我国近年来大力发展的高铁。2008年8月，我国第一条高铁——京津城际高铁开通运营，是中国高铁时代正式到来的里程碑，随后，我国的高速铁路发展态势迅猛，目前我国已经形成了世界上最具现代化的铁路网和最发达的高铁网。2020年，全国铁路运营里程达到14.63万公里，比上年增长4.57%（图8-2），铁路复线率为59.5%，电化率为72.8%；国家铁路运营里程12.8万公里。复线率61.6%；电化率74.9%。高速铁路运营里程达到3.8万公

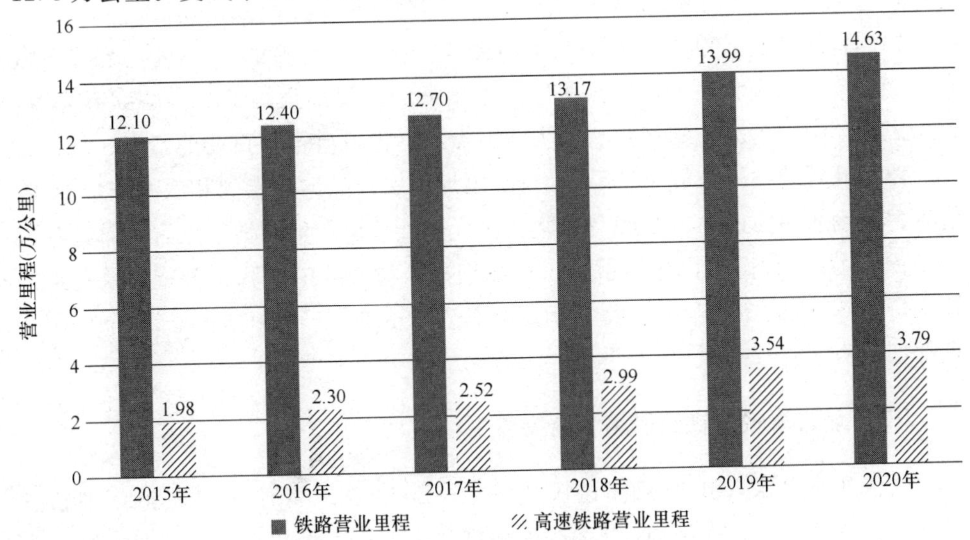


图8-2　2015～2020年全国铁路运营里程

资料来源：交通运输行业统计公报。

里，高铁运营里程占铁路运营里程占比达到25.9%，比上年上升7.06%。西部地区铁路营业里程5.9万公里。全国铁路路网密度152.3公里/万平方公里，增加6.8公里/万平方公里。2020年，铁路建设新开工项目20个，京雄城际、银西高铁、郑太高铁、格库铁路等4933公里新线开通，时速160～350公里复兴号全系列动车组全部投入运用，“四纵四横”高铁网提前建成，“八纵八横”高铁网加密成型。总体而言，铁路建设里程位居世界前列，铁路总体技术水平保持世界先进水平，高速、高原、高寒、重载铁路技术达到世界领先水平。

### （二）扶贫攻坚成为未来铁路建设的重点

连接中西部地区交通，推进中西部和贫困地区、革命老区铁路建设发展，补强交通基础设施短板，提高贫困地区铁路网覆盖通达水平是扶贫攻坚的总要。2020年，行业有序推进连接和服务贫困地区的铁路建设，积极推进重点工程建设，川藏铁路雅安至林芝段开工建设；京雄城际、银西高铁、郑太高铁、连镇高铁、京港高铁商合段、沪苏通铁路、格库铁路等4933公里新线开通，29条新线顺利开通运营，累计投产里程超4800公里。2020年12月30日，云南大（理）临（沧）铁路正式开通运营，标志着云南省临沧市结束不通铁路的历史，铁路建设助力扶贫攻坚实现新突破。2020年12月31日，拉林铁路正线轨道全部铺通。作为中国西藏自治区境内一条连接拉萨市与林芝市的国铁Ⅰ级单线电气化铁路，也是川藏铁路的重要组成部分，拉林铁路通车后，将结束藏东南地区不通铁路的历史，这条铁路吸引地区面积22.6万平方公里，占西藏自治区总面积的18.4%；直接受益人口131万人，占西藏自治区人口总数的38.2%，改善西藏东部交通落后的现状，为富民兴藏注入了新活力，对加强内地与西藏联系交流、维护民族团结、巩固边疆稳定、助力乡村振兴，也具有十分重要的意义。

协调开好公益性“慢火车”，开行贫困地区农产品运输专列和旅游扶贫专列，统筹建设无轨站，助力打赢脱贫攻坚战。优化开行途经贫困地区旅客列车，建成154个无轨站，保障贫困地区群众出行和物资运输。向中央和省级定点扶贫地区投入资金3.04亿元，全国铁路承担定点扶贫任务的4个县（区）、53个贫困村全部如期实现脱贫摘帽。

### （三）城市群快速铁路网络不断完善

改革开放以来，我国城镇化快速发展，2020年末常住人口城镇化率超过60.60%，相比于2008年46.99%的人口城镇化率有了大幅提升，并且以大城市为依托、以中小城市为重点，逐步形成辐射作用大的城市群。2020年，城镇化空间格局持续优化，城市群成为带动全国高质量发展的动力源，京津冀、长三角、珠三角三大城市群国际竞争力显著提升。城市群综合交通运输网络逐步完善，普通铁路网和高速公路网基本覆盖 20 万人口以上城市，高铁基本覆盖 100 万人口以上城市。城市规模结构进一步优化，中心城市辐射带动作用持续增强，培育新设一批中小城市，特大镇设市模式取得突破。随着城镇化水平提高、城市群发展、人口和产业集聚，客运需求对交通基础设施承载能力提出了更高要求。尽快形成高速铁路、区际干线、城际铁路和既有线提速线路有机结合的快速铁路网络，有助于满足大流量、高密度、快速便捷的客运需求，为广大城乡居民提供大众化、全天候、便捷舒适的公共交通运输服务，同时拓展区域协调发展的空间。我国中长期铁路规划重视抓住中心城市群的枢纽功能，既通过城市群铁路网建设满足居民出行需求，又通过铁路网联通区域经济发展。

通过既有线路提供城际运输＋新建城际铁路模式，交通运输部在国新办“加快建设交通强国推动交通运输行业高质量发展”新闻发布会上表示，预计 2021 年底，全国铁路营业总里程将达到 14.6 万公里，覆盖大约 99％的 20 万人口及以上的城市。其中，高铁（含城际铁路）运营里程将达 3.9 万公里，占全国铁路里程 26.7％。根据国家发改委、交通运输部《城镇化地区综合交通网规划》中制定的目标，至 2020 年，京津冀、长江三角洲、珠江三角洲三大城市群基本建成城际交通网络，相邻核心城市之间、核心城市与周边节点城市之间实现 1 小时通达，其余城镇化地区初步形成城际交通网络骨架，大部分核心城市之间、核心城市与周边节点城市之间实现 1～2 小时通达。城际铁路运营里程达到 3.6 万公里（其中新建城际铁路约 8000 公里），覆盖 98％的节点城市和近 60％的县（市）（表 8-1）。2030 年基本建成城镇化地区城际交通网络，核心城市之间、核心城市与周边节点城市之间实现 1 小时通达。

**2020 年中国城际铁路建设发展目标** **表 8-1**

| 地区 | 城际铁路运营里程（公里） | 其中：新建城际铁路（公里） | 覆盖节点城市数量（个） | 区域内覆盖县（市）程度 |
|---|---|---|---|---|
| 京津冀地区 | 2800 | 850 | 13 | 40％ |
| 长江三角洲地区 | 6400 | 1270 | 26 | 80％ |
| 珠江三角洲地区 | 1400 | 440 | 9 | 40％ |
| 长江中游地区 | 6000 | 960 | 28 | 50％ |
| 成渝地区 | 3600 | 820 | 15 | 90％ |
| 海峡西岸地区 | 1850 | 460 | 11 | 60％ |
| 山东半岛地区 | 1700 | 480 | 12 | 80％ |
| 哈长地区 | 1600 | 10 | 11 | 45％ |
| 辽中南地区 | 1400 | 270 | 11 | 60％ |
| 中原地区 | 500 | 300 | 9 | 70％ |
| 东陇海地区 | 700 | 100 | 5 | 50％ |
| 关中—天水地区 | 1100 | 410 | 7 | 70％ |

续表

| 地区 | 城际铁路运营里程（公里） | 其中：新建城际铁路（公里） | 覆盖节点城市数量（个） | 区域内覆盖县（市）程度 |
|---|---|---|---|---|
| 北部湾地区 | 1600 | 320 | 10 | 70% |
| 太原地区 | 1000 | 190 | 8 | 20% |
| 滇中地区 | 1600 | 440 | 4 | 75% |
| 黔中地区 | 750 | 60 | 6 | 60% |
| 呼包鄂榆地区 | 700 | 400 | 7 | 20% |
| 兰州—西宁地区 | 380 | — | 4 | 50% |
| 天山北坡地区 | 1000 | — | 9 | — |
| 宁夏沿黄地区 | 400 | 180 | 4 | — |
| 藏中南地区 | 1000 | — | 5 | 40% |
| 其他陆路边境口岸城镇化地区 | — | — | — | — |
| 合计 | 36000 | 8000 | 213 | 60% |

资料来源：智研咨询。

# 第二节　铁路运输行业运输与服务能力

根据《新时代交通强国铁路先行规划纲要》两个阶段推进的发展目标，铁路运输行业作为国民经济和社会发展的重要基础产业部门，应当在构建双循环体系中发挥重要的作用。特别是在近年来逆全球化趋势叠加疫情影响的背景下，加快形成以国内大循环为主体、国内国际双循环相互促进的新发展格局，成为我国经济下一程的重要内容。应当加快提高我国铁路运输能力，形成全国 123 小时高铁出行圈和全国 123 天快货物流圈，建成更加发达完善的现代化铁路网；提升铁路货物增量，调整运输结构体系，积极推动“公转铁”运输；提高运输服务质量，精细化乘车服务过程，增强人民群众客运服务体验；深化多层次多领域合作，打造中欧班列成为具有国际影响力的世界知名铁路物流品牌，发挥中欧班列运输联合工作组作用，完善班列国际合作机制。铁路运输行业为开拓中国经济发展的回旋空间、增加经济发展的韧性，助力推动国内国际双循环。

## 一、铁路运输质量显著提高

### （一）铁路客运量下降，客运安全体系更完善

国家铁路局发布的 2020 年铁道统计公报显示，受疫情影响，2020 年全年，

全国铁路旅客发送量为 22.03 亿人，比上年减少 14.57 亿人，下降 39.8%（图 8-3）。其中，国家铁路 21.67 亿人，比上年下降 39.4%。全国铁路旅客周转量完成 8266.19 亿人公里，比上年减少 6440.45 亿人公里，下降 43.8%（图 8-4）。其中，国家铁路 8258.10 亿人公里，比上年下降 43.2%。从我国高铁客运量来看，2020 年，全国动车组列车共发送旅客 4.6 亿人次，同比增长 16.9%，日均发送旅客 742 万人次，占全国铁路旅客发送量的 62.5%。

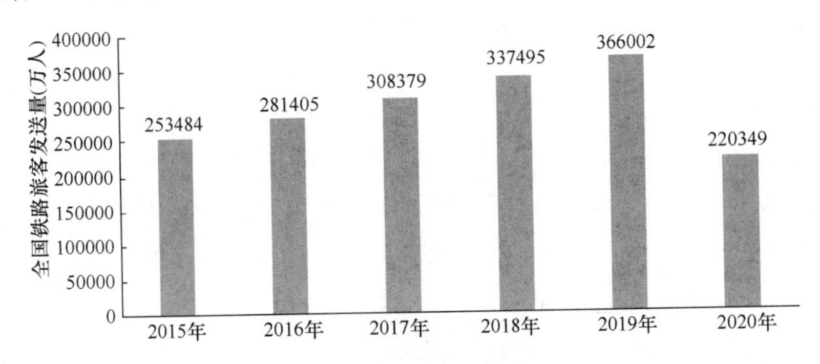


图 8-3　2015～2020 年全国铁路旅客发送量

资料来源：铁道统计公报。

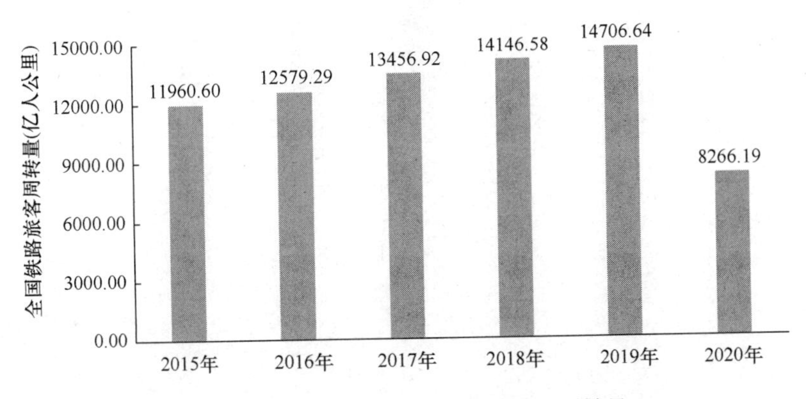


图 8-4　2015～2020 年全国铁路旅客周转量

资料来源：铁道统计公报。

受疫情影响，2020 年全年，全国铁路旅客发送量较上年下降较多，但是铁路客运运营方面的客货运输供给能力和运营安全得到优化升级。比如 2020 年，复兴号动车组累计配属 634 列，比 2019 年增加配属 174 列，约占全国动车组总数的 19.4%。复兴号开行以来累计发送旅客 5 亿人，平均客座率 74.4%，较高铁平均客座率高出 0.8 个百分点，高铁动车组已累计运输旅客突破 90 亿人次，成为中国铁路旅客运输的主渠道，中国高铁的安全可靠性和运输效率世界领先。在铁路运营方面，健全完善安全管理体系，落实各方各级安全责任，强化人防、物防、技防，加强风险防控和隐患排查治理，杜绝了重大及以上铁路交通事故。2020 全年全国铁路未发生铁路交通特别重大、重大事故；铁路交通事故死亡人数比上年下降 14.47%，保障人民群众生命财产安全。

### （二）铁路货运总发送量突破 45 亿吨，助力疫情防控保障

2020 年，全国铁路运营里程、铁路复线率、旅客发送和周转量四大指标并未实现预期目标，但铁路货运量指标完成情况较好，受疫情影响相对较小。全国铁路货运总发送量完成 45.52 亿吨，比上年增加 1.40 亿吨，增长 3.2%（图 8-5）。其中，国家铁路 35.81 亿吨，比上年增长 4.1%。全国铁路货运总周转量完成 27397.83 亿吨公里，比上年增加 388.28 亿吨公里，增长 1.4%（图 8-6）。“十三五”期间，铁路货运量占比由 2016 年的 7.7%提高到 2020 年的 9.9%，铁路货运量位居世界第一。重载运输、快捷班列进一步发展，集装箱、冷链运输、高铁快运等成为铁路货运增长新亮点。

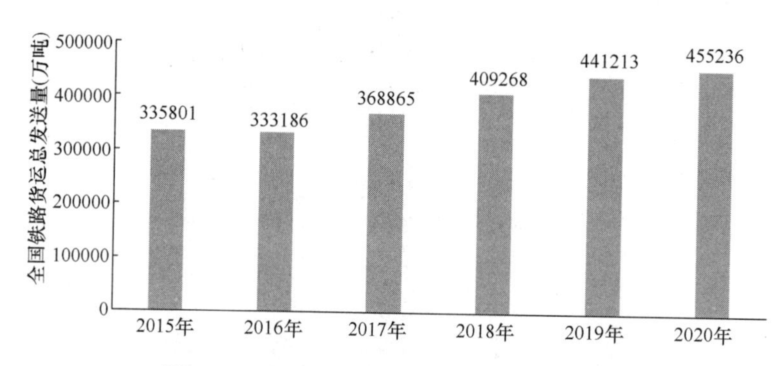


图 8-5　2015～2020 年全国铁路货运总发送量

资料来源：铁道统计公报。

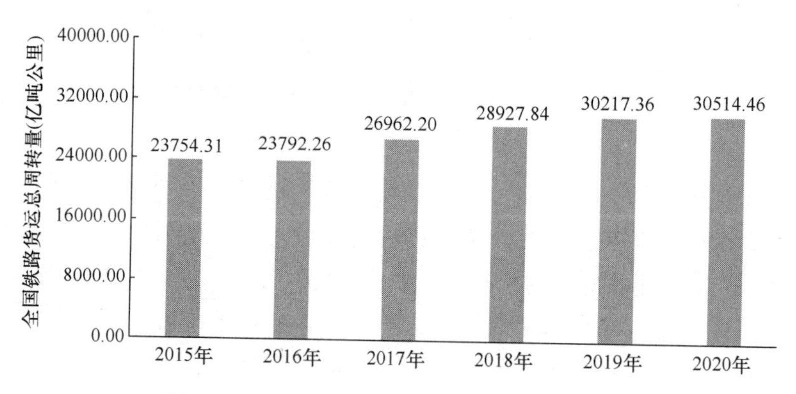


图 8-6　2015～2020 年全国铁路货运总周转量

资料来源：铁道统计公报。

2020年，铁路行业用好绿色通道，及时高效运送防控人员和物资，助力疫情防控保障。累计向湖北、武汉等地区运送防疫物资2.6万批、99.2万吨，输送援鄂医护人员458批、1.39万人次。同时，铁路运输坚持科学防控精准防控，通过电子客票大数据分析，合理调整运力配置，精准制定运输方案，在严格落实铁路站车疫情防控措施的基础上，采取“点对点、一站式”直达运输服务，在常态化疫情防控的重要时段，对于防范病毒扩散、防控疫情具有重要意义。

### （三）提升铁路货物增量，“公转铁”转型持续深化

2020年，铁路行业积极打造绿色高效的现代物流系统。加快推进港口集疏运铁路、物流园区集大型工矿企业铁路专用线等“公转铁”重点项目建设，推进大宗货物及中长距离货物运输向铁路和水运有序转移，推动铁水、公铁等联运发展，推广跨方式快速换装转运标准化设施设备，形成统一的多式联运标准和规则。积极推动疏港矿石“公转铁”运输，北方主要沿海港口疏港矿石运量同比增长15.2%，其中京津冀地区的曹妃甸、京唐、黄骅港2019年疏港矿石运量分别增长50%、156%、81%。中国铁路总公司从2018年来以环渤海及山东、江苏北部沿海港口为重点，坚持“一港一策”，逐港制定疏港矿石铁路运输方案。唐山市政府与中国铁路北京局集团有限公司签署战略合作框架协议，按照“集疏分开、专业运营”的港口集疏运新模式，增加唐山区域铁路货运量，并且从调整港口铁路管理体制、优化配置运力资源、完善铁路运输组织、建设企业专用线等方面提出一系列改革方案，曹妃甸港疏港矿石在2019年全部实现“公转铁”。国家铁路集团有限公司将继续支持推进唐曹、水曹铁路建设，支持企业修建铁路专用线，并在运力配置等方面予以重点保证，为承接“公转铁”运量提供能力保障。

2020年新冠肺炎疫情深刻影响全球政治经济形势，碳达峰、碳中和引发社会经济深远变革。铁路运输成为疫情运输的绿色通道，铁路运输作为清洁运输措施，在疫情期间以及复工复产过程中发挥了中流砥柱的作用，为全国燃料供应提供了可靠的保障。“十四五”时期，调整运输结构体系，打赢“蓝天保卫战”，“公转铁”仍将作为重点推进。以北京为例，2018～2020年，通过实施重点货类公铁联运、铁路承载能力提升、公转铁运输试点、城市绿色配送、公路货运超载超限治理、多源大数据智慧应用六大工程和53项重点任务，推进运输结构调整，北京市到发货物铁路运输比例由2017年的6.4%提高至2020年的9.7%，共实现560万吨货物“公转铁”，减少135万辆次大货车上路运行。氮氧化合物、PM2.5和$CO_2$分别减排1720吨、110吨和14.3万吨。①

① 参见中国砂石协会，http：//www.zgss.org.cn/zixun/hangye/12456.html。

### （四）中欧班列开行逆势上扬，稳定国际供应链产业链

2020 年，中欧班列发挥国际铁路联运独特优势，促进国际防疫合作。2020 年，中欧班列大力承接海运、空运转移货物，全年开行中欧班列 1.24 万列，同比增长 50%，是 2016 年开行量的 7.3 倍，首次突破“万列”大关。发送 113.5 万标箱，同比分别增长 56%。西安、义乌、武汉等地创新开行中欧班列“防疫物资专列”，累计发送国际合作防疫物资 931 万件、7.6 万吨，到达意大利、德国、西班牙、捷克、俄罗斯、波兰、匈牙利、荷兰、立陶宛、比利时等国家，并辐射周边国家，有力服务了新发展格局和国际防疫合作。

在运行效率和开行质量方面，2020 年，中欧班列重载运输尤其是回程重载运输得到较大改善，综合重箱率达 98.4%，同比提高 4.6 个百分点，其中回程重箱率提升显著，同比提高 9.3 个百分点。2020 年全年中欧班列运输货物货值达 500 亿美元，是 2016 年的 6.3 倍，除电子产品、食品、木材、化工产品等传统品类外，国际产业链重要中间品运输需求迅猛增长。

2020 年，中欧班列通达 21 个国家的 92 个城市，较上年同期增加 37 个，增幅 67%，在 16 个国家新建铁路箱境外还箱点 8 个，累计达 80 个。铺画中欧班列专用运行线 73 条，较上年增加 6 条。西安、重庆、成都等 3 个城市中欧班列年开行量均超过 2000 列，合计占全国开行总量的 58%，班列运营开始由“点对点”向“枢纽对枢纽”转变。作为共建“一带一路”重要项目，中欧班列已成为世界运输体系的重要组成部分。在欧洲各国抗击疫情的关键时刻，中欧班列为沿线各国送去必需的物资和设备，同时有效助推当地经济的发展。

## 二、铁路服务格局与服务水平进一步提升

### （一）公益性运输作用凸显

我国铁路现代化进程快速推进，铁路快速发展对经济社会发展做出了积极贡献，通过承担公益运输任务和打造现代物流体系，满足多元化需求。一批快速铁路建成投产，大大缩短区域时空距离，为促进区域协调发展、加快城镇化和工业化进程提供支撑。高速铁路发展推动了产业结构优化升级、增强企业科技创新能力并带动沿线旅游、商贸等服务业的快速发展，促进综合运输体系优化。西部铁路的建设和运营，改善了西部地区基础设施条件，增强了地区自我发展能力，加快了老少边穷地区脱贫致富和经济社会发展，坚持巩固铁路扶贫成果，为实现脱贫攻坚目标多做贡献。始终坚持把国家利益和社会利益放在第一位，根据国家铁

路局的统计数据，近年来铁路在抗击重大自然灾害和其他应急运输中发挥了骨干支撑作用，铁路90%的运力用于确保关系国计民生的煤炭、冶炼、石油、粮食等重点物资运输，承担了学生、农资等大量公益性运输任务，保障了国民经济平稳运行和人民群众生产生活需要。

### （二）高铁列车升级提速，运客能力持续扩张

我国高铁在投入运营后，在列车开行数量、速度等级、本线与跨线比例、单车载客能力等方面进行了数轮升级。高铁列车进行提速将有助于改善服务质量，提升旅客发送能力，推进出行服务快速化、便捷化，通过高铁构筑大容量、高效率的区际快速客运服务，提升主要通道旅客运输能力。以京沪高铁为例，时速300公里的列车在2011年占比63.81%，2016年底占比98%，全线开行列车已实现“全高速”（表8-2）。2017年9月，“复兴号”动车组在京沪高铁上有7对运行，一年后增至23对，其中15对按照350公里/时的速度运行。2019年1月，京沪高铁首次投入运营17辆超长版“复兴号”动车组，载客能力提升了7.5%。2020年，复兴号动车组累计配属634列，比2019年增加配属174列，约占全国动车组总数的19.4%。复兴号开行以来累计发送旅客5亿人，平均客座率74.4%，较高铁平均客座率高出0.8个百分点，高铁动车组已累计运输旅客突破90亿人次，成为我国铁路旅客运输的主渠道。2020年12月23日起，京沪高铁在指定车次开展了“静音车厢”、定期车票试点，取得较好效果。京沪高铁“静音车厢”的客座率比同车次其他二等座车厢平均高出约23个百分点。

**2011～2019年京沪高铁各等级列车开行情况**　　表8-2

| 时间 | 速度等级（公里/小时） | 日均开行数量（列/日） | 占比 |
|---|---|---|---|
| 2011年 | 300 | 134 | 63.81% |
| | 250 | 76 | 36.19% |
| 2012年 | 300 | 158 | 75.24% |
| | 250 | 52 | 24.76% |
| 2013年 | 300 | 222 | 83.15% |
| | 250 | 45 | 16.85% |
| 2014年 | 300 | 245 | 91.42% |
| | 250 | 23 | 8.58% |
| 2015年 | 300 | 322 | 93.06% |
| | 250 | 24 | 6.94% |
| 2016年 | 300 | 441 | 97.78% |
| | 250 | 10 | 2.22% |

续表

| 时间 | 速度等级（公里/小时） | 日均开行数量（列/日） | 占比 |
|---|---|---|---|
| 2017 年 7 月 | 300 | 489 | 98% |
| | 250 | 10 | 2% |
| 2017 年 9 月 | 350 | 7 对“复兴号”动车组在京沪高铁按时速 350 公里运行 | |
| 2018 年 9 月 | 350 | 运行复兴号列车 23 对（时速 350 公里<br>复兴号 15 对，占比 65%） | |
| 2019 年 1 月 | 350 | 17 辆超长版时速 350 公里复兴号，单车运能增加 7.5% | |

资料来源：前瞻产业研究院。

### （三）高铁票价改革试点推开，定价机制改革加速

在 2020 年新冠肺炎疫情的冲击下，高铁票价市场化改革进行了深度调整。以京沪高铁为例，京沪高铁已于 2020 年开启了票价市场化改革。根据新定价方案，2020 年 10 月，京沪高铁对时速 300～350 公里高铁动车组列车票价进行优化调整，不再执行固定票价，区分季节、时段、席别、区段等，实行优质优价、有升有降。浮动票价制于 12 月 23 日正式实施。此次调整后，全程车商务座、一等座和二等座的公布票价分别为 2318 元、1060 元和 662 元。相比原票价分别上涨 33%、14%和 20%。执行票价来看，二等座票价以原固定票价为基准上下各浮动两档，最高执行票价为 598 元，上浮 8%，最低执行票价为 498 元，下调 10%。一等座最高执行票价为 1006 元，上浮 8%，最低执行票价为 884 元，下调 5%。商务座执行价在原票价基础上向上增加两档，最高为 1998 元，上浮 14%。按实际执行价格计算，北京南站至上海虹桥站二等座的票价变动比例为－10%～8.13%。

### （四）提升服务质量，打造服务精品

电子化服务体验有提升。近些年来，铁路运输行业加快客货营销由传统方式向电子商务转变，实现铁路与客户远程直接服务，积极推广电话订票、互联网售票、电子客票、银行卡购票、自动售检票等方式，最大限度方便旅客和货主。2020 年，国家铁路集团有限公司不断提高客运服务质量，精准实行“一日一图”，全面推行电子客票。2020 年 6 月实现电子客票在全国普速铁路全面实施，覆盖 1300 多个普速铁路车站，加上前期已经实施的高铁和城际铁路电子客票，实现了全国内铁路电子客票服务全覆盖。电子客票将线上购票和线下乘车进行有机统一，旅客持身份证可在全国 2878 个高铁和普铁车站“一证通行”，惠及 99%以上铁路出行人群。通过“一证通行”有效防范抢票、屯票行为，保障了文

明、有序的乘车秩序，让出行更便捷。随着互联网和移动支付的快速发展，铁路运输服务多样性、选择性、舒适性和便捷性不断增强。动车组承担客运比例快速增长，12306 网络售票和移动客户端全面推广，客运量年均增长 10%，人民群众的获得感与活跃度明显增强。

铁路服务设施有改善。铁路行业加快建设铁路客户服务中心，实行“一站式”办理、“一条龙”服务，拓展服务功能，提升服务水平。加强公共信息服务工作。进一步改善站车服务设施，强化站车乘降、供水、供暖、卫生、餐饮、信息等基本服务，全面提高站车服务质量和水平。深化货运组织改革，创新货运业务流程，加快推进集中受理、优化装车等服务方式，提高运输效率和效益。

老年人客运出行更便利。铁路部门不断推出电子客票、刷脸核验、在线选座、网上订餐等便民利民措施，部分车站设置了爱心窗口，优先为老年旅客办理现金购票、改签等业务，铁路 12306 对网络售票系统进行了优化调整，在票量充足的情况下，自动识别 60 岁以上的老年旅客并优先安排下铺，保障和方便老年人和脱网人群出行需要。

客户服务流程更规范。近年来，铁路运输行业明显加强了客户服务的规范化、流程化管理，在人员编制、操作流程、任务分配等方面更加精细化。乘坐组编制由其岗位人员编制标准确定，旅客列车单独运行时间越长，编制人员越多，保证列车长和列车员的数量，行李、广播、餐车、供水人员配备合理，为旅客提供全方位的服务。如单程运行 18 个小时以上者，旅客列车乘务人员需要满足正副列车长各一人，列车员每辆 2 人，行李员每列 2 人，广播员 1 人，餐车人员若干人，供水人员每辆茶炉车 1 人等（表 8-3）。

**单列铁路列车乘务人员编组情况** **表 8-3**

| 人员种类 | 人员构成 |
| --- | --- |
| 列车长（列） | 正、副共 2 人 |
| 列车员（节） | 每节车厢 2 人 |
| 广播员（列） | 每列 1 人 |
| 餐车人员（列） | 每日 1 餐者配备 7 人；每日 2 餐者配备 8 人；每日 3 餐者配备 9 人；单程 22 小时以上配备 10 人 |
| 供水人员（列） | 每节茶炉车 1 人 |

资料来源：根据网络公开资料整理。

运输服务质量监管不断深化。铁路运输行业践行人民铁路为人民宗旨，针对铁路运输行业存在的服务水平标准欠缺、服务设施不够完善、工作人员缺乏服务意识等问题，为了有效提高铁路客运服务质量，发布实施国家标准《铁路旅客运输服务质量》（GB/T 25341—2019），组织开展了重点时段客运安全及服务质量监督检查，完成旅客服务质量问卷调查 25 万余份，处理运输类投诉建议 2 万余件，开展公益性“慢火车”开行情况监督检查，历时三年对国铁企业和地方铁路公司共 96 家法人企业进行了全覆盖监督检查，有力促进运输服务质量不断提升。

## 第三节　铁路运输行业发展成效

2020 年是极不平凡的一年。铁路行业在以习近平同志为核心的党中央坚强领导下，认真落实统筹疫情防控和经济社会发展各项工作任务，推动铁路行业改革发展，治理铁路沿线环境安全状况，确保铁路生产安全持续稳定，铁路行业发展取得巨大成效。

### 一、铁路行业助力抗疫，积极推动复工复产

#### （一）疫情防控措施有力有效

2020 年，铁路行业全力投入 2020 年抗疫斗争，为疫情防控取得重大战略成果做出积极贡献。铁路行业急事急办，协调设立绿色通道，保障疫情防控重点人员和物资运输；积极承担湖北省疫情防控任务，累计向湖北、武汉等地区运送防疫物资 2.6 万批、99.2 万吨，输送援鄂医护人员 458 批、1.39 万人次，为打赢湖北保卫战、武汉保卫战做出了重要贡献。

铁路行业启动疫情防控应急预案，加强监督检查，全面落实各项防疫措施，包括按规定对卫生间、车厢地面进行喷雾消毒，对途经中高风险地区的列车，严格消毒液配备比例，提升消毒频率，并做好消毒登记。组织乘务员对疫情应急预案进行学习，要求全员做到知流程、会处置、会预防，如发现发热旅客能够做到及时汇报，果断采取措施，有效防止了疫情通过铁路运输传播蔓延；抓好内部防控，所有乘务人员持健康绿码，出乘前、退乘后进行体温测量，保持铁路全局系统“零感染”；各地区铁路监管局积极参加属地疫情防控工作，坚持科学防控精准防控，为广大旅客营造了安全健康的出行环境。

#### （二）积极推动复工复产

受疫情影响，2020 年各行各业生产经营受到严重冲击和影响，加快复工复

产是社会发展的需要。铁路行业深度调研，助企纾困解难，实施阶段性下浮货运杂费措施，向企业和货主让利，积极对冲疫情对物流环节的影响。对机车车辆驾驶资格考试实施送考上门，适当延长设备许可证有效期，为企业正常生产经营提供有力保障。创造与疫情防控形势相适应的运输新模式，积极帮助各企业解决运输难题，为复工复产注入了强大活力；积极主动对接劳动力输出和输入地区，“点对点”开行务工专列，“一站式”服务务工人员返岗；协调畅通铁路场站周边物流“微循环”，指导依法合理调整项目工期，帮助解决建设项目人员、资金、物料运输等困难，保障装备制造物流供应链稳定畅通，有力推动铁路运输、建设、制造企业复工复产，助推经济发展走向正轨。

### （三）经营效益实现预期目标

2020 年国家铁路完成经营总收入 11344 亿元，其中运输总收入 6501 亿元（较调整目标增收 347 亿元）；国家铁路货物发送量完成 35.8 亿吨、同比增长 4.1%；全年实现节支创效 1130 亿元。2020 年，铁路建设企业经营逆势增长，如中国铁建股份有限公司各项主要经济指标逆势而上，新签合同额 25543 亿元，同比增长 27.28%；营业收入 9103 亿元，同比增长 9.62%；利润总额 315 亿元，同比增长 12.36%；归属于上市公司股东的净利润 224 亿元，同比增长 10.87%。与“十二五”末相比，中国铁建股份有限公司 2020 年营业收入、净利润、新签订单分别是 2015 年的 1.5 倍、1.9 倍、2.7 倍，资产负债率连续七年下降，累计下降超过 10 个百分点。整体来看，铁路建设企业经营效益较好。铁路货运市场化定价机制不断完善，截至 2020 年底，累计为客户节省物流成本 600 亿元，在运价降低的同时，效率和品质逐步提升。980 条高铁线路推出高铁快递服务，覆盖全国 80 多座城市；连接西部 12 省区市的西部陆海新通道已建立跨省市运输协调机制。

## 二、铁路融资实现新突破

铁路建设的发展离不开资金的支持，从融资历程来看，我国铁路项目建设经历了由财政拨款、银行贷款至投资多元化的融资阶段。2020 年 7 月，为加快推进交通基础设施高质量发展，国家发改委等多部门联合印发了《关于支持民营企业参与交通基础设施建设发展的实施意见》，旨在构建民营企业合理盈利的参与机制，充分发挥民营企业作用，提升交通基础设施发展质量和效率，为经济社会高质量发展提供有力支撑。其中，在铁路建设方面，明确指出支持和鼓励民营企业参与重大铁路项目建设以及铁路客货站场经营开发、移动互联网服务、快递物流等业务经营。旨在构建民营企业合理盈利的参与机制，充分发挥民营企业的作用，提升交通基础设施发展质量和效率。

2020 年 1 月 16 日，京沪高铁公司成功登陆 A 股市场，上市募集资金总额 306.74 亿元，成为 A 股市场历史上第九大 IPO 项目，也是 A 股市场近十年来最大的非金融企业 IPO 项目。有利于加快构建现代企业制度，完善法人治理结构，提升国铁企业的经营管理水平和市场竞争力，有利于国铁企业建立市场化经营机制，实现国有资产保值增值，形成行业示范效应。作为全国 22 家股份制改造试点企业之一，广深公司于 1996 年在美国纽约交易所、香港联交所挂牌上市。2006 年，广深铁路 A 股股票在上海证券交易所挂牌上市，共筹集资金 103 亿元。广深铁路运用筹集资金收购母公司所拥有的广州至坪石段铁路运营资产及业务。收购完成后，公司运营里程由 152 公里延长至 481.2 公里，纵向贯通广东省全境。

## 三、科学技术支撑产业先进制造力

### （一）推动铁路科技创新能力不断提升

2020 年铁路科技创新成果突出，出台《铁路行业科技创新基地管理办法（试行）》，面向铁路关键核心技术，首批认定 17 个创新基地，有效调动行业创新的积极性，推进铁路科技自立自强。加快推动北斗铁路行业综合应用示范工程项目，组织开展示范工程建设。完成 304 项年度铁路重大科技创新成果入库。加大科技奖项推荐力度，2 项获国家科技奖、2 项获第二十一届中国专利奖。相继建成突破世界铁路桥梁建设纪录的沪苏通长江公铁大桥、五峰山长江公铁大桥、平潭海峡公铁大桥。铁路行业获 2020 年第二届全国创新争先奖牌 1 个、奖章 1 个、奖状 2 个，分别为：复兴号动车组研发创新团队获全国创新争先奖牌；中车株洲电力机车研究所有限公司冯江华获全国创新争先奖章；西南交通大学张卫华、王开云获全国创新争先奖状。铁路行业共有 30 项专利获 2020 年第二十一届中国专利奖。铁路行业 2 项标准获中国标准创新贡献奖。铁路重大科技创新成果库 2020 年度入库 304 项。

### （二）技术标准不断完善

铁路行业相关标准陆续发布。2020 年报经国家标准委审批发布铁道国家标准 17 项。国家铁路局制定发布铁道行业技术标准 69 项、工程建设标准 15 项、工程造价标准 1 项、铁道行业计量规程（规范）4 项。发布铁道行业标准（技术标准）公告9批69项和5项标准修改单。发布的上述标准为铁路装备的设计、制造、检验、应用等方面提供了技术依据，对保障铁路运营安全和提高产品质量将起到积极的作用。

### （三）装备水平全面提升

铁路装备制造技术水平不断提升。大规模的铁路和城轨投资，拉动了铁路设备行业的增长。2020年，我国形成具有独立自主知识产权的高铁建设和装备制造技术体系，复兴号中国标准动车组实现时速350公里商业运营，系列化产品谱系基本形成。京张智能高铁投入运营。时速160公里至350公里复兴号全系列动车组全部投入运营，时速600公里高速磁浮试验样车成功试跑，时速400公里可变轨距高速动车组、时速350公里高铁货运动车组下线。我国铁路装备技术水平已经进入世界前列，加强国际合作交流和国际市场开拓，铁路技术装备出口全球100多个国家和地区。根据中国中车发布的2020年年度报告，铁路装备出口市场加快由亚非拉传统市场向欧美澳高端市场转变，斩获新西兰、土耳其、俄罗斯、印度、韩国、智利、阿联酋等国家和地区新订单，签订中老铁路动车组合同，机车车辆等装备实现较大规模整装出口。

### （四）国际合作不断深化

高铁装备作为我国“制造强国”、“一带一路”一张靓丽名片，高铁装备为《中国制造2025》的重点发展领域、“一带一路”走出去的代表。2020年，为积极应对新冠肺炎疫情影响，创新拓展工作方式，深入推进“一带一路”互联互通，进一步强化多双边交流合作。促进铁路运输政策、规则、制度、技术、标准“引进来”和“走出去”。铁路建设、装备、运输等企业积极开拓国际市场，承建的土耳其安伊高速铁路建成通车，肯尼亚蒙内铁路等开工建设，雅万高铁和中老、匈塞等铁路合作积极推进，独立组建联合体中标墨西哥城地铁1号线整体现代化PPP项目。中尼、中巴铁路合作项目有序开展，中蒙俄中线铁路升级改造前期工作顺利推进。推动国际铁路政策、规则、标准联通，发布48项标准外文译本，主持或参与国际标准化组织、国际电工委员会全部国际标准制修订项目，主持国际铁路联盟19项标准制修订项目，中国铁路在国际标准化组织中影响力不断提高。亚吉、蒙内铁路建成投产，中老铁路标志性工程和雅万高铁标志性项目有序推进，中欧班列通达欧洲21个国家，瑞丽、磨憨口岸加快建设，铁路互联互通取得新突破。

## 四、绿色铁路促进生态文明建设

根据国家铁路局 2020 年统计公报结果显示，在综合能耗上，国家铁路能源消耗折算标准煤 1548.83 万吨，比上年减少 87.27 万吨，下降 5.3%。但是 2020 年旅客发送量受疫情影响大幅下降，客车上座率低，造成单位运输工作量综合能耗 4.39 吨标准煤/百万换算吨公里，比上年增加 0.45 吨标准煤/百万换算吨公里，下降 11.3%。单位运输工作量主营综合能耗 4.32 吨标准煤/百万换算吨公里，比上年增加 0.48 吨标准煤/百万换算吨公里，下降 12.6%（图 8-7）。为持续推进污染防治、打赢蓝天保卫战发挥了重要作用。

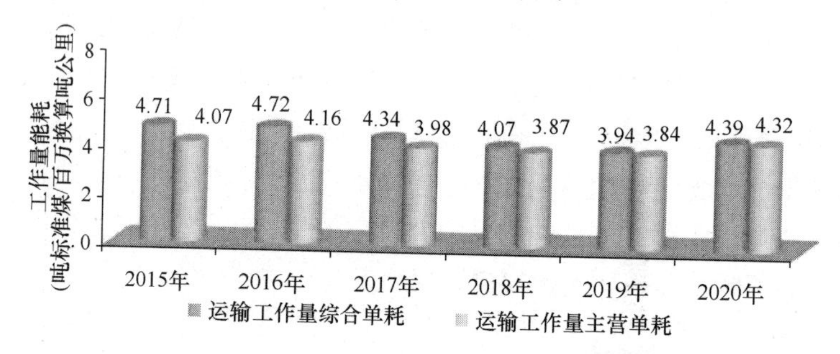


图 8-7　近年来我国铁路运输工作量能耗

资料来源：2020 年铁道统计公报，国家铁路集团有限公司 2020 年统计公报。

在主要污染物排放量上，国家铁路化学需氧量排放量 1634 吨，比上年减排 98 吨，降低 5.6%。二氧化硫排放量 3271 吨，比上年减排 2014 吨，降低 38.1%（图 8-8）。同时重视沿线绿化，国家铁路绿化里程 5.76 万公里，比上年增加 0.45 万公里，增长 8.5%。

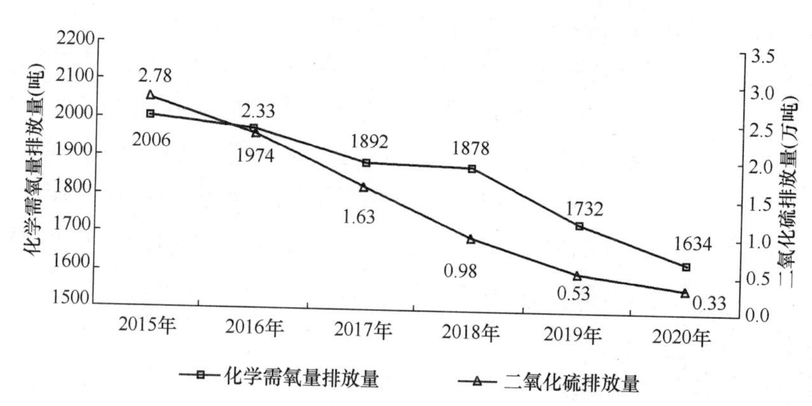


图 8-8　近年来我国铁路污染物排放量

资料来源：2020 年铁道统计公报，国家铁路集团有限公司 2020 年统计公报。

## 五、铁路立法加快推进

铁路立法取得实质性进展，《中华人民共和国铁路法》自2014年启动修法程序以来，坚持从中国国情、路情出发，吸收铁路改革实践成熟经验和制度建设成果，着力探索解决影响和制约铁路行业发展的几个全局性、基础性问题。2020年6月4日，《中华人民共和国铁路法（修改送审稿）》经交通运输部第18次部务会议审议通过，已按立法程序报送国务院。

2020年1月1日，国务院办公厅印发的《交通运输领域中央与地方财政事权和支出责任划分改革方案》（国办发〔2019〕33号）正式实施，下称《方案》。《方案》提出，在完善中央决策、地方执行机制的基础上，适度加强中央政府承担交通运输基本公共服务的职责和能力，落实好地方政府在中央授权范围内的责任，充分发挥地方政府区域管理优势和积极性。《方案》对公路、水路、铁路、民航、邮政、综合交通六个方面改革事项的财政事权和支出责任进行了划分。铁路方面，中央主要发挥宏观管理、国家及行业标准制定、铁路突发事件应急预案编制等职责与能力，并由中央（含中央企业）承担铁路领域中央财政事权的支出责任；地方主要实施城际铁路、市域（郊）铁路、支线铁路、铁路专用线的建设、养护、管理、运营等具体执行事项。承担由地方决策的铁路公益性运输相应的管理职责。由地方承担铁路沿线（红线外）环境污染治理和铁路沿线安全环境整治，除国家铁路、国家铁路运输企业实际管理合资铁路外的其他铁路的安全保卫职责。上述铁路领域事项由地方承担支出责任。《方案》将铁路领域“干线铁路”的组织实施从中央财政事权调整为中央与地方共同财政事权，中央（含中央企业）与地方共同承担干线铁路的组织实施职责，包括建设、养护、管理、运营等具体执行事项，其中干线铁路的运营管理由中央企业负责实施。中央（含中央企业）与地方共同承担支出责任。

# 第四节　铁路运输行业智慧化水平

铁路作为国民经济重要基础产业，发展数字经济不仅可促进经济结构转型升级和社会不断进步，也是铁路持续健康发展的路径之一。同时，铁路与经济社会密切相连、与人民群众美好幸福生活期望息息相关，系统完善的庞大铁路网络、高黏度的海量客货用户，以及持续多年提升的运输服务信息化水平，客观上促使铁路具有发展数字经济的强大动能和巨大潜力。

进入新时代，以互联网信息技术为代表的新一轮科技和产业革命快速发展，不仅为经济社会发展注入强劲动力，也推动交通运输行业向自动化、智能化方向发展。面对新形势，铁路部门以人民群众需求为中心，以科技创新为抓手，加快智能高铁科研攻关，打造更加安全可靠、经济高效、温馨舒适、方便快捷、节能环保的高铁运输系统。2017 年以来，中国国家铁路集团有限公司依托智能京张、智能京雄等重点项目，广泛应用云计算、大数据、物联网、人工智能、北斗导航、BIM 等，促进新一代信息技术与铁路运输深度融合发展，在工程建造、技术装备和运营服务等三方面开展了一系列创新与实践，初步构建了中国智能高铁的体系架构，开启了我国智能高铁建设与发展的新篇章。2020 年 8 月，中国国家铁路集团有限公司发布了《新时代交通强国铁路先行规划纲要》，明确了“率先建成现代化铁路强国”的奋斗目标，让新一代信息和智能技术与铁路技术融合发展的趋势不断加快。

## 一、推进铁路工程建设的智能化

铁路是典型的自然垄断的行业，打造数字化的运输组织，更有利于系统整合铁路运输资源，科学经济分配运力，提升路网各节点通过效率，提高设备设施的共享利用率，激增整体路网规模效应。铁路部门扎实推进创新示范工程建设，建立完整的 BIM 技术标准体系，构建基于 BIM 的铁路工程协同设计体系，实现勘察设计多源数据融合，研究掌握装配式建筑设计和模块化制造技术、数字孪生铁路技术。突破 BIM+GIS 关键技术，实现全线、全专业、全过程工程建设精细化管控，铁路工程管理平台广泛应用。2020 年 12 月 27 日，京雄城际铁路全线开通，时速 350 公里高铁连接起首都和雄安新区。京雄城际铁路全长 91 公里，设 6 座车站，是雄安新区第一个开工建设的重大交通基础设施项目，应用了物联网、大数据、云计算等前沿科技，智能化设计多达 71 项。京雄城际首次实现从设计、施工到运营三维数字化智能管理，树立了世界智能高铁的新标杆。

## 二、提升铁路装备制造的智能化

在技术装备领域，研制智能型复兴号动车组，实现时速 350 公里自动驾驶功能，研发中国标准简统化接触网装备，掌握智能牵引供电成套技术。研发高铁智能调度集中系统，实现行车运行计划的智能实时优化调整。智能装备方面，充分运用态势感知、自动驾驶、运行控制、检测监测、故障预测与健康管理等技术，推进铁路基础设施和技术装备智能化，打造智能动车组、基础设施智能运维与防灾预警系统，实现对铁路运营状态和运输安全的实时监测、智能分析、科学诊断和智能化管理。创新应用空天地一体化和智能化综合勘察设计装备技术。研发适应极复杂环境条件的超大、超深、超难工程建造装备技术，发展智慧工地等智能建造装备技术。

在高速动车组领域，批量生产并投入运营了和谐号系列高速动车组，成功研制全面拥有自主知识产权的中国标准动车组。在列车控制领域，研发了满足时速300～350公里运行要求的自主化CTCS-3级列控系统。在牵引供电领域，研发采用了大张力接触网系统，建成高铁数据采集与监视控制系统、高铁供电调度系统。智能型动车组分标准配置和智慧化配置，标准配置是在现有复兴号的基础上进行提升，增加了智能模块和环境模块，使它适应山区、高寒地区运行。2020年下线的最新复兴号，新增了智能环境感知调节技术，能够实现温度、灯光、车窗颜色等自动调节，进一步提高乘坐舒适度。

2020年开通运营的“最聪明的高铁”京张高铁是智慧铁路的代表。京张高是世界上首次全线采用智能技术建造的高铁，是全球首条时速350公里的智能化高铁，汇集了当今各种先进技术与设备设施，行驶在其上的智能动车组列车采用北斗导航系统，不仅集车站自动发车、列车在区间内自动运行、列车到站自动停车、车门自动防护、车门与站台门联动等五大技术功能于一身，能够实现自动驾驶，且列车自身携带了2700余个传感器，可对车体振动、声光环境等变化进行实时监测，实现故障预测，智能运维，保障列车的运行安全。

## 三、提升运营服务智慧化水平

近年来，中国国家铁路集团依托12306、95306平台及铁路大数据中心，深化铁路网和互联网双网融合，发展铁路数字经济和网络经济。推动铁路与现代物流融合发展，发展互联网+高效物流，推动铁路货运向综合物流服务商转型。在运营管理领域，研发应用12306互联网售票系统，注册用户突破3亿，互联网购票占比超过70%，并在此基础上推出互联网订餐、动车组选座、中转接续换乘、常旅客会员等一系列便民利民服务。2020年6月20日，电子客票将在全国普速铁路推广实施，将覆盖1300多个普速铁路车站，更多旅客群众将享受电子客票“一证通行”带来的便利出行体验进一步提升。全面推广电子客票技术，实施了刷脸核验、候补车票等多样化服务，努力打造管理高效、绿色节能的智能客站。电子客票让更多群众享受到“一证通行”带来的快捷和便利。“铁路12306”App与“东方航空”App实现系统对接，旅客可根据意愿选择高铁与航班组合；

普速列车服务水平持续提升，部分普速列车互联网订餐服务上线。

在智慧维保上，列车检修的智慧化成效显著，PHM 系统（动车组预测与健康管理系统），实现对动车组关键指标实时监控、预警、报警，并以精准预防修为目标，拓展视情维修功能。试点建设的“智慧检修”已经通过科技创新逐步实现。无线蓝牙游标卡尺、电子标签等智能检修工具的使用大大提升了检修工作的效率和准确率，在节约了人力和生产成本的同时，也提高了工作质量。车底检测机器人代表着当前轨道交通领域智能检修的最高水平，目前可对动车组车底及转向架区域 42 处关键可视部件进行精准故障识别，与人工作业相比，一列动车组的检修时间缩短了三分之一，同时也大大降低了因人为因素导致的误检、漏检、误报等检修问题，进一步提高了保障列车安全运行的能力。

# 第九章　政 策 解 读

# 第一节　综合性法规政策解读

## 《关于加强城市地下市政基础设施建设的指导意见》解读

### 一、出台背景

城市地下市政基础设施建设是城市安全有序运行的重要基础，是城市高质量发展的重要内容。当前，城市地下市政基础设施建设总体平稳，基本满足城市快速发展需要，但城市地下管线、地下通道、地下公共停车场、人防等市政基础设施仍存在底数不清、统筹协调不够、运行管理不到位等问题，城市道路塌陷等事故时有发生。为进一步加强城市地下市政基础设施建设，住房和城乡建设部出台《关于加强城市地下市政基础设施建设的指导意见》（下称《意见》）。

### 二、核心内容

#### （一）总体要求

以习近平新时代中国特色社会主义思想为指导，全面贯彻党的十九大和十九届二中、三中、四中、五中全会精神，按照党中央、国务院决策部署，坚持以人民为中心，坚持新发展理念，落实高质量发展要求，统筹发展和安全，加强城市地下市政基础设施体系化建设，加快完善管理制度规范，补齐规划建设和安全管理短板，推动城市治理体系和治理能力现代化，提高城市安全水平和综合承载能力，满足人民群众日益增长的美好生活需要。坚持系统治理、坚持精准施策、坚持依法推进、坚持创新方法的工作原则。到 2023 年底前，基本完成设施普查，摸清底数，掌握存在的隐患风险点并限期消除，地级及以上城市建立和完善综合管理信息平台。到 2025 年底前，基本实现综合管理信息平台全覆盖，城市地下市政基础设施建设协调机制更加健全，城市地下市政基础设施建设效率明显提高，安全隐患及事故明显减少，城市安全韧性显著提升。

### （二）开展普查，掌握设施实情

各城市人民政府负责组织开展设施普查，从当地实际出发，制定总体方案，明确相关部门职责分工，健全工作机制，摸清设施种类、构成、规模等情况。充分运用前期已开展的地下管线普查等工作成果，梳理设施产权归属、建设年代、结构形式等基本情况，积极运用调查、探测等手段摸清设施功能属性、位置关系、运行安全状况等信息，掌握设施周边水文、地质等外部环境，建立设施危险源及风险隐患管理台账。设施普查要遵循相关技术规程，普查成果按规定集中统一管理。在设施普查基础上，城市人民政府同步建立和完善综合管理信息平台。有条件的地区要将综合管理信息平台与城市信息模型（CIM）基础平台深度融合，与国土空间基础信息平台充分衔接，扩展完善实时监控、模拟仿真、事故预警等功能，逐步实现管理精细化、智能化、科学化。

### （三）加强统筹，完善协调机制

统筹城市地下空间和市政基础设施建设。建立健全设施建设协调机制。各城市人民政府要建立完善城市地下市政基础设施建设协调机制，推动相关部门沟通共享建设计划、工程实施、运行维护等方面信息，切实加强工程质量管理。地下管线工程应按照先深后浅的原则，合理安排施工顺序和工期，施工中严格做好对已有设施的保护措施，严禁分散无序施工。地铁等大型地下工程施工要全面排查周边环境，做好施工区域内管线监测和防护，避免施工扰动等对管线造成破坏。科学制定城市地下市政基础设施的年度建设计划，强化工程质量安全要求，争取地下管线工程与地面道路工程同步实施，力争各类地下管线工程一次敷设到位。

### （四）补齐短板，提升安全韧性

各地要将消除城市地下市政基础设施安全隐患作为基础设施补短板的重要任务。各城市人民政府对普查发现的安全隐患，明确整改责任单位，制定限期整改计划；对已废弃或“无主”的设施及时进行处置。严格落实设施权属单位隐患排查治理责任，确保设施安全。各地要扭转“重地上轻地下”“重建设轻管理”观念，切实加强城市老旧地下市政基础设施更新改造工作力度。各地要统筹推进市政基础设施体系化建设，提升设施效率和服务水平。运用第五代移动通信技术、物联网、人工智能、大数据、云计算等技术，提升城市地下市政基础设施数字化、智能化水平。

### （五）压实责任，加强设施养护

严格落实城市地下市政基础设施建设管理中的权属单位主体责任和政府属地责任、有关行业部门监管责任，建立健全责任考核和责任追究制度。设施权属单位要加强设施运行维护管理，不断完善管理制度，落实人员、资金等保障措施，严格执行设施运行安全相关技术规程，确保设施安全稳定运行。加强城市地下市政基础设施运营养护制度建设，规范设施权属单位的运营养护工作。建立完善设施运营养护资金投入机制，合理制定供水、供热等公用事业价格，保障设施运营正常资金。定期开展检查、巡查、检测、维护，对发现的安全隐患及时进行处理，防止设施带病运行。健全设施运营应急抢险制度，迅速高效依规处置突发事件，确保作业人员安全。

### （六）完善保障措施

各省级人民政府要健全牵头部门抓总、相关部门协同配合的工作机制，督促指导本地区城市人民政府扎实推进城市地下市政基础设施建设各项工作，完善项目资金、政策制度等保障措施。住房和城乡建设部会同有关部门对设施普查和综合管理信息平台建设工作进行指导和支持。各地要结合城市体检，组织开展城市地下市政基础设施运行效率评估，找准并切实解决突出问题和短板，保障设施安全运行。住房和城乡建设部会同相关部门进行监督指导，推动效率评估各项任务措施落地见效。各地要加大对城市地下市政基础设施建设工作的宣传，推广可借鉴案例，推介可复制经验，引导市场主体积极参与，发动社会公众进行监督，增强全社会安全意识，营造良好舆论氛围。

## 三、主要评价

《意见》是贯彻落实党中央、国务院决策部署，坚持以人民为中心，坚持新发展理念，落实高质量发展要求，统筹发展和安全，为人民群众营造安居乐业、幸福安康的生产生活环境，推动城市建设高质量发展的重要体现；是坚持问题导向、目标导向、结果导向，推动解决城市地下基础设施规划建设管理存在的突出问题，补齐规划建设和安全管理短板，统筹推进市政基础设施体系化建设，提升设施效率和服务水平的重要举措。加强城市地下市政基础设施建设作为实施城市更新行动的重要内容，抓好《意见》贯彻落实，有利于城市人民政府根据地下空间实际状况和城市未来发展需要，立足城市地下市政基础设施高效安全运行和空间集约利用，统筹城市地下空间和市政基础设施建设，合理部署各类设施的空间和规模；有利于推动建立完善城市地下市政基础设施建设协调机制，推动相关部门沟通共享建设计划、工程实施、运行维护等方面信息，加快推进基于信息化、数字化、智能化的新型城市基础设施建设和改造，提升城市地下市政基础设施数字化、智能化水平和运行效率；有利于扭转“重地上轻地下”“重建设轻管理”观念，切实加强城市老旧地下市政基础设施更新改造工作力度，落实城市地下市政基础设施建设管理中的权属单位主体责任和政府属地责任、有关行业部门监管责任，确保各项工作落到实处。

# 第二节 供水行业法规政策解读

## 《城镇供水价格管理办法》解读

### 一、出台背景

现行《城市供水价格管理办法》（下称《办法》）于1998年印发，2004年进行了个别条款的修订。但近年来随着城镇供水价格改革的深化，原有水价构成、分类、定调价程序等内容已不符合形势发展变化需要，特别是在供水垄断环节价格监管方面，需要提出更为明晰的定价方法。为规范城镇供水价格管理，保障供水、用水双方的合法权益，促进城镇供水事业发展，节约和保护水资源，加快建立健全以“准许成本加合理收益”为核心的定价机制，提升城镇供水价格监管的科学化、精细化、规范化水平，促进行业高质量发展，国家发展和改革委员会会同住房和城乡建设部根据《中华人民共和国价格法》《城市供水条例》《政府制定价格行为规则》等法律法规规定，对原有办法进行了修订。

### 二、核心内容

《办法》共七章38条，主要明确了城镇供水价格的定价原则、定价方法、定调价程序，以及水价分类、计价方式、规范供水企业服务收费行为等。

《办法》明确，城镇供水价格是指城镇公共供水企业通过一定的工程设施，将地表水、地下水进行必要的净化、消毒处理、输送，使水质水压符合国家规定的标准后供给用户使用的水价格。县级以上人民政府价格主管部门是城镇供水价格的主管部门。县级以上城镇供水行政主管部门按职责分工，协助政府价格主管部门做好城镇供水价格管理工作。城镇供水价格原则上实行政府定价，具体定价权限按地方定价目录的规定执行。

《办法》规定，制定城镇供水价格应当遵循覆盖成本、合理收益、节约用水、公平负担的原则。制定城镇供水价格，以成本监审为基础，按照“准许成本加合理收益”的方法，先核定供水企业供水业务的准许收入，再以准许收入为基础分类核定用户用水价格。供水企业供水业务的准许收入由准许成本、准许收益和税金构成。城镇供水价格监管周期原则上为 3 年，经测算需要调整供水价格的，应及时调整到位，价格调整幅度较大的，可以分步调整到位。

《办法》规定，城镇供水实行分类水价。根据使用性质分为居民生活用水、非居民用水、特种用水三类。居民生活用水主要指城镇居民住宅家庭的日常生活用水。非居民用水主要指工业、经营服务用水和行政事业单位用水、市政用水（环卫、绿化）、生态用水、消防用水等。学校教学和学生生活用水、养老机构和残疾人托养机构等社会福利场所生活用水、宗教场所生活用水、社区组织工作用房和居民公益性服务设施用水等，按照居民生活类用水价格执行。特种用水主要包括洗车、以自来水为原料的纯净水生产、高尔夫球场用水等。

居民生活用水实行阶梯价格制度。居民生活用水阶梯水价设置应当不少于三级，级差按不低于 1∶1.5∶3 的比例安排。其中，第一阶梯水价原则上应当按照补偿成本的水平确定，并应当考虑本期生产能力利用情况。阶梯水量由各地结合本地实际情况，按照一级满足居民基本生活用水需求、二级体现改善和提高居民生活质量用水需求的原则确定，并根据实施情况实行动态管理。非居民用水及特种用水实行超定额累进加价制度，原则上水量分档不少于三档，二档水价加价标准不低于 50%，三档水价加价标准不低于 1 倍，具体分档水量和加价标准由各地自行确定。缺水地区要根据实际情况加大加价标准，充分反映水资源稀缺程度。以旅游业为主或季节性消费特点明显的地区可以实行季节性水价。在枯水期实行较高的价格，丰水期实行较低的价格。

《办法》要求，规范定调价程序、强化信息公开。制定居民生活用水价格水平或定价机制应当按照价格听证的有关规定开展听证。价格主管部门制定供水价格，应当开展成本监审，并实行成本公开。

《办法》强调，各级城镇供水行政主管部门应当建立健全城镇供水水质监管体系，加强水质管理，保证安全可靠供水。要规范服务收费行为、提升服务质量。明确供水水质、水压应当符合国家规定标准。除受用户委托开展的建设安装工程费用外，供水企业不得滥用垄断地位收取供水开户费、接入费、增容费等费用。

各级城镇供水行政主管部门应当加强供水服务行为监督，对擅自停止供水、未按照规定检修供水设施或者供水设施故障报修但未及时予以检修的，依法予以处罚。

## 三、主要评价

一是建立了参考市场利率合理确定供水收益率的机制。明确供水企业准许收益率根据权益资本收益率、债务资本收益率确定，权益资本收益率按照10年期国债收益率加不超过4个百分点核定，债务资本收益率按照贷款市场报价利率确定，有利于吸引社会资本进入，促进供水行业健康持续发展。

二是建立了供水价格定期校核机制和补偿机制。明确城镇供水价格监管周期原则上为3年，建立供水价格与原水价格等上下游联动机制的，监管周期年限可以适当延长。考虑当地经济社会发展水平和用户承受能力等因素，由于价格调整不到位导致供水企业难以达到准许收入的，当地人民政府应当予以相应补偿。

# 《城镇供水定价成本监审办法》解读

## 一、出台背景

为提高城镇供水定价的科学性、合理性，加强供水成本监管，规范供水定价成本监审行为，根据《中华人民共和国价格法》《城市供水条例》《政府制定价格成本监审办法》等有关法律法规规定，制定本办法。

## 二、核心内容

《城镇供水定价成本监审办法》明确了定价成本构成和核定方法。一是明确城镇供水定价成本构成范围。按照合法性、相关性、合理性原则，规定城镇供水定价成本包括固定资产折旧费、无形资产摊销和运行维护费，并对计入定价成本的项目做了具体规定。二是明确定价成本和有效资产核定方法。细化明确固定资产折旧、原水费、材料费、动力费、人工费等成本费用的审核标准，对可计提收益的有效资产范围及其核定方法做出明确规定，对供水企业职工人数定员、管网漏损率控制等建立激励约束机制。

《城镇供水定价成本监审办法》与《城市供水定价成本监审办法（试行）》（发改价格〔2010〕2613号）的不同之处主要有以下几个方面：一是对城镇供水

成本构成的维度进行了调整。与《城镇供水价格管理办法》相呼应，《城镇供水定价成本监审办法》对城镇供水定价成本的构成维度进行了调整，供水定价成本不再从制水成本、输配成本和期间费用的角度进行梳理，而是由折旧费、运行维护费两大部分构成。对供水企业关注的二次供水设施运行维护成本，也明确归入输配费用当中。二是各项费用的内涵和核定原则更加清晰。由于成本构成维度的调整、十年来供水行业发生的实际变化等因素，相应地许多费用的内涵和成本核定的细则也发生了变化，政策原文中都进行了名词解释和核定原则说明。三是强化供水企业在成本监审方面的义务。成本监审制度的定期性、规范性和对供水企业的监管性得到强化，供水企业需建立、健全成本核算制度和成本监审报表制度，定期向定价机关上报，以保障供水价格制定是一个合理、公开、科学的过程。

### 三、主要评价

《城镇供水定价成本监审办法》建立了促进供水企业降本增效的激励约束机制。在人工成本考核方面，设立了供水企业职工人数定员上限标准；在管网漏损考核方面，设定了管网漏损率控制标准。供水企业超出规定标准的部分，不得计入供水定价成本；低于规定标准的，按规定标准计算。修订后的办法还增加了供水企业自用水率等约束性指标。激励和约束机制的建立有利于破解"鞭打快牛"问题，有利于激励供水企业精简人员，降低管网漏损率，挖掘潜力，加强成本控制，提高生产经营效率和市场竞争力，推动行业高质量发展。

## 第三节　排水与污水处理行业法规政策解读

## 《关于推进污水资源化利用的指导意见》解读

### 一、出台背景

自党的十八大提出生态文明发展目标以来，全国各地积极推进城镇污水治理工作，取得了显著成效，污水资源化利用工作也在快速推进。然而，当前我国污水资源化利用尚处在起步阶段，发展不充分、不平衡，利用水平总体不高。同时，还存在标准不完善，政策不健全，技术装备水平有待进一步提高等问题。2021年1月4日，国家发改委联合生态环境部、水利部、住房和城乡建设部等九部委联合发布《关于推进污水资源化利用的指导意见》（以下简称《意见》），旨在提升全国污水收集效能，建立污水资源化利用政策体系和市场机制，形成系统、安全、环保、经济的污水资源化利用格局。

## 二、核心内容

《意见》共包括五个部分，首先明确了推进污水资源化利用的指导思想、基本原则以及总体目标，部署了三项重点任务，包括：着力推进重点领域污水资源化利用、实施污水资源化利用重点工程和健全污水资源化利用体制机制，最后提出了落实《意见》的保障措施。

（1）明确推进污水资源化利用的总体要求。《意见》提出了“因地制宜、分类施策；政府引导、市场驱动；科技引领、试点示范”的原则，明确要求以缺水地区和水环境敏感区域为重点，以城镇生活污水资源化利用为突破口，以工业利用和生态补水为主要途径，坚持“节水优先、空间均衡、系统治理、两手发力”的治水思路，做好顶层设计，加强统筹协调，完善政策措施，强化监督管理，开展试点示范，推动我国污水资源化利用实现高质量发展，力争到2035年，形成系统、安全、环保、经济的污水资源化利用格局。

（2）着力推进重点领域污水资源化利用。《意见》提出，在城镇、工业和农业农村等领域系统开展污水资源化利用，全面推动我国污水资源化利用实现高质量发展。具体而言，一是加快推进城镇生活污水资源化利用。要求丰水地区实施差别化分区提标改造和精准治污；缺水地区特别是水质型缺水地区优先将达标排放水转化为可利用的水资源就近回补自然水体，推进区域污水资源化循环利用；资源型缺水地区以需定供、分质用水，推广再生水用于工业生产、市政杂用和生态补化利用；具备条件的缺水地区对市政管网未覆盖的住宅小区、学校、企事业单位的生活污水进行达标处理后实现就近回用；高耗水行业项目具备使用再生水条件但未有效利用的，要严格控制新增取水许可。二是积极推动工业废水资源化利用。要求开展企业用水审计、水效对标和节水改造，推进企业内部工业用水循环利用；推进园区内企业间串联用水、分质用水、一水多用和梯级利用；完善工业企业、园区污水处理设施建设，提高运营管理水平；开展工业废水再生利用水质监测评价和用水管理。三是稳妥推进农业农村污水资源化利用。要求积极探索符合农村实际、低成本的农村生活污水治理技术和模式；推广工程和生态相结合的模块化工艺技术，推动农村生活污水就近就地资源化利用；推广种养结合、以用促治方式，采用经济适用的肥料化、能源化处理工艺技术促进畜禽粪污资源化利用，鼓励渔业养殖尾水循环利用。

(3) 实施污水资源化利用重点工程。为保障重点领域污水资源化利用有效实施，《意见》还部署了污水收集及资源化利用设施建设工程、区域再生水循环利用工程、工业废水循环利用工程、农业农村污水以用促治工程、污水近零排放科技创新试点工程以及综合开展污水资源化利用试点示范等重点工程。

(4) 健全污水资源化利用体制机制。污水资源化利用具有较强公益性，既需要市场积极参与，也需要政府规范引导。一是健全法规标准。要求推进制定节约用水条例，加快完善相关政策标准，推动修订地方水污染物排放标准，制定再生水用于生态补水的技术规范和管控要求以及污水资源化利用相关装备、工程、运行等标准。二是构建政策体系。要求制定相关工程实施方案，细化工作重点和主要任务，形成污水资源化利用“1＋N”政策体系；研究制定“十四五”污水资源化利用等相关规划；研究污水资源化利用统计方法与制度；完善用水总量控制指标中非常规水源利用指标考核相关规定和取水许可管理制度。三是健全价格机制。建立使用者付费制度，放开再生水政府定价，由再生水供应企业和用户按照优质优价的原则自主协商定价。四是完善财政政策。加大中央财政资金对污水资源化利用的投入力度，支持地方政府专项债券用于符合条件的污水资源化利用建设项目，鼓励地方设计多元化的财政性资金投入保障机制等措施。五是强化科技支撑。要求加强污水资源化利用风险与控制基础研究，发展再生水利用标准制定理论和方法体系，研发集成低成本、高性能的污废水再生处理技术、工艺和装备。

(5) 完善推进污水资源化利用的保障措施。《意见》从加强组织协调、强化监督管理和加大宣传力度三个方面阐述了政策实施的相关保障。一是加强组织协调。各省（区、市）政府抓紧组织制定相关规划或实施方案；市县政府担负主体责任，制订计划，明确任务，确保各项工作顺利完成；国家有关部门各司其职，形成工作合力，协调解决相关重大问题。二是强化监督管理。督促有关方面持续实施《国家节水行动》，加强对再生水纳入水资源统一配置，严格自备井管理，强化污水处理达标排放等相关政策的监督管理，健全污水资源化水质全过程监测体系，确保污水资源化安全利用。三是加大宣传力度。采取多种形式加强宣传科普，提高公众对污水资源化利用的认知度和认可度，增加群众参与度；充分发挥舆论监管、社会监督和行业自律作用，营造全社会共同参与污水资源化利用的良好氛围。

## 三、主要评价

《意见》是国家层面首次针对污水资源化出台的统领性文件，是对习近平总书记提出的“节水优先”治水方针和“绿水青山就是金山银山”发展理念的具体落实，既从全局全领域出发，强调了再生水纳入水资源统一配置，又突出城镇、工业、农业农村等重点领域，分区分类指明了污水资源化利用的具体路径。《意见》以破解难点堵点问题为切入点，系统谋划污水资源化利用工作，配套以具体落实的“1+N”政策体系，将为污水资源化利用提供“顶层设计—实施方案—试点示范—重点工程—体制机制—市场调节—监督管理”全流程系统化的解决方案，对推进我国各地开展污水资源化利用工作具有重要的指导作用。

# 《“十四五”城镇污水处理及资源化利用发展规划》解读

## 一、出台背景

为深入贯彻习近平生态文明思想，落实党中央、国务院决策部署，打好污染防治攻坚战，建设美丽中国，推动城镇污水处理高质量发展，2021年6月6日，国家发展改革委、住房和城乡建设部商生态环境部研究编制的《“十四五”城镇污水处理及资源化利用发展规划》（发改环资〔2021〕827号，以下简称《规划》）发布，旨在有效缓解我国城镇污水收集处理设施发展不平衡、不充分的矛盾，系统推动补短板、强弱项工作，全面提升污水收集处理效能，加快推进污水资源化利用，提高设施运行维护水平。

## 二、核心内容

《规划》共包括五个部分，提出了“十四五”时期城镇污水处理及资源化利用的主要目标、重点建设任务、设施运行维护要求以及保障措施，以指导各地有序开展城镇污水处理及资源化利用工作。

（1）规划基础与形势展望。《规划》指出，“十三五”期间，各地区各部门不断加大城镇污水处理设施建设和运行管理力度，污水收集处理能力水平显著提升，但我国城镇污水收集处理仍然存在发展不平衡、不充分的问题，短板弱项依然突出。因此，在“十四五”时期，应以建设高质量城镇污水处理体系为主题，从增量建设为主转向系统提质增效与结构调整优化并重，提升存量、做优增量，系统推进城镇污水处理设施高质量建设和运维，有效改善我国城镇水生态环境质量，不断提升人民群众的幸福感、获得感和安全感。

（2）总体要求。《规划》提出了“规划引领，优化布局；因地制宜，分类施策；政府主导，市场运作”的原则，以改善水生态环境质量为目标，以提升城镇污水收集处理效能为导向，以设施补短板、强弱项为抓手。《规划》要求统筹推进污水处理、黑臭水体整治和内涝治理，推广厂网一体、泥水并重、建管并举，提升运行管理水平，力争在 2025 年使生活污水集中收集率、污水处理率、再生水利用率、城市污泥无害化处置率达成规定指标，到 2035 年实现城市生活污水收集管网基本全覆盖，城镇污水处理能力全覆盖，污泥无害化处置全面达成，污水污泥资源化利用水平显著提升。

（3）推进设施建设。《规划》指出要从以下四个方面推进城镇污水相关设施的建设。

第一，要补齐城镇污水管网短板，提升收集效能。全面排查污水收集管网和雨污合流制管网，对存在问题的污水管网进行修复更新；因地制宜实施雨污分流改造，暂不具备改造条件的，采取措施减少雨季溢流污染。争取在“十四五”期间新增和改造污水收集管网 8 万公里。

第二，强化城镇污水处理设施弱项，提升处理能力。充分考量城镇人口规模、自然和地理条件等因素，合理规划城镇污水处理设施的布局；因地制宜科学确定排放标准，在有能力的城市可以提高污染物排放管控要求；在完成片区管网排查修复改造的前提下，实施合流制溢流污水快速净化设施建设。“十四五”期间，新增污水处理能力实现 2000 万立方米/日。

第三，加强再生利用设施建设，推进污水资源化利用。结合现有污水处理设施提标升级扩能改造，系统规划城镇污水再生利用设施，合理确定再生水利用方向，推动实现分质、分对象供水，优水优用。“十四五”期间，新建、改建和扩建再生水生产能力不少于 1500 万立方米/日。

第四，破解污泥处置难点，实现无害化推进资源化。鼓励采用热水解、厌氧消化、好氧发酵、干化等方式对污泥进行无害化处理；限制未经脱水处理达标的污泥在垃圾填埋场填埋；在实现污泥稳定化、无害化处置前提下，稳步推进资源化利用。“十四五”期间，新增污泥（含水率 80%的湿污泥）无害化处置设施规模不少于 2 万吨/日。

（4）强化运行维护。为促进城镇污水处理能力提升，《规划》要求将城市生活污水集中收集及再生水利用目标任务纳入本地相关规划，落实责任主体，强化监督考核。推行专业化运行维护，推进无主市政管段或设施确权和权属移交，建立立足本地、人员稳定的专业化队伍，建立常态化建设管养机制，严格按照相关标准定额实施运行维护。同时建立城镇污水处理设施地理信息系统并定期更新，或依托现有平台完善相关功能，实现城镇污水设施信息化、账册化管理。

（5）保障措施。为增强各参与主体的积极性，《规划》从责任落实、投融资渠道、费价税机制和监督管理四个方面提出了一系列保障措施。具体包括：强化责任落实、拓宽投融资渠道、完善费价税机制、强化监督管理。要求各地明确本地区建设规模、重点任务和政府保障措施；建立多元化的财政性资金投入保障机制；合理制定污水处理费标准，并考虑污水排放标准提升和污泥处置等成本合理增加因素动态调整；科学制修订地方水污染物排放标准，强化监管和监督检查，并完善公众参与机制。

## 三、主要评价

《规划》旨在有效缓解我国城镇污水收集处理设施发展不平衡、不充分的矛盾，提高污水处理能力。污水收集处理及资源化利用设施建设对于推动污水处理高质量发展具有重要作用，也是改善城镇人居环境，推进城市治理体系和治理能力现代化，加快生态文明建设的重要举措。《规划》中既有对近期污水处理建设改造的要求，又有对远期污水处理和资源化利用的展望，为“十四五”时期城镇污水收集处理、资源化利用和污泥无害化资源化处理处置设施建设与运行提出了清晰的规划和任务。下一步，要以《规划》为引领，逐步推动城镇污水高效处理及资源化利用，实现全民共享优美生态环境的美好愿景。

# 第四节 垃圾处理行业法规政策解读

## 《“十四五”城镇生活垃圾分类和处理设施发展规划》解读

## 一、出台背景

“十三五”期间，我国城镇生活垃圾无害化处理取得长足进步，焚烧发电和卫生填埋并举、生化处理作为补充的多元化、现代化垃圾处理技术格局基本形成，46 个重点城市基本建立生活垃圾分类投放、分类收集、分类运输、分类处理系统。“十四五”期间，全国垃圾分类和处理工作将在巩固已有成果的基础上补短板、长链条、调结构、促提升，迈出从“量变”走向“质变”的步伐。

《“十四五”城镇生活垃圾分类和处理设施发展规划》（发改环资〔2021〕642 号，以下简称《规划》）坚持“统筹规划，因地制宜，市场导向，多方共治”的基本原则，为实现这一关键转变绘制了路线图，列出了任务单，给出了时间表，对我国下一阶段稳步推进垃圾分类和处理设施建设具有重要意义。

## 二、核心内容

### （一）基本原则

坚持统筹规划。按照区域协同、共建共享的理念，充分发挥规划引领和指导作用，加强城镇生活垃圾分类和处理设施建设的系统谋划，统筹完善城市、县城、建制镇的生活垃圾收集、运输和处理体系，处理设施重点布局在设市城市和县城，设施能力覆盖到建制镇，避免无序建设、低效建设和重复建设。

坚持因地制宜。充分考虑不同地区经济社会发展水平、地域特点、人口分布、气候条件等因素，遵循技术适用、经济可承受、效果达标原则，科学合理选择处理技术路线、处置方式和实施路径，强化项目实施前的咨询论证和决策评估，不搞“一刀切”，形成符合各地条件和特点的生活垃圾分类和处理模式。

坚持市场导向。充分发挥市场在资源配置中的决定性作用，健全市场机制，加大政策引导和支持力度，激发各类市场主体活力，破除不合理壁垒，规范垃圾处理第三方服务市场行为，着力促进行业自律，营造良好的市场环境。

坚持多方共治。明晰政府、企业、公众等各类主体权责和义务，更好发挥政府主导作用，落实企业主体责任，激发社会组织活力，发动人民群众广泛参与，形成全社会共同推进生活垃圾分类和处理的良好格局。

### （二）总体目标

到 2025 年底，直辖市、省会城市和计划单列市等 46 个重点城市生活垃圾分类和处理能力进一步提升；地级城市因地制宜基本建成生活垃圾分类和处理系统；京津冀及周边、长三角、粤港澳大湾区、长江经济带、黄河流域、生态文明试验区具备条件的县城基本建成生活垃圾分类和处理系统；鼓励其他地区积极提升垃圾分类和处理设施覆盖水平。支持建制镇加快补齐生活垃圾收集、转运、无害化处理设施短板。具体目标如下：

——垃圾资源化利用率：到2025年底，全国城市生活垃圾资源化利用率达到60%左右。

——垃圾分类收运能力：到2025年底，全国生活垃圾分类收运能力达到70万吨/日左右，基本满足地级及以上城市生活垃圾分类收集、分类转运、分类处理需求；鼓励有条件的县城推进生活垃圾分类和处理设施建设。

——垃圾焚烧处理能力：到2025年底，全国城镇生活垃圾焚烧处理能力达到80万吨/日左右，城市生活垃圾焚烧处理能力占比65%左右。

### （三）主要任务

1. 加快完善垃圾分类设施体系

（1）规范垃圾分类投放方式。

（2）进一步健全分类收集设施。

（3）加快完善分类转运设施。

2. 全面推进生活垃圾焚烧设施建设

（1）加强垃圾焚烧设施规划布局。

（2）持续推进焚烧处理能力建设。

（3）开展既有焚烧设施提标改造。

3. 有序开展厨余垃圾处理设施建设

（1）科学选择处理技术路线。

（2）有序推进厨余垃圾处理设施建设。

（3）积极探索多元化可持续运营模式。

4. 规范垃圾填埋处理设施建设

（1）开展库容已满填埋设施封场治理。

（2）提升既有填埋设施运营管理水平。

（3）适度规划建设兜底保障填埋设施。

5. 健全可回收物资源化利用设施

（1）统筹规划分拣处理中心。

（2）推动可回收物资源化利用设施建设。

（3）进一步规范可回收物利用产业链。

6. 加强有害垃圾分类和处理

（1）完善有害垃圾收运系统。

（2）规范有害垃圾处置。

7. 强化设施二次环境污染防治能力建设

（1）补齐焚烧飞灰处置设施短板。

（2）完善垃圾渗滤液处理设施。

（3）积极推动沼渣处置利用。

8. 开展关键技术研发攻关和试点示范

（1）开展小型焚烧设施试点示范。

（2）飞灰处置技术试点示范。

（3）渗滤液及浓缩液处理技术试点示范。

（4）焚烧炉渣资源化试点示范。

9. 鼓励生活垃圾协同处置

（1）鼓励统筹规划固体废物综合处置基地。

（2）推动建设区域协同生活垃圾处理设施。

10. 完善全过程监测监管能力建设

聚焦生活垃圾分类投放、分类运输、填埋处理、厨余处理等污染防控关键节点，进一步摸排生活垃圾分类和处理监管全过程，健全监测监管网络体系，依托大数据、物联网、云计算等新兴技术，加快建设全过程管理信息共享平台，通过智能终端感知设备进行数据采集，进一步提升垃圾分类处理全过程的监控能力、预警能力、溯源能力。

## 三、主要评价

### （一）基础扎实，突出了问题导向

《规划》对“十三五”期间我国垃圾分类和处理取得的成绩予以充分肯定，特别强调处理能力显著增强，结构明显优化，突出问题整治取得积极进展，分类工作取得初步成效，为下一步更加广泛、更为深入地推进垃圾分类工作打下了良好基础。在肯定成绩的同时，《规划》对存在的突出问题也进行了准确剖析，指出现有收运和处理设施体系难以满足分类要求、垃圾处理区域发展不平衡问题突出、存量填埋设施风险高隐患大、管理体制机制需进一步完善，特别是重点剖析了焚烧能力存在较大缺口、回收利用行业“小散乱”、厨余垃圾分类成本高等问题，体现了《规划》编制的问题导向。

### （二）目标明确，突出了资源化导向

《规划》对 46 个重点城市、地级市，以及京津冀及周边、长三角、粤港澳大

湾区、长江经济带、黄河流域、生态文明试验区具备条件的县城等提出了不同的生活垃圾分类和处理目标，积极响应了国家重点区域发展战略。具有约束力的定量化指标方面，提出到2025年底，全国城市生活垃圾资源化利用率达到60%左右，分类收运能力达到70万吨/日左右，全国城镇生活垃圾焚烧处理能力达到80万吨/日左右。生活垃圾资源化利用率的指标属于首次提出，体现了鲜明的资源化导向。焚烧处理能力及其在垃圾处理能力中的占比仍将在“十三五”基础上有大幅提升，将为生活垃圾资源化利用率目标的实现做出主要贡献。

### （三）路径清晰，致力于全系统优化

《规划》对垃圾分类系统涉及的各个垃圾品类及其衍生产物相关设施的建设与运营都提出了明确的任务要求。在分类投放环节，强调加强可回收物规范管理，提升低值可回收物单独投放比例，积极推广撤桶建站、定时投放和监督指导等行之有效的分类投放模式，推广提升垃圾分类投放效果的先进经验。在分类收运环节，强调加快建立完善的生活垃圾分类运输系统，有效衔接分类投放端和分类处理端，避免垃圾“先分后混”。生活垃圾焚烧设施建设定位于“全面推进”，强调城市建成区生活垃圾日清运量超过300吨的地区，加快建设焚烧处理设施，同时全面排查评估现有焚烧处理设施运行状况和污染物排放情况，促进垃圾焚烧行业又好又快发展，为垃圾分类处理提供核心硬件设施保障。厨余垃圾处理设施建设定位于“有序开展”，强调科学选择处理技术路线，着力解决产品出路问题，以集中处理为主，分散处理为辅，不宜不顾条件，盲目冒进。填埋设施建设方面定位于“兜底保障”，强调原则上地级及以上城市和具备焚烧处理能力或建设条件的县城，不再规划和新建原生垃圾填埋设施，现有生活垃圾填埋场剩余库容转为兜底保障填埋设施备用，同时部署填埋场封场治理及优化运营工作。可回收物资源化利用设施建设定位于“健全规范”，强调统筹规划建设可回收物集散场地和分拣处理中心，推动低值可回收物的回收和再生利用，推动可回收物资源化利用产业链向规模化、规范化、专业化转变。有害垃圾分类和处理强调控制收运、处置过程二次污染和环境风险。同时，《规划》对设施二次污染防治能力建设、关键技术研发示范、设施园区协同及区域统筹、监测监管能力现代化等方面也提出了具体的任务要求，与各品类废物收运处理全链条耦合，形成了垃圾分类与处理全系统优化的基本格局。

### （四）重点突出，致力于补短板治“顽疾”

《规划》正视垃圾分类与处理设施建设与运营中存在的突出短板和“重症顽疾”，提出了对症的解决思路。针对垃圾焚烧飞灰处理，强调合理布局生活垃圾

焚烧飞灰处置设施，特别指出要规范水泥窑协同处理设施建设，强化飞灰填埋区防水防渗，避免对环境造成二次污染，鼓励有条件的地区开展飞灰熔融处理技术应用和飞灰深井贮存技术应用，鼓励飞灰中重金属分离回收技术开发应用。

对于垃圾渗滤液处理，强调结合实际情况合理选择处理技术路线，避免设施建成后运行不达预期，对于具备纳管排放条件的地区或设施，在渗滤液经预处理后达到环保和纳管标准的前提下，推动达标渗滤液纳管排放，同时积极推动构建渗滤液多元化处理技术体系，改变传统单一膜分离处理工艺。

对于沼渣及堆肥，强调沼渣可与园林垃圾等一起堆肥处理，作为园林绿化肥料或土壤调理剂实现土地利用，解决好沼渣及堆肥在农业、林业生产中应用的“梗阻”问题。

在支持政策方面，强调落实生活垃圾分类和处理领域税收优惠政策，完善生活垃圾收费政策，体现分类计价、计量收费等差别化管理，完善厨余垃圾资源化利用产品可持续消纳的支持政策。

在市场环境方面，强调打破项目建设竞争中地域性、排他性、歧视性壁垒限制，政府应按照合同约定及时支付垃圾处理等费用，保障垃圾处理设施稳定运行。在标准规范方面，强调抓紧出台一批急需的垃圾处理设施建设、运行、监管标准规范，合理优化调整污染物排放标准，使排放标准与工艺装备技术水平、区域环境容量相适应。

# 《生态环境部关于核减环境违法垃圾焚烧发电项目可再生能源电价附加补助资金的通知》解读[①]

## 一、出台背景

党的十八大以后，党中央将生态文明建设作为新时期国家经济发展的基本国策，固废处理产业迎来了难得的历史发展机遇。随着生活垃圾焚烧发电项目在中东部如火如荼发展，垃圾焚烧邻避问题愈加突出。垃圾电厂选址、个别电厂违法排放、垃圾处理过程中散发臭味等诸多问题，在一些地区引发了严重的群体性事件，形成了重大社会风险隐患，引起了中央领导高度重视。两部委联合印发《财政部 生态环境部关于核减环境违法垃圾焚烧发电项目可再生能源电价附加补助

① 生态环境部，《〈财政部 生态环境部关于核减环境违法垃圾焚烧发电项目可再生能源电价附加补助资金的通知〉政策解读》，《北极星电力网新闻中心》，2020 年 6 月 30 日。

资金的通知》(财建〔2020〕199 号，以下简称《核减通知》)，自 2020 年 7 月 1 日起施行。

## 二、核心内容

(1) 完成“装、树、联”是垃圾发电项目纳入补贴清单的前提条件，且未向社会公开自动监测数据期间的补贴资金将予以扣除。2020 年 6 月 30 日前已纳入补助清单，但未完成“装、树、联”的项目暂停拨付补贴资金。垃圾焚烧发电厂“装、树、联”实施正常运行对获取可再生能源电价补贴非常重要，还没有完成“装、树、联”的企业请抓紧时间建设和完善相关环保监测设施。

(2) 对纳入补贴范围的项目，若违反《生活垃圾焚烧发电厂自动监测数据应用管理规定》(生态环境部令第 10 号) 第十条、第十一条被环保部门处罚的，扣减其相应焚烧炉违法当日上网电量电价补贴。若一个月内出现 3 次上述违法情形，取消当月补贴资金并暂停后续补贴资金拨付。自最近一次违法情形次日起，项目连续 30 日监测数据达标时可恢复补贴资金发放，但要核减暂停拨付期间的补贴资金。以日处理 1000 吨生活垃圾焚烧电厂为例，若当月发生 3 次违法情形，则意味着除了环保行政处罚外，最少还要承受 300 万的经济损失，若再算上省级电价补贴，项目经济损失额将高达 470 万。这种巨额违法成本是任何企业在“达摩克利斯之剑”前都会望而却步，不敢轻易以身试法，对企业环境违法形成巨大的震慑。

(3) 对于篡改、伪造环保监测数据的严重违法行为，将取消电价补贴资格。自移除补贴清单之日起 3 年内不得再纳入补贴清单，移除补贴清单期间所发电量不予补贴。一旦严重违法项目被移除补贴清单，它还能存活多久，再次进入补助清单的概率还有多大呢?

(4) 核减通知对环境违法项目电价补贴核减机制，电网、环保、财政三部门之间协同配合，以及国家公职人员在补贴核减工作中存在的违法违纪行为处理均做了明确规定与要求。

## 三、主要评价

(1) 此次出台的核减通知重点是放在环境违法的“围堵”和“重罚”上，如果把“疏与导”也融入新政中来，实施效果可能会更好。对于“遵纪守法”做得较好的企业，有关部门可否给予一定的激励和支持。比如：电价补贴优先发放、项目建设适度贴息、金融机构给予优先贷款、年度通报表彰、投资主体优先获得新建垃圾焚烧发电项目特许经营权等。同时有关部门还应出台一些专项政策，支持和鼓励固废处理投资主体积极主动到中西部地区投资布局城镇生活垃圾分类收运和处理设施。

（2）核减通知倒逼生活垃圾焚烧发电企业想尽一切办法规范自身经营，避免环境违法带来的行政处罚和由此造成的巨额经济损失。可能会引发部分垃圾焚烧发电项目的资产并购与重组，市场将会进一步优胜劣汰，形成良币驱除劣币氛围。未来垃圾焚烧发电行业产业聚集度和行业准入门槛将会进一步提高，垃圾焚烧发电项目建设运营成本将会有所提升。企业获取项目将变得更为慎重和理性，综合实力较弱的投资主体将会逐步退出这一领域。严格监管可能会进一步影响垃圾发电投资主体赴中西部省份和边远地区投资项目的积极性，需要引起有关部门的注意。

（3）随着核减通知的落地和实施，预计未来将会在以下四个方面产生积极作用：在全行业形成不想违、不能违、不敢违的良好营商环境，对各级政府化解垃圾焚烧发电邻避问题将产生极大的促进作用；社会公众，特别是垃圾焚烧电厂周边民众对项目影响周边环境的顾虑将会减弱，垃圾电厂与周边居民的邻里关系将会更加和谐；由于严监管带来的项目建设运营成本增加，进而影响到政府垃圾处理费用支出的增长，将促使地方政府更加积极主动建立和完善当地生活垃圾处理收费制度；为城乡环保基础运行设施和其他可再生能源项目日常监管探索积累了更多经验。

## 第五节　天然气行业法规政策解读

### 《中央定价目录》（2020 版）解读

#### 一、出台背景

天然气的物理性质决定了其全产业链各个环节上的基础设施都具有高度专用性的特点，难以形成有效的市场竞争机制，从而限制了天然气市场规模的扩展，各个国家对天然气产业的价格形成机制都实行了不同程度的监管。我国的天然气价格形成机制及其改革进程也同样如此。成本加成定价形成了一个领域一种价格的局面，而随着生产领域数量的不断增加，企业内部定价体系会变得过于复杂，最终导致“出厂价+管输费”结算模式的难以为继。

为解决这一问题，2011年开始政府主管部门推出了“模拟市场价格”的天然气价格形成方式，即天然气门站价格由与可替代能源价格（燃料油、液化石油气的海关进口价）挂钩的市场净回值法来确定，作为天然气出厂价格放开前的“过渡方案”。按照这一方法，门站价格扣除管输费用基本可以倒推出天然气的出厂价格。在我国“管住中间、放开两头”的天然气市场化改革总思路下，天然气门站价格也经历了多次改革。

2011年，国家发改委开始在广东、广西试点天然气价改，门站价格不再分类，实行政府指导价，按定价方法形成的门站价格为最高门站价格，供需双方可在不超过最高门站价格的范围内协商确定具体门站价格。

2013年6月，国家发改委发布《关于调整天然气价格的通知》，将传统的由国家分别制定天然气出厂价和管输价格，调整为国家直接指定门站价格，并实行最高上限价格管理，由供需双方在规定的最高上限价格范围内协商确定具体价格。为平稳推出价格调整方案，区分存量气和增量气，增量气价格一步调整到与燃料油、液化石油气（权重分别为60%和40%）等可替代能源保持合理比价的水平；存量气价格分步调整。天然气价格管理由出厂环节调整为门站环节，门站价格为政府指导价，实行最高上限价格管理，供需双方可在国家规定的最高上限价格范围内协商确定具体价格。

2014年，在保持增量气门站价格不变的前提下，适当提高非居民用存量天然气门站价格。具体为：非居民用存量气门站价格适当提高。非居民用存量气最高门站价格每千立方米提高400元。

2015年2月，实现存量气和增量气价格并轨。增量气最高门站价格每千立方米降低440元，存量气最高门站价格每千立方米提高40元（广东、广西、海南、重庆、四川按与全国衔接的原则安排），实现价格并轨，理顺非居民用天然气价格。2015年11月，国家发改委发文规定一年以后将非居民用气由最高门站价格管理改为“基准价+浮动幅度”管理方式，以便提高天然气价格的市场化程度。

2018年，《国家发展改革委关于理顺居民用气门站价格的通知》规定，自2018年6月10日起，将居民用气由最高门站价格管理改为基准价管理，价格水平与非居民用气基准门站价格水平相衔接。国产陆上天然气和2014年底前投产的进口管道，采取基准价的门站管理办法，上浮幅度最高不超过20%。但由于居民用气关系到民生，终端居民用气价格的调整受到各地《价格听证管理办法》的约束。

## 二、核心内容

《中央定价目录》(2020 版) 删除天然气门站价。2020 年 3 月 16 日，国家发展改革委对《中央定价目录》(2015 年版) 进行了修订，自 2020 年 5 月 1 日起施行，其中对天然气行业而言最为关注的是天然气门站价格被删除，但是需注意油气管道运输这一项却被保留。定价目录出来后，天然气定价将呈几大变化趋势，首先是进口气价双轨制，试点放开进口气价；其次是气源价可以单列并可变动；再次是管输费显性化，为制定管网定价办法奠定基础；最后则是门站价指导作用削弱，并将逐步取消。

## 三、主要评价

天然气价格改革不仅是天然气行业市场化改革的核心，本轮天然气价格改革总体思路为“管住中间、放开两头”，即竞争性环节价格放开，垄断性环节价格管制。政府只对属于网络型自然垄断环节的管网输配价格进行监管，气源和销售价格由市场形成，国家管网公司成立后，随着我国天然气价格市场化改革不断深入，门站价格不适合未来天然气产业结构的发展方向，因为是下游直接跟上游谈判，采购气，再通过管道运输。门站价格取消、气价完全放开是必然趋势。《中央定价目录》将天然气门站价格移出，是对这一改革趋势的再次确认。

长期来看，天然气管道运输价格将实现独立，包括国产气、进口管道气和进口 LNG 在内的各类天然气出厂价格可以展开竞争，对于供应商而言实现了同一产品同一价格，企业拥有了一定弹性的定价权，内部定价体系极大简化，成为面向市场展开竞争的重要手段。

短期内，门站价格的彻底取消还需要一定的过渡期，需要保持市场的稳定运行。这是因为，目前上游多家竞争的格局尚未形成，天然气生产商、销售商等市场参与主体的数量还严重不足；居民取暖和环保政策在天然气价格形成中具有举足轻重的地位，各地居民用户承受能力差别很大，尚不具备市场化条件，多年积累的城市燃气居民用气和非居民用气交叉补贴问题在短时间内难以得到一步到位的解决；省级管网和燃气公司的利益与交叉补贴问题紧密相连，企业供应价格的调整将对这些主体的利益和运营构成冲击，影响省级天然气市场运行的稳定。因此，必须经过一段时期的过渡与调整，下游与上游的直接谈判能够充分开展，在市场运行平稳的基础上才能彻底废除门站价格。

同时也要看到，尽管还需要充分考虑门站价取消的实施条件，但天然气门站价格移出《中央定价目录》，本身就表明了政府推动天然气市场化改革的决心和行动力，价格管制的范围会进一步缩小，从而为天然气价格形成的市场化提供了更多空间和灵活性。

# 《关于加快推进天然气储备能力建设的实施意见》解读

## 一、出台背景

储气设施是促进天然气供需动态平衡、增强供应保障能力的重要基础设施。近年来，我国天然气行业快速发展，天然气消费持续快速增长，在国家能源体系中的重要性不断提高。2018 年在天然气出现冬季供气十分紧张的局面下，国务院组织各方面经过论证，制定了由供气企业、地方政府和城市管道销售企业共同承担的储气设施建设任务，这对缓解冬夏用气巨差、调动各方面建设气库的积极性，起到了明显的推动作用。各主要供气企业、许多燃气企业和地方政府部门均在按照这个要求进行部署和安排。使我国储气调峰工程正在如火如荼地发展起来。但是，由于储气设施建设涉及资源、管网、市场等系统工程，目标选择难度大、投资高，部分企业和地方完不成规划目标。到 2020 年底前供气企业、燃气企业和地方政府要分别形成年销售或消费气量 10%、5%和 3 天的储气能力建设目标。但从实际情况看，目前储气能力建设进展整体偏慢，特别是燃气企业和地方政府储气能力建设进度明显滞后，成为制约天然气安全稳定供应和行业健康发展的突出短板。为此，2020 年 4 月 14 日出台《关于加快推进天然气储备能力建设的实施意见》，聚焦解决储气能力建设和运营中的瓶颈问题，有针对性地提出措施意见，促进储气设施加快建设，以进一步提升储备能力。

## 二、核心内容

一是优化规划建设布局，建立完善标准体系。国家发布年度储气设施建设重大工程项目清单，各地发布省级储气设施建设专项规划，避免储气设施分散建设、“遍地开花”，也有利于保障后续运营安全。引导峰谷差大、需求增长快的地区适当提高建设目标，进一步提高峰谷差大的地区的天然气保障能力。加快建立并完善统一规范的设计、建设、验收、运行、退役等行业标准，尽快形成储气设施标准体系，同时完善信息公开机制，便于投资主体了解投资建设储气设施需要的相关信息，进行投资决策。

二是建立健全运营模式，完善投资回报渠道。国际上，地下储气库通常实行市场化独立运营，主要通过出租库容、买卖库内天然气获得收益，这样可以使储气价值显性化，吸引更多的市场主体投资建设储气设施。《实施意见》提出明确推行储气设施独立运营模式，原则上地下储气设施应独立核算，专业化管理、市场化运作。独立运营的储气设施，储气服务价格、天然气购进和销售价格均由市场形成，企业可充分利用市场形势变化，通过出租库容、利用季节性价差等市场化方式回收投资并获得收益。城镇燃气企业自建自用的配套储气设施，投资和运行成本可纳入配气成本统筹考虑，并给予合理收益；采购储气设施天然气、租赁库容增加的成本，可通过销售价格合理疏导。

三是深化体制机制改革，优化市场运行环境。加快推进基础设施互联互通和公平开放，储气设施连接主干管网，管道运输企业优先接入、优先保障运输。这样，可解决储气设施天然气“进不来、出不去”的问题，避免建成后使用效率低，充分实现其应有价值。同时，国家将推进储气产品交易体系建设，指导有关交易中心加快研究开发储气库容等交易产品，并实行储气服务公开交易，发现真实市场价格。

四是加大政策支持力度，促进储气能力快速提升。《实施意见》从土地、财税、金融、投资等方面提出多项支持政策，提高企业投资积极性，激励企业加速补足储气基础设施建设短板。要求各地保障储气设施建设用地需求，做好新增建设用地统筹安排；支持地方政府专项债券资金用于符合条件的储气设施建设，鼓励金融机构提供多种服务，支持储气企业发行债券融资等；对重点地区保障行政区域内 3 天用气需求量的应急储气设施建设，给予中央预算内投资补助，并鼓励有条件的地区出台投资支持政策。

## 三、主要评价

1. 明确产业各利益相关者的储气义务目标再次强调完成的重要性

此次文件的核心要义是强调按照我国天然气产业发展规划和加快推进天然气基础设施建设的要求，供气企业、燃气企业和地方政府必须完成的阶段性储气能力建设目标。2018 年 9 月 5 日出台的《关于促进天然气协调稳定发展的若干意见》中明确，2020 年储气能力最低目标是：供气企业年合同销售量的 10%、城镇燃气企业年用量 5%、各地区 3 天日均消费量；此次的《实施意见》基本与 2018 年的文件内容相同。可以看出，这个阶段性目标的完成对于加快推进天然气基础设施建设和提高我国天然气储备能力十分重要，意义重大。这一文件的发布，意味着从国家层面在进一步完善和改进有关实施意见和政策，将进一步强力推动储气能力的建设。但由于建库固有的矛盾，要完全达到国家2020年和2023年要求的储气能力目标还是有一定的难度，关键是欠账较多，但随着国家推进力度的不断加大，责任的进一步压实，这个进程会不断加快。

2. 储气设施建设整体需要加快进度，重点需要更加突出

首先，储气设施是促进天然气供需动态平衡、增强供应保障能力的重要基础设施。近年来，我国天然气行业快速发展，天然气消费持续快速增长，在国家能源体系中重要性不断提高。但与此同时，我国储气基础设施建设滞后，储气能力较大幅度低于全球及欧美天然气发达国家平均水平，成为天然气安全稳定供应和行业健康发展的短板。按照已明确的阶段性目标任务，到2020年底前供气企业、燃气企业和地方政府要分别形成年销售或消费气量10%、5%和3天的储气能力建设目标。

其次，针对前期储气设施分散建设、"遍地开花"等问题，为有效、有序保障后续储气设施运营安全，引导峰谷差大、需求增长快的地区适当提高建设目标，进一步提高峰谷差大地区的天然气保障能力，《实施意见》明确了后续重点建设任务。提出"支持峰谷差超过4∶1、6∶1、8∶1、10∶1的地区，梯次提高建设目标。"对地下储气库、沿海液化天然气（LNG）接收站和重点地区规模化LNG储罐等优先建设类型和内容予以明确。

3. 天然气产业各利益相关者涉及储气设施建设的运营主体责任需要更加落实

《实施意见》中的每一条条款都有对应的负责部门。相关部委局、省级、地方政府的责任都更加清晰，承担的责任对应到具体工作。涉及政府部门主要包括：国家发改委、自然资源部、财政部、住房和城乡建设部、能源局和省级人民政府、地方人民政府；涉及的企业有：文件提及的相关企业和城镇燃气企业主要指天然气储备设施业务涉及的各类企业，包括央企、地方国企、民企，甚至潜在的外资企业。

4. 对前期政策执行过程中存在的问题予以完善

此次下发的《实施意见》，补充完善了有关内容，意在解决前期政策文件执行过程中存在的问题。

第一，建立健全了投资回收价格机制。文件规定，储气设施按照独立运营和连带销售终端两种模式，提出按照市场化原则制定价格机制，通过出租库容、利用季节性价差等市场化方式回收投资并获得收益；允许城镇燃气企业将自建自用配套储气设施的投资和运行成本纳入配气成本统筹考虑，并给予合理收益；允许采购储气设施天然气、租赁库容增加的成本通过销售价格合理疏导。

第二，针对地方政府财政收入紧张的状况，提出支持地方政府专项债券资金用于符合条件的储气设施建设，鼓励金融机构提供多种服务，支持储气企业发行债券融资等政策，特别是针对重点地区保障行政区域内 3 天用气需求量的应急储气设施建设，提出给予中央预算内投资补助，并鼓励有条件的地区出台投资支持政策。

# 第六节　电力行业法规政策解读

## 《关于推进电力源网荷储一体化和多能互补发展的指导意见》解读①

2021 年 2 月 25 日国家发展改革委、国家能源局联合印发了《关于推进电力源网荷储一体化和多能互补发展的指导意见》（以下简称《指导意见》）。

### 一、出台背景

中国电力行业发展已经从高速增长进入高质量发展阶段，应以实现“二氧化碳排放力争于 2030 年前达到峰值，努力争取 2060 年前实现碳中和”为目标，坚持系统观念，在保障经济社会平稳发展的基础上，着力构建清洁低碳、安全高效的能源体系，积极提高我国应对气候变化能力，提升非化石能源消费比重，推动能源绿色低碳转型发展。为解决当前电力系统中清洁能源开发消纳比例较低、系统调节能力不足、各类电源统筹协调不够、源网荷协调不充分等问题，发挥源网荷储一体化和多能互补在保障能源安全中的作用，积极探索其实施路径，出台了《指导意见》。

### 二、核心内容

《指导意见》重点提出了电力源网荷储一体化和多能互补的重要意义、总体要求、实施路径、实施重点和政策措施。

---

① 资料参考中华人民共和国国家发展和改革委员会政务公开相关文章。

### （一）提出了推进电力源网荷储一体化和多能互补的重要意义

《指导意见》从三个方面提出重要意义，一是强化源网荷储各环节间协调互动，实现统筹协调发展，有助于提高清洁能源利用率、提升电力发展质量和效益。二是优先利用清洁能源资源、充分发挥水电和火电调节性能、适度配置储能设施、调动需求侧灵活响应积极性，可全面推进生态文明建设。三是发挥跨区源网荷储协调互济作用，有利于推进西部大开发形成新格局，改善东部地区环境质量，促进区域协调发展。

### （二）明确了电力源网荷储一体化和多能互补的总体要求

《指导意见》以习近平新时代中国特色社会主义思想为指导，全面贯彻党的十九大和十九届二中、三中、四中、五中全会精神，落实“四个革命、一个合作”能源安全新战略，将电力源网荷储一体化和多能互补作为电力工业高质量发展的重要举措，提出了三项基本原则：一是绿色优先、协调互济，以保障电力系统安全稳定运行为前提，优先考虑可再生能源电力开发利用，充分发挥源网荷储协调互济能力，促进能源转型和绿色发展。二是提升存量、优化增量，重点提升存量电力设备利用效率，合理优化增量规模、结构与布局。三是市场驱动、政策支持，发挥市场配置资源决定性作用，更好发挥政府作用，破除市场壁垒，加强引导扶持，建立健全相关政策体系，不断提升产业竞争力。

### （三）提出了源网荷储一体化实施路径和重点

在实施路径上，通过优化整合本地电源侧、电网侧、负荷侧资源，充分发挥负荷侧的调节能力，依托坚强局部电网建设提升重要负荷中心应急保障能力和风险防御能力，调动市场主体积极性，探索构建以电网为平台、统筹电源负荷与调度运行各环节、源网荷储高度融合的新一代电力系统发展路径，主要包括区域（省）级、市（县）级、园区（居民区）级等具体模式。在实施重点上，一是区域（省）级侧重于通过电力市场价格信号引导各类市场主体灵活调节、多向互动，落实电源、电力用户、储能、虚拟电厂参与市场机制。二是市（县）级侧重于重点城市局部电网建设、清洁取暖和清洁能源消纳一体化示范，提出保障电源以及自备应急电源配置方案，热电联产机组、新能源电站、灵活运行电热负荷一体化运营方案。三是园区（居民区）级侧重于调动负荷侧调节响应能力，在城市商业区、综合体、居民区开展分布式发电与电动汽车（用户储能）灵活充放电相结合的园区（居民区）级源网荷储一体化建设，在工业负荷大、新能源条件好的地区开展源网荷储一体化绿色供电园区建设。

### （四）提出了电力多能互补实施路径和重点

在实施路径上，通过利用存量常规电源，合理配置储能，强化电源侧灵活调节作用，优化各类电源规模配比，统筹各类电源规划、设计、建设、运营，优先发展新能源，主要包括风光储、风光水（储）、风光火（储）等具体模式。在实施重点上，一是将“风光储一体化”定位于积极探索，结合储能成本下降进度深入研究配置储能的经济技术可行性。二是稳妥推进增量“风光水（储）一体化”，考虑到当前水电外送通道利用小时约 5000 小时，汛期枯期差异较大，“风光水（储）一体化”主要利用水电的调节能力以及水电外送通道的闲置空间，积极开发消纳新能源。三是严控增量“风光火（储）一体化”，强调优先推进存量输电通道的改造提升，将可行的存量火电发展为“一体化”项目，通过灵活性改造挖掘机组调节能力，扩大就近新能源电力规模；对于“风光火（储）”增量项目，则鼓励优先利用近区现役及已纳规火电项目，以减少新增火电规模，新建外送输电通道可再生能源电量比例原则上不低于 50%，优先规划建设比例更高的输电通道；对于就地开发消纳项目，在充分评估当地资源条件和消纳能力的基础上，优先利用新能源电力。

### （五）提出了电力源网荷储一体化和多能互补的政策措施

一是加强组织领导，发挥国家能源主管部门的统筹协调作用，加强项目规划与国家和地方电力发展规划、可再生能源规划等的衔接。按照“试点先行，逐步推广”原则，通过国家电力发展规划编制、年度微调、中期滚动调整，将具备条件的项目优先纳入国家电力发展规划。二是落实主体责任，地方能源主管部门负责牵头，会同能源局派出机构组织相关企业开展项目及实施方案的分类组织、研究论证、评估筛选、编制报送、建设实施等工作，必须严格落实国家能源电力规划，坚决防止借机扩张化石电源规模、加剧电力供需和可再生能源消纳矛盾。三是建立协调机制，在规划层面，各投资主体积极提出规划建议，协同推动前期工作，实现规划一体化；在建设层面，协调各电力项目建设进度，确保同步建设、同期投运，推动建设实施一体化；在运行层面，能源局派出机构牵头，建立各类电源协调运营和利益共享机制，发挥各类电源互补作用，促进项目运行调节和管理规范的一体化。四是守住安全底线，研究电力系统源网荷储各环节的安全共治机制，探索新一代电力系统安全治理手段，保障新能源安全消纳。五是完善支持政策，鼓励具备条件地区统一组织推进相关项目建设，支持参与跨省区电力市场化交易、增量配电改革及分布式发电市场化交易。六是鼓励社会投资，鼓励社会资本投资各类电源、储能及增量配电网项目，或通过资本合作等方式建立联合体参与项目投资开发建设；七是加强监督管理，国家能源局派出机构加强对相关项目事中事后监管，并提出针对性监管意见。

## 三、主要评价

电力源网荷储一体化和多能互补作为提升电力发展质量和效率的重要抓手，符合新一代电力系统的建设方向，符合能源电力绿色低碳发展的相关要求，有助于促进非化石能源加快发展，提高我国在应对气候变化中的自主贡献度，提升能源清洁利用水平、电力系统运行效率和电力供应保障能力。

# 《电力可靠性管理办法（暂行）（征求意见稿）》解读①

为加强电力可靠性监督管理，提高电力系统和电力设备可靠性水平，保障电力系统安全稳定运行和电力可靠供应，自2014年来国家能源局对《电力可靠性监督管理办法》（国家电力监管委员会令第24号）（以下简称《办法》）进行多次修订，形成修订征求意见稿，国家发展和改革委员会就《办法》（修订征求意见稿）多次面向社会公开征求意见。

## 一、出台背景

自1992年起，原能源部、原电力工业部、原国家经贸委分别在不同时期出台了电力可靠性管理工作的若干规定和暂行办法等规章。2005年底，电力可靠性管理被纳入电力监管体系。2007年4月，原国家电力监管委员会颁布实施《电力可靠性监督管理办法》（国家电力监管委员会令第24号，以下简称原《办法》），为现行规章，是全行业开展电力可靠性管理工作的根本依据。原《办法》颁布以来，我国电力可靠性管理工作取得了显著成效，已形成了一整套符合中国电力工业特点的电力可靠性管理组织和技术标准体系，建立了覆盖发、输、变、配各专业的电力可靠性信息统计和评价体系，电力可靠性技术得到一定程度应用，设备隐患和缺陷得到有效管控，电力系统和设备运行等可靠性指标得到显著提升，有效促进了整个电力行业的健康、安全、快速发展。

近年来，电力可靠性监管体制出现重大变化，对原《办法》进行修订是根据

① 摘改自国家能源局官网。

国家能源局机构改革和职能转变情况，构建适应当前管理体制和发展要求的可靠性管理系统体系，保障电力可靠性管理工作持续健康发展的需要。

党的十九大作出了“中国特色社会主义进入新时代”的重大政治论断，电力作为关系国计民生的基础产业，始终肩负着为社会和人民提供安全可靠电力保障的历史重任。近年来，党中央、国务院在乡村振兴、民生保障、能源保供、优化营商环境等方面对电力可靠性管理提出更高要求。按照这一目标要求，可靠性管理在行业管理、安全生产监管和供电服务监管中的定位和发挥的作用都需要进行优化调整。

## 二、核心内容

### （一）增加电力系统可靠性管理的内容

提出了电力系统可靠性的概念，从电力系统风险的事前预测预警、事中过程管控、事后总结评估及采取的防范措施等方面，对电力企业全链条风险管理提出具体要求；增加了电网企业应对电力供应及安全风险、发电企业涉网安全、储能建设以及国家级城市群的区域电力系统统筹规划等方面可靠性管理的具体措施。明确了国家能源局及其派出机构、省级政府能源管理部门在负荷备用容量、事故备用容量和黑启动电源管理的工作职责。

### （二）增加用户可靠性管理的内容

新增了用户可靠性管理章节，明确了用户事故预防、隐患治理以及重要用户供电电源、自备应急电源配置等。要求供电企业对重要电力用户较为集中的工业园区适当提前规划和建设供电设施，提高供电能力和质量。明确地方政府电力运行管理部门对重要电力用户自备应急电源配置和使用情况进行监督管理，国家能源局派出机构对供电企业为重要电力用户提供的供电电源配置情况进行监督管理等职责。

### （三）增加网络安全的内容

新增网络安全章节，分别从网络安全管理方针、安全防护制度、各方管理职责等方面对电力企业、电力用户的网络系统和有关设备提出了安全管控要求，进一步明确了地方政府相关部门的网络安全工作职责。

### （四）完善电力可靠性管理体系

进一步规范发、输、供三个环节电力可靠性管理定义，明确了发、输、供三个环节可靠性管理的要求和措施，以及可靠性指标在设备选型、运行维护、缺陷管理、电网规划、城乡配网建设等方面的指导作用；完善了可靠性数据管理，进一步细化了工作分工、质量要求、报送内容、时限要求、数据管理等方面内容；在发、输、供等方面明确了国家能源局及其派出机构、地方政府能源管理部门和电力运行管理部门的工作职责。

### （五）明确电力可靠性管理行政处罚措施

原《办法》处罚措施只说明了处罚情形，没有明确处罚措施，本规章按照《电力监管条例》第三十四条的规定，明确了拒绝或者阻碍从事电力可靠性监管工作的人员依法履职、提供虚假或者隐瞒重要电力可靠性信息、未按照规定披露可靠性指标的三种情况，由国家能源局及其派出机构、地方政府能源管理部门和电力运行管理部门依法给予处分，构成犯罪的，依法追究刑事责任。

## 三、主要评价

新冠肺炎疫情得到有效控制后，我国社会经济迅速进入正轨，全国电力负荷需求快速增长，局部地区出现电力供应短缺现象，电力供应保障工作成为当前乃至今后一段时间内电力工作的重中之重。电力可靠性管理作为电力生产运行的核心管理手段，其中的安全性和充裕性管理是保障电力供应的基础工作，应提高整体站位，不局限于传统的数据统计分析，全面规范和明确各主体的管理职责，为电力供应保障提供系统性工作方案。《办法》（征求意见稿）适应了当前形势下电力供应保障工作的需要。

电力可靠性管理是行业管理的重要内容，但原《办法》仅对国家能源局及其派出机构电力可靠性管理职责进行了规定，未涉及地方政府能源管理和运行管理部门，造成了辖区行政管理工作的缺位。同时，原《办法》对落实企业主体责任、完善可靠性工作体系、规范数据统计报送等工作的要求不够完整和明确，导致实际推进过程中企业对自身应承担的可靠性管理主体责任理解差异较大，管理水平参差不齐。《办法》（征求意见稿）完善了电力可靠性工作体系。

近年来，我国电力工业发生了巨大变化，电力体制改革全面提速，新能源和分布式能源快速发展，电网结构和运行控制日趋复杂，为积极应对新形势下电力系统安全稳定运行面临的新挑战与新要求，需要进一步完善我国电力系统可靠性管理体系，从可靠性预测、评估、评价等角度出发，细化和推进电力可靠性管理措施，确保电力系统安全稳定运行。《办法》（征求意见稿）适应了电力系统转型发展的需要。

# 第七节　电信行业法规政策解读[①]

## 《“双千兆”网络协同发展行动计划（2021—2023年）》解读

### 一、出台背景

在全球范围新一轮科技革命和产业变革深入发展的大背景下，新冠肺炎疫情的爆发加速了在线教育、远程医疗、远程办公等应用快速发展，各领域对网络的依赖不断增强，夯实网络基础设施成为各国共识。为深入贯彻党的十九届五中全会精神，落实《中华人民共和国国民经济和社会发展第十四个五年规划和2035年远景目标纲要》和2021年《政府工作报告》部署，工业和信息化部于2021年3月24日印发了《“双千兆”网络协同发展行动计划（2021—2023年）》（以下简称《行动计划》）。此次行动计划以习近平新时代中国特色社会主义思想为指导，以深化供给侧结构性改革为主线，以支撑制造强国、网络强国和数字中国建设为目标，以协同推进“双千兆”网络建设、创新应用模式、实现技术突破、繁荣产业生态、强化安全保障为重点方向，为系统布局新型基础设施夯实底座，为加快产业数字化进行筑牢根基，为推动经济社会高质量发展提供坚实网络支撑。

### 二、总体目标

《行动计划》结合网络发展和产业现状制定了2021年阶段目标和2023年目标：

（1）到2021年底，实现千兆光纤网络具备覆盖2亿户家庭的能力，万兆无

① 本节由周冉博士撰写。

源光网络（10G-PON）及以上端口规模超500万个，千兆宽带用户突破1000万户；5G网络基本实现县级以上区域、部分重点乡镇覆盖，新增5G基站超过60万个；建成20个以上千兆城市。

（2）到2023年底，实现千兆光纤网络具备覆盖4亿户家庭的能力，10G-PON及以上端口规模超过1000万个，千兆宽带用户突破3000万户；5G网络基本实现乡镇级以上区域和重点行政村覆盖；实现“双百”目标，即建成100个千兆城市，打造100个千兆行业虚拟专网标杆工程。

## 三、核心内容

为实现上述目标，《行动计划》提出了6个专项行动（共包含19项具体子任务）：

（1）实施“千兆城市建设行动”。一是持续扩大千兆光网覆盖范围。在城市及重点乡镇进行10G-PON设备规模部署，开展薄弱区域ODN改造升级等；二是加快推动5G独立组网（SA）规模部署。加快中心城区、重点区域等的网络覆盖，推进5G网络在交通枢纽、大型体育场馆、景点等流量密集区域的深度覆盖；三是深入推进农村网络设施建设升级。持续开展电信普遍服务，深化农村人口聚居区、生产作业区等重点区域的网络覆盖。按需逐步推动农村千兆网络建设覆盖；四是深化电信基础设施共建共享。一方面，继续深化行业内信息通信基础设施共建共享；另一方面着力提升跨行业共建共享水平，加强与电力、铁路、公路、市政等领域的沟通合作。

（2）实施“承载能力增强行动”。一是提升骨干传输网络承载能力。按需推进骨干网200G/400G传输部署，引导100G及以上速率超高速光传输系统向城域网下沉，鼓励在新建干线中采用新型超低损耗光纤；二是提升数据中心互联能力。推动400G光网络设备在数据中心互联中的部署应用，推动SRv6、VXLAN和SDN技术的应用；三是协调推进5G承载网络建议。推动5G前传和中回传网络中大容量、高速率、低成本光传输系统建设，在城域接入层、汇聚层和核心层按需部署传输系统。

（3）实施“行业融合赋能行动”。一是创新开展千兆行业虚拟专网建设部署。鼓励基础电信企业结合行业需求，在工业、交通等典型行业开展千兆虚拟专网建设。通过网络架构创新、运营模式创新，服务行业发展；二是推进“双千兆”网络应用创新。聚焦信息消费新需求，聚焦制造业数字化转型，聚焦民生关切，加快“双千兆”网络在消费、工业、教育、医疗等领域的融合创新；三是积极采用“IPv6＋”等新技术提供确定性服务能力。鼓励基础电信企业积极布局和实践

“IPv6＋”等新技术，具备为行业企业提供端到端网络性能保障的能力，新建行业网络优先支持“IPv6＋”功能并开展试点应用。

(4) 实施“产业链强链补链行动”。一是加强核心技术研发和标准研制。加大在超高速光纤传输、下一代光网络技术和无线通信技术方面的研发投入，积极参与国际标准化工作，形成我国技术核心竞争力；二是加速推进终端成熟，激发信息消费潜力。加速推进 5G 手机、各类 5G 终端成熟，减低终端成本，提升终端性能。推动支持高速无线局域网技术的家庭网关、企业网关、无线路由器等设备研发；三是加快产业短板突破，持续提升产业能力。芯片和模块是关键基础，也是我国产业发展的短板。加强 5G 芯片、高速 PON 芯片、高速光模块的技术攻关，提升制造能力和工艺水平，推动我国信息通信产业自立自强。

(5) 实施“用户体验提升行动”。一是持续优化网络架构。扩大新型互联网交换中心连接企业数量和流量交换规模，未来 3 年新增至少两个国家级互联网骨干直联点，完善互联互通体系。推动提升云计算关键核心技术能力，推动 MEC 边缘云建设。推动 CDN 企业加强西部和东北地区 CDN 节点部署，实现互联网内容就近访问；二是着力保障网络质量。指导做好 5G 和 4G 网络协同发展，通过频率重耕和优化升级，提升网络资源使用效率。开展多模基站设备研制和部署，保障广大用户在城市热点地区、高铁地铁沿线等区域对不同制式网络的使用需求；三是不断提升服务质量。督促基础电信企业提升 5G 服务质量，加大对一线窗口的服务考核力度。严查“强推 5G 套餐”“限制用户更改套餐”“套餐夸大宣传”等行为，切实维护广大用户合法权益。推动降低中小企业宽带和专线平均资费，2021 年再降 10%。鼓励面向农村脱贫户、老年人、残疾人等群体，推出专属优惠资费，合理降低通信费用。

(6) 实施“安全保障强化行动”。一是提升宽带网络安全防护能力。推动网络安全能力与“双千兆”网络设施同规划、同建设、同运行，提升网络安全、数据安全保障能力。督促相关企业落实网络安全主体责任，及时防范网络、设备、物理环境、管理等多方面安全风险；二是构筑安全可信的新型信息基础设施。鼓励重点网络安全企业面向网络规划、建设等重点环节，聚焦信息技术产品关键领域，开展核心技术攻关，搭建安全可信、可靠的新型信息基础设施；三是做好跨行业宽带网络安全保障。鼓励基础电信企业、网络安全企业、行业单位等在医疗、教育、工业等重点行业领域加强网络安全工作协同，强化千兆行业虚拟专网安全风险防范和应对指导。

## 四、主要评价

以 5G 和千兆光网为代表的“双千兆”网络具有超大带宽、超低时延、先进可靠等特征，二者互补互促，是新型基础设施的重要组成和承载底座，更是制造强国和网络强国建设不可或缺的“两翼”和“双轮”，在支撑宏观社会经济发展、支持产业数字化转型和满足人民美好生活需求等方面发挥着重要的作用。

《行动计划》提出的 6 个专项行动充分体现了系统性、融合性、创新性和侧重性：一是强调 5G 和千兆光网的协同发展，不仅要求在网络建设上实现“广覆盖”“强基础”和“降本增效”，还从产业链强链补链、安全保障等多个维度进行了系统部署；二是强调开展行业融合发展，既鼓励电信企业结合行业需求，在工业、交通等典型行业开展千兆虚拟专网建设，又鼓励电信企业、网络安全企业和行业单位在重点行业领域加强安全协同；三是强调网络应用创新发展，要求针对信息消费新需求，加快“双千兆”网络在消费、工业、教育、医疗等领域的融合创新，在此基础上积极开展“IPv6＋”等新技术试点工作；四是强调针对我国电信消费和行业发展现状有所侧重，在网络建设上实现重点场所的深度覆盖以及加快芯片、模板等关键产业基础的技术攻关，集中力量解决难点和堵点问题。

值得注意的是，《行动计划》首次明确了千兆城市评价指标：一是衡量城市“双千兆”网络能力方面。提出了千兆光网覆盖率、10G-PON 端口占比、重点场所 5G 网络通达率和每万人拥有 5G 基站数四项指标；二是衡量城市“双千兆”用户推广方面。提出了 500Mbps 及以上用户占比和 5G 用户占比两项指标；三是在衡量城市“双千兆”协同部署的典型应用方面，设立了“双千兆”应用创新指标。建设千兆城市就是为了更好地统筹发挥城市的资源汇聚作用和市场主体的创新驱动作用，评价指标的提出有利于引导各地 5G 和千兆光网发展方向，强化示范带动作用，从而以评价指标为导向探索总体方向上凝心聚力、具体实践上各有特色的发展路径，进而形成重点城市带动、各城市竞相发展的良好格局。

# 《5G 应用“扬帆”行动计划（2021—2023 年）》解读

## 一、出台背景

5G 融合应用是促进经济社会数字化、网络化、智能化转型的重要引擎。党中央、国务院高度重视 5G 发展。习近平总书记就加快 5G 发展多次做出重要指示，强调要加快5G等新型基础设施建设，丰富5G技术应用场景。2021年《政府工作报告》提出“加大5G网络和千兆光网建设力度，丰富应用场景”；“十四五”规划纲要提出“构建基于5G的应用场景和产业生态”。为深入贯彻习近平总书记关于5G发展的重要指示精神，认真落实党中央、国务院决策部署，工业和信息化部联合中央网信办、国家发展和改革委等9部门于2021年7月5日印发《5G应用“扬帆”行动计划（2021-2023年）》（工信部联通信〔2021〕77号，以下简称《行动计划》）。此次行动计划以习近平新时代中国特色社会主义思想为指导，面向经济社会数字化转型需求，统筹发展和安全，遵循5G应用发展规律，着力打通5G应用创新链、产业链、供应链，协同推动技术融合、产业融合、数据融合、标准融合，打造5G融合应用新产品、新业态、新模式，为经济社会各领域的数字转型、智能升级、融合创新提供坚实支撑。

## 二、总体目标

《行动计划》结合当前5G应用现状和未来趋势，提出了未来三年我国打造IT（信息技术）、CT（通信技术）、OT（运营技术）深度融合新生态，实现重点领域5G应用深度和广度双突破，构建技术产业和标准体系双支柱，网络、平台、安全等基础能力进一步提升，5G应用“扬帆远航”局面逐步形成的总体目标和4个分目标：

（1）5G应用关键指标大幅提升。5G个人用户普及率超过40%，用户数超过5.6亿；5G网络接入流量占比超50%；5G物联网终端用户数年均增长率超200%。

（2）重点领域5G应用成效凸显。个人消费领域，打造一批“5G+”新型消费的新业务、新模式、新业态，用户获得感显著提升；垂直行业领域，大型工业企业的5G应用渗透率超过35%，电力、采矿等领域5G应用实现规模化复制推广，5G+车联网试点范围进一步扩大，促进农业水利等传统行业数字化转型升级；社会民生领域，打造一批5G+智慧教育、5G+智慧医疗、5G+文化旅游样板项目，5G+智慧城市建设水平进一步提升。每个重点行业打造100个以上5G应用标杆。

（3）5G应用生态环境持续改善。跨部门、跨行业、跨领域协同联动的机制初步构建，形成政府部门引导、龙头企业带动、中小企业协同的5G应用融通创新模式；培育一批具有广泛影响力的5G应用解决方案供应商，形成100种以上的5G应用解决方案；完成基础共性和重点行业5G应用标准体系框架，研制30项以上重点行业标准。

（4）关键基础支撑能力显著增强。5G网络覆盖水平不断提升，每万人拥有5G基站数超过18个，建成超过3000个5G行业虚拟专网；建设一批5G融合应用创新中心，面向应用创新的公共服务平台能力进一步增强；5G应用安全保障能力进一步提升，打造10～20个5G应用安全创新示范中心，树立3～5个区域示范标杆，与5G应用发展相适应的安全保障体系基本形成。

## 三、核心内容

为实现上述目标，《行动计划》分别从标准体系构建、产业基础强化、信息消费升级、行业应用深化、社会民生服务、网络能力强基、应用生态融通、安全保障提升等方面提出了8大专项行动：

（1）5G应用标准体系构建行动。一是加快打通跨行业协议标准，尽快实现协议互通、标准互认，系统推进5G行业应用标准体系建设及相关政策措施落实，加速推动融合应用标准的制定；二是研制重点行业融合应用标准，明确标准化重点方向，加强基础共性标准、融合设备标准、重点行业解决方案标准的研制，突破重点领域融合标准研究和制定；三是落地一批重点行业关键标准，发挥各重点行业龙头企业带头作用，带动各方进一步强化协作，合力推动5G行业应用标准的迭代、评估和优化，促进相关标准在重点行业的应用落地。

（2）5G产业基础强化行动。一是加强关键系统设备攻关，持续推进5G增强技术基站研发；组织开展5G毫米波基站研发和端到端测试，奠定5G毫米波商用的产业基础；按照5G国际标准不同版本阶段性特征，分阶段开展技术、产业化和应用导入；二是加快弥补产业短板弱项，加速突破技术和产业化瓶颈；加快轻量化5G芯片模组和毫米波器件的研发及产业化，提升产业基础支撑能力；三是加快新型消费终端成熟，推进基于5G的可穿戴设备、智能家居产品等大众消费产品普及；推动嵌入式SIM（eSIM）可穿戴设备服务纵深发展，研究进一步拓展应用场景；推动虚拟现实/增强现实等沉浸式设备工程化攻关。

（3）新型信息消费升级行动。一是5G＋信息消费方面，推进5G与智慧家居融合，深化应用感应控制、语音控制、远程控制等技术手段，不断丰富5G应用载体；加快云AR/VR头显、5G＋4K摄像机等智能产品推广，促进新型体验类消费发展；二是5G＋融合媒体方面，开展5G背包、5G转播车等设备的使用推广，利用5G技术加快传统媒体制作、采访、编辑、播报等各环节智能化升级；推广高新视频服务、推动5G新空口（NR）广播电视落地应用；开展5G＋8K直播、5G＋全景式交互化视音频业务，推动5G在大型赛事活动中的普及。

（4）行业融合应用深化行动。主要包括在5G＋工业互联网（如加快利用5G

改造工业内网，打造 5G 全连接工厂标杆）、5G＋车联网（如支持创建国家级车联网先导区，推广 C-V2X 技术的创新应用）、5G＋智慧物流（如推动 5G 在无人车快递运输、智能分拣等场景应用落地）、5G＋智慧港口（如利用 5G 技术加快自动化码头、堆场库场数字化改造和建设）、5G＋智能采矿（如推进露天矿山和地下矿区 5G 网络系统、智能化矿区管控平台等建设）、5G＋智慧电力（如搭建融合 5G 的电力通信管理支撑系统和边缘计算平台）、5G＋智能油气（如实施 5G 在油田油井、管线等环节相关业务场景的深入应用）、5G＋智慧农业（如重点推进面向广覆盖低成本场景的 5G 技术和应用，加快农业生产环节的应用创新）、5G＋智慧水利（如应用 5G、物联网等新技术，提高水利要素感知水平）等 9 大领域的融合与深化。

（5）社会民生服务普惠行动。主要包括在 5G＋智慧教育（如加快 5G 教学终端设备及 AR/VR 教学数字内容的研发；推动 5G 技术对教育专网的支撑；加大 5G 在智慧课堂、全息教学、校园安防等场景的推广）、5G＋智慧医疗（如开展 5G 医用机器人、5G 急救车等产品的研究；加强 5G 医疗健康网络基础设施部署，打造面向院内医疗和远程医疗的 5G 网络、5G 医疗边缘云；重点推广 5G 在急诊急救、远程诊断等场景的应用）、5G＋文化旅游（如开发适配 5G 网络的 AR/VR 沉浸式内容、4K/8K 视频等应用；推动景区、博物馆等发展线上数字化体验产品，培育云旅游、云直播、云展览等新业态）、5G＋智慧城市（如加快推广基于 5G 技术的智慧政务服务；形成一批 5G 智慧社区综合解决方案；推动 5G 技术在基于数字化、网络化、智能化的新型城市基础设施建设中的创新应用）等 4 大领域的推广与创新。

（6）5G 网络能力强基行动。一是提升面向公众的 5G 网络覆盖水平，加快 5G 独立组网建设，扩大 5G 网络城乡覆盖；强化室内场景、地下空间、重点交通枢纽及干线沿线 5G 网络覆盖；推广利用中低频段拓展农村及偏远地区 5G 网络覆盖；二是加强面向行业的 5G 网络供给能力，加快提升端到端网络切片、边缘计算、高精度室内定位等关键技术支撑能力，推进面向行业的自贸区、工业园区、企业厂区、医卫机构等重点区域 5G 覆盖；三是加强 5G 频率资源保障，继续做好 5G 基站和卫星地球站等无线电台站的干扰协调工作；加快 700MHz 频段 5G 网络部署，研究制定适合我国的 5G 工业专用频率使用许可模式和管理规则。

（7）5G 应用生态融通行动。一是加快跨领域融合创新发展，支持电信运营、通信设备、垂直行业、信息技术、互联网等企业结合自身优势，开展 5G 融合应用技术创新、集成创新、服务创新和数据应用创新；打造一批既懂 5G 又懂行业的应用解决方案供应商；二是推动 5G 融合应用政策创新，鼓励和支持各地结合区域特色和行业优势，开放 5G 应用场景；打造协同效应显著、辐射带动能力强、商业模式清晰的5G应用创新引领区；三是开展5G应用创新载体建设，建设一批5G融合应用创新中心；加快5G应用孵化器和众创空间等双创载体建设；推动5G技术和应用解决方案成果转移转化；四是强化5G应用共性技术平台支撑，解决制约行业应用复制推广的技术瓶颈；重点支持建设与5G结合的室外北斗高精度定位、室内5G蜂窝独立定位等共性技术平台，提供跨行业的5G应用基础能力。

（8）5G应用安全提升行动。一是加强5G应用安全风险评估，构建5G应用全生命周期安全管理机制，指导企业将5G应用安全风险评估机制纳入5G应用研发推广工作流程；做好5G应用及关键信息基础设施监督检查；二是开展5G应用安全示范推广，研发标准化、模块化、可复制、易推广的5G应用安全解决方案，推动最佳实践在工业、能源、交通、医疗等重点行业头部企业落地普及；三是提升5G应用安全评测认证能力，支持与国际接轨的5G安全评测机构建设，构建5G应用与网络基础设施安全评价体系，开展5G应用与基础设施安全评测和能力认证；四是强化5G应用安全供给支撑服务，鼓励5G安全创新企业入驻国家网络安全产业园区；推动5G安全技术合作和能力共享，鼓励跨行业、跨领域制定融合应用场景安全服务方案；加强5G网络安全威胁信息发现共享与协同处置。

## 四、主要评价

以5G为代表的新一代信息通信技术创新活跃，加速与经济社会各领域深度融合，日益成为推动经济社会数字化、网络化、智能化转型升级的关键驱动，有力支撑了制造强国、网络强国建设。《行动计划》的出台为新技术的规模应用提供了体系完整、路径清晰的制度支撑，将加快以5G为核心要素的各项新技术的深度融合和传统产业转型升级，进一步推动5G赋能、赋值、赋智下传统产业管理理念、生产方式的深刻变革；同时，《行动计划》中关于5G技术在社会民生领域的普及将推动社会治理的感知触角广泛延伸、深度下沉，提高公共服务供给质量，形成科学化、精细化、智能化的治理能力，进一步加快治理能力现代化。

从总体目标的实现来看，《行动计划》从用户发展、行业赋能、网络能力三个方面提出了7大量化指标，以引导5G发展方向：一是提出了5G个人用户普及率、5G网络接入流量占比两项指标，推动5G应用逐步在消费市场普及；二是提出了5G物联网终端用户数年增长率、重点行业5G示范应用标杆数、5G在大型工业企业渗透率三项指标，着力推动5G应用在垂直行业形成规模化发展态势；三是提出了每万人拥有5G基站数、5G行业虚拟专网数两项指标，着力提升面向公众覆盖和行业企业覆盖的5G基础设施供给能力。上述量化指标的设置充分考虑了当前我国5G的发展水平，统筹2B和2C两个应用领域，兼顾深度和广度两个衡量维度，为接下来相当一段时期内我国5G应用的可持续发展提供了有据可依的参照基准和有迹可循的方向指引。

为进一步促进具体行动的落地实施，《行动计划》按照需求牵引、创新驱动、重点突破、协同联动的基本原则，在遵循技术演进规律、市场发展规律基础上，针对我国行业众多，各行业、各企业数字化水平和发展阶段不同，需求差异性大，个性化突出的特点，强调“分业施策、有序推进”，分重点、分批次，循序渐进，在部分应用需求强烈、基础较好、带动性强的重点行业，形成突破性进展。特别是在专项行动中设置了4大重点工程，包括实施5G应用标准体系构建及推广工程、面向行业需求的5G产品攻坚工程、5G应用创新生态培育示范工程和5G应用安全能力锻造工程，重点明确了主要突破方向，以及需要产业各方合力推动的重大事项，从而为5G应用创新成熟后逐步复制推广到千行百业、形成符合新时代中国经济社会发展客观需求的先进经验，提供了兼具战略前瞻性与战术务实性的路径参考。

# 《IPv6流量提升三年专项行动计划（2021—2023年）》解读

## 一、出台背景

IPv6是国际标准化组织IETF（互联网工作任务组）制定的下一代互联网协议版本，能够提供充足的网络地址资源和广阔的创新空间，是全球公认的下一代互联网商业应用解决方案。为深入贯彻落实中共中央办公厅、国务院办公厅《推进互联网协议第六版（IPv6）规模部署行动计划》，2018年以来，工业和信息化部连续3年组织开展IPv6规模部署专项行动，推动我国IPv6网络“高速公路”全面建成。为加快推动我国IPv6从“通路”走向“通车”，工业和信息化部联合中央网信办于2021年7月8日发布《IPv6流量提升三年专项行动计划（2021—2023年）》（以下简称《专项行动计划》）。此次行动计划以习近平新时代中国特色社会主义思想为指导，立足新发展阶段，贯彻新发展理念，构建新发展格局，紧抓全球互联网演进升级的重要机遇，着力提升网络和应用基础设施服务能力和质量，突破IPv6部署短板，大力促进IPv6新技术的融合创新发展，促进IPv6各关键环节整体提质升级。

## 二、总体目标

《专项行动计划》以流量提升为主要目标，基于网络和应用基础设施服务性能、主要商业互联网应用IPv6浓度、支持IPv6的终端设备占比等量化指标提出了2021年阶段目标和2023年目标：

（1）到2021年底，移动网络IPv6流量占比超过20%，固定网络IPv6流量规模较2020年底提升20%以上；国内排名前100的商业移动互联网应用IPv6平均浓度超过40%，并完成全部省级行政单位IPv6覆盖；获得IPv6地址的固定终端占比超过70%；IPv6网络平均丢包率、时延等关键网络性能指标，连接建立成功率、页面加载时间、视频播放卡顿率等关键应用性能指标与IPv4基本一致。

（2）到2023年底，移动网络IPv6流量占比超过50%，固定网络IPv6流量规模达到2020年底的3倍以上；国内排名前100的商业移动互联网应用IPv6平均浓度超过70%；获得IPv6地址的固定终端占比超过80%。

## 三、核心内容

为实现上述目标，《专项行动计划》从基础设施、应用生态、终端设备、安全保障4个方面提出13项工作要求和任务举措：

（1）基础设施方面。一是提升网络基础设施IPv6服务能力，基础电信企业深化网络基础设施IPv6改造，新建千兆光网、5G网络等同步部署IPv6；完成移动物联网IPv6改造，具备为物联网终端分配IPv6地址的能力；新开通家庭宽带、企业宽带和专线业务应支持IPv6；二是优化内容分发网络（CDN）IPv6加速性能，完成全部CDN节点IPv6升级改造，并支持基于IPv6的内容回源功能，新增CDN节点应默认支持IPv6，IPv6应用加速性能不低于IPv4；三是加快数据中心IPv6深度改造，完善数据中心IPv6业务开通流程，新建数据中心应默认支持IPv6；四是扩大云平台IPv6覆盖范围，完成公有云全部可用域的IPv6升级改造，新增云产品应默认支持IPv6，各云服务平台用户排名前30的公有云产品IPv6服务性能不低于IPv4；五是增强域名解析服务器IPv6解析能力，持续提升IPv6域名解析能力，优化IPv6域名解析性能。

（2）应用生态方面。一是深化商业互联网网站和应用IPv6升级改造，推动互联网应用企业实现全业务、全功能优先采用IPv6访问，特别是视频类、社交类、直播类、教育类等大流量互联网应用企业要进一步提升IPv6浓度，新上架互联网应用 IPv6 浓度应不低于 50%；二是拓展工业互联网 IPv6 应用，加快工业互联网平台软硬件 IPv6 升级改造，优先支持 IPv6 访问；鼓励典型行业、重点企业拓展工业互联网 IPv6 应用；三是完善智慧家庭 IPv6 产业生态，加快智能家居系统平台、设备产品、应用等 IPv6 改造；加快完善智慧家庭综合标准体系建设；鼓励开展智慧家庭典型业务场景 IPv6 试点示范；四是推进 IPv6 网络及应用创新，鼓励各相关企业加大 IPv6 分段路由（SRv6）等“IPv6+”网络技术创新力度，加快技术研发及标准研究进度，扩大现网试点并逐步实现规模部署。

（3）终端设备方面。一是推动新出厂终端设备全面支持 IPv6，要求家庭路由器、智能电视、机顶盒、智能家居终端及物联网终端模组等在内的各类终端加快支持 IPv6，具备 IP 地址分配功能的终端设备应默认开启 IPv6 地址分配功能；二是加快存量终端设备 IPv6 升级改造，基础电信企业、互联网接入服务提供商、终端设备企业加快对具备条件的存量终端设备，通过固件及系统升级等方式支持 IPv6，引导用户开展老旧终端设备替换；主要电商平台进一步加强支持 IPv6 的终端产品推广。

（4）安全保障方面。一是加强 IPv6 网络安全管理和配套改造，要求各相关企业进一步完善针对 IPv6 的网络安全定级备案、风险评估、通报预警、灾难备份及恢复等工作；基础电信企业、重点 IDC、CDN 运营企业、云服务商和 DNS 服务商要做好监测处置系统的 IPv6 配套改造工作；二是持续推动 IPv6 安全产品和服务发展，要求持续开展网络安全技术应用试点示范工作，依托网络安全卓越验证示范中心，构建 5G+IPv6 全新场景下安全产品测试验证和示范环境，推动在研 IPv6 安全产品孵化，强化 IPv6 安全产品应用性能验证。

## 四、主要评价

IPv6 规模部署和应用是互联网演进升级的必然趋势，是网络技术创新的重要方向，是网络强国建设的关键支撑。虽然当前我国 IPv6 整体发展已呈明显向好趋势，用户和网络规模也位居世界前列，但我国 IPv6 流量占比相比世界领先国家仍有较大差距，存在商业互联网应用 IPv6 浓度较低、家庭终端 IPv6 支持能力不足、应用基础设施 IPv6 服务性能有待增强等问题。针对这些问题，《专项行动计划》的及时出台有助于引导行业各方协同深化 IPv6 规模部署工作，补齐我国 IPv6 发展的短板弱项，促进 IPv6 流量规模持续提升，加速推进互联网向 IPv6 平滑演进升级。

本次出台的《专项行动计划》有两个显著特点：一是注重政策延续性。《专项行动计划》是在前期“IPv6 网络就绪”“IPv6 端到端贯通能力提升”系列专项行动实施成果的基础上，提出了未来三年的发展目标和重点任务。从“网络就绪”到“端到端贯通”再到“流量提升”，体现了我国 IPv6 发展充分遵循客观规律、循序渐进，针对不同发展时期确定相应的发展重点，保证了政策的连续性、稳定性和可持续性；二是注重环节协同性。《专项行动计划》除了在网络基础设施、应用基础设施、终端设备、安全保障等领域继续提出新的任务要求外，还在商业互联网应用、工业互联网、智能家居系统平台、“IPv6＋”网络技术创新等方面做了部署，力求协同推进各关键环节，实现 IPv6 流量提升和高质量发展。

此外，从政府与市场关系的角度来看，《专项行动计划》通过实行“推共识、制标准、立标杆、做推广”的推进策略，较好地将两者有机结合起来：一是强调发挥政府监督的作用，如要求各地通信管理局、网信主管部门、工业和信息化主管部门等进一步加强属地管理，依托国家 IPv6 发展监测平台，对属地内相关企业重点任务落实情况开展日常监督和抽查抽测；二是强调加快技术标准的研制，规范 IPv6 应用创新的研发和推广，如明确提出要在 IPv6 监测评测、“IPv6＋”新技术等领域加强行业标准研制，并积极推进相关国家标准建设，支持国内科研机构、相关企业等深入参与 IPv6 国际标准化工作；三是强调加大应用创新的推广，如通过组织开展 IPv6 规模部署优秀案例征集、IPv6 创新大赛等活动，激发市场主体 IPv6 应用创新活力，形成可复制、可推广的应用模式。综上可见，《专项行动计划》为我国 IPv6 发展正式迈入“流量提升”时代、引导 IPv6/“IPv6＋”产业升级提供了良好的保障，同时也为进一步提升我国在互联网领域的国际竞争力和技术话语权打下了坚实的制度基础。

## 第八节 铁路运输行业法规政策解读

### 《高速铁路安全防护管理办法》解读

#### 一、出台背景及意义

《高速铁路工程安全防护管理办法》于 2020 年 3 月 26 日经交通运输部第 10 次部务会议通过，并经公安部、自然资源部、生态环境部、住房和城乡建设部、水利部、应急管理部同意，七部门于 2020 年 5 月 14 日联合发布。《高速铁路工程安全防护管理办法》（交通运输部令 2020 年第 8 号，以下简称《办法》）旨在加强高速铁路安全防护，防范铁路外部风险，保障高速铁路安全和畅通，维护人民生命财产安全，《办法》共六章四十八条，自 2020 年 7 月 1 日起施行。

自 2008 年京津城际铁路建成通车起，高速铁路在我国迅猛发展，至 2019 年底通车里程超过 3.5 万公里，高居世界第一。随着高铁路网的快速扩张、运输规模的持续扩大，技术装备的迭代升级，高铁安全工作面临的形势日趋严峻和复杂。安全是做好一切工作的前提和基础，是铁路发展必须坚守的底线。党中央、国务院高度重视铁路安全，习近平总书记等中央领导同志多次对铁路安全工作做出重要批示。为保障高速铁路安全和畅通，维护人民生命财产安全，发挥法治固根本、稳预期、利长远的保障作用，七部门联合印发了《办法》，切实完善高速铁路综合治理长效机制，形成综合施策、多方发力、齐抓共管、通力协作的高速铁路安全防护管理工作格局，为确保高速铁路安全提供制度遵循和法治保障。

## 二、主要内容及解读

《办法》共六章四十八条。从高铁线路安全防护、高铁设施安全防护、高铁运营安全防护以及高铁监督管理方面，织密高铁安全防护网络。

第一，建立政府部门依法监管、企业实施主动防范、社会力量共同参与的高铁安全防护责任体系。新形势下，高铁安全风险跨界性、关联性、复杂性不断增强，必须充分发挥社会主义制度的优越性，积极调动各方面资源、统筹各方面力量，努力形成综合施策、多方发力、齐抓共管、通力协作的高铁安全防护综合治理格局。从政府部门监管层面，《办法》第四条规定国家铁路局和地区铁路监督管理局分别负责全国和辖区内的高速铁路安全监管工作，健全安全防护标准、加强行政执法、协调相关单位消除安全隐患；第五条规定各级公安、自然资源、生态环境、住房和城乡建设、交通运输、水利、应急管理等部门和消防救援机构依照法定职责做好保障高速铁路安全的相关工作。从企业层面，《办法》第六条规定铁路运输、建设、设备制造维修等相关企业落实安全生产主体责任，做好高速铁路安全防护工作。从社会参与层面，《办法》第八条规定要落实“谁执法谁普法”的普法责任制，加强保障高速铁路安全有关法律法规、安全生产知识的宣传教育，增强安全防护意识，防范危害高速铁路安全的行为。第九条规定支持和鼓励社会力量积极参与高速铁路安全防护工作，对维护高速铁路安全做出突出贡献的单位或者个人，按照有关规定给予表彰奖励。

第二，建立协调配合、齐抓共管、联防联控的高铁沿线安全环境治理体系。高铁沿线经济社会活动频繁，违法占地、违法建设、违法经营等违法违规行为屡禁不止，安全隐患频现，风险防控难度不断加大。为此，《办法》第十条、第十一条规定铁路监管部门要协调相关部门以及高速铁路沿线人民政府构建综合治理体系，建立路地协商机制，加强联防联控，切实落实护路联防责任制，推进铁路沿线安全环境综合治理常态化、规范化、制度化。同时，《办法》第十二条、第十三条在《铁路安全管理条例》基础上，再次明确了落实铁路线路安全保护区的相关要求，禁止在高速铁路线路安全保护区内从事烧荒、放养牲畜、排污、倾倒垃圾等严重危及铁路运营安全的行为。针对高速铁路与其他设施相遇时的安全防护问题，《办法》第十四条至第十六条规定了双方协商一致的原则，并要采取相应的安全防护措施。《办法》第十七条至第二十四条还针对在高速铁路沿线从事露天采矿、采石、爆破、抽取地下水等影响高速铁路安全的行为，规定了相应的安全防护距离、防护要求及处置措施。

第三，建立技防、物防、人防相结合的高铁安全保障体系。高铁安全防护，关键在“防”。《办法》从多方面致力于强化高铁安全防护措施，建立技防、物防、人防相结合的高铁安全保障体系。高铁速度快，对运行环境要求较高，因此《办法》第二十六条规定高速铁路应当实行全封闭管理，并设置相应的封闭设施和警示标志。为保障重点区域的人员和设施设备安全，《办法》第二十七条要求车站广场、候车区、列车车厢等重要场所以及高速铁路桥梁、隧道等重点部位配备、安装监控系统；第三十条要求旅客聚集区等重点区域设置应急疏散逃生通道和指示标识等，以技术手段加强防范。为防止外来风险对高铁运行安全的冲击，《办法》第二十八条要求高速铁路沿线重点区段安装设置周界入侵报警系统，并加强对高速铁路线路的视频监控。《办法》第四十条要求相关单位在高铁建设前期加强自然灾害评估、预防工作，依法建立地质、气象灾害预警信息互联互通机制、及时进行预报预警，铁路运输企业针对灾害采取相应防范措施。《办法》第四十一条、第四十二条还从信息网络和消防等方面，要求铁路运输企业制定相关规章制度、操作规程、应急预案等。

第四，建立预防为主、依法管理、综合治理的高铁安全风险防控体系。高铁是铁路旅客运输的主渠道，高铁运营安全与广大人民群众的生命财产息息相关。《办法》坚持生命至上、安全第一的理念，始终把人民群众的安全放在重要位置，努力做到让广大人民群众享有更便捷的铁路运输，享有更安全的铁路服务，努力增强人民群众的获得感、幸福感、安全感。《办法》第三十五条强化了铁路旅客运输实名制管理要求，对不符合实名制相关要求的持票人，铁路运输企业有权拒绝其进站乘车，并报告公安机关。《办法》第三十六条、第三十七条明确由国家铁路局会同公安部规定禁止或限制携带的物品名录；由铁路运输企业在高铁车站、列车车厢等场所公布，以广播、视频等形式加强宣传，并依法对进站人员、物品进行安全检查。

# 《铁路机车制式无线电执照核发管理办法》解读

## 一、出台背景及意义

为进一步加强和规范铁路机车制式无线电台设置、使用和执照核发管理，国家铁路局在总结前期试点工作经验基础上，结合工作实际，组织对《铁路机车无线电台执照核发管理暂行办法》（国铁设备监〔2018〕57 号，以下简称原《办法》）进行修订，并印发了《铁路机车制式无线电台执照核发管理办法》（国铁设备监规〔2020〕54 号，以下简称新《办法》），于 2021 年 1 月 1 日起施行。

## 二、主要内容及解读

新《办法》主要结合前期试点工作经验和铁路机车制式无线电台设置、使用许可及执照核发管理工作实际，补充完善了有关条款，明确了执照核发方式，提出了提升机车制式电台执照核发和管理工作效能的相关要求。

一是修订了原《办法》适用范围，明确了机车制式无线电台定义。《中华人民共和国无线电管理条例》（国务院中央军事委员会令第 672 号）明确了国务院有关部门的无线电管理机构对铁路机车制式无线电台的管理职权，机车非制式无线电台管理办法由国家无线电管理机构会同国务院有关部门的无线电管理机构共同制定。因此在本次修订中将适用范围修订为“铁路机车制式无线电台”，并将办法名称由《铁路机车无线电台执照核发管理暂行办法》修订为《铁路机车制式无线电台执照核发管理办法》。同时，现阶段“铁路机车制式无线电台”和“铁路机车非制式无线电台”已有明确定义，因此在本次修订中予以明确。

二是明确了机车制式无线电台执照核发管理方式。根据前期铁路机车无线电台执照核发试点工作开展情况，结合铁路企业机车制式无线电台和执照管理实际，此次修订中明确了机车制式无线电台执照核发管理方式，提高许可工作效能，便利铁路企业机车制式无线电台和执照管理工作。

三是完善了对设台单位机车制式无线电台使用情况监督检查内容和要求。明确国家铁路局及地区铁路监督管理局对设台单位机车制式无线电台使用情况进行监督检查。并结合机车制式无线电台和执照管理实际需要，对监督检查的内容和要求进行了相应补充和完善。

四是增加了机车制式无线电台执照样式、设置使用申请表和执照填写指南等有关内容。为更好地服务铁路运输企业，指导设台单位填报申请材料，在办法修订中增加了机车制式无线电台执照样式、设置使用申请表和执照填写指南等有关内容。

五是提出了机车制式电台日常管理相关要求。为加强机车制式电台日常管理，保障机车制式电台安全运用，从机车制式电台信息管理、维护维修、安全运用等方面，对设台单位落实主体责任提出了相关要求。

# 附录一　综合性法规政策列表

1. 关于印发城市市政基础设施普查和综合管理信息平台建设工作指导手册的函（建办城函〔2021〕208 号），2021 年 5 月 14 日

2. 关于加强城市地下市政基础设施建设的指导意见（建城〔2020〕111 号），2020 年 12 月 30 日

3. 关于开展 2020 年度海绵城市建设评估工作的通知（建办城函〔2020〕179 号），2020 年 4 月 15 日

4. 关于印发《城市地下综合管廊建设规划技术导则》的通知（建办城函〔2019〕363 号），2019 年 6 月 13 日

5. 关于印发《城市地下综合管廊建设规划技术导则》的通知（建办城函〔2019〕363 号），2019 年 6 月 13 日

6. 关于加强民用“三表”管理的指导意见（国市监计量〔2019〕6 号），2019 年 1 月 3 日

# 附录二　主要行业法规政策列表

## 供水行业法规政策列表

1. 城镇供水价格管理办法（中华人民共和国国家发展和改革委员会、中华人民共和国住房和城乡建设部令第 46 号），2021 年 8 月 3 日

2. 城镇供水定价成本监审办法（中华人民共和国国家发展和改革委员会、中华人民共和国住房和城乡建设部令第 45 号），2021 年 8 月 3 日

3. 关于做好 2021 年全国城市节约用水宣传周工作的通知（建办城函〔2021〕174 号），2021 年 4 月 19 日

4. 关于做好 2020 年全国城市节约用水宣传周工作的通知（建办城函〔2020〕164 号），2020 年 4 月 9 日

# 排水与污水处理行业法规政策列表

1. 国家发展改革委、住房和城乡建设部关于印发《“十四五”城镇污水处理及资源化利用发展规划》的通知（发改环资〔2021〕827号），2021年6月6日

2. 国家发展改革委关于修订印发《排水设施建设中央预算内投资专项管理暂行办法》的通知（2021）（发改投资规〔2021〕698号），2021年5月20日

3. 住房和城乡建设部关于发布国家标准《室外排水设计标准》的公告（中华人民共和国住房和城乡建设部公告2021年第58号），2021年4月9日

4. 国家发展改革委固定资产投资司关于做好排水设施建设中央预算内投资专项2021年城市内涝治理项目申报工作的补充通知，2021年4月1日

5. 财政部关于下达2021年第一批排水设施建设中央基建投资预算（拨款）的通知（财建〔2021〕48号），2021年3月26日

6. 住房和城乡建设部办公厅关于做好2021年城市排水防涝工作的通知（建办城函〔2021〕112号），2021年3月16日

7. 住房和城乡建设部关于2021年全国城市排水防涝安全及重要易涝点整治责任人名单的通告（建城函〔2021〕25号），2021年3月2日

8. 国家发展改革委、科技部、工业和信息化部、财政部、自然资源部、生态环境部、住房城乡建设部、水利部、农业农村部、市场监管总局《关于推进污水资源化利用的指导意见》（发改环资〔2021〕13号），2021年1月4日

9. 生态环境部关于进一步规范城镇（园区）污水处理环境管理的通知（环水体〔2020〕71号），2020年12月13日

10. 住房和城乡建设部关于公布2020年全国农村生活污水治理示范县（市、区）名单的通知（建村函〔2020〕173号），2020年12月2日

11. 财政部关于提前下达新疆生产建设兵团2021年城市管网及污水处理补助资金预算的通知（财建〔2020〕469号），2020年10月30日

12. 财政部关于提前下达2021年城市管网及污水处理补助资金预算的通知（财建〔2021〕468号），2020年10月30日

13. 住房和城乡建设部办公厅关于组织推荐全国农村生活污水治理示范县（市、区）的通知（建办村函〔2020〕392号），2020年7月27日

14. 交通运输部关于发布《排水沥青路面设计与施工技术规范》的公告（交通运输部公告2020年第36号），2020年7月2日

15. 国家发展改革委《关于完善长江经济带污水处理收费机制有关政策的指导意见》（发改价格〔2020〕561号），2020年4月7日

16. 住房和城乡建设部关于印发《2020年环保设施和城市污水垃圾处理设施向公众开放工作实施方案》的通知（环办宣教函〔2020〕132号），2020年3月25日

17. 国家发展改革委关于印发《排水设施建设中央预算内投资专项管理暂行办法》的通知（发改投资规〔2020〕528号），2020年3月31日

18. 住房和城乡建设部办公厅关于做好2020年城市排水防涝工作的通知（建办城函〔2020〕121号），2020年3月17日

19. 住房和城乡建设部关于2020年全国城市排水防涝安全及重要易涝点整治责任人名单的通告（建城函〔2020〕38号），2020年3月5日

20. 生态环境部《关于做好新型冠状病毒感染的肺炎疫情医疗污水和城镇污水监管工作的通知》（环办水体函〔2020〕52号），2020年2月1日

21. 关于发布《污水监测技术规范》等十一项国家环境保护标准的公告（公告2019年第58号），2019年12月25日

22. 住房和城乡建设部村镇建设司《关于印发县域统筹推进农村生活污水治理案例的通知》（建村水函〔2019〕60号），2019年9月16日

23. 国家发改委《关于进一步加快推进中西部地区城镇污水垃圾处理有关工作的通知》（发改环资〔2019〕1227号），2019年7月13日

24. 住房和城乡建设部关于发布国家标准《建筑给水排水设计标准》的公告（中华人民共和国住房和城乡建设部公告2019年第171号），2019年6月19日

25. 财政部关于印发《城市管网及污水处理补助资金管理办法》的通知（财建〔2019〕288号），2019年6月13日

26. 住房和城乡建设部、生态环境部、发展改革委《关于印发城镇污水处理提质增效三年行动方案（2019—2021年）的通知》（建城〔2019〕52号），2019年4月29日

27. 住房和城乡建设部关于发布国家标准《农村生活污水处理工程技术标准》的公告（中华人民共和国住房和城乡建设部公告2019年第100号），2019年4月9日

28. 生态环境部关于印发《2019年环保设施和城市污水垃圾处理设施向公众开放工作实施方案》的通知（环办宣教函〔2019〕333号），2019年3月29日

29. 住房和城乡建设部办公厅《关于做好2019年城市排水防涝工作的通知》（建办城函〔2019〕176号），2019年3月18日

30. 生态环境部《关于做好污水处理厂排污许可管理工作的通知》（环办环评〔2019〕22号），2019年3月18日

31. 住房和城乡建设部《关于公布2019年全国城市排水防涝安全及重要易

涝点整治责任人名单的通告》(建城函〔2019〕37号),2019年3月1日

32. 国家发展改革委关于印发《城市排水防涝设施建设中央预算内投资专项管理暂行办法》的通知(发改投资规〔2019〕179号),2019年1月25日

## 垃圾处理行业法规政策列表

1. 关于印发2016年工程建设标准规范制订、修订计划的通知(建标函〔2015〕274号),2021年7月23日

2. 生活垃圾卫生填埋处理岩土工程技术标准(征求意见稿)(住建部〔2021〕),2021年7月23日

3. 关于推进非居民厨余垃圾处理计量收费的指导意见(发改〔2021〕977号),2021年7月7日

4. 住房和城乡建设部关于发布国家标准《生活垃圾处理处置工程项目规范》的公告(中华人民共和国住房和城乡建设部公告)2021年第72号,2021年4月9日

5. 住房和城乡建设部关于发布国家标准《生活垃圾卫生填埋场防渗系统工程技术标准》的公告(中华人民共和国住房和城乡建设部公告)2021年第56号,2021年4月9日

6. 住房和城乡建设部关于发布国家标准《农村生活垃圾收运和处理技术标准》的公告(中华人民共和国住房和城乡建设部公告)2021年第50号,2021年4月9日

7. 国务院关于加快建立健全绿色低碳循环发展经济体系的指导意见(国发〔2021〕4号),2021年2月2日

8. 关于进一步加强塑料污染治理的意见(发改环资〔2020〕80号),2020年7月10日

9. 住房和城乡建设部关于推进建筑垃圾减量化的指导意见(建质〔2020〕46号),2020年5月8日

10. 关于在全国地级及以上城市全面开展生活垃圾分类工作的通知(建城〔2019〕56号)2019年4月26日

11. 2019年环保设施和城市污水垃圾处理设施向公众开放工作实施方案的通知(环办宣教函〔2019〕333号),2019年3月29日

# 天然气行业法规政策列表

1. 关于加强天然气输配价格监管的通知（发改价格〔2020〕1044 号），2020 年 7 月 3 日

2. 关于加快推进天然气储备能力建设的试试意见（发改价格〔2020〕567 号），2020 年 4 月 10 日

3. 中央定价目录（国家发展改革委令第 31 号），2020 年 3 月 13 日

4. 关于推进矿产资源管理改革若干事项的意见（试行）（自然资规〔2019〕7 号），2019 年 12 月 31 日

5. 关于规范城镇燃气工程安装收费的指导意见（发改价格〔2019〕1131 号），2019 年 7 月 3 日

6. 外商投资准入特别管理措施（负面清单）（2019 年版），2019 年 6 月 30 日

7. 油气管网设施公平开放监管办法（发改能源规〔2019〕916 号），2019 年 5 月 24 日

# 电力行业法规政策列表

1. 关于加快推动新型储能发展的指导意见（征求意见稿）（国家发展改革委），2021 年 4 月 21 日

2. 关于推进电力源网荷储一体化和多能互补发展的指导意见（发改能源规〔2021〕280 号），2021 年 2 月 25 日

3. 电力可靠性监督管理办法（修订征求意见稿）（国家发展改革委），2020 年 9 月 16 日

4. 关于加强电力中长期交易监管的意见（国能发监管〔2019〕70 号），2019 年 9 月 4 日

5. 关于深化电力现货市场建设试点工作的意见（发改办能源规〔2019〕828 号），2019 年 7 月 31 日

6. 输配电定价成本监审办法（发改价格规〔2019〕897 号），2019 年 5 月 24 日

7. 电力供应与使用条例（2019 修订）（国务院令第 196 号），2019 年 3 月 2 日

8. 中华人民共和国招投标法实施条例（2019 修订）（国务院令第 709 号），

2019年3月2日

## 电信行业法规政策列表

1. IPv6流量提升三年专项行动计划（2021—2023年）（工信部联通信〔2021〕84号），2021年7月8日

2. 5G应用“扬帆”行动计划（2021—2023年）（工信部联通信〔2021〕77号），2021年7月5日

3. “双千兆”网络协同发展行动计划（2021—2023年）（工信部通信〔2021〕34号），2021年3月24日

4. 关于加强呼叫中心业务管理的通知（工信部信管〔2020〕81号），2020年6月8日

5. 关于深化信息通信领域“放管服”改革的通告（工信部政法函〔2020〕99号），2020年5月11日

6. 网络安全审查办法（十二部门第6号），2020年4月13日

7. 关于推动5G加快发展的通知（工信部通信〔2020〕49号），2020年3月24日

8. 中小企业数字化赋能专项行动方案（工信厅企业〔2020〕10号），2020年3月18日

9. 关于推动工业互联网加快发展的通知（工信厅信管〔2020〕8号），2020年3月6日

10. 关于有序推动工业通信业企业复工复产的指导意见（工信部政法〔2020〕29号），2020年2月24日

11. 关于做好宽带网络建设维护助力企业复工复产有关工作的通知（工信厅通信函〔2020〕25号），2020年2月19日

12. 关于运用新一代信息技术支撑服务疫情防控和复工复产工作的通知（工信厅信发〔2020〕4号），2020年2月18日

13. 关于做好个人信息保护利用大数据支撑联防联控工作的通知（中央网络安全和信息化委员会办公室），2020年2月4日

14. 网络信息内容生态治理规定（国家互联网信息办公室令第5号），2019年12月15日

15. 关于促进“互联网＋社会服务”发展的意见（发改高技〔2019〕1903号），2019年12月6日

16. App违法违规收集使用个人信息行为认定方法（国信办秘字〔2019〕

191 号)，2019 年 11 月 28 日

17. 携号转网服务管理规定（工信部信管〔2019〕242 号)，2019 年 11 月 11 日

18. 关于促进平台经济规范健康发展的指导意见（国办发〔2019〕38 号)，2019 年 8 月 1 日

19. 加强工业互联网安全工作的指导意见（工信部联网安〔2019〕168 号)，2019 年 7 月 26 日

## 铁路运输行业法规政策列表

1. 铁路计量管理办法（国铁科法规〔2020〕60 号)，2020 年 12 月 21 日

2. 铁路专用产品质量监督抽查管理办法（国铁设备监规〔2020〕63 号)，2020 年 12 月 31 日

3. 铁路机车制式无线电执照核发管理办法（国铁设备监规〔2020〕54 号)，2020 年 12 月 22 日

4. 铁路工程标准施工招标资格预审文件（国铁工程监〔2020〕50 号)，2020 年 11 月 13 日

5. 国家铁路局课题研究计划管理办法（国铁科法〔2020〕34 号)，2020 年 9 月 11 日

6. 国家铁路局工作规则（国家铁路局)，2020 年 5 月 18 日

7. 高速铁路安全防护管理办法（交通运输部令 2020 年第 8 号)，2020 年 5 月 6 日

8. 铁路机车车辆驾驶人员资格许可实施细则（国铁设备监规〔2020〕15 号)，2020 年 4 月 30 日

9. 高速铁路工程安全防护管理办法（交通运输部令〔2020〕8 号)，2020 年 3 月 26 日

10. 铁路机车车辆驾驶人员资格许可办法（交通运输部令〔2019〕43 号)，2019 年 11 月 27 日

11. 关于修改〈铁路机车车辆设计制造维修进口许可办法〉的决定（交通运输部令 2019 年第 3 号)，2019 年 1 月 30 日

12. 关于加快推进铁路专用线建设的指导意见（发改基础〔2019〕1445 号)，2019 年 9 月 1 日

13. 铁路建设工程质量安全监督机构和人员考核管理办法（国铁工程监〔2019〕13 号)，2019 年 4 月 2 日

14. 铁路行业统计规则（国铁综〔2019〕4号），2019年4月1日

15. 关于做好高速铁路基础设施运用状态检测监督检查工作的指导意见（国铁设备监〔2019〕8号），2019年3月6日

16. 关于修改《铁路机车车辆设计制造维修进口许可办法》的决定（中华人民共和国交通运输部令2019年第3号），2019年3月1日

# 第十章　城市公用事业典型案例分析

# 第一节　供水行业案例分析

## 案例一　广州智慧供水实践①

### 一、案例简介

智慧供水是城市供水行业发展的重要方向。广州拥有首个5G智慧水厂以及“智慧供水云平台”，其通过“天上有云（智慧供水云）、地上有格（供水网格管理）、中间有网（互联网+供水服务）”的供水服务管理新模式，让市民喝上了更优质的自来水，享受了更便利的公共服务。为此，本案例将对广州智慧供水情况进行分析，从而为我国供水企业推行智慧供水提供经验借鉴。

### 二、案例亮点

广州智慧供水经历了三个阶段。智慧供水1.0阶段是从20世纪80年代到20世纪末，广州智慧供水的核心是供水厂有监测系统，管网缺少监测系统或只有少量监测点。智慧供水2.0阶段是2000年到2015年，其建立了独立的智慧系统，如GIS系统，包括管网模型等，实现了厂站的自动化。智慧供水3.0阶段是“十三五”以后，核心是将各个分散独立的系统整合到云端，向智能化发展。目前广州智慧供水的典型特征如下：

#### （一）建立以水质为核心的从水源到终端的全过程控制系统

广州供水建立了从水源到终端全过程的监控与管理系统。在终端方面，水质监控实现了入户监测，并将水质面向终端用户公示。在水源方面，有300多个压力远程监控点、400多个管网水质监测点、200多个流量监测点等在线监测设备，

① 根据搭载“云平台”，广州供水更“智慧”，广州日报，2020-12-28；广州：这个智慧水厂很5G!，广州水协网；王建平，广州智慧水务实践经验分享与思考，中国水协；以及课题组调研等相关资料整理而成。

从而实现生产供应的全过程监控。在管网方面，建立调度 SCADA 系统、GIS 系统，对广州供水状况实时分析与调控。在水厂方面，通过自动化监控，通过数据采集、处理分析、自动控制实现供水智能生产。

### （二）建设提升精细化管理水平的管网运行系统

广州供水网格化管理是以河流、铁路、公路、街道作为划分边界，把整个供水范围划分四个分区共 365 个网格，平均每个网格的用户数约 6000 户，配置有相应的管理小组及网格员。供水服务网络全面覆盖辖区内 1219 个社区，建立"横向到边，纵向到底"的服务管理体系，网格管理小组与每个社区建立长效沟通机制，强化公共服务职能，整合社会管理资源，充分发挥网格细小、与居民联系更为密切的优势，实现社区用水问题快速高效联动处置机制，及时为群众提供优质供水服务。利用智能化管理平台，整合服务、营业、管网三大资源，形成公司-分公司-网格管理分区的管理格局，已建立 4 个供水网络管理示范区，以智能供水为核心，利用百度地图的平台与云服务技术，用平板电脑实现现场抄表，管线及设施巡查、维护，创建面向终端的客户服务等功能。目前广州已安装约 30 万户智能水表，每 15 分钟自动向后台上传一次用水数据。如果是独居在家的老人，超过 12 小时没有用水数据，可以发短信提醒相关人员；又或者家里短时间内用水数据激增，用户也可以收到提醒短信。

### （三）树立广州供水云服务管理平台

广州供水以热线 96968 为前端，依托智慧水务平台，打造"互联网＋微客服"的服务模式，拓宽网上营业厅、微信公众号、自助服务终端等网络服务渠道，市民可足不出户办理查缴水费、打印电子发票、申请水质上门检测等业务，供水服务更优质更便捷。在广州自来水公司的供水调度大厅，三大水源的水质、流量数据，中心城区 8 间水厂、36 座加压站、总长逾 1 万多公里管网的运行情况，241 个在线远传压力监控点和 155 个在线远传流量计监控的供水压力和流量数据信息，实时显示在广州智慧供水云平台的大屏上，工作人员可根据大数据监控分析各区域水量分布及使用情况，根据每日的供水峰谷情况合理调配进出水量，确保广州城市供水运行安全。

### （四）通过 5G 智慧水厂建设、构建智慧安防平台

广州拥有首个基于 5G 工业互联网的智慧水厂——北部水厂，其实现了 5G 信号全覆盖，依托 5G 通信网搭建智慧生产平台，实现 5G 安防、5G 巡检，赋能水厂智能化管理。北部水厂利用 5G 的低时延、大带宽、边缘计算等优势，厂区

5G 智慧安防平台可实现人脸识别、车辆识别管理、非法侵入位追踪、无人机巡检、AR 眼镜监测、远程在线设备故障诊断处置、重点区域闯入预警，确保水厂生产安全。

## 三、经验借鉴

大数据、物联网、云计算、边缘计算、人工智能等技术升级，为各地推进智慧供水改造提供了重要的技术支撑。广州智慧供水案例的核心特征是通过智慧供水云、智慧供水网格化管理、供水服务智慧化等，形成全方位、立体化的供水服务新模式。同时，5G 的大带宽、大连接、低时延技术使智慧城市更高层次的需求升级得以实现，成为智慧供水发展的核心推动力，广州 5G 水厂建设为国内其他城市推行 5G 水厂提供了先例，也提供了经验。此外，广州依托智慧服务平台，在辖区范围内推行供水网格化营运管理模式，有效提高了供水营运效率和服务质量。建立“横向到边，纵向到底”的服务管理体系，网格管理小组与每个社区建立长效沟通机制，强化公共服务职能，充分发挥网格与居民联系更为密切的优势，建立社区用水问题快速高效联动处置机制，可及时为群众提供优质供水服务。

下一步，智慧供水行业发展的主要方向：一是供水智能化最重要的是设备智能化与智能设备经济化。其中，水表、阀门、消防栓、加压泵等需要全程智慧化，同时这些设备的价格需要经济上可承受。二是需要建立统一高标准的智慧供水标准，包括国家标准、地方标准和企业标准，形成与中国高质量发展相适应和符合城市特征的智慧供水标准。三是数字经济时代需要建立全域一张网的云监管平台。

# 案例二　绍兴市区供水智能化建设试点项目

## 一、案例简介

浙江省绍兴市区供水突出数字化创新引领，强化运行效率和安全性能两大支撑，在原有基础上，迭代升级，通过对行业内先进的控制技术、信息技术、水务产业的深度融合，推进供水业务数据资源化、控制智能化、决策智慧化、管理精准化，构建形成“一个核心引领，两大重要支撑，三个深度融合，四化协同推进”的发展格局，建成数字化供水“智”能业务模式，形成一套可看、可学、可复制的“治”理体系和商业合作利益共“享”机制，打造全国节水标杆市、供水智能示范市、数字改革先行市，2021年底漏损率控制在5%以下。

## 二、案例亮点

### （一）强化组织领导，打造硬核“六有”保障

绍兴市政府将开展供水智能化与漏损控制行动写入《2021年绍兴市政府工作报告》，供水智能化试点工作列入《绍兴市国民经济和社会发展第十四个五年规划和二〇三五年远景目标纲要》。做到“六个有”：一是有领导小组，加强组织领导，强化政策支持，建立了协同机制，整合利用已有信息基础设施和数据资源，整体谋划、系统推进、集约建设、信息共享，确保供水智能化试点工作顺利实施；二是有实施方案，制定实施方案，加强顶层设计，细化目标任务，明确工作建设重点；三是有专项经费，加大试点项目经费保障，总投资概算1.35亿元，目前已完成6000万元投资；四是有进度管理，针对项目进度安排，细化工作节点，明确时限要求，实施“三定三排”（定重点、定难点、定亮点和排责任人、排具体措施、排计划进度），每半月定期汇总跟踪，按时按质推进试点项目。五是有专业队伍。抽调技术骨干技术人员成立试点项目工作专班，明确责任分工，加强工作协调，集中力量提升工作实效。六是有考核制度，建立工作例会制、重要问题专项会商制和项目管理考核制，严格落实挂点督办机制，将试点项目工作情况纳入年度重点工作绩效考核，抓好责任落实，确保试点项目出成效出经验。

### （二）坚持精准施策，全力推进项目建设

重点推进物联网设施普及应用、老旧管网更新改造、水质运行安全管理、供水智能化体系建设、智慧城市信息共享、专业人才队伍培养6个子项目，各项工作稳步实施。

1. 物联网设施普及应用子项目

按照“样板先行先试、全局稳步推进”的工作思路，在样板区域内安装物联网设施，总结工作成效，逐步全面安装推广。目前，试点全域已安装噪声监测仪3000只、远传大表800只、远传小表2494只、除此之外还安装了流量计、压力监测点、水温风力监测点、智能消火栓、智能井盖、智能远控阀门、智能管标等十余种不同类型的智能监测设备，及时发现了水量漏失、消火栓偷盗水、井盖堆压遗失等异常情况，漏损管控和运行安全得到保障。在建设完成样板片区的基础上，已全面开展扩面安装先进智能化设备，构建智能化道路、智能化小区、智能

化用户、智能化高层二供加压泵房四种场景管控模式，提高管网物联感知智能技术手段。

2. 老旧管网更新改造子项目

对绍兴市区约 4900 公里市政给水管网进行梳理与评估，综合材质、使用时间、累计漏点次数等因素，整理出 9 条急需整改老旧管网。目前，9 条老旧管网已全部完成施工图设计，2 条已完成施工改造。在老旧管网改造设计方案中，将同步增设渗漏预警仪、智能管标新型管网监测设备，对管网运行进行全方位数据监测。

3. 水质运行安全管理子项目

目前已新增安装用户止回阀 110 个、高层二供泵房水质监测点 45 个、主干管网水质监测点 14 个、管网末梢水质监测点 10 个、用户水倒流监测报警点位 60 处。在高层二供泵房引入新型水质在线消毒设备对其储水箱进行智能在线消毒，二次净化水质，提高高层居民用户的水质安全。

4. 供水智能化体系建设子项目

在完成技术方案、建设框架图、需求调研等大量前期工作基础上，全力推进智慧供排水平台建设，梳理现阶段问题清单，与开发单位配合成立工作专班，提升问题解决效率。目前，软件开发团队已经进驻绍兴水务产业，正在开展数据中台系统、漏损场景系统、物联网平台功能升级与开发，供排一体化 App 已正式发布应用。

5. 智慧城市信息共享子项目

根据市大数据局要求，普查现有的信息系统，梳理各项业务数据，逐步开展数据目录的编制工作。梳理需共享数据类型，并与综合行政执法局、气象局的相关信息系统进行初步对接，同时已对接浙江省用水用气报装平台并完成部署。

6. 专业人才队伍培养子项目

组织实施节水控漏专题培训 16 期，培训单位来自 16 省共 49 家水务企业，培训人数达到 504 人，通过输出供水管网漏损控制管理经验和开展技术交流，服务行业节水。

## 三、主要成效

### （一）管网漏损持续稳定

在年初面临严重雨雪冰冻恶劣天气导致第一季度漏损率有所反弹的情况下，依托试点项目建设，通过安装流量计、升级补装远传大表、增补噪声监测仪等手段累计发现漏点 1430 处，供水管网漏损率始终稳定在 5%以下，截至三季度漏损率为 2.97%，实现了漏损率长期稳定维持在 5%以下的项目目标。

### （二）智能检漏成效凸显

本次试点项目中，广泛应用了噪声监测仪，它能够代替人工检漏，在夜间自动唤醒，采集供水管网夜间噪声数据，实时上发至渗漏预警平台。检漏人员白天登录系统，查阅噪声音频、频谱分析，根据设备定位有针对性地进行人工听漏复查，大大提升了检漏效率。同时，也转变了检漏人员夜间人工听漏、逐线排查的工作模式，改善了检漏人员的工作环境。截至 11 月初，通过渗漏预警系统主动预警，及时检出漏点 81 处，其中 *DN*100 及以上漏点 67 处，占总漏点数的 83%，其中 *DN*400 及以上口径漏点 15 处，占总漏点数的 19%。漏量大于 10 立方米/小时的重大隐患漏点 8 处，检出 10 处各类疑难漏点。共计减少漏失水量 281.2 万立方米/年，相当于绍兴水务 9 天的日平均供水量，按居民水价折算，减少直接经济损失 534 万元，经济效益突出。

### （三）管道改造成效初见

在 9 条道路老旧铸铁管网改造中，已完成香粉弄 *DN*150 管和环城北路 *DN*600 管 1000 米改造施工。从改造结果来看，管道泄漏事件明显减少，管网运行更安全，加之新型管网监测设备安装，供水安全运行得到进一步夯实，相关区域居民热线投诉明显减少，居民用户获得感进一步增强。

### （四）智能体系初具规模

试点项目开展以来，通过安装新型管网监测设备以及远程操控设备，对管网监测数据进行远程实时监控，实现远程管网水质冲洗、日漏损率智能监控分析等功能，阻止了水质污染等不良事件事态扩大，大大提高了应急保障能力，供水管网智能化水平进一步提升，为保障供水安全构筑了一道科技屏障。

# 第二节 排水与污水处理行业案例分析

## 案例 上海市智慧排水与监管

### 一、上海市排水与污水处理的现状及智慧排水的背景

#### （一）上海市排水与污水处理的现状

上海，简称“沪”或“申”，地处中国东部、长江入海口、东临东海，北、西与江苏、浙江两省相接。上海市是国家中心城市、超大城市、上海大都市圈核心城市，国务院批复确定的中国国际经济、金融、贸易、航运、科技创新中心。截至 2019 年，上海市下辖 16 个区，共有 107 个街道、106 个镇、2 个乡，总面积 6340.5 平方千米，建成区面积 1237.85 平方千米。

2019 年，上海市共有污水处理厂 42 座，污水处理能力为 834.3 万吨/日，年污水处理总量 215233 万吨，年产干污泥 439201 吨，并全部完成无害化处置。排水管道长度为 21754 公里，其中污水管道 8961 公里，雨水管道 11546 公里，雨污合流管道 1247 公里。“十三五”期间，上海市城乡水环境生态修复效果显著，已完成 17 座污水厂新建、扩建工程，全面完成污水处理厂提标改造工程，城镇污水处理厂出水水质全面达到一级 A 及以上标准，净增污水处理能力约 70 万立方米/日，建成 10 个污泥处理处置项目，净增设施规模 602.4 吨干基/日，基本实现水泥气同治。全面落实河湖长制，完成 3520 公里城乡中小河道综合整治和截污纳管、雨污混接改造、污水管网改造等任务，全面消除黑臭水体，基本消除劣Ⅴ类水体。同时，上海市排水防涝能力显著提升，已完成 300 公里骨干河道整治工程，新增市政雨水泵站排涝能力约 738 立方米/秒，实施道路积水改善项目和郊区低洼圩区建设，基本实现全市水文监测站网布局全覆盖。

#### （二）上海市智慧排水改革的背景

上海市借助其国内领先的信息化优势，持续推进以泛在化、融合化、智敏化为特征的智慧城市建设。作为智慧城市的重要组成部分，上海市自 2002 年开始，

以需求为导向、以应用为核心、以应用带动建设，利用现代化管理工具和数字信息技术开展排水与污水处理行业信息化建设，拉开了上海市智慧排水改革的序幕，推动大数据、云计算和物联网等新技术为排水与污水处理行业的规划建设、运营养护管理、行业监测、防汛排水和应急处置等提供支撑和服务。

经过近二十年的积累和发展，上海市智慧排水已具备相对完善的网络、数据和应用系统，同时在信息化管理和应用上也实现了较大限度的提升和跨越，已基本完成对排水与污水处理系统传统运作模式的改造，在提高运行效率和管理水平方面收效明显。后续，上海市智慧排水改革需要深入利用新技术完善智慧排水信息系统，增强排水与污水处理信息系统管理体系数据分析和辅助决策的功能，推动上海市水系统治理从“完善体系，提升跨越”阶段向“补好短板、提标升质、注重生态、智慧管理”阶段的延伸拓展，实现资源、安全、环境三位一体的排水发展战略。

### （三）上海市智慧排水面临的问题

虽然上海市智慧排水建设取得了显著成绩，但与高质量发展的要求相比，在创新、协调、绿色、开放、共享的新发展理念的指导下，瞄准创新之城、人文之城、生态之城的城市发展目标，上海市的智慧排水仍面临一些新的挑战和问题。

1. 数据缺乏有效整合与共享

排水与污水处理是一项系统工程，其管理职能分散在各个企业和政府部门中，不同主体根据自身的管理目标和权限建设了信息管理系统，但系统间独立运行、分散构建、多头并进，数据采集缺乏统一的标准规范，难以为更高效的数据挖掘提供结构化数据。同时，由于缺乏牵头部门整合，数据处理和流转局限于小范围或权限不清，导致各系统间的信息共享不足，信息孤岛现象严重，亟须根据业务流程属性对分散的数据进行集成整合、深度优化与效率提升。

2. 功能模块发展不平衡

智慧排水由不同的功能模块整合形成，其雏形分属于不同部门，由于各部门的技术需求和技术能力存在差异，导致各功能模块建设进展不统一。例如，污水处理厂的办公系统、资产系统、收费系统、财务系统等功能模块已取得了一定建设成果并应用到日常中工作中，而建设管理、合同管理、运行监测等系统的建设尚处于起步阶段。

3. 智慧排水的技术和人才储备不足

尽管智慧化改革的方向已经深入人心，但对于排水与污水处理行业如何与5G、大数据、人工智能等新技术结合，如何提升智慧化程度的路径和功能需求都没有明确方案和可借鉴的经验，需要专业技术人员不断摸索和创新。

## 二、上海市智慧排水的实施过程

上海市智慧排水建设始于2002年，始终坚持以需求为导向、以规划为引领、以应用为核心，逐步开展排水与污水处理行业信息化建设工作，不断提高行业科技管理水平，增强信息技术与排水行业的深度融合。经过近20年的发展，上海市智慧排水经历了“规划引领—框架构建—整合提升”三个阶段。

### （一）规划引领

2002年，上海市在全国率先编制《上海市水务局信息化规划》，该规划确定了上海市水务信息化“统一规划、分步实施、分层建设”的实施方案，初步建立了信息化建设管理体制，形成了较为顺畅的信息化建设管理流程，具有较强的先进性、前瞻性和可操作性。

以此为依据，上海市排水管理处在调研、整合城市排水有限公司、各区县排水管理单位及全行业管理的要求下，于2003年编制完成《上海市排水行业管理信息化规划》，在分析现状、查找问题的基础上，按照“全行业、全覆盖”管理的目标，提出了排水行业信息化建设的目标、原则，并系统性地提出了排水行业信息化软环境建设及网络平台、数据平台和应用平台建设的框架内容，为上海市排水行业信息化建设确立了方向。

2005年，上海市编制印发《水务信息化“十一五”规划》，确定了上海市水务行业2005～2010年信息化建设的总体目标和阶段目标，要求至2010年基本形成以三个平台（数据平台、网络平台、应用平台）为基础的水务信息化框架体系，并规划了2020年展望，提出要全面建成水务信息化体系，逐步达到系统化管理、自动化监测、实时化调度、科学化决策、网络化办事和规范化服务。

为推动规划实施和信息系统的建设，上海市排水管理处组织编制了《排水行业管理信息分类与编码标准》和《上海市水务行业数据库及其管理信息系统建设导则》等标准、导则。其中，《上海市排水行业管理信息分类与编码标准》作为《水务信息管理》DB31/T 362—2006的重要组成部分，被批准作为上海市地方标准发布，并于2006年11月1日正式实施。该标准对排水行业基础设施、受理许可、行政执法、应急排水等管理内容进行分类和编码，建立了全市统一的分类编码体系和图式标准，并规定了排水行业管理数据内容，规范了全市排水行业信息化建设。

### （二）框架构建

经过对排水与污水处理行业信息化建设现状的分析和总结，上海市将数据库建设作为信息化建设的基石，围绕排水规划、工程建设、设施管理、执法监管、行政办事、防汛排水和突发事件应急处置等内容搭建底层架构。首先，上海排水管理处从全行业管理的需要出发，完成了较为完整全面的行业数据库设计，建立了行业数据资源目录。其次，数据库建设实施过程中，以排水设施管理为重点，逐步建设完善行业规划、工程建设、运行监管、排水执法、应急排水等内容，采用关系型数据库方式对数据进行规范高效地存储。再者，综合运用地理信息系统（GIS）、数据在线更新技术及网络通信等先进技术，建立一个连接整个排水与污水处理行业各业务单元的数据存储管理平台。

### （三）整合提升

近年来，随着排水与污水处理内涵和外延的拓展，行业监管需求已经进一步延伸至污泥处置、排水防涝等业务领域。上海排水管理处通过各系统间的数据共享交换，实现行业信息资源整合。将系统数据向已建或在建的泵站运行监测、积水点监测、污水处理厂在线监测、排水许可受理、排水执法等内容延伸和覆盖，形成了更加完整全面的信息化业务支撑体系。同时，利用智能终端、无线视频、在线监测等技术手段及时采集数据、照片、视频等信息，以应急预案为基础，建立巡查上报、热线接报、24 小时值班、应急物资和管理队伍、企业运营的联动机制，保障排水与污水处理突发事件及时处理，提高应急联动处理水平。此外，基于底层数据资源的支持，不断增强系统智能决策功能。一是利用城市排水管网模型，对排水设施等现状和未来运行状况进行比较及分析，有效支持管网流量控制和应急方案评估，确定排水系统缺陷，为管网建设和改造论证等提供科学依据。二是利用城市暴雨积水等相关数学模型，对降雨进行预测分析，预测发生积水区域及积水影响。

## 三、上海市排水与污水处理行业的智慧监管①

### （一）上海市排水与污水处理监管机构

上海市排水行业主要由上海市排水管理处、区县排水管理所（市政工程所）

① 王文强. 上海市排水行业管理信息化建设分析 [J]. 中国给水排水，2016（9）.

负责行业监管，由上海市排水公司负责运营排水与污水处理设施。上海市排水管理处是上海市排水行业的行政管理单位，对上海市排水行业进行全行业监管，主要对全市排水设施、泵站、污水处理厂等设施运行进行全行业指导和监督，进行防汛排水和突发应急排水事件处置等。上海市排水管理处下设规划计划管理、防汛与设施管理（信息管理）、排水监管中心及工程管理等四个主要业务科室。上海城市排水有限公司负责上海市市属公共排水设施的资产经营管理，负责市属公共排水系统的运营调度，协调处理城市排水重大突发事件和排水设施的应急抢修、技术改造等。上海市区县排水管理主要由区县市政工程管理署（所）、排水管理所等负责，主要进行辖区范围内的排水设施管理、工程建设、维修养护等工作。

### （二）上海市排水与污水处理智慧监管架构

上海市排水与污水处理行业的智慧监管主要通过"数字排水"来实现，以"智慧城市""智能水网"理念为基本指导思想，通过引进新的信息技术和建设理念，在已建信息系统基础上，以信息技术应用为核心，加强信息资源的整合，推动信息系统的不断完善，以信息化推动监管的智慧化，逐步实现水资源的有效利用，改善上海的水生态和水环境。

上海排水与污水处理行业的智慧监管架构以业务为核心，集成各种数据和应用技术，最终构建成互连互通的综合应用系统。整个系统分为数据平台、网络平台和应用平台三大模块，其中数据平台是基础，网络平台是载体，应用平台是核心。数据平台主要是完成数据采集、数据清洗、数据存储和数据更新等功能，主要数据包括：排水专题数据、基础地理数据、遥感数据和社会经济数据等。网络平台主要实现数据交换和共享的功能。一方面与上级管理部门对接，汇总报送相关的行业管理数据，同时获取气象台风、降雨、河道水位、防汛预警等防汛排水信息。另一方面与排水与污水处理企业连接，接入城市排水泵站、污水处理厂等运行关键数据。同时，与下级管理部门连接，实现决策指挥、数据维护更新等功能。应用平台主要提供软硬件支撑服务，包括：Web 服务、GIS 服务、移动应用服务等。服务内容围绕核心业务展开，具体包含：规划管理、建设管理、设施管理、执法监管、行政办事、防汛排水、突发事件和信息服务等功能，并建立排水应急预案处理系统，辅助应急情况的排水决策，提高应急反应能力。

### （三）上海市排水与污水处理智慧监管的主要内容

上海市排水与污水处理行业智慧监管的主要内容包括以下几个方面：

（1）规划管理。排水规划管理基于 GIS 平台，可实现管网达标率分析、泵站配泵率分析、暴雨重现期分析、防汛能力综合评估分析等。

（2）设施管理。排水设施管理主要基于一张地图实现对排水管道、窨井（检查井）、泵站、污水处理厂、厂站设施设备的现有状态管理、管网网络分析、更新养护管理等。现有状态管理主要是实现对各种排水设施现状情况的记录、运行状态分析等。管网网络分析需要先建立管网拓扑，可以进行管网连通性分析、纵横断面分析、坡度分析，以及对排水系统内的管网进行合理性评价等。更新养护管理主要根据设施设备的使用寿命，制定养护管理计划，跟踪养护管理过程等。

（3）运行监管。运行监管主要包含对泵站、污水处理厂、积水点等的运行监测。泵站运行监测主要是对泵站内的水位、雨量、开停机等进行实时监测，具备实时监测、三线图、报表、报警等功能。污水处理厂在线监测主要对污水处理厂进水口、排放口的pH、COD、水温、氨氮、总磷、总氮、进水/排水量进行实时监测，并对水质超标或水量超限事件进行报警。积水点监测主要通过积水点实时监测系统实时采集现场积水深度，并通过现场智能终端及无线视频采集等方式，将积水现场的位置、积水深度、现场照片、视频等信息传输到系统。

（4）养护监管。建立排水管道检测、养护、评估流程，实现对排水管道选择、下达检测任务、生成检测委托书、检测报告自动生成、整改反馈、评价考核等全过程、全流程的养护监管。

（5）受理执法。主要通过建立与上海市水务公共信息平台的信息共享交换机制，获取上海市水务业务受理中心和上海市水务行政执法总队关于排水受理许可和排水行政执法等相关数据，建立排水许可受理、执法与排水规划建设、设施管理、运行监管等的业务联系，形成上海排水的联动管理。

（6）防汛排水。主要包括防汛排水安全信息管理、暴雨积退水信息管理、防汛物资存储点信息查询和显示、防汛排水预案管理等，为排水受灾统计、防汛排水方案评价、应急处理等提供信息支撑。

## 四、上海市智慧排水与监管的经验

### （一）合理规划

智慧排水与监管需要综合利用多种数字化技术，以辅助业务管理工作的目标，通过合理规划、分步骤实施，能够全面综合考虑业务发展、技术进步等因素，为系统建设确立发展方向，制定阶段目标，全程指导智慧排水与监管工作的开展。上海市排水与污水处理智慧化改革以规划先行，早在2003年就制定了信息化战略规划和数据标准规范，为智慧化改革行稳致远奠定了扎实的基础。

### （二）数据管理

基础数据是智慧化的基础和源头，排水与污水处理行业涉及的数据繁多，加强对排水设施数据的普查、校验、设施管理，可以为智慧排水与监管提供准确、完整的数据资源。同时，数据的维护更新是保证系统常用常新的关键。建立可操作的数据维护更新机制、数据审核、考核管理办法，进行数据维护更新，保证数据资源的准确性，是延续系统生命力、保护投资的最佳途径。

### （三）资源整合

排水行业监管涉及单位多，建设类型多，采用技术方法不尽相同。在智慧排水与监管过程中，要对已建、在建系统进行充分分析，深入了解其技术架构、数据结构和技术路线，提出合理可行的资源整合方案，整合各系统的信息资源为排水全行业、全覆盖监管服务。

# 第三节　垃圾处理行业案例分析

## 案例一　台州市黄岩区“互联网＋监管”智慧化引领垃圾分类走上快车道①

### 一、案例简介

（1）案例名称：台州市黄岩区“互联网＋监管”智慧化引领垃圾分类走上快车道。

（2）项目地点：浙江省台州市黄岩区。

（3）建设单位：台州市黄岩区政府。

（4）建设规模及投资情况：104 个小区、所有党政机关单位、公立学校和 5 条主干道投入智能分类设施 684 组，可回收智能设备 38 组。监管平台已接入该

① 资料来源：黄岩区人民政府 http：//www.zjhy.gov.cn/art/2020/11/19/art_1622121_59016723.html。

区 104 个小区、所有党政机关单位和公立所学校，共 49918 户居民。

## 二、项目特色

### （一）前端智能分类箱，让投放更便捷

台州市黄岩区自 2018 年启动生活垃圾分类工作以来，在 104 个小区、所有党政机关单位、公立学校和 5 条主干道投入智能分类设施 684 组，可回收智能设备 38 组，居民在投放生活垃圾时，通过发放到户的积分卡扫描机器上的设备来打开投放口，将分类好的垃圾分别投放进对应的垃圾箱内，便可获得相应积分。而没有智能设备的小区，居民只要使用含有专属二维码的垃圾袋进行投放，督导员均可在抽检过程中将相应积分扫入投放正确的居民的积分卡内。前端的智能设备，让垃圾分类投放更精准、更有效，也鼓励居民通过分类来获得积分换取生活用品。

### （二）后端监管平台，让分类更精准

为进一步加强对垃圾分类的监管力度，台州市黄岩区联同第三方公司建设了“数据监测中心”“车辆监管中心”“视频监控中心”，在全市率先利用智慧城管系统为生活垃圾分类设置混装混运、分拣未到位、设备损坏等 10 个监管小类，通过安装智能垃圾桶，发放垃圾分类积分卡，分类车辆智能称重、车载视频、车载 GPS 等信息化手段收集垃圾分类各项数据信息，实现了对易腐垃圾、其他垃圾收集量、可回收物回收量、积分卡使情况、分类准确率等数据的实时监测。目前，该监管平台已接入该区 104 个小区、所有党政机关单位和公立所学校，共 49918 户居民。

### （三）划分电子网格，让执法更全面

台州市黄岩区综合行政执法局利用市局的街面管控系统，划分街面电子网格 238 个，覆盖全区所有镇、街道，下沉执法人员超过 170 人，以网格为基本单位对街面店铺开展即时检查，随机检查店铺生活垃圾分类情况、餐厨垃圾收运和台账记录情况，对于分类不到位、未按要求收运或台账记录不全的，当场发放责令限期改正通知书，并依照相关法律法规进行查处。今年以来，该区共开展跨部门双随机检查 19 次，掌上执法率 100%。

### （四）视频动态监管，让巡查常态化

借用黄岩区智慧城管平台，在主城区主次干道、背街小巷及重点小区安装智能视频 20 余路，对接天网工程和雪亮工程视频 2 万余路，接入 23 个物业小区近 900 路视频，并专设垃圾分类视频巡查专员 2 人，实现了对黄岩区部分主次干道、背街小巷和物业小区生活垃圾分类情况的全时态监管。此外，将城区划分为 8 大区块 24 个网格，安排 24 名采集员进驻每个网格进行巡查采集，对垃圾桶满溢、智能设备损坏、混装混运等 10 类情况，通过城管通 App 实时上报至智慧城管中心，再转派至第三方服务公司要求其在规定时间内处置完成。

## 三、成功经验

1. 严格操作，规范管理

疫情特殊时期台州市黄岩区坚持了“安全、环保”操作原则，各项垃圾分类标准不仅达到国家环保标准。在过程管控环节规范管理，保证过程监测的严密性，能够极大缓解城市垃圾处理的压力，是城市公共卫生事业的有力支撑。

2. 利用数字，强化管理

通过“数字引领”，减量化、资源化和无害化处理生活垃圾来避免“垃圾围城”局面的出现，各种智慧化管理技术逐渐被引入生活垃圾分类管理过程中，成为当前垃圾分类从传统人工型管理向数字监管型管理转变的一大特征。

3. 智慧监管，资源节约

台州市黄岩区借助智慧城管平台，将城区划分为 8 大区块 24 个网格，对垃圾桶满溢、智能设备损坏、混装混运等 10 类情况通过城管通 App 实时上报至智慧城管中心，再转派至第三方服务公司要求其在规定时间内处置完成。过程中节省人力、物力，极大地提高了垃圾分类监管效率。

# 案例二　杭州市萧山区开启生活垃圾智慧化治理时代①

## 一、案例简介

杭州市萧山区按照省委、省政府的决策部署，积极探索“智慧”分类模式，

① 资料来源：浙江在线 https：//town.zjol.com.cn/czjsb/202009/t20200916_21397512.shtml。

截至目前，萧山全区 568 个小区、319 个行政村和公共场所实现分类全覆盖；2019 年生活垃圾日均产生量较 2017 年减少 29.6%，易腐垃圾收集量从 2018 年的 20 余吨/日增长到 2020 年的 500 吨/日。

## 二、案例特色

杭州市萧山区建立生活垃圾智能监管系统，对全区生活垃圾分类处理进行全链条信息化管理，逐步形成“源头精准分类、中途规范运输、末端科学处置”的良好局面，开启了生活垃圾分类数字时代。

### （一）智能账户精准溯源，提高分类参与率

萧山区利用生活垃圾智能监管系统，以建立“智能账户”为核心，以“一制三化”（实户制，智能化、精准化、强制化）为抓手，在全域范围内推行“一户一桶一卡一芯片”智慧分类，实现精准溯源和垃圾分类的科学评价。通过专属二维码和积分卡，每户每次的投放时间、分类情况、垃圾重量等基础数据实时上传至“智能账户”，智能监管系统后台接收、汇总数据后，通过比对、分析，第一时间完成居民参与率、分类准确度的统计和评判，实现精准监管。同时，工作人员根据账户数据情况，开展针对性入户宣传，切实提升居民分类参与率和准确率。如宁围街道安置小区利一家园，5 月底“智能账户”接入四分类信息、实现精准溯源管理后，该小区垃圾分类参与率由 51.4%提高至 95.3%，参与率明显提升，分类质量也显著提高。目前，萧山区 500 余个小区、100 余个村的 30 万户居（村）民拥有专属的垃圾分类“智能账户”。

### （二）扫码定位全程监控，提高运输规范性

根据“桶车一致”的原则，规范生活垃圾收集、运输环节，共配置垃圾分类收运车辆 986 辆，在各个生活垃圾集置点（中转站）设置二维码，为每辆收运车辆配置 GPS 定位、随车称重等系统，实现收运环节全过程监管。收运人员通过“一扫、一称”实现对各类垃圾收运次数、重量、质量等相关数据的统计；智能监管系统通过接入车辆设备信息、交通路网监控，对收运车辆精准到点、动态跟踪，实现对垃圾重量、收运路线、车辆状态的全天候、全方位监管，防止违规收运和混运、漏运等问题发生。

### （三）处置平台可视共享，提高资源利用率

在规划建设生活垃圾末端处置设施基础上，将垃圾处置信息纳入智能监管系

统管理，实现监管可视化。目前，环强再生东片南片两个分拣中心，锦江绿能、城市绿能两家焚烧处置企业，环城生物、卓尚环保两家易腐垃圾处置企业的全部监控视频和运行数据已通过共享接口，接入生活垃圾智能监管系统，实现垃圾处理各道工艺、流程，资源化利用等信息数据实时读取和可视化监控，并经过数据比对分析，精准掌握全区生活垃圾减量化、资源化、无害化处理信息情况。如2020年8月，萧山区日均处理易腐垃圾500吨，可提取2吨生物柴油，产生沼气37500余立方米，发电17500余千瓦时。

## 三、成功经验

1. 完善的体系架构，保证工作落实

市政府授权市城管局作为本项目的实施机构，市生活垃圾分类管理中心作为本项目具体操作单位，具体负责各项工作落实。

2. 先进的数字技术，解决传统问题

萧山区依托智能监管系统中的巡查管理模块，建立垃圾分类智能巡检队伍，围绕"制度、设施、运维、宣传、分类情况"内容，开展日常工作，巡查信息通过掌上App和线上端口，实时纳入数字城管和镇街"四个平台"线上管理体系，有效解决了传统监管费时费力、取证难、效果差的问题。

3. 严格的执法手段，倒逼市民提高

萧山区综合行政执法局在执法过程中也突出重点、难点。通过垃圾分类的知识宣传和执法检查，加强教育劝导及处罚力度。垃圾分类监管触角伸入居民小区，覆盖到千家万户，通过严格执法、典型曝光等形式，倒逼市民养成垃圾分类习惯，不断提高垃圾分类的知晓率、落实率。

# 第四节　天然气行业案例分析

## 案例一　民营储气库的机遇和挑战

## 一、案例背景

2016年10月，国家发展改革委发布《关于明确储气设施相关价格政策的通知》，明确储气服务价格和储气设施天然气购销价格由市场形成。2018 年 4 月，国家发展改革委和国家能源局发布《关于加快储气设施建设和完善储气调峰辅助服务市场机制的意见》，明确提出如下要求：一是供气企业应当建立天然气储备，到 2020 年拥有不低于其年合同销售量 10%的储气能力；二是县级以上地方人民政府指定的部门会同相关部门建立健全燃气应急储备制度，到 2020 年至少形成不低于保障本行政区域日均 3 天需求量的储气能力；三是城镇燃气企业要建立天然气储备，到 2020 年形成不低于其年用气量 5%的储气能力。上述举措对储备责任的具体量化要求包括 10%、5%、3 天，被业内人士称为“10、5、3”储备责任。2020 年 4 月，国家发展改革委、财政部等五部门联合印发《关于加快推进天然气储备能力建设的实施意见》，针对当前我国天然气储备能力建设存在的痛点和难点，从规划布局、运营模式、投资回报、主体责任等方面提出了政策措施，为进一步提升我国天然气储备能力指明了方向。近几年来，国家在储气设施市场化改革上确实下了不少功夫。目前，我国储气库建设运营主体主要包括以下三类：一是国家油气管网公司（简称国家管网公司）所属储气库；二是中石油、中石化等国家石油公司所属储气库；三是港华燃气等其他企业投资建设并运营的储气库。其中，港华集团是成功参与储气设施建设的民营资本。

## 二、案例内容

在天然气行业体制改革之前，城市燃气企业气源市场化运作受到气源地、局部管网和下游客户的地理限制，购销基本以企业自行解决为主。上游气源方也常常对中游管输设施捆绑经营，基础设施的配置制约了天然气的市场化，天然气的需求往往受天气等不可控因素影响，冬季调峰比经常出现偏差，给城市燃气企业带来不小的调峰压力。随着国内油气市场化改革的不断深入，特别是国家管网在 2020 年开始正式运营，传统的天然气行业模式被打破，为大型燃气集团气源集中采购提供了历史性机遇。

港华作为国内领先的城市燃气集团之一，早在 2009 年就开始考虑如何拓展产业链，即如何向中、上游进行产业布局，着手筹备地下盐穴储气库并于 2018 年正式投产。为了更好地推进储气库的商业化运作，集团参考欧美储气库成功的商业运行模式，在 2016 年成立了独立于储气库的销售公司——港华国贸，又于 2018 年成立了港华天然气，分别负责集团内“香港中华煤气有限公司（股票代码：0003)”和“港华燃气有限公司（股票代码：1083)”两大上市公司旗下的城市燃气气源业务。

港华金坛储气库一期项目共有 10 口井，总储气量约 5 亿立方米，二期项目共有15口井，总储气量约7亿立方米，两期项目建成后，将形成12亿立方米的储气能力，工作气量达7亿立方米。2018年10月31日，一期项目正式投产，至今有4口井投产，储气总量达1.85亿立方米，具备工作气量1.05亿立方米；二期项目于2018年底正式启动，目前注采站工程已开始建设。同时，集团正与中盐金坛盐化密切磋商港华金坛储气库三期项目，整个三期建成后将成为集团储气中心。

港华金坛储气库是国内首个利用地下盐穴储气库商业化运作为城市燃气提供调峰气的中游项目，可以进一步帮助优化集团气源统一采购流程。储气库既可以按季节性调峰气的购销形式降低气源成本，又可以借助国家管网的辐射能力进行集团内部不同区域间的气源调配，从时间和空间上为气源的集中采购起到“调节”和“补充”作用。2020年，港华国际能源贸易有限公司（以下简称“港华国贸”）、港华天然气销售有限公司（以下简称“港华天然气”）成为国家管网首批托运商，以国家管网为载体，为储气库的气源采购提供了多元化渠道，也为储气库的商务运作提供了更广阔的空间。

港华金坛储气库作为国内首个燃气企业大规模的地下储气库，也是首个商业运作的储气库项目。自2018年正式运营以来，储气库至今以稳定的气价累计供应天然气超过1.5亿立方米，尤其是在2020年冬季全国大面积寒潮且气源紧张的情况下，为集团各企业稳定供气6400多万立方米，为企业节省购气成本近1.7亿元，对企业应急调峰、稳定天然气供应发挥了重要作用。

在此背景下，港华集团于2021年初制定了“气源统采”的年度目标，初步构建集团统采模式及各区域指标。集团将借助“气源统采”力度，尝试开展跨区域气源调配，为未来大规模的统采工作奠定良好基础。金坛地处中国天然气消费需求最旺盛的长三角地区，“西气东输”及“川气东送”主管道在此交汇，同时处在多个沿海LNG接收站外输管线辐射区域。更重要的是，港华金坛储气库作为国内第一个市场化运作的储气库，在未来打造天然气交汇转输中心方面具有先发优势。储气库在当前调峰气和库容租赁产品的基础上，还将适时结合国家管网集团不断更新的管网运行规则和国内外天然气市场周期规律及短期波动情况，开发出更多元化的储气库产品，通过多种经营方式提高储气库运行效率和投资回报率。

## 三、案例分析

目前，储气库责任虽然有文件明确要求，但约束力不够。具体表现为：虽然给予了储气库运营企业市场化收取服务费和储气设施天然气购销价格的政策，但在实际操作中无法落地；大多数城市燃气企业仍需面对在属地自建储气设施外，储气责任落实缺乏其他途径的窘境；由于矿权、合理收益、技术壁垒等问题，普通的第三方主体，特别是非油气企业，仍难以进入储气库建设运营领域。

国家建设储气库的主要目标是服务于社会，维护天然气市场平稳运行，加强储气和调峰能力建设，也是推进天然气产供储销体系建设的重要组成部分。天然气消费在未来较长时间仍将保持较快增长，储气库具有较强的天然气增量市场支撑作用，要推动民营资本进入储气市场，需要有待于储气服务费和储气设施天然气购销价格机制进一步理顺，除此之外，还需要解决体制机制问题。

首先，要差别化解决储气库垫底气问题。垫底气是储气库建设中的最大问题，由于垫底气并不具备采出价值，今后大规模建设地下储气库的责任方应该是国家管网公司。原因在于：一是其刚刚成立，目前还缺乏配套资金；二是其收益率受国家管控调节，难以产生超额收益。因此，建议国家管网公司新投资建设的储气库垫底气，由国家财政通过企业债、产业基金、专项贷款等方式解决，并允许国家管网公司通过实际运营额外回收。其他主体建设的储气库垫底气由市场自行解决。

其次，储气库经营可以考虑特许经营权方式。在具体操作方式上，可以这样安排：投资由社会资本发起，政府指定其业务覆盖范围，达到一定年限后，社会资本可选择退出（国家管网公司收购）或者独立自主运营。如此，可以积极释放发展信号，消除市场戒心，引导社会资本进入。

最后，要落实义务责任，加大惩处力度。目前，对于前述行业内俗称的“10、5、3”储备责任，大多数地方政府和企业并没有按照要求落实，国家层面也没有严厉的措施跟进，这导致在储气库建设过程中，形成边走边看的观望态度。因此，建议国家相关部门成立专项检查组，认真总结各地落实情况以及存在的问题，并惩处储备能力仍为零的地方政府和相关企业，以警示行业内各市场主体，要高度重视储气设施的建设工作。

## 案例二　中国燃气企业的数字化转型之路

### 一、案例背景

随着燃气行业的发展，急速增长的燃气管道规模与安全要求的矛盾、庞大的信息与落后的管理方式的矛盾、传统的客户服务模式与已经开始数字化的用户体验的矛盾、多样的能源经济模式和创新管理人才缺乏的矛盾等逐渐成为产业发展道路上的阻碍。传统燃气行业的运营模式越来越无法满足居民的需求，行业内部矛盾重重，加之能源需求的转变，使传统城市燃气企业已经陷入“内忧外患”的境地，寻求转型升级之路迫在眉睫。互联网巨头与燃气企业的联系越来越紧密，并逐渐承担起燃气行业数字化转型的工作，这使得传统的靠物理管道连接的客户关系，正逐步被互联网企业通过平台手段夺走。燃气行业开始逐渐认识到，在数字化变革过程中，谁掌握先机，谁就能够在今后的时代获得更好的发展机会。物联网、大数据、云计算、人工智能等新一代信息技术的高速发展为科学智能决策、全面提升系统安全可控性提供了更加多样的选择。加之能源需求的转变，使得综合能源服务（氢能、电力、热能等）、数据分析挖掘等增值服务不断涌现，这些都为智慧燃气的发展带来了新的机遇。

## 二、案例内容

中国燃气，全称中国燃气控股有限公司，是国内最大的跨区域综合能源服务商之一，专注于从事各种燃气及新能源项目的投资建设、运营管理、仓储物流、贸易分销业务，构建了以管道天然气业务为主导，液化天然气、压缩天然气、液化石油气、天然气热电、分布式能源、合同能源管理、增值服务、装备制造等全业态发展结构。截至 2019 年底，员工超 7 万人，旗下公司超 1500 家，公司市值位列大中华地区全球上市公司排名前 100 位；各类燃气用户规模超过 4200 万，覆盖 1.5 亿人口，是全球燃气分销行业龙头企业。

中国燃气作为国家能源行业基础运营商，早在 2014 年就开始布局以其传统燃气服务为基础和切入点，利用管道天然气核心主营业务形成的用户私域资产，发挥品牌、服务网络和市场等优势，以轻资产运营模式和较少的边际成本为用户提供主营业务以外的附加增值产品和服务。中国燃气在保持稳健增长的趋势下，通过借鉴国内外优质企业转型经验，开启了一系列迭新升级的发展路线。

在“中燃慧生活”App 上，人们不仅可以缴燃气费、申请检修服务，还可以享受到中燃优质的线下服务。2020 年抗击新冠肺炎疫情期间，老百姓不敢出门、物流企业多数“停摆”、电商供应品种骤减、居民生活必需品无法及时送货到家。中燃新零售社区平台发挥独特优势，通过“同心战疫 保障民生”行动，针对用户的应急之需，平价上架各种防疫产品，有效沟通附近城乡供需，为居民提供蔬菜、粮油副食、水果等日常生活必需品的免费配送，服务用户涵盖 500 多个城市和地区，既缓解了城镇社区百姓困难，又带动了特色农产品线上销售，受到各地群众和政府的高度赞扬，为维护特殊时期社会稳定发挥了重要作用。2019～2020 年，中国燃气集团的各项增值业务仍取得大幅增长，实现销售“中燃宝”

壁挂炉和厨房燃气具系列产品124万台，同比大幅增长49.4%。同时，集团通过创新的网格化市场布局和应用新零售平台，开展各类线上线下融合的市场促销活动和具有特色的客户服务，如网格服务、会员服务、售后服务等。

中国燃气在数字化方面取得很好的成效，充分发挥双方在网格化、服务和入户渠道等方面的优势，整合公用事业网格、社区服务网格、中国燃气管理赋能网格，构建具有中国燃气特色的基于三层网格下的私域流量运营新模式，从而推动公用事业数字化转型，为服务国计民生贡献智慧和力量。在后期发展中，将利用5G技术实现燃气表具、燃气具的物联网化、增加用户触点的范围和频度；同时结合大数据技术，对用户精准画像，提升以用户为中心的全面贴心服务，提供给消费者省心又省力的服务体验。

## 三、案例分析

燃气是一个很成熟的行业，有完善的产业链，智慧燃气的发展可以从燃气管道全生命周期管理、全业务链、全平台及业务管理等方面进行综合布局，提供点、线、面、体结合的燃气企业整体解决方案，为燃气企业打造从合理规划，到高效运维，再到精准预测的闭环、可持续发展生态。中国燃气集团充分挖掘全产业链上下游的数据价值，在完成高效、智能管理和服务的同时，提供更多的增值服务，进行多元化融合发展，创造燃气行业的平台经济，不断推动新模式、新业态的成熟与发展。

### （一）燃气企业数字化发展内容

根据中国燃气集团发展经验，城市燃气企业数字化发展内容主要包括从以下几个方面，通过数字化转型不断强化数据获取，使数据资产化，达到用户价值和精细化运营效率的提升。

第一，在工程施工方面，通过融合物联技术、人工智能算法，以提升工程质量管理及施工效率；客户服务方面通过实施CRM系统，利用AI技术、自动化流程机器人（RPA）等技术深度融入客户服务全生命周期管理，提升工作效率、降低运营成本、提升客户满意度。

第二，拓宽在线支付渠道。中国燃气2020年整体在线购气比例已超过60%，通过数字化转型推动基础信息化建设，在提质增效方面发挥了重要作用，按可比口径比较，仅直接成本就降低了约10%。

第三，调整组织架构。中国燃气成立了数字化发展事业部，推动集团数字化转型并制定了构建“双轮驱动”的数字化战略。对内+数字化，打造基于行业顶层设计，承接中国燃气业务支撑，面向全球服务的燃气行业工业互联网数字化系统，推动公司从能源行业基础运营商向城市化轻资产服务商转型；对外数字化＋，打造面向最终客户价值主张的数据化服务平台，形成以中国燃气现有要素为依托的服务生态体系。

### （二）燃气企业“智慧”发展方向

从城市燃气企业长远发展来看，要具有“两网”的发展理念，一是发展城镇燃气智能物联网，二是发展气基能源互联网。

城镇燃气智能物联网是依托新一代信息与通信技术，以及基于北斗系统精准的时空信息构建的智能高效、本质安全、开放融合、集能源管理、运营和服务于一体的市政物联网平台系统，是智慧燃气的具体体现，也是近期发展的目标。通过此系统，可以按照先燃气再市政的顺序，将自来水、热力等市政行业都并入此平台，从而促进整个市政领域的智能化发展进程。

气基能源互联网是一种综合能源生态系统。它充分发挥天然气可以冷热电三联供的技术优势，不受蓄电池技术的制约，从而实现电力、热能的储存和快速转换，再依托高度发展的信息与通信技术及能源互联网技术，以燃气为核心能源，涵盖各种能源综合应用、高效管理、智能运营、便捷服务等范畴。打造全新的气基能源互联生态，涵盖智能气网、可再生能源利用、智能储能、多能协同、气电互转等内容，将进一步巩固天然气在城市能源互联网中的重要地位，从而获得更多更大的发展空间。

## 第五节　电力行业案例分析

### 案例一　浙江省海盐县秦山核电热能应用案例分析①

核电热能应用在北欧、俄罗斯等地已有逾 40 年成熟运行经验；在国内，核电热能应用也酝酿多年，并得到国家相关部门积极支持。开展核电热能应用规划是绿色低碳的发展大势使然，是国家能源战略和节能减排目标实现的有力支撑。

---

① 周拯晔，等. 核电热能工业应用规划研究初探——以海盐地区为例［J］. 中国能源，2020 年第 8 期。

秦山核电基地拥有9座核反应堆，热负荷达到1963.8万千瓦，热能丰富，若能发掘这部分热源的应用潜力，将为地方经济发展提供巨大清洁能源来源。

## 一、案例简介

秦山核电站是中国自行设计、建造和运营管理的第一座30万千瓦压水堆核电站，地处浙江省嘉兴市海盐县，由中国核工业集团有限公司100%控股，中核核电运行管理有限公司负责运行管理。秦山核电站采用世界上技术成熟的压水反应堆，核岛内采用燃料包壳、压力壳和安全壳3道屏障，能承受极限事故引起的内压、高温和各种自然灾害。

海盐县与秦山核电于2020年共同启动了核能供暖节能项目，旨在充分发挥核能零碳优势，为居民及公建设施提供集中供暖。项目由浙江零碳热力有限责任公司负责总体建设运营。该项目是海盐县核能供暖节能工程示范项目，是海盐县与秦山核电共同合作的重要民生项目，也是推进“核电共享梦”的重要组成部分。该项目计划于2021年底建成投运，实现海盐核电三个生活区45.9万平方米和海盐县老年公寓0.5万平方米的核能集中供暖，进一步提高海盐的宜居条件和老百姓的幸福指数，从而打造“江南核能供暖示范窗口”和“绿色低碳循环城市”金名片。按照计划，项目整体目标是到2025年，核能供暖面积达到400万平方米，覆盖海盐县主城区及澉浦镇全域。

核能供暖节能工程示范项目主干线全长约10公里，共分为5个区段施工。目前正在铺设的主管道其内径为600毫米，待主管道铺设完成后，再通过供热支管进入相应的小区，通过小区换热站对居民进行供暖。按照安排，核能供暖节能工程示范项目计划在2021年11月底前完成工程施工，12月实现正式供暖。该项目按照“统筹规划，分步实施”的原则开展建设，项目共分为三个阶段，目标到2025年，核能供暖面积达到400万平方米，基本覆盖海盐县主城区并拓展至秦山街道和澉浦镇。海盐县与秦山核电正积极落实“碳达峰碳中和”要求，携手共建“零碳未来城”，利用核能综合供能平台，进一步提升集中供暖能力，致力于打造国内首个、国际领先的零碳高质量发展示范区，为浙江省共同富裕示范区建设贡献海盐样板。

## 二、案例分析

核能供暖在江南地区尚属首例，从倡导居民零碳生活方式和拓展核能综合开发利用两个方面，海盐县与秦山核电共同启动的核能供暖节能项目均能起到示范作用。

### （一）秦山核电热能应用项目的环境效应

经过测算，该核能供暖项目，相对于燃煤火电机组每年可减少燃用标煤约2.46万吨，相应地每年减排二氧化硫1817吨、氮氧化物908吨、二氧化碳5.9万吨，具有明显的环境效益。

此外，如果在核电厂蒸汽输送最高效的20千米半径内规划清洁核能消耗相关产业，利用核电热源输出开展零碳用能特色招商，发展核电能源关联产业，则该区域经济发展的能源竞争优势将非常强大，产业发展前景非常乐观。该模式可以拓宽核能应用产业链，同时大幅减少核电周边燃煤消耗，为清洁低碳发展提供了一条很好的思路。

### （二）秦山核电热能应用项目的经济效应

随着城乡生活水平的提高，南方居民住房冬季供热需求趋向旺盛。目前南方冬季取暖均使用天然气或电力，受居民供电阶梯收费和供气增容费的影响，其能源利用效率和经济性都很差。采用核能供热，既符合政策导向，也具有较高经济性，将显著提升人民生活品质。

以工业经济为例，更具说服力。调研数据显示，某纸业2019年产值59亿元为例；1吨原煤产蒸汽约7吨；宁波港Q5500原煤到港2020年1月9日603元/吨；海盐大用户蒸汽180元/吨；以核电机组电价0.42元/千瓦时为基准，若以核能替代原煤测算得，造纸业产值与能源投入之间的产值/能源倍增系数如下：使用热电联产商业蒸汽生产同类产品，其产值/能源倍增系数为11.36倍；使用自备电厂供汽生产同类产品，其产值/能源倍增系数为17.72倍；使用核能供热蒸汽生产同类产品，其产值/能源倍增系数为19.83倍；如果以一台百万千瓦机组10%的热能拿来造纸进行测算，3.57亿元产值的核能热源输出，将给地方产出70.9亿元的工业产值。倘若引进其他高端产业，核能产值倍增效果将更加凸显。

## 三、案例总结

相比传统的煤炭、天然气或电取暖，核能供暖可以发挥核电零碳、清洁、高效的优势，通过实施核电机组热电联产技术改造，利用秦山核电机组冬季剩余热功率，实现热水循环供暖，经济性上可以和大型燃煤电厂热电联产持平。实现居民用暖价格不增加、政府财政负担不增长、热力公司利益不受损、核电企业经营做贡献、生态环保效益大提升。1亿平方米核能供暖，每年可以减少燃煤330万吨，减排二氧化碳约1000万吨、氮氧化物5.2万吨。在解决排放指标对产业发展制约的同时，能够提供优质低价的热能供应，助力于国家能源战略和节能减排目标的实现。

## 案例二 内蒙古乌拉特光热新能源电站运行案例分析①

太阳能光热发电集发电与储能为一体，是可代替化石能源电站担当基础负荷和调峰负荷的绿色电源，对于保证电力系统安全、高效，助力实现“2030年碳达峰”和“2060年碳中和”目标具有重要作用。

### 一、案例简介

内蒙古乌拉特中旗槽式100兆瓦光热电站是国家能源局首批示范项目20个项目之一，位于乌拉特中旗新忽热苏木乡希热嘎查，是国内装机最大、储热规模最大的槽式光热发电站，采用国际先进的、世界上应用业绩最多、最成熟的槽式光热发电工艺，能够达到国际光热电站先进技术水平。项目总占地面积约7300亩。项目储热时间长达10小时，相比于风电和光伏的间歇式发电，该项目可实现24小时不间断稳定发电。项目由太阳岛、储换热岛、常规发电岛三部分组成。

项目由中国船舶新能源公司设计、建设、调试和运维。项目于2018年6月正式动工，2019年11月该项目最关键的光学指标——拦截率经过欧洲第三方权威实验室检测，拦截率达到98%（目前国际水平为97%），2019年12月31日汽轮机一次冲转成功，2020年1月8日首次实现并网发电。2020年12月16日成功实现满负荷发电。电站全面投运后，年发电量约3.92亿千瓦时，年节省标煤12万吨、减排二氧化碳30万吨、减少硫氧化物排放9000吨、减少氮氧化物排放4500吨。

### 二、案例分析

内蒙古乌拉特光热新能源电站项目增加了我国大型商业化光热电站装机容量，培育了国内光热产业链、掌握了系统集成能力、实现了装备国产化、突破了

① 李稙. 光热发电助力“双碳”之路——以内蒙古乌拉特光热电站为例探索新能源发电成熟路径[J]. 中国电力报，2021年8月3日。

“卡脖子”技术瓶颈，推动了光热装备制造业转型升级。

### （一）光热发电稳定且安全

构建以新能源为主体的新型电力系统，是实现碳达峰、碳中和的重要抓手，但同时也面临诸多挑战。光伏发电和风力发电受到气象条件制约，发电功率具有间歇性、波动性和随机性，对电力系统的安全性和供电可靠性造成了重大挑战。以新能源为主体的新型电力系统，其自身发展与重构需要围绕两大方面来解决一些关键问题，一方面是以高比例可再生能源确保电力电量供应，需要重点解决可靠替代火电、调峰能力提升、可再生电源发电量占比提高的问题；另一方面是电力系统安全，需要重点保障频率安全、电压安全、功角稳定。

太阳能热发电机组配置储热系统，可实现 24 小时连续稳定发电，可替代燃煤电站作为基础负荷，提高风电、光伏等间歇性可再生能源消纳比例，并可作为离网系统的基础负荷电源；同时，机组启动时间、负荷调节范围等性能优于燃煤机组，可深度参与电网调峰，保证电网及电源的高效利用；此外，太阳能热发电还可根据电网用电负荷的需要，参与电力系统的一次调频和二次调频，确保电网频率稳定，保证电网安全。

### （二）乌拉特光热新能源电站的经济外部性

光热电站的建设、运营不仅为当地提供大量的工作机会，提升当地就业水平，助力乡村振兴，还有利于增加当地税收额。光热电站就业人数是同等规模光伏电站的 10 倍，内蒙古乌拉特中旗导热油槽式 100 兆瓦光热发电项目 3 年建设期可带动 1000 余人就业，运营期可带动 200 人就业。此外，乌拉特中旗项目全生命周期有 25 亿的纳税额。

内蒙古乌拉特光热新能源电站的建设，直接带动了当地高端机械制造（高精度定日镜支架）、化工材料（熔盐）等多个产业的发展，将太阳能热发电产业做大做强，可作为推动传统装备制造业转型升级和培育战略新兴产业的重要抓手。太阳能热发电产业首先能够有效转移钢材、水泥、玻璃等过剩产能，其设计制造电站所用技术设备与传统造船行业、火电行业具有技术同源性，有助于在我国能源转型过程中帮助传统产业链企业获得新生。同时，太阳能热发电能够为新能源、新材料、高端装备制造等战略新兴产业发展构建新的增长引擎，并有利于提升产业链各环节的制造业和科技工业水平。

### （三）乌拉特光热新能源电站的生态外部性

乌拉特光热新能源电站建在荒漠化土地上，且光热发电具有逐时精确跟踪太阳的特性并建有防风墙，能够降低项目场址的蒸发量、减小风沙移动速度，有利于当地生态改善。在项目建设期，沙丘就会被平整成平地，减少风沙；同时由于镜场能阻挡风沙，可大大减缓地表风速，从而减少地表风沙的流动、保护土壤免受侵蚀，一定程度上起到了防风固沙的作用；此外因为阳光被定日镜反射，致使镜场内蒸发量明显减少，再加上定日镜用少量水清洗后，水渗流入土壤，增加了土壤湿度，为植物生长提供了必要的水分，有利于植被恢复。

### 三、问题和挑战

目前，我国光热发电产业仍处于初期发展阶段，发电装机规模仍然较小，缺乏政策补贴，其价值无法在现有电力市场机制下得到合理体现，面临着诸多方面的问题和挑战。

目前制约我国光热发电可持续发展的主要因素在于相关政策缺乏连续性。在国家发改委价格司批复的第一批示范项目上网电价文件中，仅仅明确 2018 年底前并网发电项目的上网电价，使得投资方担心如果不能在 2018 年底前并网发电，上网电价存在不确定性，投资回报难以保障，导致部分投资方放弃项目建设。2020 年初出台的《关于促进非水可再生能源发电健康发展的若干意见》，明确新增光热项目不再纳入中央财政补贴范围，取消电价补贴，给光热发电企业带来不小的生存挑战。

面对光热发电发展瓶颈，合理的应对措施是发挥光热发电的调峰特性，引入“光热＋光伏/风电”的可再生能源基地建设模式，深入推进源网荷储和多能互补项目建设；完善跨区峰谷分时电价政策，并将销售电价模式向电源侧传导，体现光热发电的基础负荷和调峰价值，推动光热发电产业可持续发展。

## 第六节　电信行业案例分析

### 案例　流量套餐的精准营销分析[①]

电信行业与其他行业比，更容易获取消费者有关的特征数据。例如，其中常

① 本节由甄艺凯博士撰写。

见的是获取消费者的出没地点以及不同地点的停留时长。利用这一数据，电信公司可以实现流量套餐的精准营销。例如，2015 年，辽宁移动向景区内的游客推送假日流量包①。2019 年春节期间，中国电信旗下江苏省盐城市某县级公司利用用户在本地网络停留时长等数据把真正的返乡客户和过境客户区分开来，并据此实现针对真实返乡用户的流量套餐精准营销②。

电信业的流量精准营销事实上包括精准广告与精准定价。前者指的是把不同的产品推销给有着不同偏好的顾客；而后者则是针对不同客户制定不同的价格，随广告信息一同推送给消费者。

假定某电信公司在某地区所拥有的消费者总规模为 1。对流量套餐有需求的人可依评价高低而分为两类。他们对套餐流量的保留价格（效用）分别为：$H$ 和 $L$，$H>L$，比例分别为：$\alpha$，$\beta(0<\alpha<1，0<\beta<1，\alpha+\beta<1)$。还有一类人对流量没有任何需求，他们对商品的评价为 0，所占比例为：$1-\alpha-\beta$。

电信公司推销产品的方式为发送短信（或电话推销）。在传统的营销模式下只能群发短信；而利用大数据技术则可以将人群区分开来，可以给真正有需求的消费者发送相关短信。无论哪种方式，收到短信的消费者都一定程度会受到侵扰。侵扰的负效用为 $s$，并假定 $s<L$。

在大水漫灌的传统营销模式下，完成一次营销活动所需总成本为 $A(A<L)$。为了便于分析且不失一般性，假定流量套餐的成本为 0。

在传统营销技术下，企业将有如下营销方案可以选择：

在 $\max\{\alpha H，(\alpha+\beta)L\}\geqslant A$ 的情形下有：(1) 如果 $\frac{\alpha}{\alpha+\beta}\geqslant\frac{L}{H}$，则企业将在营销方案中对流量套餐定价 $H$；(2) 反之，若 $\frac{\alpha}{\alpha+\beta}<\frac{L}{H}$，则定价为 $L$。(3) 在 $\max\{\alpha H，(\alpha+\beta)L\}<A$ 的情形下，企业将放弃这次营销活动。

在上述三种方案下，企业可以实现的利润分别为：(1) $\pi_1^m=\alpha H-A$；(2) $\pi_2^m=(\alpha+\beta)L-A$；(3) $\pi_3^m=0$。

社会总福利分别为：(1) $TS_1^m=\alpha H-A-s$；(2) $TS_2^m=(\alpha+\beta)L-A+\alpha(H-L)-s=\alpha H+\beta L-A-s$；(3) $TS_3^m=0$。

而在精准营销模式下企业的利润将为：$\pi^t=\alpha H+\beta L-(\alpha+\beta)A$。

社会总福利将为：$TS^t=\alpha H+\beta L-(\alpha+\beta)A-(\alpha+\beta)s$。

① 资料来源：搜狐网。辽宁移动开展“流量＋内容”精准营销 https://www.sohu.com/a/74831536_252634.

② 资料来源：丁雅雅. 基于大数据技术的 JH 电信精准营销研究［D］. 南京：南京邮电大学，2020.

下面对两种不同的营销模式下相关结果进行比较以发现有意义的结论。不难发现，无论何种情况总有：$\pi^{t}>\pi_{1}^{m}$，$\pi^{t}>\pi_{2}^{m}$。总有：$TS^{t}>TS_{1}^{m}$，$TS^{t}>TS_{2}^{m}$。

精准营销至少可以通过如下途径提高企业利润：

（1）更低的营销费用。在传统营销模式下，部分营销开支 $(1-\alpha-\beta)A$ 是完全无用的。当企业放弃低价值人群而只打算销售给高评价人群时 $\left(\frac{\alpha}{\alpha+\beta}\geqslant\frac{L}{H}\right)$，事实上 $\beta A$ 这部分营销费用也完全是无用的。但没有大数据技术带来的精准定位，事前并不能准确知道哪个消费者并不需要流量产品或者对流量产品评价更低。精准营销为企业节省的营销开支至少为 $(1-\alpha-\beta)A$，甚至为 $(1-\alpha)A$（其中 $\beta A$ 部分的开支不仅不会浪费还将为企业产生 $\beta L$ 的收益）。

（2）更高的收益。这一点来自精准定价。总有：$\alpha H+\beta L>\alpha H$；$\alpha H+\beta L>(\alpha+\beta)L$。

（3）避免了传统营销方式下，可能出现的市场崩坍。例如，当 $\alpha H<(\alpha+\beta)L<A$ 时，传统营销方式将因收益无法覆盖营销费用而难以实施。但精准营销却完全可行（如对处于 $((\alpha+\beta)L,L)$ 区间的 $A$ 来说）。

精准营销可能提高社会总福利的途径：

（1）节省了没必要的营销开支。节省的费用（$(1-\alpha-\beta)A$，甚至 $(1-\alpha)A$）被企业完全获取。

（2）减少了没必要的打扰。减少数量为：$(1-\alpha-\beta)s$，这部分节省的打扰费用提高了消费者的福利。并可能使原本无谓损失的 $\beta s$ 部分产生 $\beta L$ 的社会收益。

（3）在传统营销无法进展的情形下，可能推动新市场的出现。为此社会增加的总福利为：$TS^{t}=\alpha H+\beta L-(\alpha+\beta)A-(\alpha+\beta)s$。

从消费者的角度看，精准营销并不意味着提高了消费者的福利，反而可能造成损失。当 $\frac{\alpha}{\alpha+\beta}<\frac{L}{H}$ 时，对产品评价较高的人群将不再获取 $\alpha(H-L)$ 这部分原本在传统营销模式下可以获得的剩余。

在没有考虑市场竞争的条件下，电信企业依据大数据实施流量套餐精准营销，改善了企业利润并提高了社会总福利。

本文提供了一个数学模型，意在使读者获取电信行业大数据精准营销在经济绩效方面更清晰的洞见。这个模型仅仅针对垄断市场进行分析，这与电信行业寡头竞争的市场结构并不完全吻合。但作者认为，在特定的时空中，在某些局部市场中，电信企业一定程度上获得了市场势力。例如，更换不同套餐通常意味着更换不同的电信公司，这对消费者来说面往往面临较高的转移成本。相对于接收到目前所在电信公司广告来说，接收到竞争对手广告的难度要大大增加。足够高的转移成本和信息成本往往为在位电信企业“圈起”了一个拥有“定价权”的市场。

竞争市场下的精准广告理论可以参考文献：Iyer，G.，Soberman，D. and Villas-Boas，J. M.，2005，“The Targeting of Advertising”，*Management Science*，24（3），pp. 461～476.

Iyer，Soberman and Villas-Boas（2005）讨论了双寡头竞争市场上的精准广告与精准定价。与本文的模型比，Iyer，Soberman and Villas-Boas 把消费者按照品牌忠诚度分为两类：一类是只要低于保留价格都会选择自己忠诚的品牌，另一类是比较价格后进行选择。并且所有消费者对商品的效用拥有完全一致的评价。精准广告与精准定价的实施只是针对这两类不同“忠诚度”消费者进行。

与本文类似的地方是，做精准广告时，广告费将按消费者比例可分离。只是在市场的划分上，本文讨论了不同消费者拥有不同的保留价格，而 Iyer，Soberman and Villas-Boas（2005）讨论了不同的忠诚度，本质上是一个企业面临垄断和竞争两个市场。这一差别事实上决定了本文讨论了 Iyer，Soberman and Villas-Boas（2005）完全不一样的精准定价问题。除此而外，本文还讨论了广告对消费者的打扰成本，从社会福利的角度看，无疑精准广告有利于通过降低“噪声”来提高消费者福利。

Iyer，Soberman and Villas-Boas（2005）分析了统一广告与统一定价（uniform advertising and uniform pricing），精准广告与统一定价，统一广告与精准定价，以及精准广告与精准定价四种情况。他们发现了一个有趣而重要的结论，无论企业是否具备精准定价的能力，因为精准广告总是可以节省那些不必要的浪费，故而总是可以帮助企业提高利润。这一观点与本文类似。“不必要的浪费”在 Iyer，Soberman and Villas-Boas（2005）一文中体现为，当企业可以采用精准广告技术时，用不着给竞争对手的忠诚客户发送广告。而在本文中，则体现为不用给那些对流量套餐完全没有需要的消费者发送广告。

# 第七节　铁路运输行业案例分析

## 案例一　广州地铁获城际铁路运营资质首条地方自主城际铁路

广州地铁集团全资子公司广东城际铁路运营有限公司（以下简称“广东城际

运营公司”）获得了城际铁路旅客运输许可证，有效期为2020年10月27日至2040年10月26日。随着广清城际和广州东环城际的开通，广东城际运营公司成为首个使用城际铁路运营资质的地方企业。

## 一、广州地铁基本情况

广清城际铁路是中国广东省境内一条连接广州市和清远市的城际铁路，呈南北走向，是珠三角地区城际轨道交通网的重要组成部分。2013年9月，广清城际铁路花都至清城段土建工程开工建设，2020年11月30日，广清城际铁路花都至清城段开通运营。截至2020年11月，广清城际铁路花都至清城段由花都站至清城站，全长38.17千米，共设6座车站，设计速度为200千米/小时。广州东环城际铁路是中国广东省广州市境内一条连接花都区与番禺区的市域铁路。广州东环城际铁路分南北两段，其中北段为花都站至竹料站，原属穗深城际铁路新白广段，分两期建成，北段一期工程西起花都站，东至白云机场北站，于2015年12月开工建设，于2020年11月30日开通运营；北段二期工程北起白云机场北站，南至竹料站；南段为竹料站至番禺站，原属广佛环线城际铁路，于2016年12月26日开工建设。截至2020年11月，广州东环城际铁路北段一期由花都站至白云机场北站，全长21.418千米，设4个车站，设计速度为160千米/小时。

## 二、广东城际运营公司

广东城际铁路运营有限公司为广州地铁集团的全资子公司，于2019年6月11日完成注册，注册资本为50000万元人民币，广州地铁集团有限公司100%独资，主营业务为城际铁路旅客运输。此前，广州地铁集团与省铁投集团签订了《广东省城际铁路委托运输管理总体协议》，省铁投集团将广东省控股的广清城际广州北至清远段、广州东环城际广州北至白云机场T2段、广肇城际广州南至佛山西（不含）段及珠三角城际轨道交通调度指挥中心等项目，按计划分阶段委托广州地铁进行运输管理，广州地铁成立全资子公司具体承接相关运输管理工作。

以广州地铁集团全面接管珠三角城际铁路项目运营工作为目标，按照“全面接管、分步实施、均衡部署、有序推进”的原则，广东省制定了一揽子运营接管方案。2025年之前，广州地铁集团将自主运营粤港澳大湾区内约700公里的城际铁路线路。

## 三、重大意义

国家铁路局 2018 年 1 月发布《铁路运输企业准入许可实施细则》，从事铁路旅客、货物公共运输营业的，应当向国家铁路局提出申请，经审查合格取得铁路运输许可证。广东城际运营公司是国内除中国国家铁路集团有限公司（以下简称“国铁集团”）外，第三个获得城际铁路运营资质的企业。2017 年，湖北城际铁路有限责任公司、广东广珠城际轨道交通有限责任公司先后获得这一资质。

2019 年广州地铁组建了广东城际铁路运营有限公司，负责承接城际铁路的运营管理工作，该项目是首批省方主导建设、自主运营的城际铁路项目，也是率先实现真正地方自主运营的城际铁路项目，具有示范作用。广州地铁获城际铁路运营资质，改变了长期以来大量非国铁集团控股的铁路，均采取委托运输模式交给国铁集团及其子公司运营管理的现状，打破了线网垄断，对于车皮、编组、调度、结算等路网运输权力的放开，以及铁路收益分配机制、运价机制、结算机制改革具有重要意义。

广清城际铁路花都至清城段建成后，“广清一体化”的概念就将实现跨越式的一步，从清远市区至广州中心区预计仅需 40 多分钟，对将清远南部纳入广州半小时经济圈具有重要推动作用。广州站至位于清远市源潭镇的源潭站需时 45 分钟，广州南站至清城站需时 24 分钟。另外，广清城际铁路是全国首条由省方自主运营的城际铁路，这将帮助粤港澳大湾区进一步打造“轨道上的大湾区”，完善现代综合交通运输体系。①

# 案例二　京张高铁智能化案例

## 一、基本概况

京张高速铁路又名京张客运专线，是一条连接北京市与河北省张家口市的城际高速铁路，是“八纵八横”高速铁路主通道中“京兰通道”“京昆通道”的重要组成部分。京张高速铁路主线由北京北站至张家口站，正线全长 174 千米，设

---

① 广东省人民政府，参见广东省人民政府网站，https：//baike. baidu. com/reference/23645220/57bfLLKezA0Nq6WDGpRwUBBJiIxqjgKJbCltL7G0IQGQwHwn7JnPOXrmT88ruHOT9jl5-bg3mwK-7wqSsHCz3WX4Yhd0VhpQcNk-ldQucl5g7L3ebYYL

10个车站，最高设计速度350千米/小时。京张高速铁路是2022年北京冬奥会的重要交通保障设施，是中国第一条采用自主研发的北斗卫星导航系统的智能化高速铁路，也是世界上第一条最高设计速度350千米/小时的高寒、大风沙高速铁路①。

## 二、主要做法

京张高铁是我国高铁信息化和数字化代表性工程，是我国首条以350公里时速运行的智能铁路，是人工智能、云计算等落地铁路的实践者、先驱者，服务于京津冀协同发展国家战略，连接着2022年北京冬奥会的两个举办地。

### （一）建设施工智能化

京张高铁是数字铁路的先行者。京张高铁在高铁建设施工中首次融合了BIM、GIS等新技术，在高速铁路领域首次建立了全线、全专业三维BIM模型，为铁路设计、建设、施工、监理等环节提供统一的协同管理平台，指导实体铁路建设。智能运营的基础是智能建造。在铺轨过程中，面对铺轨作业标准高、交叉作业面多、30‰长大坡道给铺轨施工带来的巨大挑战，京张城际铁路有限公司不断优化方案和资源配置，创新施工工艺，改造机械设备，应用智能机器人检测，采用机械化、自动化铺轨机组和施工信息化等手段，大幅提高了轨道精度和施工效率。此外，在不少工段还引进、研发各种先进的设备和技术，实现了指挥中枢信息化和智能化，质量追溯全生命周期智能化等，为工程建设提供了科技支撑②。

京张高铁是施工可视化管理的开拓者。为使施工和管理更智慧，京张高铁开发采用可视化智慧施工系统，这一系统包括参数管理、过程监测、地质预测等，实现全过程可视化动态管理。以盾构为例，隧道盾构机搭载了几千个传感器，都具有感知、修正和自动调节的功能，设备状况、地下工作情况等数据，都直接上传到数据指挥中心，盾构专家24小时提供远程监控和技术服务。

---

① 人民日报：《京张高铁来了！一起感受中国首条智能化高铁线路》，百家号，https://baijiahao.baidu.com/s?id=1654330795105727736&wfr=spider&for=pc。

② 经济日报：《世界首条智能高铁京张高铁开通运营 中国正式迈入智能高铁时代》，百家号，https://baijiahao.baidu.com/s?id=1654346597961480026&wfr=spider&for=pc，访问日期：2022年1月17日。

### （二）运营智能化

填补高铁自动化驾驶的技术空白。京张高铁采用的智能型复兴号是世界上首趟实现时速 350 公里自动驾驶功能的高铁列车。在技术攻关及京沈高铁综合试验验证的基础上，京张高铁首次实现时速 350 公里自动驾驶功能，列车的自动驾驶系统，用算法开出一条安全、节能、高效的列车。填补了高铁自动驾驶的技术空白。更值得一提的是，京张高铁是我国首条采用自主研发的北斗卫星导航系统的智能化高速铁路，实现车站自动发车、区间自动运行、车站精准自动对标停车、自动开门防护等。

实现运服维全面智能化。京张高铁智能型动车组在行车、服务、维修三方面都进行了智能化升级。在运行调度方面，京张高铁的智能化建设已在智能动车组、自动驾驶、智能牵引供电、智能调度等方面取得阶段性成果。旅客服务与生产管控平台依照动车组到发信息，自动形成并调整作业计划，向检票、接发车、上水、吸污、广播等下达作业命令。在旅客服务方面，京张高铁全线采用电子客票，并可智能刷脸进站，通过智能环境调控技术为旅客提供更加舒适的乘车环境。在应急维修方面，设计人员针对京张线的特点进行了专门的功能设置，如设置了应急自动运行功能，可确保在一定电量的情况下能够停靠最近站点等。

京张智能高铁是我国智能铁路最新成果的首次集成化应用，进行了 67 项智能化专题科研，在列车自动驾驶、智能调度指挥、故障智能诊断、建筑信息模型、北斗卫星导航、生物特征识别等方面实现了重大突破。京张高铁开启了中国智能铁路新时代，依托京张高铁建设，我国将进一步形成智能高铁应用示范方案，构建智能高铁技术标准体系，成为引领世界的智能高铁应用国家①。

## 三、典型经验

以京张智能高铁为代表的智能化高铁，不仅是铁路的一次阶段性变革和创新，更是我国交通体系完善的重要性成果和标志。其具有极为深远的意义，既贯彻了我国交通发展以人为本之理念，又发挥出助推区域协调发展之作用，更为重要的是，高铁智能化的应用推动了我国铁路事业逐渐走向世界。

### （一）体现以人为本的交通理念

高铁智能化全面践行了以人为本的交通理念，充分回应了人民对安全、便

① 人民雄安网：《京张高铁智能化惊艳世界》，百家号，https：//baijiahao. baidu. com/s? id=1636467705839670451&wfr=spider&for=pc，访问日期：2022 年 1 月 17 日。

捷、舒适出行的需求。数字技术在高铁中的运用，根本目的之一在于将科技成果惠及乘客，使高铁智能化成果由人民共享。智能化高铁通过采用自动驾驶、电子客票、刷脸进站、机器人导航、智能环境调控技术等手段，为乘客出行提供了全方位的服务，极大提升了人们出行的安全感、便捷性与舒适度。在高铁运服维方面的每一处创新，带给乘客的都将是全新的出行体验，也是获得感、幸福感和安全感的切实提升。

### （二）助推沿线区域协调发展

高铁智能化建设将加快推动沿线区域协调发展，深入推进区域一体化进程。智能化高铁的应用，有效提升了高铁运行速度，极大降低了区域间交通成本，为区域协调发展注入了新动能。高效便捷的交通运输网络对区域发展起着至关重要的作用，而高铁作为交通运输网络的重要一环，其智能化水平对高铁沿线区域互通交流具有极为重要的意义。智能化高铁的发展，有利于进一步推进城镇化建设，加速沿线区域产业聚集和人员流动，推动形成以站点为核心、辐射带动周边经济增长的发展格局；智能化高铁的推广，加强了区域间往来交流，促进了区域间资源共享，进一步推动了区域间互通互认和深度合作，为实现区域一体化提供了交通保障和技术支撑。

### （三）推动新时代铁路事业走向世界

高铁智能化以大数据、互联网、人工智能等技术为核心，实现了铁路建设与数字技术的全面融合，是我国构建智慧交通体系、聚焦交通强国战略的关键一步，亦是推动新时代铁路事业高质量发展的内在要求。高铁智能化有利于加快推进我国三小时内高铁出行圈的形成，突显高铁服务经济社会发展的作用，为社会主义现代化建设提供重要的交通支撑。与此同时，智能化高铁的研发与应用，标志着我国已走在世界铁路科技前沿，依靠新技术逐渐引领铁路建设，依赖高品质不断掌握世界铁路话语权。高铁的智能化和智慧化水平，是国际竞争力和影响力的重要体现。高铁的智能化发展，将为我国成为世界铁路发展的重要推动者和全球铁路规则制定的重要参与者打下坚实基础。